Estudos do discurso

**Coleção de Linguística**

*Coordenadores*
Gabriel de Ávila Othero – Universidade Federal do Rio Grande do Sul (UFRGS)
Sérgio de Moura Menuzzi – Universidade Federal do Rio Grande do Sul (UFRGS)

*Conselho consultivo*
Alina Villalva – Universidade de Lisboa
Carlos Alberto Faraco – Universidade Federal do Paraná (UFPR)
Dante Lucchesi – Universidade Federal Fluminense (UFF)
Leonel Figueiredo de Alencar – Universidade Federal do Ceará (UFC)
Letícia M. Sicuro Correa – Pontifícia Universidade Católica do Rio de Janeiro (PUC-Rio)
Luciani Ester Tenani – Universidade Estadual de São Paulo (Unesp)
Maria Cristina Figueiredo Silva – Universidade Federal do Paraná (UFPR)
Roberta Pires de Oliveira – Universidade Federal de Santa Catarina (UFSC)
Roberto Gomes Camacho – Universidade Estadual de São Paulo (Unesp)
Valdir do Nascimento Flores – Universidade Federal do Rio Grande do Sul (UFRGS)

**Dados Internacionais de Catalogação na Publicação (CIP)**
**(Câmara Brasileira do Livro, SP, Brasil)**

---

Estudos do discurso : conceitos fundamentais / organização de Tânia Maris de Azevedo, Valdir do Nascimento Flores. – Petrópolis, RJ: Vozes, 2024. – (Coleção de Linguística)

Vários autores.
Bibliografia.
ISBN 978-85-326-6565-2

1. Análise de discurso 2. Estudos científicos 3. Língua e linguagem 4. Linguística I. Azevedo, Tânia Maris de. II. Flores, Valdir do Nascimento. III. Série.

23-163299 CDD-410

---

Índices para catálogo sistemático:
1. Linguística 410

Eliane de Freitas Leite – Bibliotecária – CRB 8/8415

TÂNIA MARIS DE AZEVEDO
VALDIR DO NASCIMENTO FLORES
(ORGS.)

# Estudos do discurso

## Conceitos fundamentais

EDITORA VOZES

Petrópolis

© 2024, Editora Vozes Ltda.
Rua Frei Luís, 100
25689-900  Petrópolis, RJ
www.vozes.com.br
Brasil

Todos os direitos reservados. Nenhuma parte desta obra poderá ser reproduzida ou transmitida por qualquer forma e/ou quaisquer meios (eletrônico ou mecânico, incluindo fotocópia e gravação) ou arquivada em qualquer sistema ou banco de dados sem permissão escrita da editora.

**CONSELHO EDITORIAL**

**Diretor**
Volney J. Berkenbrock

**Editores**
Aline dos Santos Carneiro
Edrian Josué Pasini
Marilac Loraine Oleniki
Welder Lancieri Marchini

**Conselheiros**
Elói Dionísio Piva
Francisco Morás
Gilberto Gonçalves Garcia
Ludovico Garmus
Teobaldo Heidemann

**Secretário executivo**
Leonardo A.R.T. dos Santos

---

*Editoração*: Fernando Sergio Olivetti da Rocha
*Diagramação*: Sheilandre Desenv. Gráfico
*Revisão gráfica*: Heloisa Brown
*Capa*: Editora Vozes
*Ilustração de capa*: Imagem de Anthony Arnaud por Pixabay

ISBN 978-85-326-6565-2

Este livro foi composto e impresso pela Editora Vozes Ltda.

# Apresentação da coleção

Esta publicação é parte da **Coleção de Linguística** da Vozes, retomada pela editora em 2014, num esforço de dar continuidade à coleção coordenada, até a década de 1980, pelas professoras Yonne Leite, Miriam Lemle e Marta Coelho. Naquele período, a coleção teve um papel importante no estabelecimento definitivo da Linguística como área de pesquisa regular no Brasil e como disciplina fundamental da formação universitária em áreas como as Letras, a Filosofia, a Psicologia e a Antropologia. Para isso, a coleção não se limitou à publicação de autores fundamentais para o desenvolvimento da Linguística, como Chomsky, Langacker e Halliday, ou de linguistas brasileiros já então reconhecidos, como Mattoso Câmara; buscou também veicular obras de estudiosos brasileiros que então surgiam como lideranças intelectuais e que, depois, se tornaram referências para a disciplina no Brasil – como Anthony Naro, Eunice Pontes e Mário Perini. Dessa forma, a **Coleção de Linguística** da Vozes participou ativamente da história da Linguística brasileira, tendo ajudado a formar as gerações de linguistas que ampliaram a disciplina nos anos de 1980 e 1990 – alguns dos quais ainda hoje atuam intensamente na vida acadêmica nacional.

Com a retomada da **Coleção de Linguística** pela Vozes, a editora quer voltar a participar decisivamente das novas etapas de desenvolvimento da disciplina no Brasil. Agora, trata-se de oferecer um veículo de disseminação da informação e do debate em um novo ambiente: a Linguística é hoje uma disciplina estabelecida nas universidades brasileiras; é também um dos setores de pós-graduação que mais crescem no Brasil; finalmente, o próprio quadro geral das universidades e da pesquisa brasileira atingiu uma dimensão muito superior à que se testemunhava nos anos de 1970 a 1990. Dentro desse quadro, a **Coleção de Linguística** da Vozes tem novas missões a cumprir:

• em primeiro lugar, é preciso oferecer aos cursos de graduação em Letras, Filosofia, Psicologia e áreas afins material renovador, que permita aos alunos integrarem-se ao atual patamar de conhecimento da área de Linguística;

• em segundo lugar, é preciso continuar com a tarefa de colocar à disposição do público de língua portuguesa obras decisivas do desenvolvimento, passado e recente, da Linguística;

• finalmente, é preciso oferecer ao setor de pós-graduação em Linguística e ao novo e amplo conjunto de pesquisadores que nele atua um veículo adequado à disseminação de suas contribuições: um veículo sintonizado, de um lado, com o que se produz na área de Linguística no Brasil; e, de outro, que identifique, nessa produção, aquelas contribuições cuja relevância exija uma disseminação e atinja um público mais amplo, para além da comunidade dos especialistas e dos pesquisadores de pós-graduação.

Em suma, com esta **Coleção de Linguística**, esperamos publicar títulos relevantes, cuja qualidade venha a contribuir de modo decisivo não apenas para a formação de novas gerações de linguistas brasileiros, mas também para o progresso geral dos estudos das Humanidades neste início de século XXI.

*Gabriel de Ávila Othero*
*Sérgio de Moura Menuzzi*
Organizadores

# Sumário

1 Estudos do discurso: a heterogeneidade de um campo, 9
Tânia Maris de Azevedo e Valdir do Nascimento Flores

2 Argumentação linguística, 17
María Marta García Negroni

3 Argumentação retórica, 37
José Luiz Fiorin

4 Autoria, 55
Sírio Possenti

5 Coesão e coerência, 71
Vanda Maria Elias

6 Dêixis, 89
Alena Ciulla

7 Diálogo, 106
Juliana Alves Assis e Fabiana Komesu

8 Discurso, 129
Carlos Piovezani e Manoel Alves

9 Enunciação e enunciado, 147
Carmem Luci da Costa Silva

10 *Ethos* discursivo, 163
Fernanda Mussalim

11 Gêneros do discurso, 180
Carina Maria Melchiors Niederauer

12  Gramática, 199
   Claudia Toldo

13  Leitura, 220
   Lilian Cristine Hübner e Lucilene Bender de Sousa

14  Língua e fala, 238
   Valdir do Nascimento Flores

15  Polifonia, 262
   Lauro Gomes

16  Referenciação, 282
   Mônica Magalhães Cavalcante

17  Signo, 305
   Heloisa Monteiro Rosário

18  Texto, 329
   Anna Christina Bentes

19  Tipologia textual, 353
   Ana Lúcia Tinoco Cabral

*Referências aos capítulos*, 373

*Autoras e autores*, 407

# Estudos do discurso: a heterogeneidade de um campo

Tânia Maris de Azevedo
Valdir do Nascimento Flores

## 1 A POLISSEMIA DE *DISCURSO*

É de domínio público que estudos sobre o discurso já estavam presentes desde as discussões dos antigos filósofos gregos, senão antes. Platão e Aristóteles tratavam desse conceito associando-o ao intelecto e opondo-o à intuição. Como nos dizem Japiassú e Souza Filho no seu *Dicionário básico de filosofia*:

> Na acepção tradicional, o discurso não é uma simples sequência de palavras, mas um modo de pensamento que se opõe à intuição. Frequentemente denominado "pensamento discursivo", ele é um pensamento operando num raciocínio, seguindo um percurso, atingindo seu objetivo por uma série de etapas intermediárias: movimento do pensamento indo de um juízo a outro juízo, percorrendo (discurso) um ou vários intermediários antes de atingir o conhecimento (Japiassú; Souza Filho, 2006, p. 296-297).

Entendido dessa forma, o discurso seria o modo de pensamento relativo à *episteme*, como conhecimento racional e, portanto, digno de respeito e credibilidade, e oposto à *doxa*, como conhecimento intuitivo expresso por opiniões, extremamente criticado e desvalorizado pelos filósofos aqui mencionados.

De acordo com os mesmos autores, a filosofia contemporânea entende o discurso como o "campo de constituição do significado em que se estabelece a rede de relações semânticas com a visão de mundo que pressupõe" (Japiassú; Souza Filho, 2006, p. 297). É merecedor de destaque o *status* que o discurso desempenha no âmbito filosófico ao longo da história do conhecimento, o que, ao mesmo tempo em que justifica tantos estudos e abordagens sobre esse tema, coloca a multiplicidade de pontos de vista, complementares ou opostos, que tornam o discurso um conceito complexo e multifacetado, difícil de definir e de ser conhecido em toda a diversidade teórico-epistemológica que o tem como objeto de estudos.

Por outro lado, a palavra "discurso", sabemos bem, é velha conhecida dos estudos linguísticos: nós já a encontramos, por exemplo, na origem da gramática tradicional, na expressão "partes do discurso". Nessa perspectiva, conforme *La grammaire d'aujourd'hui*, "*partes do discurso* é a tradução literal da expressão latina que corresponde a *partes orationes*, em que *partes* seria mais exatamente traduzida por *elementos* e *orationis* por *da língua*" (Arrivé; Gadet; Galmiche, 1986, p. 237). Nessa acepção, claramente a expressão *partes do discurso* remete a uma tradição gramatical relativa à classificação linguística (classes de palavras e/ou categorias).

Já, no interior da linguística moderna, o estudo especificamente voltado ao objeto "discurso" tem uma tradição recente; sua origem talvez possa ser localizada por volta da metade do século XX, com o advento das várias teorias discursivas, textuais e enunciativas, ou ainda, com o surgimento das teorias pragmáticas da linguagem. A síntese quem faz é Dessons (2006, p. 57):

> A introdução da noção de discurso no campo da linguística, por volta dos anos de 1950, marca uma virada decisiva na reflexão sobre a linguagem. Essa situação se deve mais à introdução de um ponto de vista do que à de um termo cuja história mostra que se ele sempre designou um objeto de linguagem, essa designação está longe ter sido constante e unívoca.

Como adverte Dessons (2002, p. 57, itálico do autor): "mesmo dentro do campo, mais restrito, da linguística contemporânea, a palavra *discurso* abrange significados bastante diversos, decorrentes de diferentes sistemas teóricos que refletem problemáticas conceituais". Poucos são os traços que permitem unificar um objeto no interior de um conjunto bem heterogêneo de teorias.

Antes de tudo, portanto, é preciso admitir que o termo "discurso" é polissêmico: "salvo talvez o termo vizinho *enunciado*, parece que não há palavra mais polissêmica no campo da linguística" (Arrivé; Gadet; Galmiche, 1986, p. 237). A título de exemplo disso, vale lembrar o linguista francês Dominique Maingueneau (1976, p. 11-12) que, em seu levantamento, detecta seis noções do termo: (1) "sinônimo da *fala* saussureana"; (2) "uma unidade linguística de dimensão superior à oração (transoracional), uma mensagem tomada globalmente, um enunciado"; (3) "conjunto das regras de encadeamento das sucessões de orações que compõem o enunciado", na perspectiva do linguista americano Zellig Harris; (4) na formulação da escola francesa de Análise do Discurso, que releva das condições de produção de um enunciado e/ou texto; (5) no sentido enunciativo de Benveniste, em que a enunciação converte a língua em discurso; 6) lugar da criatividade, do uso da língua.

Essa polissemia – longe de ser um problema a ser evitado – pode ser vista ou "como uma extensão do campo da linguística, ou como o sintoma de uma dificuldade interna da linguística (particularmente no domínio do sentido), tornando necessário o recurso a outras disciplinas" (Arrivé; Gadet; Galmiche, 1986, p. 233). No primeiro caso, supõe-se uma unicidade para a linguística e considera-se que ela se transforma para estudar diferentes fenômenos, de diferentes pontos de vista: não haveria, nesse sentido, um centro da linguística e uma periferia, mas uma ampliação de escopo do campo. No segundo caso, é exatamente a autonomia da linguística que é colocada em xeque: teria ela condições de contemplar objetos complexos de maneira autônoma? Em ambos, o que se vê é a problematização do fazer do linguista. Como se situa ele entre a imanência de um objeto e as relações fronteiriças que esse mesmo objeto evoca?

Independentemente do prisma adotado, o fato é que o termo, quando passa a figurar na expressão "estudos do discurso", abre um conjunto de possibilidades epistemológicas e teórico-metodológicas que não se limitam à linguística *stricto sensu* – esta também, muitas vezes, representada pela expressão "estudos da linguagem". A anteposição de "estudos" a "discurso" cria um campo de produção do conhecimento que, longe da unanimidade, dá espaço a interfaces e inter-relações antes impensadas.

## 2 OS ESTUDOS DO DISCURSO

Admitimos que, ao evocarmos, acima, uma "tradição recente" do campo dos estudos do discurso, fazemos, propositadamente, uma espécie de oximoro. Porém, é essa mesmo a ideia: fazer uso de palavras que, na aparência, se excluem mutuamente, mas que, na verdade, não fazem mais do que se reforçarem. Ora, os estudos do discurso já podem ser considerados "tradicionais" no interior da linguística, uma vez que se desenvolvem em sólidas pesquisas; no entanto, isso é bastante recente na história da linguística. Tomando por referência a publicação do *Curso de linguística geral* (CLG), unanimemente tido como o marco do surgimento da linguística moderna – não à toa, falamos em linguísticas "pré" e "pós" saussureanas –, vemos que, apenas depois de superado certo culto ao imanentismo estruturalista atribuído ao CLG, é que as reflexões discursivas tiveram oportunidade de se instaurar.

Esse ponto é fundamental: Saussure foi lido – na primeira metade do século XX – de maneira bastante reducionista, nos quadros do que se convencionou chamar a "linguística estrutural", o que permitiu o surgimento da ideia de que Saussure teria sido refratário ao conceber o discurso no âmbito dos estudos linguísticos. Ora, nada na teoria saussureana autoriza uma conclusão como esta, e isso nem no CLG nem em seus manuscritos, descobertos e revelados ao mundo a partir dos anos de 1950.

O "discurso" sempre foi objeto da reflexão saussureana. No CLG proliferam passagens em que o genebrino indaga a natureza da "parole" (*fala*) (Saussure, 1975, p. 21-22), as possibilidades de instauração de uma "linguística da fala" (Saussure, 1975, p. 26), as características do discurso (Saussure, 1975, p. 22), entre outras. Em seus manuscritos, a célebre "Nota sobre o discurso" (Saussure, 2004, p. 237) é ponto de apoio para todos os que buscam ver, já em Saussure, uma origem dos estudos do discurso[1].

No entanto, é preciso admitir que, de maneira inadequada ou não, a história da linguística deu a Saussure um lugar distanciado dos estudos voltados ao uso da língua.

De lá para cá, muita coisa mudou: inúmeras teorias foram criadas, objetos se multiplicaram, métodos foram desenvolvidos e aprimorados, conceitos foram forjados, fenômenos analisados etc. Essa pluralidade, em princípio positiva e reveladora da potencialidade epistemológica do campo, resultou numa espécie de fragmentação teórico-conceitual. É difícil entender, hoje em dia, o que querem dizer os estudiosos com tantos termos cujas definições oscilam consideravelmente de um quadro teórico para outro.

Esse pequeno diagnóstico que fazemos hoje encontra eco nas palavras do linguista Émile Benveniste que, em 1963, ao buscar fazer um apanhado das direções possíveis em linguística geral, no texto "Vista d'olhos sobre o desenvolvimento da linguística" já comenta:

> Durante estes últimos anos, sobrevieram, nos estudos que se fazem sobre a linguagem e as línguas, mudanças consideráveis cujo alcance ultrapassa mesmo o horizonte, no entanto vasto, da linguística. Essas mudanças não se compreendem à primeira vista; esquivam-se na sua própria manifestação; com o tempo tornaram muito mais penoso o acesso aos trabalhos originais, que se encrespam de uma terminologia cada vez mais técnica. É inegável: encontra-se grande dificuldade para ler os estudos dos linguistas, mas ainda mais para compreender as suas preocupações. A que visam e que fazem com esse algo que é o patrimônio de todos os homens e não cessa de atrair a sua curiosidade: a língua? (Benveniste, 1988, p. 19).

Ora, essa passagem é de grande atualidade e pode ser colocada *pari passu* à situação dos ditos "estudos do discurso", hoje em dia. É penoso – principalmente para o leitor em início de sua formação acadêmica, nosso público-alvo preferencial aqui – dar conta de diversidade teórica e terminológica tão vasta.

---

1. Sobre Saussure e o campo do discurso, cf., neste volume, o cap. "Língua e fala".

Se, por um lado, a proliferação de termos, perspectivas, autores e métodos indica as potencialidades de produtividade teórica do campo, não é menos verdade que, por outro lado, essa mesma proliferação denuncia a ausência de uma reflexão epistemológica mais detida. Quer dizer: "os linguistas do discurso" não raras vezes estão tão preocupados com o que podem "mostrar" suas análises que se esquecem de deixar claros os pontos de partida de suas reflexões.

Talvez essa situação indique que a própria ideia do que vem a ser um linguista tenha mudado desde os tempos de Saussure até hoje. Se a mudança é para melhor, apenas o futuro dirá.

## 3 COMO ESTE LIVRO FOI FEITO

É devido à consciência que temos sobre a realidade atual dos estudos do discurso que decidimos organizar este *Estudos do discurso: conceitos fundamentais*.

Incialmente, o leitor poderia pensar que nosso livro é apenas mais uma das "introduções" que se multiplicam no mercado editorial. Não pensamos assim. Nosso livro tem três especificidades que, segundo pensamos, podem singularizá-lo em face do que já se encontra em circulação no Brasil.

A primeira diz respeito à sua organização por termos, o que lembra um glossário ou mesmo uma enciclopédia. Observe-se que cada capítulo remete a um conceito essencial para estudar o discurso desenvolvido de maneira ampla. Quer dizer, ou partimos do fenômeno para, então, abordá-lo em perspectiva teórica (p. ex., o cap. "Diálogo"), ou partimos de um termo-chave dos estudos linguísticos e, da mesma maneira, o abordamos de forma abrangente (p. ex., o cap. "Signo").

A segunda característica que, segundo cremos, individualiza nosso livro é exatamente a estrutura de cada capítulo. Todos estão organizados do mesmo modo: (1) Introdução; (2) Origens históricas; (3) Principais enfoques; (4) Desdobramentos atuais; (5) Exemplo(s) de análise; e (6) Considerações finais; as Referências são apresentadas por capítulo, ao final da publicação.

Fizemos isso por dois motivos: para induzir à homogeneidade e coesão da obra e para garantir que todos os capítulos tivessem o mínimo comum de informações, de tal forma que entrelaçados e articulados, do ponto de vista linguístico, constituam um sistema conceitual fundante das investigações da área relativas ao discurso.

O resultado, o leitor verá, é muito interessante, pois possibilita que sejam feitas leituras transversais e também longitudinais dos capítulos. Explicamos: de um lado, é possível ler verticalmente cada capítulo para seguirmos, com aprofundamento, a instauração de um dado conceito/termo no campo do discurso, suas origens, seus principais enfoques etc.; por outro lado, é possível ler horizontalmente apenas uma parte dos capítulos ao longo de todo o livro. Por exemplo, se lermos todas as partes "Origens históricas" de cada capítulo, temos uma espécie de história comparativa desses mesmos conceitos/termos, procedimento que pode ser estendido a todos os outros itens dos capítulos.

A ideia foi publicar um livro que reunisse, simultaneamente, informações introdutórias dos estudos da área e a apresentação do "estado da arte" do campo, de forma didática, ou seja, acessível aos iniciantes na linguística, mas também proveitosa, inclusive pela organização interna de cada capítulo, para investigadores mais experientes por agregar diferentes informações sobre os conceitos/termos diretamente ligados ao discurso como objeto de estudos da ciência linguística, tecendo um panorama de aproximações e distanciamentos no percurso das construções de cada um deles. O leitor verá que fomos muito bem-sucedidos nesse objetivo.

Outro diferencial deste livro foi um procedimento de análise dos textos adotado por nós no sentido de avaliar o caráter didático de cada texto. Submetemos todos os capítulos deste livro à leitura de um grupo de alunos de graduação, mais especificamente do Curso de Licenciatura em Letras. As observações dos alunos, como primeiros leitores, foram encaminhadas a cada autor, principalmente aquelas relativas às dificuldades de compreensão de termos, noções e conceitos e as que diziam respeito à ausência de alguns conhecimentos prévios pressupostos pelos textos. As alternativas de solução para tais apontamentos foram desde a reescrita de determinados trechos até a inclusão de notas explicativas.

Por fim, a última característica que nos autoriza a reivindicar certa especificidade de nosso *Estudos do discurso: conceitos fundamentais* é a excelência de seus colaboradores. Cada capítulo é escrito por expoentes da área em questão. Os autores, cujas pesquisas são reconhecidas nacional e internacionalmente, fizeram grande esforço para apresentar, em linguagem simples e rigorosa, fundamentos e avanços em torno de cada tema abordado. Todos os autores foram receptivos às observações editoriais, feitas sempre com o intuito de qualificar a obra. A todos os colegas, o nosso *profundo agradcimento*!

Isso posto, gostaríamos ainda de tecer breves comentários acerca da expressão "Estudos do discurso" que, aliás, dá título ao livro.

Tal expressão não encerra nenhuma direção teórica específica. Nós a utilizamos para designar o vasto campo que, na esteira do que afirma Testenoire (2016, p. 105), pode ser reconhecido como um conjunto de "abordagens que se interessam pela dimensão transfrástica dos enunciados linguísticos e pelas condições sócio-históricas de suas produções". Dito de outro modo, ao referirmos "Estudos do discurso", queremos tão somente delimitar um campo de estudos e pesquisas que não se limita a abordagens imanentistas das línguas. Pelo contrário, o termo discurso, para nós, identifica uma pluralidade teórico-metodológica cuja unicidade decorre do reconhecimento de que há uma dimensão das línguas que exige, para ser estudada, recurso aos interlocutores (sejam eles individuais ou coletivos) e aos contextos (sejam eles situacionais, ideológicos, pragmáticos etc.).

Por fim, gostaríamos de agradecer a todos os que colaboraram para que este trabalho viesse a público, em especial: à colega Fabiana Perotoni, pelo apoio técnico; à Editora Vozes, pela confiança em nós depositada; ao colega Gabriel de Ávila Othero pela leitura e pelos comentários sempre pertinentes.

# Argumentação linguística[2]

María Marta García Negroni

## 1 INTRODUÇÃO

Ao longo de sua história, a teoria da argumentação linguística, originalmente elaborada por Oswald Ducrot e Jean-Claude Anscombre há mais de quarenta anos, sempre se propôs a descrever as entidades da língua sem fazer alusão a entidades estranhas a ela, quer dizer, sem recorrer a um conhecimento prévio das propriedades do mundo ou do pensamento. De fato, para esta semântica argumentativa, o sentido de nossas palavras, expressões ou enunciados não é constituído pelas coisas, pelos fatos ou pelas propriedades que denotam, nem pelos pensamentos ou pelas crenças que sugerem, mas por encadeamentos ou discursos argumentativos que essas palavras, expressões ou enunciados evocam. De acordo com Ducrot (2004, p. 364), "o sentido de uma entidade linguística não é nada mais do que um conjunto de discursos que essa entidade evoca". Deve ficar claro, com efeito, que isso não significa que as línguas naturais não sirvam para falar do mundo real e para veicular uma certa imagem da realidade em discursos que possam ser julgados como verdadeiros ou falsos. Significa somente que na descrição linguística não se deve levar em consideração a "realidade" de que falam nossos discursos[3].

---

2. Tradução de Tânia Maris de Azevedo.

3. Neste capítulo retoma-se, com várias modificações e atualizações, o artigo "Argumentação linguística e polifonia enunciativa, hoje", publicado em 2016, em *Tópicos do Seminário*, 35, p. 5-21.

Neste capítulo, oferecemos um percurso histórico por meio dos sucessivos desenvolvimentos e vertentes desta teoria não referencialista e não veritativa da significação. Em primeiro lugar, apresentamos as hipóteses principais que deram origem à Teoria da Argumentação na Língua, depois centramos nossa atenção na Teoria dos Topoi e na dos modificadores. Finalmente, nos ocupamos dos desenvolvimentos atuais: a Teoria dos Blocos Semânticos e o enfoque dialógico da argumentação e a polifonia.

## 2 ORIGENS HISTÓRICAS

### 2.1 Teoria da Argumentação na Língua: hipóteses de partida

Em seu início, a Teoria da Argumentação defendia a ideia de uma coexistência, na significação, dos valores informativos e dos valores argumentativos. Muito rapidamente, no entanto, propôs uma hipótese mais radical, a saber, a estrutura profunda da língua não é de natureza descritiva, mas argumentativa. Deste modo, as condições de verdade dos enunciados, as indicações factuais que eles contêm, são vistas necessariamente como segundas, quer dizer, como derivadas do seu valor argumentativo. A *Teoria da Argumentação na Língua* (doravante TAL) opõe-se assim à concepção típica do descritivismo, segundo a qual o sentido dos enunciados é calculado a partir de uma significação constante (o chamado "sentido literal") e é de natureza vericondicional.

Para a TAL, teoria semântica não veritativa e próxima ao ascritivismo[4] (Anscombre; Ducrot, 1983), a significação é de natureza instrucional. Tal como: "para interpretar um enunciado da oração X, busque qual é a conclusão R para a qual aponta o locutor"; a significação é um tipo de modo de emprego, uma função[5] que comporta parâmetros e variáveis a partir

---

4. *Corrente* oposta ao descritivismo e adotada por Ducrot e seus colaboradores, para os quais o sentido está nas possibilidades de continuação dos discursos enunciados.

5. *Função* é um conceito matemático que diz respeito às relações entre os elementos de dois ou mais conjuntos, sendo que cada elemento de um dado conjunto deve ter um correspondente no(s) outro(s).

dos quais é possível calcular o sentido dos enunciados da oração. Assim, como a oração não é uma constante[6], mas uma função, o enunciado não remete ao mundo, mas a outros discursos dos quais esse enunciado é a continuação ou que podem ser sua continuação. Falar não é, pois, descrever ou informar sobre o mundo, mas orientar o discurso em uma dada direção, aproximando-se de algumas conclusões e distanciando-se de outras. Desse modo, por exemplo, as orações subjacentes a:

> (1) *Maria estudou pouco.*
>
> (2) *Maria estudou um pouco.*

que, no marco de uma teoria informativa teriam o mesmo sentido literal (a saber, algo como "Maria dedicou pouca quantidade de horas de estudo"), não têm a mesma significação em termos argumentativos. (1) e (2) têm, de fato, distintas instruções quanto a sua inscrição na "dinâmica discursiva". Se (1) pode ser utilizado como argumento para o mesmo tipo de conclusões (p. ex., "Maria não merece ser aprovada no exame") que seriam apontadas por (3),

> (3) *Maria não estudou nada,*

(2), coorientado, ao contrário, com enunciados do tipo de (4) e (5)

> (4) *Maria estudou*
>
> (5) *Maria estudou muito,*

poderá ser utilizado como argumento para conclusões da ordem de "Maria merece ser aprovada no exame".

Nesse marco estruturalista no qual a língua é concebida como uma "apreensão primeira das coisas", a significação é caracterizada em termos de valor: "a significação de uma oração está constituída pelas relações que ela mantém com as outras orações da mesma língua" (Ducrot, 1993, p. 235). Entre essas relações, a TAL elege as relações sintagmáticas, e é essa eleição que explica a decisão de Anscombre e Ducrot de privilegiar em um

---

6. *Constante*, também um conceito oriundo da matemática, é um valor fixo, estável que pode ser determinado ou não, oposto ao conceito de *variável*.

primeiro momento os encadeamentos do tipo argumento-conclusão e de fazer deles o protótipo da argumentação.

## 2.2 Da relação argumentativa binária à Teoria dos *Topoi*

Conceito fundamental da Teoria, a relação argumentativa é concebida, no primeiro estágio das investigações, como uma relação binária, quer dizer, uma relação entre dois segmentos discursivos: o primeiro, chamado "argumento" é apresentado pelo locutor como destinado a fazer admitir o segundo, denominado "conclusão". Esta, que, no nível do observável, pode estar explícita ou implícita, não é determinada no nível da oração. Neste nível não há, com efeito, uma conclusão específica, mas uma classe de conclusões R circunscrita pelas instruções da oração. Assim, por exemplo, na classe de conclusões associada à oração subjacente ao enunciado (6)

(6) *São oito horas,*

encontram-se as conclusões opostas $R_1$: *É tarde* e $R_2$: *É cedo*, mesmo quando, evidentemente, no caso da enunciação dessa oração, o locutor aponte ou explicite exclusivamente uma só dessas conclusões.

A partir de "Argumentativité et informativité" ["Argumentatividade e informatividade"], texto que Anscombre e Ducrot publicam em 1986, a relação argumentativa deixa de ser binária: a passagem do enunciado-argumento ao enunciado-conclusão efetua-se daqui por diante por meio da evocação de um princípio geral chamado *topos*.

A inclusão deste terceiro termo traz consigo a redefinição do sentido de um enunciado ou de uma palavra em termos de feixes de *topoi* associados a eles. Garantias dos encadeamentos, os *topoi* constituem princípios ideológico-argumentativos que remetem à *doxa*, ao sentido comum, às crenças de uma determinada comunidade. Trata-se de discursos utilizados que, raras vezes, aparecem declarados (em geral, o locutor não se apresenta como o autor de um dado *topos*, simplesmente o utiliza para chegar, por meio de um enunciado, a uma certa conclusão) e que cumprem um rol análogo, na dinâmica discursiva, ao dos axiomas[7] nos sistemas formais.

Segundo a TAL (Anscombre; Ducrot, 1983), os *topoi* se definem como uma colocação em correspondência de duas entidades graduais denominadas "predicados tópicos" e possuem três propriedades principais: a universalidade, a generalidade e a gradualidade. Por universalidade, os autores compreendem que o *topos* é apresentado como um lugar-comum compartilhado e aceito por uma comunidade linguística mais ou menos vasta e constituída minimamente por locutor e alocutário. Além disso, o *topos* é geral por ser apresentado como um princípio válido não só na situação particular em que é aplicado mas também em inúmeras situações análogas a ela. Finalmente, o *topos* é gradual em dois sentidos: por um lado, põe em relação dois predicados graduais – isto é, duas escalas argumentativas; e, por outro, admite ser aplicado com distinta força argumentativa. A fim de mostrar a gradualidade tópica, pode ser considerado como exemplo o seguinte enunciado:

> (7) *João trabalha bem. E mais, trabalha muito bem.*
> *Deverias contratá-lo.*

em que os argumentos X (*João trabalha bem*) e Y (*João trabalha muito bem*) não só estão orientados para o mesmo tipo de conclusão (*Deverias contratá-lo*) como o segundo (Y) é um argumento mais forte do que o primeiro (X) a favor dessa conclusão, tal como o explicita a presença do conector *e mais*. Assim, se o *topos* é gradual, não é porque estabelece uma correspondência monótona (isto é, grau a grau) entre os dois predicados que une (aqui, *trabalho* e *contratação*), mas porque pode ser aplicado com maior ou menor força. Em outras palavras, a gradualidade tópica não reside no fato de o locutor apontar uma conclusão mais forte a partir do segundo argumento (na verdade, no exemplo, o locutor apresenta dois argumentos

---

7. *Axioma* é uma declaração que, por ser óbvia, não precisa ser comprovada; é um princípio por si mesmo inequívoco.

em vista de uma única conclusão), mas no fato de que a conclusão é mais bem argumentada ou resulta mais convincente a partir de Y do que de X.

## 3 PRINCIPAIS ENFOQUES

### 3.1 Teoria dos *Topoi* e estruturação tópica do léxico

Chegados a este ponto, Anscombre e Ducrot observam que, até este estágio da teoria, os *topoi* utilizados para argumentar com as palavras da língua permanecem, ainda, no que diz respeito a seu conteúdo particular, fora da língua. Os autores propõem, então, considerar que os *topoi* não constituem somente um terceiro termo externo que permite a passagem do enunciado-argumento ao enunciado-conclusão nos encadeamentos discursivos (Anscombre 1989, 1990; Ducrot, 1987). Prefigurados ou mesmo inscritos na própria significação das palavras que compõem esses encadeamentos, os *topoi* intervêm desde o nível lexical.

Fica estabelecida desse modo a distinção entre *topoi* extrínsecos e *topoi* intrínsecos. Enquanto os primeiros constituem os *topoi* utilizados na argumentação global, os segundos se definem como pertencentes à própria significação das palavras que constituem essa argumentação. Sustentar-se-á, então, que os *topoi* extrínsecos, evocados ao longo da construção do discurso, estão parcialmente determinados pelos constituintes tópicos da significação das palavras, ou, dito de outro modo, pelos *topoi* intrínsecos associados a elas. Nos termos de Ducrot (1989, p. 7-8),

> Imaginemos um encadeamento argumentativo como "Jean est peu fortuné, il ne doit guère avoir d'amis" [*João tem pouco dinheiro, não deve ter amigos*]. O locutor baseia-se em um *topos* do tipo "quanto menos endinheirado se é, menos amigos se tem". Ora, eu acho difícil decidir que esse *topos* componha o próprio sentido da palavra *fortuné*, já que essa decisão me obrigaria a considerar como malformado o encadeamento que, a partir do mesmo argumento, colocasse a conclusão "deve ter amigos", ou também rechaçar da língua uma sequência como "tem pouco dinheiro e, no entanto, não tem amigos". Muito triste seria a nossa língua. Ou precisaria admitir que a palavra *fortuné* é ambígua, segundo nos sirva para argumentar a favor ou contra a presença de amigos. E, nesse caso – por força de complicação e de facilidade ao mesmo tempo –, o que seria

entristecedor seria a descrição linguística. Para evitar essas consequências dizemos que o *topos* em questão está somente "prefigurado" na palavra *fortuné*. Com isso queremos dizer que esse *topos* consiste em uma cadeia de *topoi* mais elementares, que poderia ser, por exemplo (mas essa não é mais que uma representação provisória): "(Quanto mais endinheirado se é, mais poder se tem), (Quanto mais poder se tem, mais se é útil), (Quanto mais útil se é, mais procurado se é)". E apenas o primeiro desses *topoi* elementares é o que, para nós, pertence à significação da palavra *fortuné*. Diremos que é "intrínseco" a essa palavra, ao passo que qualificaremos de "extrínseco" o *topos* global utilizado na argumentação. Nossa ideia é, pois, que os *topoi* extrínsecos utilizados no discurso são cadeias cujo primeiro elo é um *topos* intrínseco inscrito nas palavras que compõem os segmentos discursivos que funcionam como argumentos.

Assim, se os encadeamentos argumentativos constroem, a partir dos segmentos que combinam, uma certa representação do mundo, deve-se ressaltar que "essa combinação obedece a certas restrições impostas pelas próprias palavras que formam esse discurso e que constituem a significação dessas palavras" (Ducrot, 1993, p. 245).

De natureza tópica, o sentido de uma entidade léxica está constituído pelo conjunto de *topoi* cuja aplicação essa unidade autoriza. Visto que as palavras são feixes de *topoi* e que estes podem ser aplicados com maior ou menor força argumentativa, Anscombre e Ducrot formulam a hipótese de que as palavras têm, por seu próprio semantismo, graus de aplicabilidade diferentes. Destinada precisamente a provar esta hipótese, a *teoria dos modificadores* permitiu assim pôr em evidência que as palavras não só são suscetíveis de ser modificadas por determinações de grau que lhes são agregadas extralinguisticamente mas também que têm *per se* uma gradualidade inerente e intrínseca.

## 3.2 A teoria dos modificadores

Como foi dito, uma das hipóteses centrais da TAL é que as palavras lexicais[8] têm uma gradualidade intrínseca. Para demonstrar essa hipótese,

---

8. Palavras *lexicais* correspondem a substantivos, verbos etc., em oposição às palavras *gramaticais* equivalentes a conjunções, preposições etc.

Ducrot estuda o comportamento de certos modificadores (adjetivos e advérbios) que podem ser aplicados aos predicados da língua (substantivos e verbos) e cuja presença reforça ou contraria o potencial argumentativo de dada unidade léxica. Os modificadores em questão são os que Ducrot (1995) denomina *realizantes* (doravante MR) e *desrealizantes* (doravante MD).

Vários são os critérios que podem ser utilizados para a identificação desses modificadores, mas o principal deles é o das continuações discursivas introduzidas por *e mais*, ou por *mas*.

Assim, pode-se dizer que Y é um MD de um predicado X se for possível dizer *X, mas Y*, enquanto um enunciado *X. E mais, XY* apresenta mais dificuldades para ser interpretado. Utilizando este critério, constata-se que o adjetivo *difícil* é um MD em relação ao substantivo *solução*, já que o encadeamento com *mas* pode ser enunciado com toda naturalidade (cf. (8), enquanto o encadeamento com *E mais* é de difícil interpretação (cf. (9)).

> (8) *Há uma solução, mas é difícil.*
>
> (9) *# Há uma solução. E mais, é difícil.*

Se, ao contrário, é possível enunciar *X. E mais XY*, porém não *X mas XY*, Y será um MR. Este é o caso do adjetivo *fácil* em relação à *solução*, já que, contrariamente ao MD *difícil*, o MR fácil pode ser introduzido por *E mais* e não por *mas*:

> (10) *Há uma solução. E mais, é fácil.*
>
> (11) *# Há uma solução, mas é fácil.*

Com efeito, para poder interpretar o último enunciado, não bastam as indicações semânticas contidas nas palavras X e Y; é necessário fazer intervir razões que não têm a ver diretamente com tal significação. Poderíamos imaginar, por exemplo, o caso de um professor que deseja, ao mesmo tempo, que o problema que ele quer colocar aos seus alunos tenha uma solução e que essa solução não seja muito simples para que o exame tenha uma certa seletividade. No entanto, se um contexto desse tipo não é acessível na situação de enunciação, é claro que o enunciado *Há uma solução, mas é fácil* pareça estranha, e isso na medida em que a orientação do MR *fácil* não se opõe em absoluto à argumentatividade inerente de *solução*. Ao contrário, como MR, *fácil* aumenta, reforça o potencial argumentativo, quer dizer, o sentido do substantivo *solução* (isto é, quanto mais fácil é uma solução, mais "solução" essa solução é)[9]. Deste modo, como traços evidentes da gradualidade linguística, os MR e os MD mostram que

> A gradualidade não decorre, como afirmaria uma semântica informativa, do fato de que as palavras expressariam propriedades, reais ou intelectuais, as quais, fora da língua e do discurso, já possuiriam um caráter gradual. A gradualidade deriva, na verdade, do fato de que as palavras expressam possibilidades de encadeamentos, conclusivos ou concessivos, e que a força desses encadeamentos é ela mesma gradual. A gradualidade não reflete, pois, a relação das palavras com as coisas ou com o pensamento, mas sua relação com o discurso (Ducrot, 1998, p. 195).

Ora, definido como esquema escalar bimembre (isto é, que põe em relação dois metapredicados independentes entre si) e caracterizado como princípio ideológico externo que, ao ser evocado funciona como garantia da argumentação, o *topos* constitui uma noção problemática e controversa para os princípios estruturalistas da teoria. E é por isso que, apesar de sua grande utilidade descritiva, esta noção começa a ser abandonada a partir de meados dos anos de 1990. Em seu lugar, Anscombre sugere uma representação da significação em termos de estereótipos e de frases estereotípicas; Ducrot, por sua vez, radicaliza o enfoque imanentista e junto com Marion Carel propõe uma descrição semântica dos encadeamentos argumentativos no marco da *teoria dos blocos semânticos* (Carel, 1994; 2002; 2004; 2011; 2021; Carel; Ducrot, 1999a; 1999b; 2005; 2014, entre outros).

---

9. Em Negroni (1995), propõe-se a existência de uma terceira classe de modificadores, os *sobrerrealizantes* (MS). Trata-se de adjetivos ou advérbios que reforçam a orientação argumentativa do predicado que modificam, mas que, diferentemente dos MR, são suscetíveis de ser enunciados em uma oração do tipo *X, mas (X) Y*. Esse é o caso, p. ex., de *estrepitosamente* em relação ao predicado *perder*, ou de *facílima* em relação à *solução* (cf. *Perdeu, mas estrepitosamente. Tem uma solução, mas facílima*). Os MS têm, entre outras propriedades semânticas específicas, a de indicar o grau extremo do predicado a que se aplicam.

# 4 DESDOBRAMENTOS ATUAIS

## 4.1 Teoria dos Blocos Semânticos

Como se adiantou, ao longo de toda sua história, esta teoria semântica não referencialista e não veritativista sempre caracterizou o sentido em termos de argumentação; isto é, em termos da inserção dos enunciados nos encadeamentos discursivos. Limitada, no entanto, durante longo tempo apenas aos encadeamentos resultantes, quer dizer aqueles que podem se manifestar, entre outros, por meio dos conectores *portanto, se... então, porque, consequentemente*, a noção de argumentação tem visto modificar seu alcance nos últimos anos, e isso como consequência do reconhecimento de que este tipo de encadeamento não serve necessariamente para concluir nem para justificar, mas para melhor representar ou esquematizar determinadas situações (Carel, 1994).

A Teoria dos Blocos Semânticos (TBS) retoma aqui uma hipótese vigente desde as origens da TAL, a saber, argumentação e inferência não são sinônimos. Com efeito, os encadeamentos argumentativos, inclusive aqueles em *portanto*, nunca foram vistos como um tipo particular de inferência, como a expressão de um raciocínio no qual a verdade da proposição expressa no enunciado-argumento (A) obriga a admitir a verdade ou, ao menos, a possibilidade do que expressa o enunciado-conclusão (C). De fato, alguns encadeamentos resultantes, como o que aparece na réplica de (B) no diálogo (12), não correspondem a nenhuma inferência possível.

(12) A: *Já terminaste o que estavas fazendo?*
B: Sim, quase.

Como se observa, *quase* funciona na resposta de (B) como o argumento para a conclusão *sim*, e isso apesar de que, do ponto de vista informativo, *quase* descreve uma situação na qual (B) ainda não tinha terminado a tarefa mencionada. Dado, então, que seria contraditório inferir a partir de *quase* o fato expresso por *sim*, Ducrot conclui que a inferência não é uma condição necessária dos encadeamentos discursivos.

Para reforçar essa ideia, Ducrot (1999) faz notar que entre (13) e (14) é possível incluir um *portanto*:

(13) *João dormiu um pouco à noite.*
(14) *Deve estar menos cansado do que ontem.*

no entanto, não ocorre o mesmo entre (15) e (14)

(15) *João dormiu pouco à noite.*

Se (13) descrevesse um fato (p. ex., que João dormiu 4 horas à noite), também deveria admitir-se que esse mesmo fato aparece expresso em (15), pelo que, se (13) implicasse (14), (15) também deveria implicar (14). Entretanto, não é assim, tal como mostra o encadeamento (16).

(16) *#João dormiu pouco à noite, portanto, deve estar menos cansado do que ontem.*

Em suma, que (16) não seja possível põe em evidência que os encadeamentos discursivos dependem de uma ordem diferente daquela da inferência entre proposições.

Um segundo argumento para não ver nos encadeamentos argumentativos a expressão de uma inferência na qual se deduziria uma proposição a partir de outra é a interdependência semântica entre os dois segmentos que constituem o encadeamento. Por *interdependência semântica* entende-se que o sentido intrínseco de cada segmento contém a indicação de que "cada um dos dois segmentos encadeados tem seu sentido somente na relação com o outro (Carel; Ducrot, 2005, p. 16). Considerem-se, a título de exemplo, (17) e (18):

(17) *Vais muito rápido: vamos ter um acidente.*
(18) *Vais muito rápido: vamos ser multados.*

Conforme se pode constatar, o sentido do primeiro segmento *vais muito rápido* só pode ser compreendido à luz do segundo (*vamos ter um acidente* ou *vamos ser multados*). Com efeito, quando a velocidade de que se trata em (17) é a velocidade perigosa, em (18) é a velocidade proibida. De modo análogo, o sentido do segundo segmento é determinado pelo do primeiro. Assim, a *multa* de que se fala no segundo caso é aquela que se imporia pelo excesso de velocidade e não, por exemplo, por conduzir alcoolizado. Fica claro, desse modo, que, mesmo quando o discurso associa duas expressões distintas (*velocidade* e *acidente*, no primeiro caso; *velocidade* e *multa*, no segundo), cada um desses encadeamentos manifesta um único bloco semântico: o da velocidade perigosa em (17) e o da velocidade proibida em (18).

Analogamente, nos encadeamentos (19) e 20,

> (19) *É tarde, portanto, o trem já deve estar na estação.*
> (20) *É tarde, portanto, o trem já não deve estar na estação.*

não se produz um movimento inferencial que permitiria extrair conclusões contrárias a partir do mesmo argumento. Nem as conclusões são contrárias, nem os argumentos são iguais. Com efeito, o trem de que se trata em (19), em que a passagem de tempo é vista como construtora, quer dizer, como um tempo que permite a aparição ou a presença das coisas, é o trem que chegou. Em (20), ao contrário, em que a passagem do tempo é vista como destruidora, quer dizer, como um tempo que faz com que as coisas desapareçam, o trem de que se trata é o trem que partiu. Novamente, cada um desses encadeamentos manifesta um bloco semântico distinto: o do tempo que, com seu transcorrer, faz as coisas aparecerem, em (19), e o do tempo que, com seu transcorrer, faz com que as coisas já não estejam, em (20).

A TBS mantém assim a ideia de que "a argumentação não se agrega ao sentido, o constitui", sentido que "está dado pelos discursos argumentativos que podem ser encadeados" (Carel; Ducrot, 2005, p. 13) a partir de uma expressão, ao mesmo tempo em que introduz vários elementos novos no tratamento da análise semântica.

Uma primeira novidade constitui o abandono na teoria dos encadeamentos resultantes marcados por conectores como *portanto, se... então, porque, consequentemente*, todos manifestações do conector abstrato DONC[10] (DC), colocando-o em pé de igualdade com os encadeamentos

---

10. Por se tratar de um construto teórico, no Brasil, optou-se por manter a notação original em francês DONC (DC). O mesmo vale para o conector oposto POURTANT (PT), equivalente a *no entanto*, em português, e para a negação (neg-), o que aparecerá mais adiante [N.T.].

adversativos e concessivos assinalados por conectores como *no entanto, apesar de que, ainda que, mesmo quando* etc., todos manifestações do conector abstrato POURTANT (PT).

Assim, se os encadeamentos resultantes não servem para concluir, mas para representar situações, seu *status* não é tão diferente dos encadeamentos adversativos/concessivos em PT seguidos de uma negação.

A DC B
A PT neg-B

Ambas as estruturas são consideradas atualmente como estritamente paralelas: tanto uma como a outra constroem a mesma representação das coisas ou, dito de outro modo, ao manter idêntica a interdependência semântica dos seus membros, tanto uma como a outra permitem a expressão do mesmo bloco semântico.

E como todo bloco semântico tem por natureza dois aspectos, é possível estabelecer uma clara distinção entre ambos os tipos de encadeamento. Se aqueles em DC aplicam o bloco sob seu aspecto normativo (A DC B), os encadeamentos nos quais DC foi substituído por PT seguido de uma negação o fazem sob o aspecto transgressivo do bloco (A PT neg-B).

Considere-se, a título de exemplo, (21) e (22) em que, tal como em (17) e (18), as velocidades de que se trata são, respectivamente, a velocidade perigosa e a velocidade proibida.

(21) *Apesar de dirigir em alta velocidade, chegou são e salvo ao seu destino.*
(22) *Mesmo dirigindo a mais de 160 km/h , não o multaram.*

Assim, diremos que os encadeamentos (17) e (21) pertencem ao mesmo bloco semântico, o bloco que constrói a representação da velocidade como perigosa para a vida. Mas, enquanto (17) aplica esse bloco sob seu aspecto normativo (velocidade DC acidente), (21) o faz sob seu aspecto transgressivo (velocidade PT neg-acidente). Analogamente, o encadeamento normativo em DC (18) e o transgressivo em PT (22) manifestam, sob aspectos diferentes, o mesmo bloco semântico, o da velocidade que não deve ser sancionada: velocidade DC multa, em (18); velocidade PT neg-multa, em (22).

Em suma, ao atribuir igual *status* metodológico a encadeamentos normativos e transgressivos, a tese argumentativa atual postula que o sentido de uma entidade linguística, palavra ou enunciado, reside não só nas argumentações em DC mas também naquelas em PT que essa entidade evoca. Agora – e essa é uma segunda grande contribuição da TBS –, dois são os modos pelos quais podem ser evocados os encadeamentos constitutivos do sentido: esses dois modos são a argumentação externa (AE) e a argumentação interna (AI).

A AE de uma determinada entidade linguística (palavra, sintagma, enunciado) é constituída pelos discursos argumentativos, normativos e transgressivos, nos quais essa entidade intervém como primeiro ou segundo segmento. Assim, por exemplo, entre as AE do adjetivo *valente* figuram, entre outros, os seguintes encadeamentos:

> (23) *Pedro é valente, pelo que todo mundo o admira.*
>
> (24) *Mesmo que Pedro seja valente, seus colegas não o admiram.*
>
> (25) *Como arriscou sua vida para salvá-la, Pedro é valente.*
>
> (26) *Mesmo não tendo arriscado sua vida para salvá-la, Pedro é valente.*

Pode-se observar, então, que, enquanto (23) e (24) constituem as AE à direita de *valente* (a palavra em questão figura em ambos os casos como primeiro segmento do encadeamento), os enunciados (25) e (26) constituem a AE à esquerda de *valente* (*valente* aparece como segundo segmento do encadeamento).

É possível constatar, ainda, que, embora (23) e (24), por um lado, e (25) e (26), por outro, se oponham de algum modo, também têm algo em comum, a saber, a representação discursiva acerca da qual a valentia produz admiração, em (23) e (24), e a visão sobre a qual as façanhas heroicas constituem mostras de valentia, em (25) e (26). E esses blocos são os que estão inscritos na significação de *valente*. Dito de maneira geral:

a) se o aspecto X CONECTOR Y é uma das AE à direita de X (é o caso de (23)), seu converso (X CONECTOR' neg-Y) também o é (é o caso de (24));

b) se X ocupa, ao contrário, o segundo membro do encadeamento, integrarão parte das AE à esquerda de X tanto o aspecto Z CONECTOR X (é o caso de (25)) como seu transposto neg-Z CONECTOR' X (é o caso de (26)).

Entretanto, para a TBS, as AE não bastam para definir o sentido das entidades linguísticas. Por isso introduz a noção de argumentação interna AI. Trata-se neste caso dos discursos argumentativos, normativos ou transgressivos, nos quais a entidade não intervém e que constituem, portanto, uma espécie de paráfrase dela. A título de exemplo, pode-se considerar (27), que manifesta a AI de *prudente*:

(27) A situação era perigosa e, portanto, Pedro tomou precauções.

Na verdade, dizer *prudente* evoca necessariamente uma relação normativa em DC entre a indicação de que uma situação é ou era perigosa e a indicação de que foram tomadas precauções para levar a cabo a ação em questão (perigo DC precaução). Pode-se observar aqui que (28), o qual constitui a conversa de (27) – troca de conector seguido de negação: perigo PT neg-precaução –, não forma parte da AI de *prudente*, mas da de seu antônimo (isto é, *imprudente*).

(28) Embora a situação fosse perigosa, Pedro não tomou precauções.

Em síntese, conforme sustentam Carel e Ducrot (2005), determinar a significação de uma entidade da língua consiste em associar-lhe uma família de discursos argumentativos, normativos e transgressivos. Esses discursos devem ser classificados em duas subfamílias, segundo a entidade em questão intervenha ou não, como primeiro ou segundo membro. Os discursos nos quais a entidade intervém constituem sua AE, aqueles em que não, sua AI.

## 4.2 Enfoque dialógico da argumentação e a polifonia

Tributário da semântica argumentativa (Anscombre; Ducrot, 1983; Anscombre, 1995; Ducrot, 2004; Carel; Ducrot, 2005; Carel 2011) e do dialogismo (Bakhtin, 1982), o *enfoque dialógico da argumentação e a polifonia* (doravante EDAP) caracteriza os discursos e pontos de vista intrinsecamente argumentativos que toda enunciação evoca como resposta sempre dialógica em face de discursos prévios ou potenciais (García Negroni, 2016a; 2016b; 2018a; 2018b; 2019; 2021; García Negroni; Libenson, 2016; 2020a, 2020b, 2021, entre outros).

O EDAP mantém assim o princípio segundo o qual o sentido de nossas palavras, expressões ou enunciados não é constituído pelas coisas, mas pelos encadeamentos ou discursos argumentativos aos quais essas palavras, expressões ou enunciados referem. Tal como afirma Ducrot (2004, p. 364), "o sentido de uma entidade linguística não é nada mais do que um conjunto de discursos que essa entidade evoca". Entretanto, o EDAP distancia-se da Teoria dos Blocos Semânticos (último desenvolvimento da Semântica Argumentativa) ao incorporar como parte da descrição polifônico-argumentativa os aspectos dialógicos do sentido (Bakhtin, 1981; 1982), quer dizer, aqueles relacionados tanto com a inscrição do enunciado na cadeia discursiva como com o consequente posicionamento subjetivo de resposta ou de antecipação que fica configurado diante dos discursos prévios ou potenciais. Nesse sentido, o EDAP defende ver no funcionamento polifônico-argumentativo da linguagem o lugar de expressão linguística das relações intersubjetivas e analisa as dinâmicas argumentativas intrínsecas à significação como essencialmente dialógicas. Dito de outra forma, ao articular as teorias do dialogismo, da polifonia e da argumentação, o EDAP busca explicar os aspectos polifônico-argumentativos do sentido em uma chave dialógica e formalizar as relações dialógicas em uma chave polifônico-argumentativa.

Seguindo Ducrot, o EDAP assume que os diversos pontos de vista que se expressam por meio da enunciação não têm razão para serem atribuídos a um mesmo e único sujeito; também mantém a distinção entre *locutor L* e *locutor* λ e caracteriza L como o ser de discurso que no sentido do enunciado é apresentado como seu responsável, e λ como aquele a quem se referem as marcas de primeira pessoa e de quem se fala no enunciado que contém essas marcas[11]. O EDAP questiona, ao contrário, a concepção de L como um tipo de marionetista que, deliberada e conscientemente, poria em cena distintos enunciadores. Também – e da mesma forma que a TBS – recusa o conceito de enunciador como origem dos conteúdos veiculados no enunciado e a ideia de que, frente aos enunciadores, teria distintas atitudes. Par evitar o viés psicologicista que emerge dessas caracterizações e para dar conta das perspectivas semânticas que ficam plasmadas no discurso, o EDAP adota a noção de *ponto de vista* (doravante PdV). E, ao conceber o enunciado como elo da cadeia discursiva (Bakhtin, 1982), o EDAP analisa os diferentes posicionamentos subjetivos que se manifestam argumentativamente no discurso como respostas sempre dialógicas além de toda intenção retórica ou estratégica do falante.

Nesse contexto, o EDAP postula a necessidade de incluir na descrição semântica a caracterização dos PdV que põem à mostra a relação dialógica do enunciado com os outros na cadeia. Propõe, entre outros procedimentos, a análise dos PdV evidenciais (García Negroni, 2019; 2021; Caldiz, 2019; 2020), dos alusivos (García Negroni, 2019), dos admirativos (García Negroni; Libenson, 2020a; 2021), dos autonímicos (García Negroni; Hall, 2020), dos preventivos (Pernuzzi, em elaboração). Em todos os casos, esses PdV comportam instruções dialógico-causais que obrigam a identificar a causa da enunciação na qual se expressam em um *marco de discurso* mostrado e prévio ao qual a enunciação responde dialogicamente por meio de um certo posicionamento subjetivo. Em outras palavras, esses PdV fazem ver a enunciação que os contém como resposta a um marco de discurso que o interpretante deve recuperar para poder aceder ao sentido do enunciado. Por questão de espaço, só nos deteremos brevemente no caso dos PdV evidenciais.

---

11. Para melhor compreensão do que é proposto aqui, cf., nesta mesma obra, o capítulo específico sobre polifonia.

De acordo com o EDAP, as instruções dialógico-argumentativas associadas aos PdV evidenciais obrigam a identificar e a reconhecer como causa da enunciação na que tais PdV se expressam em um marco de discurso que, mostrado e não dito, é constituído por encadeamentos argumentativos relativos a percepções ou a dizeres articulados normativa (em DC) ou transgressivamente (em PT) com diversos tipos de asserções epistêmicas sobre $\lambda$ (o locutor como ser no mundo) a respeito deles[12]. Em todos os casos, diante desses diferentes tipos de marcos de discursos desencadeadores da enunciação fica plasmado um posicionamento subjetivo de resposta de L (o locutor como tal). Assim, por exemplo, no caso das enunciações com PdV evidenciais citativos, os marcos de discurso que esses PdV exigem identificar dão conta do tipo de representação argumentativa que deve ser recuperada como a causa evidencial da fala e explicam por que a enunciação tem as propriedades que tem (fortemente assertiva, distanciada, precavida, refutativa, pedido de corroboração, pedido de continuação etc.).

No próximo item, traremos alguns exemplos com a finalidade de concretizar o tipo de análise proposta por essa última abordagem teórica.

## 5 EXEMPLO DE ANÁLISE

Para ilustrar o vínculo dialógico entre a enunciação e o marco de discurso que a desencadeia, pode-se considerar o caso dos PdV evidenciais veiculados pelo condicional de rumor em (29) e pela negação metadiscursiva em (30). Nos esquemas que seguem, serão representados o marco causal evidencial entre colchetes; o posicionamento subjetivo de resposta, em itálico, e o vínculo que fica estabelecido entre o marco de discurso fundante e a enunciação desencadeada a partir dele, por um PORTANTO dialógico.

---

12. Exemplos desses marcos de discurso evidenciais são *fui testemunha ocular de X DC Y dou fé de X; vejo/olho Xb DC infiro Xa; dizem/disseram X PT não posso garantir X; dizem/ disseram X DC creio que X seja possível; dizem/disseram X PT X não é assim para mim* etc. Para uma análise detalhada desses diferentes tipos de marcos de discurso fundantes da enunciação com PdV evidenciais (diretos, indiretos, inferenciais, indiretos citativos) pode-se consultar Negroni, 2019.

(29) *Michel Jackson teria morrido.* [videograph exibido na televisão em 29 de junho de 2009]

[Dizer$_{(outros)}$ X$_{(MJ\ vivo\ em\ T-1\ PT\ MJ\ não\ vivo\ em\ T0)}$ PT não posso ($\lambda$) garantir X]

PORTANTO

*asserção cautelosa de L*

(30) *Então, aqui não há nada a negociar. A democracia dos argentinos não se negocia. Acabou para sempre o tempo dos golpes, mas também acabou o tempo das pressões, os pronunciamentos e as proposições* [fragmento do discurso do Presidente Raúl Alfonsín por ocasião do levante militar "carapintada" contra a democracia em abril de 1987].

[Dizer$_{(carapintadas)}$ X$_{(posse\ de\ armas\ DC\ negociação)}$ PT X não é assim para mim ($\lambda$)]

PORTANTO

*enunciação refutatória + enunciação retificadora de L.*

Desse vínculo dialógico entre a causa da enunciação (o marco do discurso evidencial que deve ser recuperado) e o posicionamento de resposta que fica plasmado no enunciado surge, assim mesmo, uma representação do dizer que deve ser recuperada. Assim, enquanto em (29) o dizer de que se trata é um dizer não garantido (isto é, um rumor), o dizer em questão em (30) é um dizer insensato, equivocado ou errôneo.

Em suma, para dar conta do significado evidencial, o EDAP não considera as fontes empíricas de informação do falante que, por outro lado, consoante os estudos sobre evidencialidade, constituiriam uma categoria uniforme, mas os marcos de discurso evidenciais que são mostrados como a causa da enunciação com PdV evidenciais. E, ao fazê-lo, o EDAP põe em evidência que só o encadeamento discursivo deve ser descrito em termos argumentativos: ao responder normativamente (por meio do conector dialógico PORTANTO) ao marco de discurso que a desencadeia, o sentido da própria enunciação também é argumentativo.

## 6 CONSIDERAÇÕES FINAIS

Neste capítulo, em que resenhamos as hipóteses de base e os pressupostos teóricos da teoria da argumentação linguística, tentamos pôr em evidência que, para a semântica argumentativa (em suas distintas vertentes e desenvolvimentos):

a) não existe elemento da significação cujo caráter seja puramente objetivo: todo conteúdo semântico ou PdV plasmado no enunciado é argumentativo; também é argumentativa a enunciação na qual esses conteúdos ou PdV se expressa;

b) o sentido de toda entidade linguística (palavra, enunciado) está constituído pelos encadeamentos argumentativos – normativos ou transgressivos – que essa entidade evoca;

c) é parte do sentido de toda enunciação o encadeamento normativo com o marco de discurso que constitui sua causa dialógica; e

d) a descrição linguística deve dar conta dos conteúdos semânticos postos no discurso, ou seja, dos diferentes PdV expressos na enunciação e de como esta obriga a recuperar os marcos de discurso que a desencadeiam e que explicam os posicionamentos subjetivos que nela ficam materializados.

Sem dúvida, nas páginas que precedem, apenas pudemos examinar uma parte limitada do campo dos fenômenos argumentativos, mas esperamos que isso também tenha permitido ao leitor constatar tanto o grande poder explicativo deste enfoque argumentativo da semântica linguística como sua relevância e importância para os estudos da linguagem.

# Argumentação retórica

José Luiz Fiorin

## 1 INTRODUÇÃO

Hoje, o termo "retórica" tem, na maior parte de seus usos, um valor pejorativo, indicando "estilo oco, afetado; verborreia para ocultar os sentimentos de quem fala ou para velar a verdade; mentira; insinceridade; fala manipuladora com a finalidade de ludibriar; palavreado vazio". No entanto, esses significados não fazem justiça aos mais de dois milênios, em que a retórica teve um papel extremamente importante na vida cultural do Ocidente. Eles constituem uma deturpação do que é a retórica.

Na Antiguidade e na Idade Média, o campo dos estudos da linguagem dividia-se em três disciplinas, a retórica, a gramática e a dialética, o *trivium* dos estudos medievais. A retórica era chamada *ars bene dicendi* (a arte do dizer (do discurso) eficaz); a gramática, *ars recte dicendi* (a arte de dizer corretamente); a dialética, *ars uere dicendi* (a arte de dizer de maneira verídica) (Rener, 1989, p. 147). Arte (latim *ars, artis*; grego *téchne, téchnes*) significava "conjunto de procedimentos ordenados (organizados por regras) para realizar qualquer atividade humana". A retórica analisa o conjunto de procedimentos linguísticos que visam a persuadir aqueles a quem o discurso se dirige. A gramática examina os enunciados considerados em si mesmos; isto é, os conteúdos e os meios de expressão que os veiculam. A dialética estuda a adequação entre os enunciados e os objetos que supostamente eles representam, distinguindo, assim, o verdadeiro do falso. Essas três artes organizam-se pouco a pouco do fim do século V a.C. até por volta do século I a.C., quando se estabilizam em sua delimitação recíproca.

Examinemos mais detidamente o que é a retórica. Aristóteles parte da distinção entre argumentos necessários e preferíveis, para definir o que é essa arte (1991: I. 1, 1.355a-1.358a; 2, 1.256a-1.358a; 2005: I, 1; 100a)[13].

Raciocínios necessários são aqueles cujas conclusões decorrem imperativamente das premissas colocadas, enquanto, nos preferíveis, as conclusões são possíveis, prováveis, plausíveis, mas não procedem imprescindivelmente das premissas enunciadas. Neles a aceitação da conclusão depende dos valores, das disposições passionais, da visão de mundo daquele que faz o arrazoado. Os raciocínios necessários pertencem à lógica, ao passo que os preferíveis concernem à retórica.

O exemplo típico dos raciocínios necessários é o silogismo demonstrativo.

> *Todo planeta orbita uma estrela.*
> *A Terra é um planeta.*
> *Logo, a Terra orbita uma estrela.*

Nos negócios humanos (políticos, judiciais, religiosos etc.), porém, não há verdades lógicas. Aceitar a descriminalização do aborto ou considerá-lo um crime derivam não de uma veracidade necessária, mas do fato de que se analisa essa conduta como uma questão de saúde pública ou como um preceito religioso, segundo a visão de quem toma posição. Assim, a conclusão a que se chega é verossímil, porque ela é possível, provável, plausível. Julga-se que se deve descriminalizar o aborto, porque muitas mulheres (principalmente, as mais pobres) serão salvas ou não terão complicações de saúde, porque não farão aborto em condições precárias. Por conseguinte, aceita-se essa conclusão, porque ela é benéfica a um número grande de mulheres.

---

13. As referências aos autores antigos, no corpo do texto, não seguem as normas da ABNT: autor, ano e página. São feitas pelas páginas e outras divisões internas das edições clássicas, universalmente utilizadas. Assim, podem-se localizar as passagens em qualquer língua e edição. No caso de Aristóteles, o algarismo romano remete ao livro em que cada obra foi dividida pelos antigos que organizaram sua produção, arranjo conhecido como *Corpus Aristotelicum*; o primeiro algarismo arábico indica o capítulo e o segundo, a página da edição Bekker, organizada para a Academia de Ciências de Berlim; as letras a ou b referem-se, em cada página, à coluna da esquerda ou da direita, respectivamente.

Quer-se a manutenção da situação jurídica atual, porque se pensa que o aborto é um assassinato, uma vez que se pensa que existe um ser humano desde o momento da concepção.

A retórica é, assim, a arte que se ocupa do uso do discurso com a finalidade de convencer, de agradar, de deliberar, de defender, de raciocinar, de seduzir.... Com a linguagem, negociam-se as diferenças, e a retórica analisa as modalidades dessa negociação. Ela é o contrário do discurso dogmático, porque, nela, tudo se põe em questão. É o exame de teses que se afrontam com a finalidade de persuadir o auditório (o enunciatário, diríamos hoje), convencendo-o ou seduzindo-o. Ela examina como se discutem os problemas que dividem os seres humanos e as soluções para eles. Ela interroga a respeito do que poderia ser diverso ou mesmo do que poderia não ser.

A retórica baseia-se em quatro princípios: a antifonia, o paradoxo, a probabilidade e a dialética (Plantin, 1996, p. 6-7).

O primeiro é o da antifonia: tudo o que é criado por um discurso pode ser desfeito por outro discurso. Um argumento constrói-se em oposição a outro, o que significa que existe sempre uma contraditoriedade inerente à argumentação. Por exemplo, uma casa desabou num morro, porque, em virtude do volume de chuva, a terra deslizou. Quem é o culpado? Um argumento é que se trata do poder público, porque ele não fiscalizou as construções ilegais ou não construiu arrimos para evitar deslizamentos. Por outro lado, o poder público argumenta que é a pessoa que construiu ilegalmente, uma vez que há posturas municipais que proíbem a construção em encosta de morros. A Constituição Federal, em seu artigo 5º, ao elencar os direitos e garantias fundamentais, diz: "LV – aos litigantes, em processo judicial ou administrativo, e aos acusados em geral são assegurados o contraditório e ampla defesa, com os meios e recursos a ela inerentes". O princípio do contraditório é a base do sistema judicial do mundo civilizado.

O segundo princípio sobre o qual se fundamenta a retórica é o do paradoxo. Ele mostra que, contrariamente ao que pensa o senso comum, a ordem da linguagem não é homóloga à ordem do mundo. A linguagem tem uma ordem própria, autônoma em relação à realidade. Por isso, podem-se construir discursos em que haja uma contradição lógica e, no entanto, essa contradição expressa um sentido mais intenso: "Já estou cheio de me sentir vazio" (Renato Russo, *Baader-Meinhof Blues*); "O amor [...] é ferida que dói e não se sente" (Luís de Camões, *Amor é fogo que arde sem se ver*); "...a casa que ele fazia / Sendo a sua liberdade / Era a sua escravidão" (Vinicius de Moraes, *Operário em construção*); "Estou cego e vejo / Arranco os olhos e vejo" (Carlos Drummond de Andrade. *Mário de Andrade desce aos infernos*). O princípio do paradoxo permite construir raciocínios como:

> Tudo o que é raro é caro.
> Um cavalo barato é raro.
> Portanto, um cavalo barato é caro.

O terceiro princípio é o da probabilidade, que aponta para o fato de que, nas realidades humanas, não existe somente o verdadeiro e o falso, o certo e o errado. Por exemplo, um grupo de pessoas quebra vitrinas de lojas durante uma manifestação contra o governo. Este afirma que os oposicionistas são um bando de baderneiros (probabilidade 1). Os oposicionistas dizem que quem promoveu o quebra-quebra foram policiais disfarçados para que o governo pudesse acusar a oposição de ser uma súcia de desordeiros (probabilidade 2).

O quarto princípio é o da dialética, que leva à noção de que a interação discursiva é a realidade em que se constituem as relações sociais.

A retórica antiga continha cinco operações, embora somente as três primeiras fossem objeto de estudos mais aprofundados: a invenção, a disposição, a elocução, a ação e a memória (Barthes, 1975, p. 182).

A invenção é o ato de encontrar argumentos, de selecioná-los, e não de os criar do nada. Eles são retirados de um repertório (lista dos *tópoi*, lugares – próprios ou comuns) em que estão elencados. A disposição é a organização dos conteúdos num todo estruturado. A elocução é o ato de enunciar adequadamente os conteúdos. A ação é a apresentação do discurso. A memória são as técnicas de memorização do que se vai dizer.

A argumentação retórica, como qualquer ato enunciativo, opera com três fatores com vistas a persuadir o outro: o enunciador, o discurso e o enunciatário. Pode-se persuadir com a imagem que fazemos do enunciador (o *éthos*), com a disposição passional ou ideológica do enunciatário, que o enunciador precisa levar em conta (o *páthos*), e com os argumentos criados no discurso (o *lógos*).

Argumento retórico, então, são todos os procedimentos discursivos que visam a levar o outro a aceitar um dado ponto de vista apresentado pelo enunciador. *Argumento* provém do latim *argumentum*, que é formado da raiz indo-europeia *arg-*, que aparece também na palavra *argênteo* (= prateado) e que significa "cintilar". *Argumento* é o que faz brilhar uma tese. Essa raiz ocorre também em *arguto* e *argúcia*, termos que se relacionam à inteligência brilhante.

## 2 ORIGENS HISTÓRICAS

Muitas ciências têm mitos fundadores. Diz Roland Barthes que a retórica nasce, por volta de 485 a.C., depois que uma insurreição democrática depôs os tiranos da Sicília Gelon e Hieron, que, durante sua administração, expropriaram muitas terras com o escopo de distribuí-las a seus soldados. Depois da vitória dos sublevados, os proprietários desapossados reclamaram a restituição de seus antigos domínios. No entanto, apareceram vários reclamantes para a mesma propriedade. Esses processos mobilizavam grandes júris populares, que necessitavam ser persuadidos da justiça da reclamação. A eloquência necessária para convencer os jurados tornou-se objeto de ensino (1975, p. 151).

A retórica é, sem dúvida alguma, a disciplina que, na história do Ocidente, iniciou os estudos do discurso. Tira seu nome do grego *rhéseis*, que significa "ação de falar", donde "discurso". *Rhetoriké* é a arte de convencer pelo discurso. Desde o início, fundava-se na ideia de que todo discurso pode ser invertido por outro discurso, de que tudo o que é feito por palavras pode ser desfeito por elas, de que a um discurso se opõe um contradiscurso. Conta-se que Córax se dispôs a ensinar suas técnicas a Tísias, acordando com o aluno que ele lhe pagaria levando em conta os resultados alcançados, ao defender a primeira causa: pagar-lhe-ia pelos ensinamentos se ganhasse; se perdesse, não lhe deveria nada. Completadas as lições, o aluno entra com um processo contra o mestre. Nessa primeira ação, ele ganharia ou perderia. Se ganhasse, não pagaria nada em consequência da decisão do tribunal. Se perdesse, não deveria nada por causa do acordo particular entre eles. Córax constrói seu contradiscurso, retomando a argumentação de Tísias, mas invertendo-a. Se Tísias ganhasse o processo, deveria pagar em virtude do ajuste entre eles; se perdesse, deveria pagar devido à sentença do tribunal. Nos dois casos, deveria pagar (Plantin, 1996, p. 5).

A retórica foi sendo construída, ao longo dos séculos na Grécia, em Roma, tendo os sofistas um papel de destaque em seu desenvolvimento. Desde seu aparecimento até o período compreendido entre o fim do século XIX e a segunda metade do século XX, durante, pois, mais de 2 mil anos, ela teve um papel muito importante no ensino, na criação literária, na reflexão sobre as interações orais e escritas entre os seres humanos. Bender e Wellbery (1990) expõem as condições histórico-discursivas que levaram ao declínio da retórica: (1) aparecimento de um ideal de transparência, neutralidade e objetividade do discurso científico, que se baseia na tese de que a linguagem é homóloga à realidade, o que conflita com o princípio da antifonia, que leva a admitir que o discurso constrói o modo de ver o mundo; (2) surgimento, em sentido paradoxalmente contrário, de um ideal de originalidade, de subjetividade e de individualidade do discurso literário, o que está em oposição à ideia de um estoque de lugares-comuns e de procedimentos à disposição do escritor; (3) ascensão do liberalismo como modelo do discurso político, que pretende que as escolhas políticas sejam marcadas pela racionalidade, o que contraria a ideia de persuasão em que se fundamenta a retórica; (4) substituição da oralidade pela escrita como modelo de comunicação, o que relega a eloquência, que foi a base para a construção da retórica, a segundo plano; (5) emergência dos estados-nação e das línguas nacionais como referências culturais, o que faz o latim perder a importância de que gozava. O positivismo científico e a estética romântica foram os paradigmas discursivos que levaram à perda de importância da retórica.

Nessa época, Victor Hugo proclamava "Guerra à retórica, paz à sintaxe" (1973: I, p. 7). Em 1885, Renan bradava, na resposta ao discurso de recepção de Ferdinand de Lesseps, pronunciada na Academia Francesa: "O senhor tem horror da retórica, e o senhor tem razão. É, com a poética, o único erro dos gregos. Depois de ter criado obras-primas, acreditaram poder estabelecer regras para fazê-las: erro enorme!"[14]

Verlaine, na Arte Poética, aconselhava a torcer o pescoço da eloquência (1884).

Na segunda metade do século XX, como mostram Bender e Wellbery (1990), alteram-se as condições histórico-discursivas que levaram ao declínio e ao desprezo da retórica e, então, assiste-se a um renascimento dessa arte. Ela reconquista prestígio teórico e pertinência prática. Em primeiro lugar, a atividade científica põe em questão o positivismo, mostrando, de Heisenberg a Gödel, que os dados de observação não são neutros. Ademais, Thomas Kuhn evidencia que a história da ciência revela construções no interior de paradigmas dominantes, ou seja, é uma linguagem dominante em dado momento histórico. Em segundo, a arte moderna, principalmente com o surrealismo e o dadaísmo, afasta o ideal de originalidade ao pensar a experiência estética como um jogo de forças inconscientes e linguísticas em relação às quais o sujeito está descentrado. Em terceiro, o modelo de comunicação política descarta a ideia de racionalidade da escolha dos agentes políticos e emprega técnicas de publicidade, de *marketing*. A cultura escrita não é vista como o elemento central da comunicação, mas

---

14. Disponível em: https://www.academie-francaise.fr/reponse-au-discours-de-reception-
-de-ferdinand-de-lesseps

é considerada somente um meio, entre outros, de tratar a informação. A imagem fixa ou em movimento, os infográficos, as linguagens sincréticas adquirem uma importância muito grande nos novos meios de comunicação. Aliás, McLuhan aponta para a relação entre a imagem e a cultura oral pré-clássica (1969). Em quarto, revalorizam-se o poliglotismo, os dialetos e jargões, tornando-se a cultura nacional um elemento menos dominante.

É preciso analisar o que é essa retórica renascida, pois não é mais apenas aquela retórica da tradição clássica.

## 3 PRINCIPAIS ENFOQUES

Há dois enfoques principais da retórica na atualidade: de um lado, uma vertente que retoma a retórica clássica e volta o olhar para as dimensões tropológica (figurativa) e topológica (argumentativa) da linguagem, ou seja, para as questões relativas às figuras e à argumentação, vendo a retórica como um instrumento ainda válido de análise discursiva; de outro, uma tendência que se debruça sobre a retoricidade geral como condição da existência de todo discurso.

O primeiro enfoque começa, quando, em 1958, Perelman e Tyteca publicam seu *Tratado da argumentação: a nova retórica* (2005). Depois da barbárie nazista, eles, ao constatar que as grandes narrativas do século XX estavam fundadas em verdades deduzidas logicamente de alguns axiomas erigidos como objetos de fé ou de adesão apaixonada, voltam-se para Aristóteles para estabelecer as bases sistemáticas das técnicas discursivas visando a obter a adesão dos espíritos. Buscam estabelecer liames entre a razão e o senso comum. Querem constituir uma arte de argumentar, para atuar nos negócios humanos, contingentes por natureza, cujos arrazoados seriam menos peremptórios do que os raciocínios da lógica formal. Certos de que não havia verdades absolutas nos assuntos humanos, mostram que a lógica fica reservada ao domínio da ciência, enquanto a retórica se ocupa dos negócios cívicos, judiciários e econômicos, onde se opera com o provável e o verossímil. De certa forma, sua retórica era a arte de viver civilizadamente.

Kuhn, em 1962, ao publicar seu livro *A estrutura das revoluções científicas*, evidencia que a retórica se aplica também à ciência, porque uma proposição científica deve ser aceita como verossímil no conjunto da comunidade científica de uma dada época. A ciência também é colocada entre os negócios humanos; ela é dependente de uma tópica (1998).

No ano letivo de 1964-1965, Barthes ministrou um seminário sobre a retórica antiga e publicou, em 1970, no número 16 da revista *Communication*, um longo artigo sobre esse tema (1975). Pelo prestígio de que dispunha o semiólogo francês, a imagem positiva que ele dava da retórica e a admiração que nutria por essa arte contribuíram para sua aceitação entre os estudiosos da linguagem. Para Barthes, as categorias retóricas deveriam ser usadas na análise dos meios de comunicação de massa, uma vez que eles constroem um discurso fundado na *doxa*, no provável. Alem disso, uma história da retórica feita com novos métodos permitiria compreender determinados aspectos, não bem percebidos, de nossa literatura, de nosso ensino e mesmo de nossas instituições. Finalmente, a retórica levaria a uma nova prática de linguagem, uma linguagem revolucionária, não separada da ciência revolucionária. O que o estudioso francês fez foi resumir, com perspicácia, a tradição retórica, mostrando sua complexidade e suas sutilezas.

O trabalho de Barthes leva diferentes pesquisadores a repensar a dimensão tropológica (figurativa) da liguagem. Em sua *Retórica geral*, o Grupo µ, de Liège, parte de um fundamento clássico para estabelecer uma sistematização das figuras (Dubois, 1974, p. 72-201): a organização quadripartida, que se compunha de quatro operações, a adição, a subtração, a permutação (troca) e a transposição. Essas operações incidem sobre os constituintes de diferentes níveis, gerando quatro grupos de figuras: metaplasmos, metataxes, metassememas e metalogismos. Os dois primeiros grupos operam no nível da expressão e os dois últimos, no do conteúdo.

O segundo enfoque analisa a retoricidade geral da linguagem como condição de produção do discurso. O primeiro trabalho a pensar essa questão talvez tenha sido o célebre texto de Jakobson intitulado *Dois aspectos da linguagem e dois tipos de afasia* (1969, p. 34-62). Nele, expõe-se a existência de uma relação profunda entre a oposição *paradigma* vs. *sintagma* e dois processos semânticos (ou mentais), a *similaridade* e a *contiguidade*, dado que o paradigma se constrói sobre conexões de similaridade, enquanto o sintagma, sobre vinculações de contiguidade. Esses dois processos originam as duas classes em que se dividem todos os tropos: a metáfora, construída sobre um liame de similaridade, e a metonímia, sobre uma ligação de contiguidade. Jakobson funda uma semântica de base, em que os sentidos são produzidos metafórica e metonimicamente.

A metáfora e a metonímia não são processos apenas da linguagem verbal. Em todas as outras linguagens (a pintura, a publicidade etc.) usam-se metáforas e metonímias. Os signos de orientação de usuários em locais públicos ou nas estradas (indicação de restaurantes, de banheiros etc.) são, em geral, metonímicos. Além disso, todos os processos simbólicos humanos, sociais ou individuais, organizam-se metafórica ou metonimicamente. Por exemplo, no episódio da cura dos cegos perto de Jericó, narrado em Mt 20,29-34, o milagre se dá, quando Cristo toca seus olhos. Esse processo é metonímico, pois há uma contiguidade entre a mão de Cristo e os olhos dos cegos. Em certas práticas de feitiçaria espetava-se uma agulha em algum lugar de um boneco representando uma pessoa, para lhe infligir um mal na parte do corpo correspondente. Trata-se de um processo metafórico, pois há uma relação de similaridade entre o lugar perfurado do boneco e a parte correspondente do corpo humano.

A metáfora e a metonímia são também procedimentos de produção de unidades transfrásticas, pois, segundo Jakobson, os tópicos de um texto podem concatenar-se metafórica ou metonimicamente. A partir daí ele faz uma classificação dos movimentos literários fundamentada na maneira básica de elaborar a textualização: o romantismo e o simbolismo seriam metafóricos, enquanto o realismo seria metonímico.

O que Jakobson procurou fazer foi estabelecer uma semântica baseada na similaridade e na contiguidade, retendo somente dois elementos da antiga elocução, a metáfora e a metonímia, que não indicam mais tropos particulares, mas dois processos semânticos (ou mentais) universais com que se estrutura o discurso.

Diversas disciplinas linguísticas da atualidade ocupam-se dessa retoricidade geral da linguagem. Citemos duas: a pragmática e a semiótica narrativa e discursiva.

1) A pragmática dedica-se ao estudo da linguagem em uso, em que aparecem os procedimentos retóricos. Quando Sérgio Buarque de Holanda, respondendo a alguém que lhe perguntara se Chico Buarque era seu filho, disse que não, pois ele é que era pai dele, empregou um paradoxo. O que ele quis dizer é que, como Chico Buarque se tornara famoso no Brasil inteiro, ninguém mais o apresentaria dizendo que o compositor era seu filho, mas que ele era seu pai.

2) A semiótica narrativa e discursiva ocupa-se, entre outras coisas, da figuratividade inerente à construção textual. Tome-se o poema *Lua cheia*, de Cassiano Ricardo:

> Boião de leite
> que a Noite leva
> com mãos de treva
> pra não sei quem beber.
> E que, embora levado
> muito devagarinho,
> vai derramando pingos brancos
> pelo caminho (1957, p. 135).

*Boião de leite* significa "vaso bojudo de boca larga cheio de leite". No entanto, em *Boião de leite que a Noite leva*, há uma inadequação semântica, pois a noite não carrega um boião de leite. Esse contexto obriga a atribuir a essa expressão o significado de "lua cheia". Trata-se de uma metáfora, porque, entre o significado de base e o acrescentado, há dois traços semânticos comuns: a forma redonda e a cor branca. Construída essa metáfora, cria-se um plano de leitura metafórico, o que significa que todos os elementos do texto devem ser lidos metaforicamente: *noite leva* = "movimento da lua no céu à medida que a noite avança"; *pingos brancos* = "estrelas".

## 4 DESDOBRAMENTOS ATUAIS

Vamo-nos interessar pelo primeiro enfoque, o que se direciona para as dimensões argumentativa e figurativa da linguagem.

No curso da história começou-se a fazer uma distinção no que era, em sua origem, um conjunto indissociável: de um lado, havia uma teoria da argumentação (topologia), que se ocupava das operações da invenção e da composição, ou seja, dos meios destinados à persuasão; de outro, uma teoria das figuras (tropologia), que tratava da elocução. A palavra grega *trópos* significa "direção, mudança". No caso da linguagem, quer dizer "mudança de sentido, de direção semântica". Genette diz que se criaram duas retóricas, a da argumentação e a dos tropos. O que houve foi uma restrição desse campo do conhecimento: primeiramente, amputou-se dele a teoria da argumentação e da composição, e ele reduziu-se a uma teoria da elocução; em seguida, restringiu-se a uma tropologia, ou seja, a uma teoria das figuras. É isso que se estuda hoje nas escolas com o nome de retórica, configurando o que Genette chama "retórica restrita" (1975, p. 129-146). Segundo ele, é necessário hoje restaurar a integralidade da retórica, pois mesmo as novas retóricas padecem dessa cisão entre topologia e tropologia.

Cícero, no *De oratore*, diz que as qualidades da elocução são a correção, a clareza, a ornamentação e a adequação do discurso às circunstâncias (1966, III, X). As três primeiras estão a serviço da quarta, o que significa que, por exemplo, a correção não é uma característica intrínseca à língua, mas depende do gênero que se emprega ou das circunstâncias de uso. Não se pretende aqui discutir todas as qualidades da elocução, mas a questão da ornamentação, que foi considerada um embelezamento da linguagem com tropos. A figura seria então um enfeite, um "luxo do discurso", como dizia Lausberg (2004, p. 128, § 162). Dessa forma, esvazia-se a dimensão argumentativa das figuras.

Em latim, o termo *ornamentum* significava inicialmente "aparelho, tralha, equipamento, arreios, coleira, armadura", e só mais tarde passou a denotar "insígnia, distinção honorífica, enfeite". Por isso, uma passagem do *De Bello Gallico*, como "naues [...] omni genere armorum ornatissimae" (César, 1926: III, XIV, 2) não pode ser traduzida como "navios [...] ornadíssimos de todo o tipo de armas", mas "equipadíssimos de todo tipo de armas". Isso quer dizer que *ornatus*, como qualidade da elocução, indicava "bem argumentado, bem equipado para exercer a função". Não há, pois, nenhuma cisão entre uma teoria da argumentação e uma teoria das figuras, dado que as figuras têm uma função argumentativa. Como mostra a *Retórica a Herênio*, a ornamentação intensifica o que se expõe, amplifica o que se diz (Autor anônimo, 1989: II, XVIII, 28).

Hoje é preciso pensar a retórica de maneira integral e acabar com a separação que estabeleceu uma "retórica restrita".

## 5 EXEMPLO DE ANÁLISE

Nossa análise vai destacar também o primeiro enfoque da retórica na atualidade. Pode-se examinar o discurso no âmbito das operações de invenção, de disposição ou de elocução.

No domínio da invenção, podem-se estudar os *tópoi* (os lugares), que se dividiam em lugares próprios e lugares comuns. Eles são temas genéricos, bases sobre as quais se constroem os argumentos, fundo comum de noções. Os primeiros são aqueles específicos a uma determinada ciência, ou seja, a um dado campo discursivo, enquanto os segundos são utilizados em qualquer discurso (Aristóteles, 1991: I, II, 21-22, 1.358a; II, XVIII, 1.391b-1.392a).

Os lugares próprios são afirmações tomadas como axiomas num dado campo discursivo. No campo jurídico, eles aparecem sob a forma de máximas que enunciam os princípios gerais do direito. Assim, por exemplo, o lugar da anterioridade da lei, que está expresso no artigo 1º do *Código Penal Brasileiro*: "Não há crime sem lei anterior que o defina. Não há pena sem prévia cominação legal".

A definição de lugar-comum variou ao longo do tempo. Inicialmente, os lugares-comuns eram formas vazias comuns a um grande conjunto de argumentos. Mais tarde, passaram a significar estereótipos, modos de construção muito repetidos. É esse sentido que têm nos estudos literários.

A primeira acepção denota um esquema argumentativo que pode ganhar os conteúdos mais diversos, uma matriz semântica, um molde discursivo. Perelman e Tyteca apresentam os seguintes lugares: da quantidade, da qualidade, da ordem, do existente, da essência, da pessoa (2005, p. 96).

*Lugar da quantidade* é aquele que afirma que uma coisa é melhor do que outra em razão da quantidade; que apresenta uma coisa como superior a outra por ser proveitosa a um número maior de pessoas, por ser mais durável, por ser útil em situações mais diversas, por ser mais antiga, por ser o mal menor etc. Por exemplo, *Bombril tem mil e uma utilidades.*

*Lugar da qualidade* é aquele segundo o qual é preferível o que é único, raro, insubstituível, original, extraordinário. Desvaloriza o que é banal e exalta o que é precário, marginal, anômalo. O difícil é melhor do que o fácil, o novo é superior ao que é aceito por todos (esse é o lugar dos argumentos de valorização das vanguardas), a opinião de um é mais significativa do que a de todos (Nelson Rodrigues dizia, em frase que caiu no conhecimento comum, que "toda unanimidade é burra").

*Lugar da ordem* é aquele que afirma a preferência da causa sobre o efeito, do anterior sobre o posterior etc. Por exemplo, *Um original é superior a uma cópia.*

*Lugar do existente* é aquele que declara a superioridade do que é sobre aquilo que é apenas possível, do real sobre o que é imaginário ou utópico, do que é prático sobre o que é teórico. A afirmação *Um hoje vale mais do que dois amanhãs* constrói-se com esse tópico.

*Lugar da essência* é aquele em que se considera que o essencial é preferível ao fortuito. Nesse lugar entram os argumentos que mostram os indivíduos como representação de um padrão, de uma essência. Por exemplo, "Os discursos dele também mergulham abruptamente no absurdo e no grotesco quando deseja tirar o foco de algo. Não que essa não seja sua natureza, mas algumas vezes Bolsonaro parece bolsonarista até demais" (Leonardo Sakamoto. *Uol*, 06/05/2021).

*Lugar da pessoa* é aquele que apela para o valor da pessoa, sua dignidade, seu mérito, sua importância, que considera superior o que é feito com apuro, com carinho, com esforço ou que deprecia o que é contrário a isso. Pode-se mostrar também o oposto disso.

O segundo sentido de lugar-comum é o de argumento pronto; mais especificamente, o de conteúdos fixos manifestados com figuras recorrentes, como, por exemplo, o *locus amoenus* (= lugar aprazível). Esse espaço, segundo Curtius, é figurativizado pela primavera eterna; pela amabilidade da natureza, em que se encontram regatos, fontes, sombras, árvores, relvas macias, tapetes de flores, canto de pássaros, sopro do vento; pela existência de bosques de árvores mistas (1957, p. 192-202). Foi, com esse *tópos*, que o Brasil foi descrito na literatura dos viajantes.

Se formos analisar a disposição dos conteúdos no texto, examinaremos como ele foi composto. O plano padrão de composição da retórica clássica apresenta cinco partes: o exórdio, a narração, a confirmação, a digressão e a peroração. O exórdio ou proêmio é a introdução do discurso. Nele, o enunciador apresenta o tema de que tratará; em seguida, anuncia o plano de sua exposição. Na narração, o orador expõe pormenorizadamente os fatos que compõem a questão em debate. Na confirmação, o enunciador explana as provas, ou seja, os argumentos para confirmar sua tese e refuta os argumentos contrários. Na digressão, busca, com uma narrativa ou descrição que se afasta do tema, provocar sentimentos do auditório: indignação, piedade etc. Na peroração, o orador busca elevar--se diante do auditório e diminuir seu adversário; amplificar o que foi dito no discurso; envolver o ouvinte, despertando paixões como a compaixão ou a cólera; recapitular o discurso.

Na esfera da elocução estudam-se os argumentos de que se vale o enunciador. Perelman e Tyteca mostram que os argumentos se distribuem em dois tipos: os que se valem dos processos de ligação e os que se servem de procedimentos de dissociação. Aqueles aproximam elementos distintos, estabelecendo entre eles uma relação de solidariedade; estes separam, dissociam, desunem elementos de um todo ou um conjunto solidário num sistema teórico (2005, p. 205). Os esquemas de ligação estão na base da construção de três diferentes tipos de argumentos: (a) os quase lógicos; (b) os que se fundamentam na estrutura do real; (c) os que fundam a estrutura do real (2005, p. 216).

Os argumentos quase lógicos são os que lembram a estrutura de um raciocínio lógico, mas suas conclusões não são logicamente necessárias. Por exemplo: inimigo de meu inimigo é meu amigo. Os argumentos fundamentados na estrutura da realidade são aqueles baseados em relações que nosso sistema de significação considera existentes no mundo objetivo: causalidade, sucessão, coexistência e hierarquização. Os argumentos que fundam a estrutura do real são aqueles que são considerados modos de organização da realidade, como a ilustração e o exemplo.

Tomemos um passo do Sermão de São Roque, pregado por Vieira na capela real em 1652:

> Os filósofos antigos chamaram ao homem mundo pequeno; porém, São Gregório Nazianzeno, melhor filósofo que todos eles, e por excelência o Teólogo, disse que o mundo comparado com o homem é o pequeno, e o homem, em comparação do mundo, o mundo grande [...]. Não é o homem um mundo pequeno que está dentro do mundo grande, mas é um mundo, e são muitos mundos grandes que estão dentro do pequeno. Baste por prova o coração humano, que, sendo uma pequena parte do homem, excede na capacidade a toda a grandeza e redondeza do mundo. Pois, se nenhum homem pode ser capaz de governar toda esta máquina do mundo, que dificuldade será haver de governar tantos homens, cada um maior que o mesmo mundo, e mais dificultoso de temperar que todo ele? A demonstração é manifesta. Porque nesta máquina do mundo, entrando também nela o céu, as estrelas têm seu curso ordenado, que não pervertem

jamais; o Sol tem seus limites e trópicos, fora dos quais não passa; o mar, como é um monstro indômito, em chegando às areias, para; as árvores onde as põem não se mudam; os peixes contentam-se com o mar, as aves com o ar, os outros animais com a terra. Pelo contrário, o homem, monstro ou quimera de todos os elementos, em nenhum lugar para, com nenhuma fortuna se contenta, nenhuma ambição nem apetite o farta: tudo perturba, tudo perverte, tudo excede, tudo confunde e, como é maior que o mundo, não cabe nele. Grande exemplo no mesmo mundo, não cheio como hoje está, mas vazio e despovoado com os filhos de Adão e Noé. A Adão deu-lhe Deus o império sobre todo o mundo, sobre os peixes, sobre as aves, sobre os animais da terra, e não pôde governar em paz dois homens, e esses irmãos, sem que um matasse ao outro. Noé governou todos os animais e conservou-se pacificamente dentro em uma arca, e fora dela não pôde governar três homens, sem que um o não descompusesse e afrontasse, sendo todos três seus filhos. Vede se é mais pesada servidão e mais dificultosa a de governar, e mandar homens que a de servir? Quem serve, como não pode servir mais que a um, sujeita-se a uma só vontade; mas quem manda, como há de governar a todos, há de sujeitar a si as vontades de todos, e essas não de filhos, em que é natural a obediência e o amor, nem de irmãos entre si, em que as qualidades são iguais e as naturezas semelhantes, mas de tantas e tão diversas condições e inclinações, como são neles os rostos e os intentos (1959, p. 93-95).

Nesse trecho, Vieira vai argumentar em favor da tese de que é mais difícil governar os homens do que o mundo. Começa por utilizar um argumento de autoridade, apelando para São Gregório Nazienzeno, para dizer que o homem é um mundo grande. Ilustra isso mostrando a complexidade do coração. Em seguida, usa argumentos causais para sustentar sua tese: no mundo há limites, enquanto o homem não os tem. Ilustra isso percorrendo vários elementos da natureza (as estrelas, o Sol, o mar, as árvores, os peixes, as aves, os outros animais). Volta-se depois para a Bíblia, argumento maior de autoridade do discurso religioso cristão, para mostrar, com os episódios de Adão e Noé, que puderam sujeitar todos os animais, mas não foram capazes de conter seus filhos (Caim matou Abel; Cam, um dos três filhos de Noé, viu o pai nu, quando este estava embriagado, e foi contar para os irmãos), a dificuldade de administrar os homens. Por isso, fazendo uma distinção entre filhos e irmãos e os que não têm parentesco, conclui Vieira que a servidão mais pesada é a de governar os homens por terem eles diversas condições e inclinações.

# 6 CONSIDERAÇÕES FINAIS

A retórica é filha da democracia. Aparece, quando se pode divergir, quando se pode discutir, quando se podem apresentar pontos de vista conflitantes sobre um dado assunto. Surge, quando não se eliminam os que pensam diferentemente. Os regimes autoritários não permitem a dissensão. Por isso, apresentam um único ponto de vista, considerado "a" verdade, e obrigam a aceitá-lo com perseguições, com prisões, com torturas e assim por diante. Os estudos linguísticos podem e devem legar à sociedade o ideal retórico: a acolhida respeitosa dos pontos de vista contrários; sua discussão sem desqualificar os que os apresentam; o esforço de persuasão para a aceitação de uma dada tese. O ideal retórico que podemos transmitir à sociedade é o do respeito pela diferença, pela diversidade, pela heterogeneidade.

# 4

# Autoria

Sírio Possenti

## 1 INTRODUÇÃO

A análise do discurso (AD) se dedicou basicamente aos discursos "menores" (os políticos, midiáticos...) e não aos "grandes" (literários, filosóficos...). Ora, é nos "grandes" que o autor teve tradicionalmente um papel relevante. Conhecemos a versão centrada na ideia de "gênio", tanto na literatura quanto na filosofia e na ciência, que atribui a obra basicamente à genialidade dos autores (Machado, Shakespeare, Newton, Einstein...), que deixa em segundo plano (ou nem menciona) as instituições nas quais se produzem tanto as descobertas científicas quanto as obras literárias ou filosóficas. A história recente desses campos reconfigurou esta versão, e quase inverte a equação, diminuindo o papel dos autores, chegando ao limite de propor sua anulação (sua morte, conforme expressão de Roland Barthes).

Na AD, a questão correlata à do autor é, ou era, a do sujeito, considerado não mais como a origem dos discursos, mas como assujeitado a eles. Este tratamento da questão do sujeito afeta a questão do autor, quando este se torna um tema, porque, como diz Michel Foucault (1969, p. 287), "o autor é apenas uma das especificações possíveis da função sujeito".

Ao contrário de praticamente todas as teorias linguísticas, a AD considera que os discursos não provêm dos sujeitos (remetentes, locutores, falantes, enunciadores...), mas das instituições e/ou das ideologias. Assim, os sujeitos não são considerados "autores" do que falam, não estão na origem dos discursos, mas são a eles assujeitados. Nos termos de Jacques Lacan, não se trata, no entanto, da negação do sujeito, mas de sua dependência (cf. Foucault, 1969, p. 287).

O tema da autoria não aparece nas obras dos principais autores da AD na França (Michel Pêcheux, Jean-Jacques Courtine, Paul Henry, Francine Mazière, Régine Robin). Surge, no entanto, em trabalhos paralelos, da mesma época, quando se trata dos "grandes textos". São os trabalhos de Barthes e de Foucault que possibilitam (ou obrigam) a consideração do tema pela AD. Posteriormente se tratará também de "autores" de textos "comuns" e que não têm obra.

A consequência mais óbvia da posição segundo a qual o enunciado não vem do sujeito é que sua interpretação deixa de levar em conta quem falou, privilegiando o texto como expressão de um posicionamento (teoria/ideologia/escola) a partir do qual se falou. Um dos resultados dessa operação é postular que o autor é irrelevante para o sentido do texto ("Que importa quem fala?" (Foucault, 1969, p. 264)).

No entanto, esta teoria é hoje questionada de diversas maneiras. Uma das mais evidentes é o "cancelamento", atitude crítica que identifica pessoa e autor de uma obra, fazendo com que cineastas, escritores, compositores, entre outros, tenham sua obra questionada, ou mesmo rejeitada, em consequência de histórias de assédio, pedofilia ou por expressarem posicionamentos considerados machistas ou racistas. Muitas pessoas declaram que não mais assistirão aos filmes de X ou não lerão os livros de Y, mesmo que antes das denúncias admirassem tais autores.

## 2 ORIGENS HISTÓRICAS

O estruturalismo, entre outras consequências, produziu a tese segundo a qual um texto deve ser tratado apenas como texto, e não como a expressão de uma subjetividade. Esta é uma tese que a estética romântica (subjetivista, digamos) tinha consagrado. Segundo Barthes[15] (2004, p. 58) (seguido por praticamente todos os "estruturalistas"), o *autor* é uma personagem

---

15. Trata-se do texto "A morte do autor", publicado, originalmente, em 1968 na revista *Manteia*.

da Modernidade, que descobriu o prestígio da pessoa humana. Mas chegou a hora de sua "morte": agora deve-se abandonar a leitura como descoberta de uma intenção do autor, porque "a linguagem conhece um 'sujeito', não uma 'pessoa' (2004, p. 60), e porque "o texto é um tecido de citações oriundas dos mil focos da cultura" (2004, p. 62). É a estas que o leitor deve se dedicar.

O início do texto de Barthes resume as alternativas para a abordagem de um texto. Merece ser citado integralmente, até porque não tem sido usualmente levado em conta (já que foi Foucault quem ocupou o terreno).

> Na novela *Sarasine*, falando de um castrado disfarçado em mulher, Balzac escreve esta frase: "Era mulher, com seus medos repentinos, seus caprichos sem razão, suas perturbações instintivas, suas audácias sem causa, suas bravatas e sua deliciosa finura de sentimentos". Quem fala assim? É o herói da novela, interessado em ignorar o castrado que se esconde sob a mulher? É o indivíduo Balzac, dotado, por sua experiência pessoal, de uma filosofia da mulher? É o autor Balzac, professando ideias "literárias" sobre a feminilidade? É a sabedoria universal? A psicologia romântica? Jamais será possível saber, pela simples razão de que a escritura é a destruição de toda voz, de toda origem. A escritura é esse neutro, esse composto, esse oblíquo pelo qual foge o nosso sujeito, o branco e preto em que vem se perder toda identidade, a começar pela do corpo que escreve (Barthes, 2004, p. 57).

Independentemente da tese formulada no final da citação (uma defesa da morte do autor), vale a pena destacar as hipóteses: quem fala é "a sabedoria universal"; "a psicologia romântica"; "Balzac professando ideias literárias" etc. São hipóteses alternativas à tese de que a voz seja a de um indivíduo. Em outros termos: um autor (mesmo Balzac) não fala a partir de si, mas a partir de um campo (psicologia, literatura, sabedoria universal) que o precede. Esta tese vai ressoar na famosa fórmula de Pêcheux: "algo fala antes e alhures".

A tese mais comum no tratamento da autoria é a exposta em Foucault (1969), em "O que é um autor?"[16] Como assinalará mais tarde em "A ordem

---

16. A primeira publicação desse texto ocorre no *Bulletin de la Societé Française de Philosophie*, ano 63, n. 3, p. 73-104, jul.-set./1969. O texto original é uma conferência dada por Foucault no Collège de France, em 22 de fevereiro de 1969, a convite da Societé Française de Philosophie.

do discurso"[17] (Foucault, 1971, p. 29), o tema do autor significa a introdução da subjetividade como forma de controle do discurso. Esta era uma tese consensual até entrar em cena o tópico da morte do autor, tese que corresponde ao estruturalismo, em especial na França.

Mas Foucault (1969, p. 294) previne: "Definir a maneira como se exerce essa função [de autor], em que condições, em que domínio etc., não quer dizer, convenhamos, que o autor não existe". Schneider (1990, p. 43) não só avalia que a tese de Barthes é imprudente, como ironiza o ambiente cultural do qual ela emergiu: "era uma época em que se morria muito: depois de Deus, o homem, o sujeito, o autor [...]".

Que a "existência" do autor tem a ver com a valorização da pessoa fica claro em Edelman (2004). Sua tese é exatamente que a autoria está ligada a certo tipo de subjetividade, a uma especificidade do sujeito. Por isso, ele defende, por exemplo, que não havia autoria na Antiguidade clássica. Como muitos outros, também ele parte de Foucault, mas não da conferência de 1969.

Em *O cuidado de si* (resumo drasticamente Edelman), Foucault distingue três traços relativos ao indivíduo: a *atitude individualista*, a *valorização da vida privada* e *a intensidade das relações consigo mesmo*.

Edelman cita Vernant, que traduz assim estes traços: *o indivíduo stricto sensu* (seu lugar, seu papel no grupo, a margem de manobra que tem etc.); *o sujeito* (quando se exprime em primeira pessoa, falando em seu nome, e enuncia algo que faz dele um ser singular); *o eu* (moi) (conjunto de práticas e atitudes que lhe dão uma dimensão de interioridade e unicidade).

Em seguida, mostra como esses "papéis" se materializam na escrita: ao indivíduo corresponde a *biografia*, ao sujeito, a *autobiografia*, ao eu, *as confissões, os diários íntimos*. Segundo sua análise, se os gregos da época clássica conheceram certas formas da biografia e da autobiografia, ignoraram radicalmente as confissões e os diários íntimos, porque "não tinham

---

17. Trata-se da aula inaugural dada por Foucault no Collège de France em 2 de dezembro de 1970.

acesso à 'intimidade do eu'". Portanto, não houve então nada semelhante à autoria no sentido moderno, cuja construção teria seguido etapas correspondentes, culminando num análogo ao *eu*, aquele "que reinterpreta, que reinventa o mundo em seu próprio nome" (2004, p. 23). Só então passa a existir o autor.

Para Foucault (1969, p. 274, grifo meu), a divisão entre texto com e textos sem autoria é bastante nítida:

> poder-se-ia dizer que há, em uma civilização como a nossa, um certo número de discursos que são providos da função "autor", enquanto que outros são dela desprovidos. Uma carta particular pode ter um signatário, ela não tem autor; um contrato pode ter um fiador, ele não tem autor. Um texto anônimo que se lê na rua em uma parede terá um redator, não terá um autor. *A função autor é, portanto, característica do modo de existência, de circulação e de funcionamento de certos discursos no interior de uma sociedade.*

O resumo das quatro características da função autor que Foucault (1969) formula ao final da primeira parte de sua conferência é ainda mais contundente:

> Eu os resumirei assim: a função autor está ligada ao sistema jurídico e institucional que contém, determina, articula o universo dos discursos; ela não se exerce uniformemente e da mesma maneira sobre todos os discursos, em todas as épocas e em todas as formas de civilização; ela não é definida pela atribuição espontânea de um discurso a seu produtor, mas por uma série de operações específicas e complexas; ela não remete pura e simplesmente a um indivíduo real, ela pode dar lugar simultaneamente a vários egos, a várias posições-sujeito que classes diferentes de indivíduos podem vir a ocupar (Foucault, 1969, p. 279-280).

Ainda sobre a divisão entre escritor e autor, veja-se mais de perto a tese de Marcel Proust: *Contre Sainte-Beuve* é uma coletânea de textos de crítica literária publicada postumamente, em 1954. Reúne as páginas que Proust consagrou aos autores que admirava e à crítica literária que ele rejeitava, a que privilegiava a abordagem biográfica dos escritores. É nessa obra de Proust que se encontra uma tese abundantemente retomada pela "Nova Crítica" dos anos de 1960:

> E por não ter visto o *abismo que separa o escritor do homem do mundo*, por não ter entendido que *o eu do escritor só se mostra nos seus livros*, e que não mostra

aos homens do mundo (ou mesmo àqueles homens do mundo que são, no mundo, os outros escritores, e que *não se tornam escritores a não ser solitários*) senão um homem do mundo como eles, inaugurará este famoso método que, segundo Taine, Bourget e tantos outros, é sua glória e que consiste em interrogar avidamente, para entender um poeta, um escritor, aqueles que o conheceram, que o frequentaram, que poderiam dizer-nos como se comportava com relação a mulheres etc., ou seja, precisamente com *relação a todos os pontos em que a verdadeira palavra do poeta não está em jogo* (Proust, 1988, p. 55).

É esta concepção de autoria que permitiria separar escritor de autor, com todas as consequências: em resumo, não importa que "tipo" seja a pessoa no mundo (racista, fascista, pedófilo, assediador): o que importa é sua obra. A tese de Sainte-Beuve sustenta exatamente a posição contrária (com outros efeitos: p. ex., considerar que qualquer pensamento do narrador ou de uma personagem seja atribuído ao escritor/cineasta etc.).

## 3 PRINCIPAIS ENFOQUES

Em diversos lugares, Dominique Maingueneau afirma que a análise do discurso (a francesa, mas ainda mais a anglófona) desconheceu os "grandes" textos aos quais se dedica a universidade (literatura, filosofia...). A AD estudou os *corpora* "baixos" (políticos, midiáticos...), aos quais se dedica(va)m a sociologia, a antropologia etc. O tema do autor, portanto, estaria normalmente fora de seu interesse.

Foi exatamente nesse espaço discursivo, no entanto, que Eni Orlandi propôs a tese da autoria em textos não monumentais. Aparentemente, as características desse novo autor não são as que foram se acumulando para um dia chegar ao eu, na versão de Edelman.

Orlandi parte da divisão proposta por Oswald Ducrot entre locutor e enunciador para então propor outra categoria, a de autor. Para Ducrot, o locutor é responsável pelo enunciado (pergunta, decreto, afirmação...); o enunciador, pelo ponto de vista (que pode coincidir ou não com o do locutor – p. ex., não coincide nos enunciados irônicos). O autor teria maior responsabilidade, que se manifesta tipicamente em textos. É em Orlandi

(1987), especialmente na seguinte passagem, que se encontram os elementos essenciais dessa nova concepção:

> Assim, do autor se exige: coerência; respeito aos padrões estabelecidos, tanto quanto à forma do discurso como às regras gramaticais; explicitação; clareza; conhecimento das regras textuais; originalidade; relevância e, entre outras coisas, "unidade", "não contradição", "progressão" e "duração" de seu discurso. É, entre outras coisas, nesse "jogo" que o aluno entra quando começa a escrever (Orlandi, 1987, p. 78).

A grande quantidade de trabalhos sobre o tema no Brasil, seguindo mais ou menos essa proposta, mostra que, embora haja desdobramentos bastante específicos da tese inicial, seu núcleo – não requerer como contrapartida uma obra, e mesmo a possível "existência nos textos de um "eu profundo" – permanece intocado e é até mesmo ampliado (cf., p. ex., Tfouni (org.), 2008)[18]. O extremo talvez seja a postulação da autoria em textos falados (Tfouni, 2001) e nos primeiros rabiscos escolares, incluídos os desenhos[19].

Das teses de Foucault (1969), uma é menos mencionada. Como se sabe, ele dissera que a autoria: (a) tem a ver com apropriação (o *copyright* é contemporâneo, dirá Chartier (1994, p. 39); (b) não se exerce da mesma maneira nos diferentes campos e em tempos diversos; c) não se forma espontaneamente, mas resulta de uma operação complexa; e, finalmente, d) é necessário distinguir não apenas narrador e escritor (a dêixis poderia embaraçar os não precavidos), mas também verificar nas obras, conforme os campos, a pluralidade do ego (*alter ego* etc.). A meu ver, este tópico representa em sua conferência traços de uma concepção de autor que ultrapassa a concepção clássica que ele descrevera:

> [a função autor] não remete pura e simplesmente a um indivíduo real, ela pode dar lugar simultaneamente a vários egos, a várias posições-sujeito que classes diferentes de indivíduos podem vir a ocupar (Foucault, 1969, p. 280).

---

18. Nesse volume, há coisas a estranhar, aqui e ali; p. ex., a afirmação de que autor não tem a ver com sujeito (mas Foucault dissera (1969, p. 287) que "o autor é com certeza apenas uma das especificações possíveis da função sujeito"...) e o esquecimento de que foi Orlandi (1987) quem propôs que responsabilidade caracteriza mais o autor do que o locutor e o enunciador.

19. Cf., p. ex.: https://periodicos.unipampa.edu.br/index.php/SIEPE/article/view/86606

Foucault apresentara esta tese por meio de um exemplo:

> o ego que fala no prefácio de um tratado de matemática – que indica suas circunstâncias de composição – não é idêntico nem em sua posição nem em seu funcionamento àquele que fala no curso de uma demonstração [...]. Mas se poderia também, no mesmo tratado, observar um terceiro ego: aquele que fala para dizer o sentido do trabalho, os obstáculos encontrados, os resultados obtidos (Foucault, 1969, p. 279)[20.]

Na verdade, ainda menos mencionada do que esta – talvez nunca – é a *sua* tese, ou sua utopia, ou uma "proposição positiva", que lamenta não ter levado ao debate. Sugere que outra análise permitiria uma tipologia dos discursos, e, ainda mais, uma análise histórica dos discursos. Não mais estudá-los em seu "valor expressivo ou suas transformações formais, mas nas modalidades de sua existência: os modos de circulação, de valorização, de atribuição, de apropriação dos discursos que variam de acordo com cada cultura e se modificam no interior de cada uma" (Foucault, 1969, p. 286), entre outras questões. Mas seu verdadeiro golpe não consiste em considerar que o autor é uma das "especificações do sujeito" e que este já teve seu papel reduzido com a redução de suas características biográficas ou psicológicas. Mas dá outro passo:

> não parece indispensável [...] que a função autor permaneça constante em sua forma, em sua complexidade, e mesmo em sua existência. Pode-se imaginar uma cultura em que os discursos circulassem e fossem aceitos sem que a função autor jamais aparecesse. Todos os discursos, sejam quais forem seus *status*, sua forma, seu valor e seja qual for o tratamento que se dê a eles, se desenvolveriam no anonimato do murmúrio (Foucault, 1969, p. 288-289).

"Que importa quem fala?" (Foucault, 1969, p. 264), diz e rediz Foucault. Devemos reconhecer não apenas que Foucault não é seguido, como que se propôs um tipo de autoria onde ela jamais tinha sido imaginada. Mas isso só poderia ser lamentado por quem é foucaultiano – o que não é uma obrigação.

---

20. Que não se acuse Foucault de ter proposto que "somente Marx, Freud, Saussure [que ele não cita...] estariam em uma posição de "autor", uma vez que fundam uma discursividade" (Oliveira, 2004, p. 12).

# 4 DESDOBRAMENTOS ATUAIS

A divisão clássica entre autor e escritor está retomada em Foucault (1969), como disse anteriormente Ela é perfeitamente condizente com teses da AD (e também da semiótica), segundo as quais o sujeito do discurso não é um equivalente do sujeito empírico (poder-se-ia dizer, da pessoa no mundo). O sujeito do discurso é uma posição, um efeito – ele é dependente (Lacan). Toda uma gama de conceitos pode ser relacionada a essa hipótese, entre as quais o de *ethos*, tal como proposto por Maingueneau (1996), já que o tom e a corporalidade característicos não são atribuídos ao indivíduo empírico, mas ao sujeito do discurso.

Mas Maingueneau (2005, p. 134-179)[21] sustenta que esta divisão binária não dá conta da autoria, e propõe que seja vista como um tripé: a *pessoa* (na medida em que tem uma vida civil, no mundo), o *escritor* (na medida em que gere sua atividade na instituição literária/filosófica) e o *inscritor* (na medida em que enuncia em uma obra e adota um certo "estilo", uma interlíngua). Nenhum desses aspectos é anterior ou superior aos outros[22].

Há consequências extremamente relevantes desta divisão. Uma delas é a própria indissociabilidade das três instâncias, todas implicadas de alguma forma na obra, embora em patamares distinguíveis. Ou seja, não se pode estabelecer uma divisão definitiva entre autor e pessoa (nos termos anteriores). Outra decorrência interessante, e que Maingueneau desenvolve, é a diferença, mas também a conexão relevante, entre espaço canônico (p. ex., a obra estritamente literária) e espaço associado (p. ex., crônicas de viagem, nas quais estão presentes tanto a pessoa (que é quem viaja) quanto o escritor (que assim contribui para a gestão de sua carreira) e o inscritor (por um

---

21. Nesta anotação retomo o texto de Possenti, 2013.

22. Esta concepção de autoria tem a vantagem de explicar por que há críticas que privilegiam a pessoa (destacam suas posições políticas, ou a categorizam como "homem branco"), outras que privilegiam o escritor (o livro é parte de um projeto) e outras ainda que privilegiam o inscritor (faz literatura centrada no eu, investe numa linguagem de um certo tipo).

estilo identificável)). Ao mesmo tempo exterior à obra, ele contribui para constituí-la (como as crônicas de Machado e seus ensaios sobre literatura, ou a correspondência entre escritores...).

Nada é melhor para resumir as implicações desta teoria do que o texto "Borges e eu", do próprio Borges.

---

### Borges e eu[23]

Ao outro, a Borges, é que se sucedem as coisas. Eu caminho por Buenos Aires e me demoro, talvez já mecanicamente, para olhar o arco de um vestíbulo e o portão gradeado; de Borges tenho notícias pelo correio e vejo seu nome numa lista tríplice de professores ou num dicionário biográfico. Agradam-me os relógios de areia, os mapas, a tipografia do século XVIII, as etimologias, o gosto do café e a prosa de Stevenson; o outro compartilha essas preferências, mas de um modo vaidoso que as transforma em atributos de um ator. Seria exagerado afirmar que nossa relação é hostil; eu vivo, eu me deixo viver, para que Borges possa tramar sua literatura, e essa literatura me justifica. Não me custa nada confessar que alcançou certas páginas válidas, mas essas páginas não podem me salvar, talvez porque o bom já não seja de ninguém, nem mesmo do outro, mas da linguagem ou da tradição. Além disso, estou destinado a perder-me, definitivamente, e só um ou outro instante de mim poderá sobreviver no outro. Pouco a pouco lhe vou cedendo tudo, embora conheça seu perverso costume de falsear e magnificar. Spinoza entendeu que todas as coisas querem perseverar em seu ser; a pedra eternamente quer ser pedra e o tigre um tigre. Eu permanecerei em Borges, não em mim (se é que sou alguém), mas me reconheço menos em seus livros do que em muitos outros, ou do que no laborioso rasqueado de uma guitarra. Há alguns anos tentei livrar-me dele e passei das mitologias do arrabalde aos jogos com o tempo e com o infinito, mas esses jogos agora são de Borges e terei de imaginar outras coisas. Assim minha vida é uma fuga e tudo eu perco e tudo é do esquecimento, ou do outro. Não sei qual dos dois escreve esta página.

---

23. Tradução de Josely Vianna Baptista. Cf.: https://www.oficinapalimpsestus.com.br/borges/

## 5 EXEMPLO DE ANÁLISE

Foucault disse que a função autor "não se forma espontaneamente [...]. É o resultado de uma operação complexa" (Foucault, 1969, p. 276). Maingueneau (2016, p. 153-154) faz uma rápida apresentação do processo de construção de Pascal como autor de *Os pensamentos*. Alguém poderia fazer trabalho idêntico com relação a Nelson Rodrigues e a alguns humoristas (Laerte e Millôr, p. ex.), com base fundamentalmente na publicação "em livro" de suas obras originalmente publicadas em páginas ou cantos de páginas de jornais e revistas.

O caso de Nelson Rodrigues chama atenção. Autor de peças teatrais sempre bem avaliadas (e criticadas pelos moralistas de plantão), foi cronista profícuo durante muito tempo. Também publicou romances de pouco sucesso. Seus escritos deram origem a diversos filmes e séries de TV. No Google ou no portal da Capes não se encontram muitos livros ou ensaios sobre ele, mas a edição de suas obras (em grande medida feita por Ruy Castro, que também escreveu sua biografia) fez dele um autor no sentido clássico (o que tem uma obra, em grande medida reconstituída e avaliada pelos outros). O ápice talvez seja Fischer (2009): o autor do livro é um crítico literário de prestígio e a obra propõe que não se trate Nelson Rodrigues (uma parte de sua obra) como cronista, mas como ensaísta.

Assim, se poderia sustentar que Nelson Rodrigues foi autor nos três sentidos que Maingueneau (2010, p. 30) dá ao termo. Considerando os dicionários, autor pode ser "aquele que diz" (e até "aquele que faz", como em "o autor da facada"). Estreitando o olhar sobre a relação com textos nos quais a noção é comum e constante, um autor pode ser: (a) quem responde por um texto (autor responsável) ou (b) quem gere uma carreira (escritor, intelectual, artista etc., conforme a época) ou (c) o correlato de uma obra. Neste caso, ou em alguns desses casos, pode-se falar de *autor*; isto é, de um autor a quem se atribui uma *Opus*, constituída de um (raramente) ou de vários textos de grande relevância, eventualmente reunidos (obra completa).

Acrescente-se outra observação de Maingueneau: alguém "será *auctor* efetivo, fonte de 'autoridade', apenas se terceiros falam dele, contribuem para modelar uma 'imagem de autor' dele" (Maingueneau, 2010, p. 31).

Mais uma observação de Maingueneau (2016, p. 136-137): essas obras são uma pequena parte do que se enuncia numa sociedade, mas seu papel é essencial. "Elas ocupam uma posição-chave no universo do discurso. Toda sociedade é dominada por um *thesaurus* de grandes obras relacionadas a 'grandes autores', 'grandes homens', 'grandes pensadores'". Um dos efeitos dessa avaliação é o destacamento de frases, o que ocorre com Nelson Rodrigues: a partir de sua obra já se organizaram diversas coletâneas de suas frases, o que faz dele um "pensador"[24].

Muitas escolas introduzem uma prática interessante: organizam atividades de forma que alunos escrevam textos, que, em algum momento (final de semestre ou de ano), alguns deles (os critérios não são sempre os mesmos) façam parte de uma coletânea – constituam um livro: impresso, com capa etc. Na maior parte das vezes com a presença dos pais, promove-se um lançamento do livro, com sessão de autógrafos, simulando o que acontece no mundo com livros e autores.

Algumas universidades publicam anualmente pequenos volumes com as melhores redações do vestibular. Tanto em um como no outro caso, considero que tais práticas têm mais a ver com autoria do que os próprios textos. Nas escolas, especialmente, eles se tornam relevantes porque os alunos sabem que das atividades resultará um livro e que ele será lançado. É o que distingue radicalmente tais textos das redações que, basicamente, só serão lidas para serem corrigidas.

Quem publica sabe que, em geral, o texto entregue na editora não é o texto que será lido. O grau de intervenção pode ser positivo ou negativo, elogiado ou repudiado. Pode acontecer que a revisão introduza em um texto um erro gramatical (tratam-se de...) ou uma pontuação que modifica

---

24. Em https://pt.wikipedia.org/wiki/Nelson_Rodrigues se encontram os dados fundamentais.

o sentido, não só intencionado como expresso e bem expresso (mas não percebido na revisão). Quando os autores se dão conta, ou reclamam ou perdoam porque, afinal, eles erraram em outras páginas e foram salvos pela revisão (volto ao tema adiante).

Ao lado da revisão, mas com outro estatuto, está a edição, que modifica o texto de alguma forma. Os casos são muito diversos. A filmografia/ficção sobre o tema é variada e de interesse para a questão aqui tratada. Talvez *O mestre dos gênios*[25] seja o caso mais claro, porque o editor transformava bastante radicalmente os originais (especialmente, os diminuía). *Senhor e Senhora Adelman*[26] põe em questão a autoria, apesar de a primeira leitura de um original pela namorada (que risca muito!) poder funcionar retrospectivamente como um *spoiler*.

Recentemente, no Brasil, e também em função de uma conjuntura cheia de tensões, o caso Audálio Dantas/Carolina de Jesus tornou-se um tópico relevante[27]. Como o leitor poderia ver, trata-se tanto da questão do texto (deve ser corrigido ou não, editado ou não?) quanto da identidade da autora e do papel de um homem branco (que nem era branco) que teria ido além do que deveria na gestão dos originais (mas que revelou a autora ao mundo). Um dos tópicos mais relevantes da querela – que deve ganhar ainda mais fôlego com a edição "autêntica" de novas obras ou da reedição de antigas – é quanto os textos publicados representariam a "verdadeira" Carolina de Jesus. Parece que Sainte-Beuve está bem vivo.

## 6 CONSIDERAÇÕES FINAIS

Em *Ladrões de palavras*, Michel Schneider (1990, p. 350) conta que Chateaubriand "fazia um primeiro rascunho, apressado, indecifrável, depois o

---

25. Cf. https://www.adorocinema.com/filmes/filme-184269/

26. Cf. https://www.adorocinema.com/filmes/filme-242293/

27. Que está muito bem tratado em: https://racismoambiental.net.br/2021/11/30/o-que--audalio-dantas-fez-com-carolina-maria-de-jesus-por-eliane-brum/

confiava a seu copista, que o passava a limpo. Sobre essas cópias, Chateaubriand corrigia de novo: grandes riscos pretos cancelando o descartado, palavras novas, ainda mais ilegíveis. Tornado um hieróglifo, a cópia era retomada, e assim por diante". Em *Inscrever & apagar*, Chartier (2007) detalha práticas de escrita que vão do ditado à cópia por profissionais que sabem escrever *corretamente* e têm letra boa. Destaca os diversos revisores que trabalhavam em editoras. Assim, o autor está dispensado de saber um conjunto de coisas. O que se espera dele é que escreva, o que é diferente de revisar.

Às vezes o revisor é o próprio autor. Um caso exemplar é Graciliano Ramos, reconhecidamente um revisor compulsivo de seus livros. Testemunham esta (dis)posição, entre muitas, as seguintes passagens de *Memórias do cárcere*:

> Certas passagens desse livro[28] não me descontentavam, mas era preciso refazê-lo, suprimir repetições inúteis, eliminar pelo menos um terço dele. Necessário meter-me no interior, passar meses trancado, riscando linhas, condensando observações espalhadas (Ramos, s/d: 27).

> Os consertos não me satisfaziam: indispensável recopiar tudo, suprimir as repetições excessivas. Alguns capítulos não me pareciam muito ruins, e isso fazia que os defeitos medonhos avultassem. O meu Luís da Silva era um falastrão, vivia a badalar à toa reminiscências da infância, vendo cordas em toda parte (Ramos, s/d: 28).

Elio Gaspari (2002, p. 19), no primeiro volume de *A ditadura envergonhada*, afirma:

> Os leitores jamais perceberão quanto devo a Márcia Copola [...]. Defendeu as normas ortográficas, a concordância e a clareza com uma persistência e uma elegância que só a qualificação permite [...]. Como o trabalho de edição de texto desaparece em benefício dos autores, muita gente pensa que eles escrevem sem erros [...].

Jornalistas da Rede Globo saudaram a publicação de *O português do dia a dia* (de Sérgio Duarte Nogueira). Os depoimentos indicam suas dúvidas: "Na redação, vira e mexe, ouve-se uma voz perguntando 'subemprego se

---

28. Está falando de *Angústia*.

escreve com ou sem hífen?'. [...] Se a resposta não está na ponta da língua, uma solução salva todos nós: 'liga para o Professor Sérgio'" (Fátima Bernardes). "O livro [...] é uma reunião de consultas que nós, jornalistas, lhe fizemos em aulas e fora delas" (William Bonner).

Veja-se outro depoimento[29]:

> Toda terça, lá pelas quatro da tarde, envio a crônica para a Andressa Taffarel, a Lívia Scatena e a Daniela Mercier, redatoras aqui do "Cotidiano". Duas horas depois, mais ou menos, uma delas me devolve o texto com todos os meus descalabros diligentemente corrigidos e grifados de amarelo. São erros de ortografia e de digitação, vírgulas e mais vírgulas que vão pro beleléu, um ou outro ajuste ao padrão *Folha* – séculos "XXI" que se adéquam (*sic*) aos ditames do 21, "cowboys" que aprendem a falar sem a afetação do sotaque, como bons caubóis, "quinze pras seis" que trocam a imprecisão das letras pela pontualidade dos números: 17h45.

O texto é de Antonio Prata, autor de crônica semanal no jornal. Os leitores o conhecem. É uma pena, provavelmente, que não conheçam as três redatoras que consertam seu texto, que devem ser ótimas profissionais.

Ponham-se esses fatos ao lado das avaliações que circularam na mídia sobre a correção das redações do ENEM. Se a coluna de Antonio Prata fosse uma redação, teria sido mal-avaliada por seus colegas.

O que provas escolares deveriam avaliar? Sustento que, por mais útil que seja revisar, o mais importante é escrever. Uma boa redação nota X é aquela que, depois de revisada, merece nota X. Simples assim. E não há demagogia nisso: apenas a retomada dos modos de lidar com a escrita na história.

Em *A ordem do discurso*, Foucault assinala uma inversão do papel da função autor na ciência e na literatura. Naquela, diz ele, o papel não cessou de se enfraquecer, sendo hoje apenas o nome de um teorema, de uma síndrome etc. O que nunca significou que o autor deixou de ser relevante, mas apenas que não é mais um critério para o sentido. De fato, a verdade que está num *paper* não depende de quem o assina, mas nos procedimentos dos quais o estudo decorre. O que é importante verificar hoje, portanto, são

---

29. Cf. *Folha de S. Paulo*, 22/05/2013.

questões como a da coautoria, por um lado, e o papel cada vez mais crucial da quantidade de publicações na carreira dos cientistas. A coautoria está muito ligada ao fato de que cada vez mais a ciência é uma prática de grupos (de laboratórios).

Claro que esta característica também não ocorre da mesma forma em todos os campos. Pode-se dizer talvez que, quanto mais a subjetividade é relevante para uma disciplina, menor é a prática da coautoria. Assim, por exemplo, a coautoria é muito mais comum em genética ou física do que em ciência política ou linguística. Parece que se pode sustentar também que a coautoria é mais comum em fonética e fonologia do que em análise do discurso, embora cada vez mais avance a prática de orientandos e orientadores assinarem artigos decorrentes de dissertações e teses, o que não ocorria há alguns anos (eventualmente, orientadores pensam que as ideias foram deles, então...). Seria interessante investigar se a coautoria está mais ligada à escrita ou às análises.

# 5

# Coesão e coerência

Vanda Maria Elias

## 1 INTRODUÇÃO

Na Linguística Textual, em sua fase primeira, coerência e coesão eram noções que se confundiam. Com o avançar dos estudos e com as reconfigurações no modo de se conceber o texto, a diferença entre as noções foi se constituindo. A coesão, embora não condição *sine qua non*, passou a ser vista como importante fator para a construção da coerência, principalmente quando considerada a progressão textual e o que esse processo demanda do ponto de vista do uso de estratégias coesivas referenciais e sequenciais. Considerada no plano da ridicularização[30] do texto, sem ao texto se limitar, a coerência passou a ser compreendida como uma construção dos interlocutores em busca de sentidos, desenvolvida no movimento interacional e demandando conhecimentos e estratégias em variedade.

Em estudos do texto, este considerado em sua complexidade constitutiva como um objeto multifacetado, coesão e coerência ganham realce como "critérios de textualidade" (Beaugrande; Dressler, 1981); "princípios de conectividade" (Beaugrande, 1997); ou "princípios de acesso à construção de sentido" (Koch, 2004; Marcuschi, 2008).

Neste capítulo esses realces serão topicalizados. Além disso, serão oferecidos aos leitores um contexto histórico sobre coesão e coerência no quadro

---

30. A reticularização diz respeito ao modo pelo qual, no processamento textual, elementos ou segmentos do texto são conectados, contribuindo, globalmente, para a continuidade de sentidos. Na perspectiva pragmático-cognitiva e interacional dos estudos do texto e da coerência, a reticularização pressupõe o princípio de conectividade entre elementos do texto, textos e contextos.

dos estudos do texto; perspectivas futuras para os estudos desses fatores de textualização; e uma análise, a título de exemplificação, da constituição da coerência, considerada nesse processo a coesão e demais fatores que contribuem para os sentidos do texto.

## 2 ORIGENS HISTÓRICAS

Estudos da coesão e coerência desenvolvem-se a partir dos anos de 1960, em um ramo da Linguística denominado Linguística Textual, que começou a se desenvolver na Europa, especialmente na Alemanha. Com repercussão no Brasil a partir da década de 1980, a Linguística Textual, no começo, ocupou-se da análise de fenômenos linguísticos entre dois ou mais enunciados. Fazem parte do conjunto desses fenômenos a correferência; a pronominalização; a articulação tema-rema; a relação semântica entre enunciados não ligados por conectores, entre outros. Nessa fase inicial conhecida como "análise transfrástica", entre as concepções de texto constituídas, destaca-se a de texto como "uma sequência coerente de enunciados", elaborada por Isenberg (1970) e citada por Fávero e Koch (1983, p. 13). Nesse momento, as noções de coesão e coerência confundem-se, encerradas na visão de texto-produto.

Numa outra perspectiva, a do texto como unidade hierarquicamente mais alta do sistema linguístico, pesquisadores propuseram a construção de gramáticas do texto, na esteira do que havia sido pensado com relação a gramáticas da frase. Pressupunham que, assim como foi pensado um conjunto de regras para explicar a produção e compreensão de frases, também seria possível definir um conjunto de regras para explicar a produção e a compreensão de textos. Consideravam ainda que se, ao produtor/leitor de um texto, era possível, por exemplo, perceber a continuidade textual, resumir um texto ou aplicar-lhe um título, então regras deveriam existir e, como tal, precisavam ser descritas. Impunham-se os pensadores de gramáticas[31]

---

31. A discussão sobre gramática no contexto dos estudos do texto é abordada, neste livro, no cap. 12, "Gramática".

de texto a tarefa de descrição das regras que governavam a competência textual dos falantes, produtores/leitores.

Nessa suposição, circunscrita aos limites do texto, mantinha-se, assim como nas análises transfrásticas, o texto considerado no conjunto das relações tecidas intratextualmente. Nesse quadro conceitual, coesão e coerência eram fenômenos descritos no texto e circunscritos à base textual. Sobre esses momentos da Linguística Textual em que prepondera a noção de texto-produto, Koch (2004), procedendo a uma revisão dos estudos realizados em Fávero e Koch (1983), passou a considerar conjuntamente a análise transfrástica e a gramática de texto como constituintes da primeira fase da Linguística Textual.

As noções de coesão e coerência começaram a ganhar contornos conceituais distintos a partir dos estudos do texto de abordagem pragmática, no final da década de 1970. Nesse momento, sob a fundamentação de pressupostos da teoria da atividade verbal, teoria dos atos de fala, pragmática conversacional e teoria da enunciação tiveram projeção tópicos de estudo, tais como texto e contexto, linguagem como ação e subjetividade na linguagem. Como um dos estudiosos da fase pragmática, Schmidt (1978) indica alguns dos principais pressupostos dessa abordagem: (a) todo texto é "o resultado da efetivação de um tipo de interação comunicativa" (1978, p. 169); (b) a textualidade é concebida sociocomunicativamente; (c) a coerência é a segunda categoria definidora da textualidade, depois de considerada a função do texto.

No começo dos anos de 1980, a atenção de linguistas de texto volta-se para as relações entre linguagem e cognição, o processamento cognitivo do texto, os conhecimentos representados na memória social, os implícitos e a inferenciação. Avanços das investigações realizadas por pesquisadores como Beaugrande e Dressler (1981) e Van Dijk e Kintsch (1983), na perspectiva cognitivista, favoreceram o momento atual dos estudos do texto de abordagem sociocognitiva-interacional. Nesse enquadramento teórico, pesquisadores definem como objetos de investigação a cognição situada;

a língua como ação conjunta; o texto como lugar de interação entre sujeitos sociais; e a referenciação como construção de objetos de discurso. Dos pressupostos teoricamente constituídos, dois ganham relevo: (a) o texto é o lugar da interação e da constituição dos interlocutores; (b) a coerência é "uma construção situada dos interlocutores" (Koch, 2004, p. 47).

## 3 PRINCIPAIS ENFOQUES

Como descrito na seção anterior, formas de conectividade e coerência foram objetos de estudo nas fases e abordagens distintas da Linguística Textual. Esta seção elege como foco a coesão e a coerência, sob a cobertura do texto entendido como processo.

### 3.1 Coesão e coerência – centração no texto

No corpo dos estudos sobre a textualidade entendida como o que faz com que o texto seja visto como um texto, Beaugrande e Dressler (1981) indicam um conjunto de sete critérios: dois deles (a coesão e a coerência), centrados no texto; os demais (intencionalidade, aceitabilidade, informatividade, situacionalidade e intertextualidade), centrados no usuário. Definindo a coerência como um critério de ordem semântica e a coesão, de ordem sintática, os autores pressupõem, além das duas separações já descritas, uma terceira que diz respeito à classificação de textos *versus* não textos. Ao fazê-lo, instituem, funcionalmente, os critérios de textualidade como critérios de boa formação textual.

Ainda se destaca que, para Beaugrande e Dressler (1981), a coerência é tratada no plano de uma continuidade de sentidos, mas essa continuidade é decorrente do modo como os elementos do mundo textual, ou subjacentes a esse mundo, propiciam a veiculação de sentidos. Nesse processo têm importante função conhecimentos declarativos e conhecimentos construídos socioculturalmente, armazenados na memória, sob a forma de modelos globais. Explicam os autores que conhecimentos e sentidos são extremamente sensíveis ao contexto e que conhecimentos ativados, por meio de expressões textuais, propiciam uma continuidade de sentidos. Na proposta teórica dos autores, tornam-se salientes noções como continuidade; ativação de conhecimentos; modelos globais e contexto (intratextual *versus* extratextual). Tal como configurada, a proposta, que se revela restritiva, é revisada por Beaugrande (1997).

## 3.2 Coesão e coerência: princípios de conectividade

Delineada no final dos anos de 1990 por Beaugrande (1997), a noção de texto, como um evento comunicativo que envolve elementos de ordem linguística, cognitiva, social, cultural e interacional, se fez repercutir entre os linguistas de texto. No âmbito dessa concepção, o autor enfatiza que cada texto, independentemente do gênero textual, suporte ou extensão, se conecta a conhecimentos diversos, razão pela qual o autor procede a uma revisão teórica dos critérios de textualidade como traços definidores do que venha a ser ou não um texto (Beaugrande; Dressler, 1981).

Na revisão proposta por Beaugrande (1997), os princípios de textualidade demonstram quão ricamente cada texto é conectado ao nosso conhecimento do mundo e da nossa sociedade. Trata-se, portanto, das *mais importantes formas de conectividade*, que possibilitam múltiplas conexões não só dentro de um texto mas também entre textos e contextos humanos nos quais ele ocorre, determinando que conexões são relevantes. A esses princípios, aplicados ao texto – mesmo quando alguém julgue os resultados "incoerentes", "sem intenção" ou "inaceitáveis" – subjaz uma concepção de textualidade "suficientemente abrangente para cobrir todos os tipos de texto" (Beaugrande, 1997, p. 15-16).

Pensadas a coesão e a coerência no plano da conectividade entre elementos do texto, entre textos e entre contextos, posição, aliás, realçada por Koch e Elias (2016), Beaugrande (1997) pressupõe conhecimentos, contexto e interação na base da atividade textualizadora e de seu processamento, entendendo-se que interação, conectividade e interpretabilidade são princípios orientadores da ação humana na construção de sentidos.

## 3.3 Coesão e coerência – confluência de fatores na produção de sentidos

Coesão e coerência são fenômenos distintos, mas não independentes. Os interlocutores sempre buscam a coerência e, para tanto, realizam um cálculo de sentido, tendo como ponto de partida a materialidade textual e o que ela sugere em termos da conectividade, concebida reticularmente entre segmentos textuais, entre textos e entre contextos humanos.

Na defesa desse entendimento de coerência, Koch e Travaglia (1990, p. 21) enfatizam que "a coerência está diretamente ligada à possibilidade de se estabelecer um sentido para o texto". Esse sentido a ser construído depende de vários fatores que funcionam em conjunto e ao mesmo tempo: conhecimento linguístico, conhecimento de mundo, conhecimento partilhado, inferências, fatores de contextualização, situacionalidade, informatividade, focalização, intertextualidade, intencionalidade e aceitabilidade, consistência e relevância

Assim sendo, numa perspectiva pragmático-cognitiva, a divisão entre fatores centrados no texto *versus* fatores centrados no usuário não se sustenta, visto todos os fatores encontrarem-se simultaneamente centrados no texto e em seus usuários. Nessa construção argumentativa, Koch e Travaglia (1989; 1990) e Koch (2004) acentuam que a coerência não é apenas um entre outros critérios de textualidade, mas o resultado da confluência de um conjunto de fatores, nele incluída a coesão.

Fundamentada numa concepção de coesão que diz respeito a todos os processos que asseguram – ou tornam recuperável – uma ligação linguística entre elementos textuais, Koch (1989; 2004) procede a um levantamento das principais formas de estabelecimento da coesão em língua portuguesa.

A autora apresenta, como resultado de seus estudos, duas categorias de coesão: a referencial e a sequencial.

A coesão referencial ocorre quando um componente da superfície textual faz remissão a outro elemento que se encontra presente no texto, ou com base no texto pode ser inferido. As formas remissivas podem ser gramaticais ou lexicais. Estas últimas se diferenciam das formas remissivas gramaticais porque, além de trazerem instruções de conexão, designam referentes extralinguísticos. No conjunto das formas remissivas referenciais destacam-se expressões ou grupos nominais definidos: nominalizações; expressões sinônimas ou quase sinônimas; nomes genéricos; hiperônimos ou indicadores de classe.

No exemplo 1, a seguir, a expressão referencial "O fechamento" é derivada da sumarização do segmento sublinhado no texto "está há mais de oito semanas em *lockdown*". A nominalização não apenas encapsula e rotula parte de informações antecedentes, como também institui no texto um novo referente que, servindo de base para enunciados subsequentes, contribui para a coesão e progressão textual.

**Exemplo 1**

> **De volta ao isolamento**
>
> A cidade chinesa de Xangai está há mais de oito semanas em *lockdown* por causa de uma nova onda de covid. O fechamento atingiu a economia e a vida dos moradores.

Fonte: Sung, 2022.

Na extensão do seu estudo sobre o fenômeno coesivo, Koch (1989; 2004) indica que as formas remissivas referenciais podem:

a) constituir-se por meio da repetição do nome núcleo do sintagma nominal antecedente, com ou sem mudança de determinante. Ressalta, contudo, que a repetição do lexema não traz consigo a repetição do significado, apontamento feito também por Marcuschi (1983). Além disso, ambos os autores explicam que elementos repetidos no texto nem sempre podem ser vistos como um caso de redundância, pois podem ter a mesma referência ou não. Ainda enfatizam os autores que a retomada do referente pela repetição do lexema deve ser atribuída a uma escolha do interlocutor estrategicamente situada em relação ao projeto de dizer e ao propósito comunicativo e interacional;

b) representar uma "categorização" (Mondada; Dubois, 2003) das instruções de sentido de partes dos antecedentes do texto, como adiante será comentado em relação ao exemplo 2; e

c) constituir uma "classificação" ou "rotulação" (Francis, 2003) de partes anteriores ou seguintes do texto, no nível metalinguístico, como a seguir indicado no exemplo 3.

### Exemplo 2

Os leitores nascidos nos anos de 1980 ou antes lembram dos versos "Na madrugada vitrola rolando um *blues / Trocando de biquíni sem parar*" (Tocando B.B. King sem parar) [3], "Você *que é mal* passado e que não vê" (Você que ama o passado e que não vê) [4] e "Um abajur cor de *carmim*" (Um abajur cor de carne) [5]. Esses famosos *virunduns* são ótimos exemplos de como nossos ouvidos podem nos enganar.

Fonte: Silva; Nevins, 2020, s/p.

### Exemplo 3

Então, de repente, você vê este livro. Eu o escrevi para você e deixei-o ali para que você o encontre. Você nota a capa simpática. Poder. Comunicação. Você pode se identificar com isso. Seja qual for a conexão em sua mente, ela funcionou, porque aqui está você agora, lendo estas palavras.

Fonte: Castells, 2015, p. 27.

As expressões nominais referenciais em destaque Esses famosos *virunduns* (exemplo 2) e estas palavras (exemplo 3) assumem importante função coesiva. Resultantes das estratégias de encapsulamento e rotulação da informação difusa no cotexto precedente, essas expressões referenciais atuam retrospectiva e prospectivamente, assumindo dupla função: (a) rotulam uma parte do cotexto que as precede (x é um acontecimento, uma desgraça, uma hipótese etc.); (b) estabelecem um novo referente que, por sua vez, poderá constituir um tema específico para os enunciados subsequentes.

Ancorada em pressupostos da referenciação como atividade discursiva, Koch (1989; 2002; 2004) faz ainda as seguintes observações quanto às formas remissivas referenciais:

a) o referente é construído e reconstruído no desenrolar do texto; portanto, o referente se modifica ou se recategoriza a cada novo "nome" que lhe seja dado ou a cada nova ocorrência do mesmo "nome"; e

b) as formas pelas quais o referente vai se atualizando e se recategorizando no texto sinalizam a intencionalidade constitutiva do projeto de dizer, como exemplificado a seguir.

**Exemplo 4**

**Chapados de likes**

Um boato sobre falsas drogas sonoras se alastrou pelas redes sociais e serviu para alimentar a desinformação. A história envolve o TikTok, *influencers* e muitas mentiras.

Fonte: Braga, 2022.

No exemplo 4, o referente um boato é retomado e se mantém em foco por meio da expressão nominal definida A história. A mudança discursiva operada – de boato a história – promove a recategorização do referente *boato* e produz, nesse movimento, um efeito de sentido amenizador da carga negativa contida em *boato,* no contexto em uso. Também a recategorização aponta para a intencionalidade do produtor e para o seu grau de comprometimento com o dizer.

a) a relação de referência ou remissão não se estabelece apenas entre a forma remissiva e o elemento de referência, mas também entre os contextos que envolvem ambos; e

b) em muitos casos, o referente da forma anafórica necessita ser extraído do conhecimento de mundo, por meio da atividade de inferenciação. Na literatura, esses casos são comumente classificados como "anáfora indireta", um fenômeno caracterizado pela não ocorrência de antecedentes explícitos no texto (Schwarz-Friesel, 2007; Marcuschi, 2007).

No exemplo 5, apresentado em seguida, a quem "ele" se refere pode ser inferido, com base em conhecimentos de mundo e pistas textuais como as que se encontram no segundo bloco de informações da campanha contra a exploração sexual infantil no Brasil.

### Exemplo 5 – Propaganda do Liberta

"Todas as noites, ele me obriga a ficar na rua procurando clientes. É um sofrimento sem fim. E o pior é que ele fica com parte do que eu ganho. Sobra tão pouco [...]."

**Exploração sexual é crime.**
**Silenciar, também.**

Baseado em depoimentos reais da CPI de exploração sexual infantil, da Câmara dos Deputados.

Fonte: *Folha de S. Paulo*, 2017.

Tratando-se dos procedimentos de coesão **sequencial** ou **sequenciação**, Koch (1989; 2004) explica que esse tipo de coesão se refere a procedimentos linguísticos que estabelecem relações semânticas ou pragmáticas entre segmentos textuais, podendo a coesão sequencial se constituir com ou sem elementos recorrentes.

Dentre os procedimentos de coesão sequencial **marcada pela recorrência** são descritas as estratégias de **recorrência de estruturas** ou

**paralelismos**, que dizem respeito à utilização de uma mesma estrutura sintática, preenchida a cada vez com itens lexicais diferentes; e a de **recorrência de conteúdos semânticos** ou **paráfrases**, que acontece quando um mesmo conteúdo semântico é apresentado sob formas estruturais diferentes, geralmente introduzido por expressões linguísticas como *isto é, ou seja, quer dizer, ou melhor, em outras palavras, em síntese, em resumo*.

No tocante à **sequenciação em que não há procedimentos de recorrência**, no conjunto das estratégias coesivas desse tipo destacam-se:

• **Manutenção temática**, procedimento que, ao dizer respeito ao uso de termos pertencentes a um mesmo campo lexical, assume relevante função na continuidade de sentidos do texto. É o que se observa no exemplo 6, a seguir, em que a progressão textual é marcada por nomes e predicações associados ao mundo vegetal.

**Exemplo 6**

> Os ipês amarelos estão em festa na cidade. Na secura do inverno, eles se despem das folhas para poupar energia. Fingem-se de mortos, até nos surpreender com o desabrochar de uma profusão de flores, com pétalas que se juntam em forma de cálices delicados que, ao despencar dos galhos, rodopiam em espiral, para tecer um tapete amarelo que forra o asfalto e a calçada, ao redor do tronco. [...]

Fonte: Varella, 2021.

• **Progressão temática**, que diz respeito à organização e à hierarquização das unidades semânticas do texto consideradas em dois blocos comunicativos: *tema* (aquilo de que se fala) e *rema* (aquilo que se diz a respeito do tema). No exemplo 7, a progressão temática acontece linearmente, visto que o rema de um enunciado passa a ser o tema do enunciado seguinte, conforme explica Koch (1989; 2004), Koch e Elias (2006); Castilho (2010), com base na tipologia proposta por Danes (1974).

## Exemplo 7 – Propaganda do Sebrae

> Não se **gerencia**
> o que não se **mede**,
>
> não se **mede**
> o que não se **define**
>
> não se **define**
> o que não se **entende**
>
> não há **sucesso**
> no que não se **gerencia**.
>
> William Edwards Deming
> *Sebrae*

Fonte: Arquivo pessoal.

Já o exemplo 8 constitui um outro tipo de progressão temática caracterizado pelo desenvolvimento de um rema subdividido. No caso do exemplo em questão, o rema no turbilhão de múltiplas crises explode em vários outros (destacados em negrito no exemplo), que servem à especificação e à caracterização das crises.

### Exemplo 8

Nossas vidas titubeiam no turbilhão de múltiplas crises. **Uma crise econômica** que se prolonga em precariedade de trabalho e em salários de pobreza. **Um terrorismo fanático** que fratura a convivência humana, alimenta o medo cotidiano e dá amparo à restrição da liberdade em nome da segurança. **Uma marcha aparentemente inelutável** rumo à inabitabilidade de nosso único lar, a Terra. **Uma permanente ameaça de guerras atrozes** como forma de lidar com os conflitos. **Uma violência crescente contra as mulheres** que ousaram ser elas mesmas. **Uma galáxia de comunicação** dominada pela mentira, agora chamada pós-verdade. **Uma sociedade sem privacidade**, na qual nos transformamos em dados. **E uma cultura**, denominada entretenimento, construída sobre o estímulo de nossos baixos instintos e a comercialização de nossos demônios.

Fonte: Castells, 2018, p. 7.

Além desses procedimentos descritos, a coesão sequencial pode se configurar por **encadeamento**, ou seja, por **relações** semânticas e/ou discursivas entre elementos textuais que acontecem por **justaposição** ou por **conexão**.

O **encadeamento por justaposição** pode acontecer: (a) **sem o uso de elementos sequenciadores**. Nesse caso, o lugar do conector é marcado na escrita por sinais de pontuação ou pausas; (b) **por meio de sinais de articulação** *no nível metadiscursivo* (uso de expressões como: *em resumo, em virtude do exposto, essa posição, por consequência, para encerrar a apresentação* etc.) *no nível intersequencial* (uso de expressões como: *primeiramente, a seguir, finalmente, anos depois, mais além, do lado esquerdo* etc.); no *nível conversacional* (uso de expressões como: *por falar nisso, a propósito, voltando ao assunto, abrindo um parêntese* etc.).

Já o **encadeamento por conexão** diz respeito ao uso de conectores para o estabelecimento de relações entre enunciados que podem ser classificadas como **lógico-semânticas** (condicionalidade, causalidade, mediação, disjunção, temporalidade, conformidade etc.) ou **discursivo-argumentativas** (encadeamentos de atos de fala, em que se enunciam argumentos a favor de determinadas conclusões, como estudado em Koch (1984, 1987, 1989, 1992, 2002)). O exemplo a seguir refere-se a um tipo de encadeamento discursivo-argumentativo:

**Exemplo 9**

> **O que é o cinema?**
>
> *Top Gun*: *Maverick* e *Medida provisória* são filmes de naturezas diferentes, feitos com recursos desiguais e objetivos diversos. Ainda assim, concorrem lado a lado pela atenção do público no mercado brasileiro.

Fonte: Escorel, 2022.

Na perspectiva do texto como um evento ou acontecimento que envolve interlocutores com as suas intenções, conhecimentos e propósitos, num movimento situado de interação, a coerência é uma atividade de produção de sentidos que solicita uma multiplicidade de fatores relacionados ao texto e aos interlocutores, simultaneamente.

A coesão é um desses fatores de coerência de justificada relevância pela conectividade sugerida por meio de procedimentos de remissão e de sequenciação, como esboçado nesta seção. Embora se mantenha o posicionamento de que coesão não é fator suficiente nem necessário para a coerência, e embora se considere a proeminência da coerência em relação a coesão e aos demais fatores, a distinção entre coesão e coerência não é concebida radicalmente. Trata-se de fatores diferentes, mas não indiferentes um ao outro, considerando-se que a estruturação e a progressão textual são realizadas em grande parte por meio de recursos coesivos e, sendo assim, esses recursos são determinantes para a produção de sentidos e da coerência, como indicado nos exemplos apresentados. Ainda é preciso ressaltar que estudos da referenciação[32], como realizados na atualidade, expõem a complexidade do fenômeno coesivo e tornam ainda mais estreita a relação entre coesão e coerência. Retomando as palavras de Beaugrande (1997): "A interação íntima entre coesão e coerência aconselha uma ciência dos textos como processando eventos para realçar a distinção entre os dois".

## 4 DESDOBRAMENTOS ATUAIS

De modo geral, as questões de coesão e coerência têm sido abordadas predominantemente em textos "canônicos" (Blühdorn; Andrade, 2009). No entanto, pesquisadores têm lançado o convite para se repensar a noção de texto, quando consideradas as práticas textuais em contexto digital (Crystal, 2013; Barton; Lee, 2015; Foltz, 1996), uma vez que, nesse ambiente, o texto:

a) possui elementos de conexão – os *links* – que lhe são constitutivos e promovem características como a multilinearização, a constante atualização e a reconfiguração das produções em rede;

---

32. Sobre isso, cf. o cap. 16, "Referenciação", nesta obra.

b) oferece uma diversidade de percursos de leitura;

c) conecta-se a muitos outros textos numa escala inimaginável à mente humana;

d) pressupõe autoria múltipla, plural e colaborativa, além da politematicidade, poligenericidade, polissemioticidade, entre outras peculiaridades (Elias, 2012; 2015; Koch; Elias, 2016; Elias; Cavalcante, 2017).

Daí, facilmente se chega à conclusão de que o texto em rede, ou o hipertexto, requer que a sua observação e análise sejam feitas de forma a considerar a própria dinâmica do ambiente em que o texto se constitui (Paveau, 2021).

Os primeiros estudos sobre o hipertexto na Linguística Textual brasileira foram realizados por Koch e Marcuschi no final dos anos de 1990 e início dos anos de 2000. Particularmente, sobre o modo de produção hipertextual, Koch (2002) pontua que um dos atuais desafios impostos a linguistas de texto diz respeito à seguinte questão: o que dos estudos do texto sobre a coerência pode servir ao hipertexto? A essa questão, pode-se acrescentar uma outra dela derivada: como pensar a coesão de textos em rede?

A resposta não é simples, mas, se a base do hipertexto é composta por uma multiplicidade de textos, então se faz necessário deslocar o olhar para pensar a coesão e a coerência não em relação a um texto (no singular), mas em relação a textos ou arranjos textuais, levando em conta as especificidades do contexto da rede. Sobre questões de coerência e sentido na perspectiva da sociocognição, Marcuschi (2007, p. 13) destaca que "mais do que analisar o sentido que um texto pode fazer para seus usuários", o foco atual dos estudos da coerência se volta para a observação do "sentido que os usuários constroem ou podem construir para suas falas". Entende-se que isso se aplica a textos e também a hipertextos. Eis o desafio!

## 5 EXEMPLO DE ANÁLISE

O texto, a ser apresentado na sequência (Exemplo 10), foi escolhido para exemplificar a noção de coerência como um princípio relacionado à conectividade e à continuidade de sentido, altamente dependente de fatores linguísticos, discursivos, cognitivos, culturais, sociais e interacionais. Não se tem, contudo, a pretensão de esgotar o que sugere o texto quanto a conectividades e sentidos possíveis.

O exemplo 10 é originalmente um cartão, manuscrito, com o timbre da "Pizza for Fun".

**Exemplo 10**

**Mensagem da Pizza for Fun**

João,


Cuide-se.
Quando essa fase difícil passar, queremos ver vocês e sua família bem.
Juntos, vamos superar esse momento.
# Seguimos juntos

Bom apetite!


Abraços!


Equipe for Fun♥

Fonte: Arquivo pessoal.

Observando o texto, reconhecemos, em seus traços, conteúdo, organização, disposição gráfica, estilo, função e situação de produção e uso, uma prática comunicativo-interacional que carrega a denominação de seu suporte: cartão. Quem enviou e a quem é endereçado o cartão são informações contextuais esperadas nesse modelo textual construído socialmente; ativado pelos interlocutores, quando preciso; e passível de atualização, dependendo das intenções ou propósitos daqueles que se encontram envolvidos na interação. Menos esperado é receber o simpático cartão escrito a **mão e finalizado com coraçãozinho, acompanhando a entrega de um pedido. Mas também isso explica o contexto sociocognitivo, pensado como um conjunto de suposições lastreadas em experiências sociais e interacionais** (Van Dijk, 2012).

Na continuidade da atividade de produção da coerência, conectamos o texto a outros que fazem parte do nosso arquivo de modelos textuais; atentamos para a sua intencionalidade, afinal quem dirige a palavra a alguém tem uma razão, quer ou deseja algo, e faz isso com a intenção de que o dizer seja visto e aceito como coeso e coerente.

Pressupondo conhecimentos compartilhados entre os interlocutores, o texto contém implícitos e demanda o preenchimento de suas lacunas por meio da inferenciação. Caso contrário, como explicar a expressão referencial *essa fase difícil*, introduzida no texto sob a capa do dado ou conhecido, e que permanece em evidência na expressão *esse momento*? Se *esse momento* remete *a essa fase difícil*, a que se refere *essa fase difícil*? A referência nominal, como constituída, é um indicador entre outros da estreita relação entre coesão e coerência. O caso da referenciação ainda possibilita duas anotações: (a) não se pode pressupor necessariamente a explicitação do referente no texto; (b) a expressão nominal remissiva oferece um mandado de captura do referente na situação comunicativa, considerando conhecimentos pressupostamente pertencentes a uma base comum.

Outras questões para a coerência ainda se colocam: por que se fala no texto em cuidado (*cuide-se*) e superação (*vamos superar esse momento*)? As pistas textuais exigem conexão com o conhecimento de mundo – o texto foi produzido no contexto da pandemia decretada pela Organização Mundial da Saúde em março de 2020, causada pelo coronavírus, fato que exigiu uma série de medidas para evitar o contágio, entre elas, o isolamento social.

Enviado a um cliente no período de isolamento social, a mensagem é breve, mas nos diz muito sobre texto, intenções, interação, conhecimentos, conexões, contextos, coerência, fatores de coerência e sentidos. Em suma, a coerência se constrói situadamente na interação, observando o que o texto mostra em sua superfície quanto ao uso de elementos linguísticos (e não linguísticos!) e sua função coesiva, bem como considerando o que esconde em suas entrelinhas, aspecto que ressalta ações e estratégias que protagonizam os interlocutores na busca pela coerência e sentidos.

## 6 CONSIDERAÇÕES FINAIS

Nos estudos do texto, como configurados nos dias de hoje, é consenso entre pesquisadores que: (a) a coesão não é condição necessária nem suficiente para a construção da coerência (Sandig, 2009); (b) a coerência é construída na interação e dependente de fatores semânticos, cognitivos, sociais, pragmáticos e interacionais.

Situadas em domínios diversos, embora não independentes, coerência e coesão impuseram e continuam a impor desafios a linguistas de texto. Na atualidade, esses desafios se mostram de forma mais acentuada, quando considerada a produção e compreensão de textos em contextos digitais. Isso porque, assim como o texto não é entendido como sequência linear de unidades justapostas, mas como sequência de ações continuadas, também o texto em rede ou hipertexto não é concebido como uma junção de textos feita de modo aleatório. No hipertexto, a sequência de ações continuadas está por se constituir em relação a arranjos textuais disponíveis aos olhos e às mãos de leitores.

De um modo geral, sobre coesão e coerência, muitas questões teóricas e aplicadas se impõem. Mas já temos um conjunto vasto e expressivo de conhecimentos produzidos sobre textos e a construção de seus sentidos. Essa bagagem certamente favorecerá o avançar da caminhada.

6

# Dêixis

Alena Ciulla

## 1 INTRODUÇÃO

*Dêixis* não é nem uma palavra muito conhecida e nem um conceito muito estudado na escola, ao menos no Brasil. No entanto, qualquer falante a emprega com propriedade. Por exemplo, quando alguém vai a uma confeitaria, chega em frente ao balcão de vidro, escolhe um doce e diz ao atendente "Aquele!", expressão normalmente acompanhada de um gesto, como um apontamento do dedo. O pronome demonstrativo *aquele*, neste caso, é interpretado como uma expressão dêitica, por sinalizar algo que está distante em relação aos parceiros da situação comunicativa. Se o falante quiser sinalizar algo que está próximo de si, pode usar "este", em português, sendo considerado, assim, também uma expressão dêitica. Há aí uma falsa impressão de que a *dêixis* é, então, um apontamento que os falantes fazem, em situações comunicativas, para os objetos que querem referir.

Outra situação interpretada pela dêixis se apresenta, quando em um diálogo face a face, alguém diz algo como "Nos encontramos aqui na semana que vem", em que se sabe que "nos" refere-se aos participantes da comunicação: o *eu* e o *tu* do enunciado, neste caso referido em conjunto pelo pronome de primeira pessoa do plural *nos*. Também se sabe que "na semana que vem" é a semana seguinte, a contar da semana em que os participantes da comunicação se encontram naquele momento. Por fim, identificamos "aqui", como sendo o local onde se encontram os participantes quando o enunciado é dito. Assim, podemos afirmar que "nos encontramos", "na semana que vem" e "aqui" são expressões que dependem da dêixis para que possamos interpretá-las; isto é, dependem de que sejam relacionadas a quem as enuncia, num certo momento e local, para que possamos lhes atribuir uma significação.

Uma das peculiaridades sobre os dêiticos é que essas expressões assumem uma referência diferente a cada vez que um falante toma a palavra. Ou seja, *eu* é sempre outro, a cada turno de fala, e, assim, também o *tu*, o *aqui* e o *agora* se deslocam no espaço e no tempo, acompanhando o *eu* que se atualiza a cada vez que alguém toma a palavra. Essa é uma característica importante da dêixis que, empregada e interpretada na fala do cotidiano, faz com que pareça transparente, associada ao contexto meramente dado pelo conhecimento sobre *quem*, *quando* e *onde* no mundo que pressupõem os enunciados.

Por esta apresentação inicial – que até aqui apenas descreve a percepção dos falantes, de modo geral, sobre a dêixis – revelam-se algumas funções importantes que a ela se relacionam: a de auxiliar na localização, no tempo e no espaço, das coisas sobre as quais se fala e a de sinalizar sobre como as coisas devem ser interpretadas, a partir da posição do falante. Se fizermos uma busca pela definição de dêixis, são essas as funções que, em geral, vão ser destacadas em livros didáticos de língua, manuais escolares, enciclopédias, *sites* e mesmo em artigos e livros acadêmicos, sempre atrelando o fenômeno a uma identificação do referente[33] visado, para a interpretação do sentido do enunciado. A dêixis é mencionada, inclusive, como um elemento de coesão e coerência dos textos e fica muitas vezes reduzida a uma lista de pronomes pessoais, demonstrativos e advérbios. Contudo, trata-se de um fenômeno bem mais complexo, cujo funcionamento e definição não se sustenta pela descrição de funções de localização e identificação de referentes.

Em muitas definições, a dêixis está tão fortemente associada ao apontamento, que acaba se fundindo com o próprio gesto de apontar para os

---

33. *Referente*, aqui, deve ser tomado no sentido bem geral, como "aquilo de que se fala". Não deve ser confundido nem com a coisa no mundo e nem com o significado lexical da palavra que o nomeia. O *referente* é toda e qualquer entidade evocada pelos falantes em um enunciado.

objetos, passando a ser vista apenas como um acessório quase dispensável, aliás, do gesto. Esse modo de tratar a questão, contudo, arrefece e encobre as operações linguísticas que estão em jogo neste aparente impasse sobre o estatuto referencial da dêixis.

Um exemplo que corrobora a complexidade deste fenômeno e faz cair por terra a ideia do apontamento dêitico para o referente, mantendo-se a ilustração com situações de fala do cotidiano, é a de um telefonema, em que atendemos uma chamada não identificada e ouvimos alguém dizer "sou eu". Se não reconhecemos a voz e nenhuma outra pista for dada, não saberemos quem é, ou seja, dizer "sou eu" não identifica o referente (neste caso, o indivíduo que fala), mas apenas sinaliza que alguém fala.

Com outros objetivos que não uma interpretação do sentido de enunciados, alguns estudiosos, como Bally (1932) e Jakobson (1963), observaram que certos signos da língua, como os pronomes pessoais, merecem atenção especial porque estabelecem uma relação com o próprio falar, indicando um certo modo de interpretar o que é dito. Assim, encontramos a dêixis associada a conceitos como os de *shifters, embrayeurs, sui referenciais e token-reflexives*[34]. Desloca-se, nessas abordagens, o foco da análise, que é o papel que desempenha a marca da primeira pessoa, e não o indivíduo no mundo que *eu* representa ou os objetos para os quais aponta. Em outras palavras, por este tipo de abordagem, o que está em jogo é o emprego da categoria linguística de primeira pessoa e suas funções nos enunciados, e não o sujeito empírico que fala e é referido por *eu*.

Entre o senso comum do falante, os diferentes objetivos de análise e a profusão terminológica produzida pela reflexão acadêmica, percebe-se, portanto, que a definição de dêixis não é sempre muito clara e é bastante heterogênea. É preciso, então, explorar com mais profundidade os enfoques teóricos que dão origem a essa diversidade de termos e análises, se quisermos chegar a uma compreensão da dêixis.

---

34. Para um panorama sobre essas teorias e seus autores e para a discussão terminológica, em especial, cf. Kleiber, 2013.

Neste capítulo, apresentaremos as duas principais vertentes de abordagens da dêixis, adotadas no âmbito da linguística: a que deu origem aos estudos da função referencial e semântica nos textos e a que privilegia um estudo do papel linguístico que opera a dêixis. São abordagens não necessariamente incompatíveis, mas que se desenvolveram por caminhos tão díspares, que chegaram a diferentes definições de dêixis. Antes de adentrar essas teorias, por ora, recuamos no tempo, para dar notícia das origens dos estudos sobre a dêixis, que explicam, em parte, a direção dos desenvolvimentos dos estudos ao longo da história e evidenciam o interesse e a contribuição de outras áreas do conhecimento, como a psicologia, a antropologia, a filosofia e a gramática.

## 2 ORIGENS HISTÓRICAS

A palavra dêixis tem sua origem no grego antigo, no substantivo deverbal de *deíknymi*, cujo significado "ação de mostrar" ou "apontar" tem sido ressaltado através da história. Porém, este não é o único significado da palavra, que é também, conforme Bally (1951, p. 437), "fazer aparecer, fazer conhecer, indicar". Outro aspecto etimológico interessante é que a raiz *dik-/deik-* está na origem da palavra *dicere*, em latim.

De acordo com o verbete dêixis (Infopedia, 2021), há indícios de que a expressão tenha sido usada pioneiramente com um sentido metalinguístico por Crisipo Solos, filósofo grego, que viveu em Atenas de 280 a 208 a.C. Confirma esta informação Moreira Jr. (2016), que, em seus estudos sobre os estoicos, resenha a reflexão de Crisipo sobre os pronomes demonstrativos, observando neles o fenômeno da dêixis. O filósofo, seguindo a lógica estoica, teria associado a dêixis, não à forma linguística dos demonstrativos, mas ao ato físico, não verbal, de indicar. Este apontamento só seria considerado caso se pudesse verificar a existência do objeto apontado. Há no pensamento estoico uma estreita relação, então, entre o "dizível", como era definida a expressão demonstrativa dêitica, e a condição de verdade do objeto no mundo. Moreira Jr. (2016) observa também que, para os estoicos, "uma pessoa, ao dizer 'este caminha' e apontar, digamos, para Maurício, está dizendo algo diferente de outra pessoa que diz a mesma coisa e aponta para Dion". O que se reforça aí é consideração da dêixis não apenas como um apontamento, mas também em uma relação com a coisa significada.

O emprego metalinguístico da palavra dêixis também aparece na obra de Apolônio Díscolo, um dos maiores gramáticos gregos, nascido em Alexandria, no século II. De acordo com Neves (1993), Apolônio foi "o único gramático antigo que escreveu uma obra completa e independente sobre sintaxe" e, além disso, tratou não das partes da oração em isolamento, como o fizera a tradição alexandrina antes dele, mas buscou o relacionamento das partes. Entre esses estudos, há observações sobre os dêiticos, conforme se lê no trecho seguinte em *Da sintaxe*:

> os dêiticos (os pessoais de primeira e de segunda pessoa e os demonstrativos) não se empregam em substituição ao nome; eles se usam onde o nome não pode, ou não deve, ser usado. Isso significa dizer que o dêitico pessoal tem a sua própria função; quer dizer que, em determinadas situações, não cabe o uso do nome, porque este carece de poder dêitico, que é justamente o que caracteriza os pronomes. Quanto aos demonstrativos, eles podem não fazer uma dêixis, no sentido de marcar algo que está à vista, mas fazer uma dêixis mental, o que constitui, na verdade, uma anáfora (*apud* Neves, 1993, p. 72).

Destaca-se da reflexão de Apolônio, a definição da dêixis pelo seu emprego na língua, distinguindo os dêiticos de outras palavras. Para o gramático, o nome designa a coisa por meio de suas qualidades, já o pronome indica a coisa de duas maneiras: em sua presença, o que configura a dêixis, e em sua ausência, o que configura a anáfora. Seguindo o raciocínio de Apolônio, o nome designa; por outro lado, quando é preciso acionar o poder dêitico, ou seja, não designar as qualidades da coisa, mas sinalizá-la, usa-se o pronome. Se pensarmos no exemplo da confeitaria, que mencionamos na introdução deste capítulo, isso fica mais claro. Ao escolhermos um item do balcão, nem sempre é necessário, ou nem mesmo possível, designá-lo, pois podemos nem saber que nome tem o doce que desejamos. Mas indicar ao atendente qual item escolhemos é necessário e, assim, lançamos mão de um demonstrativo, que não identifica, mas ajuda a marcar "algo que está à vista", como disse Apolônio. Apolônio salienta uma função do dêitico que não é acessória, mas necessária.

Outro destaque da obra de Apolônio é que surge, senão a primeira, uma das primeiras distinções entre dêixis e anáfora, realizadas por demonstrativos, as quais marcariam as sinalizações em presença e em ausência, respectivamente. Assim, "Aquele!" na situação da confeitaria seria considerado também um dêitico, por Apolônio, mas em "Aquele que foi oferecido no jantar de ontem", "Aquele" seria um anafórico, pois seu referente não está "à vista" para os interlocutores. A sinalização que o anafórico faz seria a de uma instrução, para que o referente seja buscado na memória – talvez por isso o gramático grego tenha comparado a anáfora a uma "dêixis mental".

Podemos observar que os pensamentos de Crisipo e Apolônio para definir a dêixis envolvem principalmente: (1) um papel fundamental da categoria gramatical de primeira pessoa; (2) a questão da referência e da significação; (3) a questão da classe de palavras a que pertence a dêixis, em oposição aos nomes e à anáfora; e (4) a questão geral que está implícita nas três primeiras, que é a de considerar os dêiticos ou como elementos textuais ou como pertencentes a uma categoria do sistema da língua. Chama a atenção o fato de que essas reflexões pioneiras problematizam as mesmas questões que estão na base das discussões feitas até hoje sobre a dêixis.

Fazemos agora um salto da Antiguidade aos estudos pós-saussureanos e à "virada pragmática", pois foi a partir daí que os estudos sobre a dêixis se intensificaram. Conforme Kleiber (2013), a dêixis está, aliás, na origem de dois importantes desenvolvimentos marcantes da linguística: a revogação da dicotomia entre língua e discurso, cujo rumo foi norteado por teorias enunciativas, e o advento da pragmática, pelo alargamento da semântica vericondicional das frases que contêm dêiticos.

Na questão da dicotomia entre língua e discurso, a dêixis é convocada tanto porque faz parte do próprio sistema da língua (todas as línguas conhecidas têm modos de marcar a pessoa que fala, seja com um pronome do tipo *eu*, seja por outros expedientes) quanto porque está envolvida no processo de referência dos enunciados; isto é, tem uma implicação em como se interpretam os sentidos dos enunciados no discurso.

Quanto à pragmática, entre muitas outras repercussões, os estudos nesse âmbito do conhecimento influenciaram os linguistas a pensar a referência não mais condicionada a uma prova de verdadeiro ou falso, como determinava a tradição da filosofia analítica. A dêixis, nessa questão, traz à tona o caráter subjetivo que orienta a significação; isto é, o fato de que os objetos referidos não podem ser determinados *a priori* sobre sua existência ou verdade, mas dependem das relações de sentido que os falantes estabelecem na linguagem, o que torna insustentável o mundo idealizado da lógica.

Observamos, portanto, que nessa passagem dos estudos filosóficos aos estudos da linguagem houve toda uma reviravolta no modo de conceber a própria realidade e o mundo. Considerar a ação dos falantes no mundo, por exemplo, fez ver a dêixis como um comportamento linguístico do homem em sociedade. Por isso, a questão passou a interessar também a ciências como a sociologia, a antropologia, a psicologia e os estudos da cognição.

As duas grandes vertentes de pensamento dos estudos contemporâneos sobre a dêixis são explicadas, a seguir, por uma breve exposição da teoria de Bühler e de uma parte da reflexão de Benveniste. Esses dois autores influenciaram e foram influenciados pela guinada da pragmática. O objetivo dessas explicações é fazer um mapeamento de conceitos importantes que ajudem a chegar em uma definição da dêixis.

## 3 PRINCIPAIS ENFOQUES

### 3.1 Bühler e a abordagem psicológica do campo dêitico da linguagem

Karl Ludwig Bühler, autor da obra *Sprachtheorie* (1934)[35], foi qualificado como "indiscutivelmente um dos clássicos da história da linguística do século XX" por Friedrich (2009). Bühler era médico, filósofo e psicólogo e dedicou grande parte de sua vida ao ensino e à pesquisa sobre o pensamento,

---

35. Esta obra recebeu apenas recentemente uma tradução para o português, em 2020, pela Editora Kírion, sob o título *Teoria da linguagem*.

mas também atuou clinicamente na reabilitação de feridos de guerra com lesões cerebrais. Sua formação com certeza influenciou sua teoria sobre a linguagem, cujo ponto de partida é sempre o da percepção humana. Para o autor, quando uma pessoa usa um termo dêitico ela o faz considerando o seu corpo em relação a sua orientação visual, e a interpretação deste dêitico depende não dos nomes das coisas, mas dos sinais de apontamento. Os dêiticos seriam como flechas indicadoras das coisas, por esta perspectiva, enquanto outro tipo de palavra, os nomes, dariam conta da representação das coisas. Bühler propõe pensar, então, que as línguas dispõem de palavras de dois grandes tipos: as especializadas em *apontar* e as especializadas em *nomear*. As palavras especializadas em apontar são signos *mostrativos* ou *dêiticos*, e as especializadas em nomear são os signos *nomeadores*.

Estes dois grupos de signos, dêiticos e nomeadores, atuam em campos distintos: respectivamente, o campo dêitico e o campo simbólico. O campo dêitico da linguagem, para o autor, é como um campo de coordenadas, cujo marco zero – a *origo* – é fixado pela pessoa que está falando, pelo local da comunicação e pelo momento da comunicação: *eu, aqui* e *agora*, respectivamente. A partir desta *origo* é que os dêiticos sinalizam: são signos[36] "exclusivamente ou principalmente destinados a funcionar como placas sinalizadoras para o olhar" (Bühler, 1934, p. 228), e o preenchimento de sua significação depende, por consequência, da percepção visual ou auditiva.

Esta questão, aliás, leva Bühler à outra especificidade que distingue os dêiticos, que é o fato de que eles somente têm sua significação, caso a caso, na situação em que são empregados. Isto é, diferentemente dos signos do campo simbólico, convencionados por um código (como os sistemas da matemática, das cores, ou do domínio musical), os signos dêiticos, para

---

36. A noção de signo de Bühler (1934) não é a mesma de Saussure, ainda que Bühler tenha lido o *Curso de Linguística Geral*, que ele inclusive menciona. Bühler não considera o signo como uma "entidade psíquica", nem como uma associação de significante e significado, mas apenas como realização acústica. Além disso, para este autor, o signo linguístico, que seria sinônimo de *mensagem*, estabelece uma relação tríplice: com as coisas (que seriam objetos da linguagem), com o emissor da mensagem e com o receptor da mensagem.

este autor, apontam para referentes a cada vez diferentes, que só podem ser determinados pela percepção dos participantes da situação comunicativa. Como exemplo dessa distinção, podemos dizer que um signo do campo simbólico, como *vermelho*, refere sempre um determinado espectro de cor; já a interpretação de um signo dêitico, como *aqui*, depende da situação em que é empregada.

Outra observação importante é que os signos dêiticos revelam, para Bühler, uma certa precedência, pois eles funcionam no testemunho da necessidade de encontrar informações fora da linguagem, na situação, para que se compreenda o que é dito. Assim, embora distintos, os campos dêitico e simbólico são considerados pelo autor como inter-relacionados e interdependentes, quando se trata de estabelecer os sentidos que são produzidos na situação comunicativa.

Além do gesto, há, para o autor, mais dois tipos de auxiliares sensoriais dos dêiticos: a origem espacial do som e o timbre da voz. O auxiliar *origem espacial do som* é o que permite identificar pelo olhar a pessoa que fala, pelo som que vem dela. O auxiliar *timbre da voz* permite realizar uma identificação da pessoa pela memória acústica que temos da sua voz.

Conforme Bühler, ainda, o modo pelo qual as expressões dêiticas são preenchidas de significação originam tipos variados de dêixis. O autor identifica um primeiro caso, que seria a demonstração *ad oculos*, a qual pode ser interpretada como "pelos olhos" ou "que faz apelo ao que pode ser percebido visualmente". Um exemplo de *ad oculos* poderia ser o expresso em "É deste aqui que preciso", enunciado que pressupõe o monitoramento visual da cena enunciativa. O segundo modo de dêixis identificado por Bühler é o *am Phantasma*. Neste modo é exigido dos interlocutores um deslocamento imaginário, para ser capaz de seguir as instruções dêiticas dadas pelas expressões. Um exemplo de *am Phantasma* é o que acontece quando alguém dá indicações de como chegar a um endereço e diz "Vindo do centro, dobre à direita na rua tal". É preciso se colocar imaginariamente na posição indicada, para identificar a direção e para que lado é a direita, neste caso.

Por fim, pontuamos que Bühler defende a análise da linguagem como ferramenta na e pela comunicação. O que interessa ao autor como fenômeno de linguagem é o comportamento dos falantes em contextos comunicativos e nas diferentes funções que o que é dito pode realizar na interlocução. Para ele, então, deve-se descrever o evento de fala conforme um modelo completo da interação verbal. Por isso, associa tão desembaraçadamente o verbal com o gestual para definir a dêixis: para o autor é o evento comunicativo como um todo que interessa. Este parece que foi o principal atrativo para as abordagens semânticas e pragmáticas, incluindo-se aí a análise da conversação e a referenciação, no interior das quais o estudo da dêixis se desenvolveu.

## 3.2 Benveniste e a função *sui* referencial que funda a dêixis

Émile Benveniste foi um linguista e professor no Collège de France. Iniciou sua produção científica em 1922, mas, no Brasil, sua obra só se tornou mais conhecida a partir da publicação da tradução para o português de *Problèmes de Linguistique Générale I* (1966) e *Problèmes de Linguistique Générale II* (1974), no final da década de 1980[37]. É um autor frequentemente citado, no Brasil, pela sua contribuição para as teorias enunciativas, mas ultrapassa este campo, fazendo reverberar seu pensamento na linguística em geral e também na filosofia, na psicanálise, na sociologia e na antropologia. Não foi somente grandiosa em extensão e volume a sua obra. De acordo com Emmanuel Laroche (2021), Benveniste possuía dois talentos complementares muito raros: o rigor lógico na análise dos fatos e a arte de construir vastas sínteses, o que lhe dá um lugar de grande destaque entre os linguistas modernos.

Um eixo importante do pensamento de Benveniste é o de que "antes de qualquer coisa, a linguagem significa, tal é o seu caráter primordial, sua vocação original que transcende e explica todas as funções que ela assegura no meio humano" (Benveniste, 2006, p. 222). Nesta frase aparecem duas

---

37. Para uma dimensão mais completa da obra e importância de Benveniste, cf. Flores, 2017.

das questões para as quais convergem a reflexão do autor, ao abordar os problemas de linguagem: a significação e a inseparável relação do homem com a linguagem. É sobre este eixo que também a dêixis é vista.

Para compreender especificamente o fenômeno da dêixis, conforme formulou Benveniste (2005), contudo, é preciso dar um passo atrás e entender como o autor distingue as categorias de pessoa e de não pessoa, de acordo com diferentes modos de atuação desses elementos linguísticos. São as características de *eu*, em relações de oposição com *tu* e *ele*[38] que vão esclarecer o papel para a linguagem que a dêixis desempenha.

Para Benveniste (2005) as formas dos verbos (o que aprendemos como a conjugação de verbo de primeira, segunda e terceira pessoa etc. em variados tempos) têm a função de "colocar em relevo o índice de sujeito, o único que pode manifestar. Temos aqui uma regularidade de caráter extremo e excepcional" (Benveniste, 2005, p. 252). Desde essa constatação, a que Benveniste chega a partir da observação de diversas línguas, podemos dizer, em suma, que as línguas se encarregam de fornecer aos falantes marcadores do sujeito que fala. E se o fazem, não é à toa: vem da necessidade de os falantes sinalizarem uns aos outros quem fala, constantemente, balizando, assim, os eventos comunicativos, como veremos a seguir.

Destaca-se também que apenas *eu* e *tu* são pessoas (gramaticais); isto é, são as que efetivamente podem tomar a palavra. *Ele* é não pessoa, já que é sempre de quem ou de que se fala e nunca pode tomar a palavra. Para Benveniste (2005), na categoria de não pessoa, incluem-se também os nomes[39] por

---

38. *Eu, tu* e *ele* são conceitos gramaticais do português que marcam as pessoas do discurso, ou seja, são empregados, marcando aqueles que participam ou não do evento comunicativo em questão. No entanto, é importante salientar que as formas pelas quais as línguas marcam esses participantes são variadas. Nem todas as línguas têm pronomes e, dentro de uma língua, pode haver variações no sistema pronominal, como, p. ex., em português, a forma *você*, que cumpre com o papel de *tu* na fala de parte dos brasileiros. A tradução das expressões do francês *je, tu* e *il* do original para *eu, tu* e *ele* foram mantidas.

39. O *nome* é mais conhecido, pela gramática tradicional, como *substantivo*: classe de palavras que nomeia pessoas, animais e coisas.

apresentarem, nesta oposição com *eu* e *tu*, as mesmas propriedades que o pronome *ele*, que são a de referir do que se fala e não poder tomar a palavra.

As línguas também se encarregam de codificar elementos para a categoria de pessoa, como *eu* e *tu*, que são inversíveis: a cada vez que um *eu* toma a palavra, seu interlocutor torna-se um *tu*, o que pode ser repetido a cada troca, sempre de maneira capitaneada por *eu*. Com *ele* **não é possível fazer essa troca, pois** *ele* nem pode tomar a palavra e se dirigir a um *tu*, nem pode ser o interlocutor de *eu*.

Além disso, *eu* e *tu* **são únicos: a cada vez, somente um pode ser** "eu" que fala a um "tu". Já *ele* pode ser qualquer coisa e qualquer indivíduo e sempre é *aquilo ou aquele de que se fala*. A categoria de não pessoa "**é a única pela qual uma** *coisa* é predicada verbalmente" (Benveniste, 2005, p. 252, grifo do autor).

Sumarizando essa sistematização da distinção das categorias gramaticais de pessoa, tem-se que cada uma desempenha um papel: *ele* tem a função de remeter a coisas e indivíduos nos enunciados; *eu* e *tu* marcam a posição numa situação de fala e têm a função de remeter unicamente às suas próprias instâncias como pessoas do discurso, por isso são *sui* referenciais ou autorreferenciais.

E é por esta característica autorreferencial, de remeter à própria instância presente de quem fala, que *eu/tu* se unem "a uma série de indicadores", conforme Benveniste (2005, p. 279), cuja referência só pode ser definida em relação à instância a que pertencem. O traço que une *eu/tu* a esses elementos indicadores é a dêixis.

Conforme o autor,

> Não adianta nada definir esses termos e os demonstrativos em geral pela dêixis, como se costuma fazer, se não se acrescenta que a dêixis é contemporânea da instância de discurso que contém o indicador de pessoa; dessa referência o demonstrativo tira o seu caráter cada vez único e particular, que é a unidade da instância de discurso à qual se refere (Benveniste, 2005, p. 279-280).

**É assim que os demonstrativos** *este* e *aquele*, os advérbios *aqui, agora, hoje, ontem, amanhã, em três dias*, por exemplo, podem ser considerados dêiticos: porque ao serem empregados em um enunciado, mantêm com *eu/ tu* uma relação *sine qua non* para a interpretação de sua referência. Em outras palavras, é somente em relação ao posicionamento de *eu/tu* no espaço e no tempo que podemos interpretar a referência de expressões como *este, aquele, aqui, ontem, em três dias* etc.

Fica claro, por essa perspectiva, que as expressões dêiticas não apontam para o referente, mas para a sua relação contemporânea com a instância de quem as emprega. Assim, ao dizer "aqui", por exemplo, o falante está indicando que o lugar referido é onde ele está naquele momento e nada mais. A identificação do local dependerá de um fator contextual, que é dado ou pelo acesso visual do local ou pelo conhecimento prévio sobre a localização, em grande parte das vezes, dada por um nome, como "na sala", "em casa", "na praia", "em Paris" etc.

## 4 DESDOBRAMENTOS ATUAIS

As abordagens atuais sobre a dêixis são bem ilustradas pelo *Manual of Deixis*, de Jungbluth e Da Milano (2015), que oferecem um volumoso trabalho, com artigos escritos em várias partes do mundo sobre o sistema dêitico de diversas línguas. No Brasil, sob a influência de autores como Levinson (1983; 2004), Lyons (1977; 1982), Fillmore (1971; 1977; 1982) e, ainda, Apothéloz (1999), citamos os trabalhos de Cavalcante (2000), Ciulla (2008) e Martins (2019), que trataram o fenômeno sob um ponto de vista da referenciação e da linguística textual. Todos esses estudos compartilham em certa medida a visada de Bühler (1934), em que predomina a preocupação em definir tipos dêiticos e em analisar efeitos de sentido dos dêiticos para constituir os referentes nos textos e nos enunciados.

Contudo, a partir de autores como Benveniste (2005) e Lahud (1979), percebemos que na análise da dêixis centrada no referente, uma das principais tendências é ver nos dêiticos um papel meramente acessório de identificação do referente. Isso se justifica, em parte, pela característica dos dêiticos de serem palavras que apenas indicam que alguém está com a palavra, mas não contêm as especificidades de significado necessárias para identificar este alguém. São os nomes que fornecem essas especificidades, como já mencionamos. Por isso, na identificação do referente, de fato, o dêitico não contribui. O dêitico é um elemento que tem a propriedade de operar uma sinalização sobre a sua relação contemporânea com *eu* e, portanto, considerá-lo como um acessório do gesto ofusca a operação que promove como indexador dos enunciados e organizador da referência. Quando se trata da dêixis, então, sugerimos repensar as análises e, em vez de nos perguntarmos para o que apontam as expressões referenciais, a questão passa a ser como a dêixis atua nos enunciados.

## 5 EXEMPLO DE ANÁLISE

Copiamos o seguinte trecho do *Problemas de linguística geral I*, em que o autor salienta o que define o traço fundamental da dêixis e ilustra uma análise por esta abordagem:

> Se cada locutor, para exprimir o sentimento que tem da sua subjetividade irredutível, dispusesse de um "indicativo" distinto (no sentido em que cada estação radiofônica emissora possui o seu "indicativo" próprio), haveria praticamente tantas línguas quantos indivíduos e a comunicação se tornaria estritamente impossível. A linguagem previne esse perigo instituindo um signo único, mas móvel, *eu,* que pode ser assumido por todo locutor, com a condição de que ele, cada vez, só remeta à instância do seu próprio discurso. Esse signo está ligado ao *exercício* da linguagem e declara o locutor como tal. É essa propriedade que fundamenta o discurso individual, em que cada locutor assume por sua conta a linguagem inteira. O hábito nos torna facilmente insensíveis a essa diferença profunda entre a linguagem como sistema de signos e a linguagem assumida como exercício pelo indivíduo. Quando o indivíduo se apropria dela, a linguagem se torna em instâncias de discurso, caracterizadas por esse sistema de referências internas cuja chave é *eu*, e que define o indivíduo pela construção linguística particular de que ele se serve quando se enuncia como locutor. Assim, os indicadores *eu* e *tu* não podem existir como signos virtuais, não existem a não ser na medida em que são atualizados na instância de discurso, em que marcam para cada uma das suas próprias instâncias o processo de apropriação pelo locutor (Benveniste, 2005, p. 281, grifos do autor).

Dissemos que o que define a dêixis e diferencia os dêiticos de todos os outros signos da língua é a sua característica de remeter à instância de quem fala. Neste trecho, de certa maneira, Benveniste explica a consequência e importância desse fenômeno, que não é óbvio para o falante, tão habituado com o uso da língua, que pode neste ponto se questionar: se sinalizar quem fala é apenas o que faz a dêixis, por que isso é tão importante, afinal?

Essa indexação é necessária, em um primeiro aspecto, pelo caráter dinâmico e cambiante da comunicação humana: *eu* e *tu* servem a todos e a qualquer um e, por isso mesmo, são – e precisam ser – únicos a cada nova situação enunciativa. A dêixis estabelece o balizamento, que é realizado pelas marcas de *eu* e *tu* e que permite tanto redefinir os papéis a cada turno quanto a troca de turnos. É o que permite fixar, para cada instância, quem são as pessoas do discurso. Em segundo lugar, é o que permite compreender de que ou de quem se fala, pela alternância com os não dêiticos *ele* e os nomes. Estes seriam, então, papéis específicos da indexicalidade dêitica: os de organizar a referência em relação às categorias de pessoa.

Em outro nível, mais geral, está o lugar da dêixis na própria arquitetura da linguagem. De acordo com Benveniste (2005), se cada falante precisasse inventar um modo particular de referir a si e a sua fala, haveria tantas línguas quanto indivíduos, e a comunicação se tornaria impossível. As línguas fornecem, então, um sistema de referências que sinalizam para o outro de que há um "eu" que fala e este é, além disso, o primeiro e fundamental indício de como tudo que é dito no enunciado deve ser interpretado.

Além disso, na sua função textual, muito mais do que ajudar a equacionar referentes em relação ao *eu-tu/aqui/agora*, a dêixis está relacionada à própria expressão do tempo na língua: compreendemos as noções de pretérito, presente e futuro sempre em relação à instância de *eu*.

É interessante também não perder de vista o fato salientado por Benveniste (2005, p. 280) sobre a característica fundamental dos signos dêiticos de alternar com o emprego de signos que atuam em outro plano, quando se quer remeter a uma realidade "objetiva" ou "absoluta" no espaço ou no tempo, e não à própria enunciação. Neste outro plano não dêitico, certos signos fazem referência a um tempo não ancorado no presente de quem enuncia, como é o caso de expressões como "dois dias depois" e "na manhã seguinte". O tempo, nessas expressões, é determinado objetivamente em relação à própria história que é contada: são *dois dias depois* de algo ocorrido no relato, é *na manhã seguinte* a um dado dia da história que é contada etc. Bem diferente disso é dizer "daqui a dois dias" ou "amanhã de manhã", que estabelecem uma relação subjetiva, pois se trata da relação com a enunciação em que são proferidas por um *eu*.

## 6 CONSIDERAÇÕES FINAIS

A dêixis pode ganhar contornos diferentes, conforme uma abordagem mais ligada a uma função de identificar referentes, como enfatizou Bühler, e outra mais ligada ao seu papel organizador da referência e como fundadora do próprio discurso, como postulou Benveniste. Na primeira abordagem, a dêixis funcionaria como uma placa sinalizadora, apontando para referentes, a partir de um esquema de coordenadas, cujo centro é quem fala naquele momento. Considerando a situação de interação de um evento comunicativo, em que vários elementos não verbais contribuem para a compreensão, a tendência dos estudos dessa perspectiva é a de estender a definição de dêixis a toda expressão e gesto que tenha o traço de ostensão, ou seja, todo comportamento dos falantes que, numa situação de comunicação, sirva como um apontamento para os objetos referidos. O principal objetivo dos estudos feitos a partir desta perspectiva é semântico-textual; isto é, compreender os sentidos do texto que as expressões dêiticas ajudam a construir.

No entanto, em um aprofundamento sobre o funcionamento da dêixis, vimos que os dêiticos, de fato, desempenham uma função importante para a referência, mas a sinalização que promovem não é para os objetos e, sim, para a interpretação das expressões que fazem referência aos objetos. A dêixis é assim um fenômeno de indexação da língua, fornecendo a indicação de como interpretar a referência (e não de como interpretar o referente).

Além disso, nesta abordagem, emerge o papel fundamental da dêixis para a linguagem. Sem a possibilidade de que fosse marcada a alternância de locutores, a fala seria um impensável contínuo infinito, e os sentidos, sem o balizamento dado por "eu", não seriam estabelecidos. Assim, a dêixis, sob a perspectiva da relação que estabelece entre os falantes e entre os falantes e seus enunciados, se configura não apenas como uma sinalização de referentes, mas vem "antes" da referência, revelando uma importância para o próprio exercício da linguagem.

# Diálogo

Juliana Alves Assis
Fabiana Komesu

## 1 INTRODUÇÃO

A palavra "diálogo", como sabemos, tem ampla circulação em diferentes situações do cotidiano, o que não significa, necessariamente, unidade em termos dos sentidos que seu uso pode evocar. A despeito dessa condição, que, aliás, estende-se ao funcionamento da língua(gem) em geral, podemos elencar, como afins ao diálogo, atividades como conversa, debate, troca de ideias, entre outras. No enunciado "Ele é uma pessoa de diálogo", temos a expressão "de diálogo" conotando algo positivo, ou seja, uma qualidade acerca do ser de que se fala. Noutros termos, considerados os exemplos trazidos, "diálogo" pode tanto remeter a um tipo de prática que realizamos com/na língua(gem) quanto pode indiciar uma apreciação positiva sobre esse tipo de prática.

No domínio disciplinar dos estudos da linguagem, Marchezan (2006, p. 129) considera que "diálogo" pode tanto nomear um objeto de investigação quanto instituir uma perspectiva de análise. Assim, "diálogo" pode tanto apontar para práticas sociais do cotidiano, que envolvem interação face a face ou a distância, quanto para um campo do conhecimento em que esse conceito emerge como princípio organizador de uma reflexão sobre noções como as de texto, alteridade intersubjetiva e linguagem, como discutido a seguir.

## 2 ORIGENS HISTÓRICAS

Se, de uma perspectiva dos estudos clássicos, a noção de diálogo pode ser tomada como conversação, é preciso considerar que a busca de suas origens históricas guarda relação, principalmente, com o campo disciplinar que facultou sua irrupção e seus desdobramentos. No caso da linguística do século XX, como bem observa Ivanova (2011), uma de suas características é a elaboração de teorias do diálogo. Ilustram esse interesse pelas trocas dialogais trabalhos produzidos por meio de abordagens as mais variadas, muitos deles se beneficiando das possibilidades de registro audiovisual (gravação, (re)produção, distribuição) trazidas pelo desenvolvimento tecnológico. Lembramos, dentre outros, (a) os trabalhos de Schegloff (1968), Sacks, Schegloff e Jefferson (1974), em torno da estrutura e de recursos específicos da conversa; (b) as contribuições de Sinclair e Coulthard (1975), ao estudarem as especificidades das trocas na interação em sala de aula; (c) a proposta de estrutura hierárquica para a interação verbal dialógica, nos estudos de Roulet (1985; 1991); (d) a abordagem interacional sobre a conversação de Kerbrat-Orecchioni (1998; 2006), com a descrição das regras que sustentam o funcionamento das trocas comunicativas; e (e) a proposta de cinco sequências ou modos de organização do texto descritas por Adam (1992), sendo uma delas a dialogal.

No que diz respeito ao Brasil, principalmente no âmbito das pesquisas que se dedicaram ao estudo da língua falada – mas não exclusivamente, caberia frisar –, também se observa forte interesse pelo tema, o que se pode ilustrar por trabalhos desenvolvidos pelos projetos Norma Urbana Culta (Nurc) e Gramática do Português Falado[40], representados, entre outros, por

---

40. O Projeto Nurc, iniciado em 1969, teve como objetivo coletar amostras do português brasileiro falado em cinco capitais brasileiras (São Paulo, Rio de Janeiro, Porto Alegre, Salvador e Recife), elegendo-se como participantes falantes de ambos os sexos, de faixas etárias distintas e com nível de escolaridade superior. As gravações, coletadas em três contextos – de elocução formal (aulas e conferências), diálogo entre dois locutores e diálogo entre documentador e informante –, tiveram por finalidade subsidiar estudos da fala cul-

Jubran, Urbano, Koch *et al.* (1992), Marcuschi (1986), Hilgert (1997), Preti e Urbano (1990), Castilho (1990)[41].

Dado o interesse pelo campo dos estudos do discurso neste livro e neste capítulo, tomamos "diálogo" como objeto dos estudos linguísticos, com especial ênfase nos estudos discursivos, campo em que se desenvolvem e por vezes se articulam diferentes perspectivas teóricas. Temos também como objetivo demonstrar, por meio de um levantamento realizado em 2021, a expressividade das frentes de pesquisa brasileiras em torno da temática do diálogo de vertente bakhtiniana, consideradas ainda as interfaces nelas presentes. Apresentamos, além disso, uma apropriação do conceito na discussão de um enunciado verbovisual que trata da checagem de fatos sobre a covid-19 e num excerto de entrevista com um especialista sobre a mesma doença.

## 3 PRINCIPAIS ENFOQUES

Considerados os objetivos que movem a obra em que se insere o presente capítulo, passamos, na sequência, a discorrer sobre abordagens do diálogo emanadas de visadas com orientação discursiva. Com essa especificação

---

ta do português brasileiro, que acabaram se consubstanciando no interior do Projeto de Gramática do Português Falado Culto Brasileiro, com trabalhos de descrição de aspectos fonético-fonológicos, lexicais, morfossintáticos e textual-discursivos de diferentes orientações teóricas. Inspirados pelos trabalhos de Juan Miguel Lope-Blanch referentes ao estudo da norma urbana culta falada em capitais da América e de Portugal, o Nurc e o Projeto de Gramática do Português Falado foram conduzidos sob a liderança de Ataliba Teixeira de Castilho, professor da Universidade de São Paulo (USP), que também atuou na Universidade Estadual de Campinas (Unicamp).

41. Destaca-se também o Projeto Alip (Amostra Linguística do Interior Paulista. Disponível em: https://www.alip.ibilce.unesp.br/), iniciado em 2004 e concluído em 2007, com a disponibilização à comunidade científica do Banco de Dados Iboruna, composto por dois tipos de amostras: (a) 151 entrevistas sociolinguisticamente controladas por variáveis censitárias (sexo, faixa etária, escolaridade e renda familiar) e coletadas em sete cidades da região de São José do Rio Preto (SP) (Amostra Censo); e (b) 11 interações dialógicas espontâneas envolvendo de dois a cinco informantes e gravadas em contextos de interação social livre de qualquer controle de temas e de perfil social (Amostra de Interação). O projeto foi conduzido sob a liderança de Sebastião Carlos Leite Gonçalves, professor da Universidade Estadual Paulista "Júlio de Mesquita Filho" (Unesp).

pretendemos recortar trabalhos que alimentam e/ou desenvolvem pontos de vista teórico-metodológicos sobre o diálogo, tendo em conta filiações que tomam os enunciados em sua relação com a exterioridade, em maior ou menor grau.

## 3.1 O diálogo em Benveniste

Principiamos nossa jornada remetendo-nos a Émile Benveniste. Conhecido pela formulação de uma teoria da enunciação[42], Benveniste, em sua reflexão sobre a linguagem, coloca no centro o homem, como se evidencia neste célebre excerto do texto "Da subjetividade na linguagem":

> Não atingimos nunca o homem separado da linguagem e não o vemos nunca inventando-a. Não atingimos jamais o homem reduzido a si mesmo e procurando conceber a existência do outro. É um homem falando que encontramos no mundo, um homem falando com outro homem, e a linguagem ensina a própria definição do homem (Benveniste, 1998 [1958]: 285).

As considerações de Benveniste na passagem em questão expõem a condição fundante da intersubjetividade na relação do homem com a linguagem, o que se marca pela relação dialogal: "um homem falando com outro homem".

Em livro que se dedica a apresentar, de forma sistemática e didática, interpretações acerca da obra de Benveniste, Flores (2013, p. 26) qualifica o texto "Aparelho formal da enunciação", publicado em 1970, como representante de "um momento síntese da teoria enunciativa do autor", condensando "os cerca de 30 anos de reflexão sobre a enunciação". Nesse trabalho de 1970, Benveniste (1989 [1970], p. 87, grifos do autor) explica que é a "*acentuação da relação discursiva com o parceiro*, seja este real ou imaginado, individual ou coletivo" o aspecto que particulariza a enunciação e que implica o que ele denomina "*quadro figurativo* da enunciação"; isto é, o diálogo: "Como forma de discurso, a enunciação coloca duas 'figuras' igualmente

---

42. Remetemos o leitor ao capítulo sobre enunciação/enunciado, neste livro.

necessárias – uma, origem; a outra, fim da enunciação. É a estrutura do *diálogo*. Duas figuras na posição de parceiros são alternadamente protagonistas da enunciação" (Benveniste, 1989 [1970], p. 87, grifos do autor).

Para Benveniste, cabe assinalar, o diálogo não se confunde com uma forma de composição típica da oralidade, sendo, na verdade, como argumenta Brait (2013), condição do funcionamento da linguagem humana.

## 3.2 O diálogo no e a partir do Círculo de Bakhtin

Discorrer sobre a noção de diálogo no e a partir do Círculo de Bakhtin é tarefa que nos obriga, inicialmente, a dirigir o olhar para influências presentes no pensamento do Círculo, o que nos tem sido possibilitado também pela publicação de novas traduções e estudos, que propiciam refinamentos acerca de noções/conceitos importantes para o campo dos estudos discursivos. Essas lentes nos permitem descobrir outros contornos e interfaces nos estudos sobre o diálogo. Assim é que chegamos ao autor russo Lev Jakubin Skij (1892-1945), cuja obra tem sido objeto de interesse nos últimos anos, considerado o caráter inovador de seus estudos no campo da linguística.

Autores como Brandist (2012), Brandist e Lähteenmäki (2010), Ivanova (2011), Brait (2013), Cunha (2005), dentre outros, demonstram a potência das contribuições de Jakubinskij na construção de uma teoria sobre o diálogo, por meio de seu trabalho "Sobre a fala dialogal", já traduzido por Cunha e Cortez e publicado no Brasil em 2015. No trabalho que dá nome ao livro, o autor apresenta o diálogo como a forma natural da fala; noutras palavras, a verdadeira essência da língua se revelaria no diálogo, assumido o fato de que não existe interação verbal sem diálogo. Partindo da posição do linguista russo Lev Ščerba, responsável por um dos primeiros estudos russos sobre a fala (Ivanova, 2011), Jakubinskij aborda as dimensões sociais e psicofisiológicas do diálogo:

> Pode-se afirmar que o diálogo tem caráter natural, essencialmente no sentido de que ele corresponde, enquanto alternância de ações e de reações, aos fatos sociais de interação nos quais o social se aproxima o mais perto possível do

biológico (psicofisiológico). Se o diálogo é um fenômeno da "cultura", ele é tanto quanto, senão mais do que o monólogo, um fenômeno da "natureza" (Jakubin Skij, 2015, p. 79).

Ao discorrer sobre as especificidades do diálogo, o autor russo coloca no centro fenômenos tais como as mímicas e os gestos, bem como o tom e o timbre do locutor, que atuam fortemente na percepção visual e auditiva do interlocutor, provocando uma resposta, ou seja, atuando na intercompreensão:

> [...] no momento da comunicação verbal não mediatizada, a percepção visual *atenua* em certa medida a importância da estimulação verbal, pois a percepção e a compreensão da fala se constitui sob a influência de estímulos tanto verbais quanto visuais. Uma consequência disso é que, no decorrer da fala, aquilo que é propriamente "verbal" não se torna objeto de uma atenção excepcional, porque, inconsciente ou conscientemente, contamos com a eficácia das expressões e dos gestos (Jakubinskij, 2015, p. 72, grifo do autor).

Essa percepção multidimensional do diálogo abordada por Jakubinskij, em que se destaca o papel da interação entre recursos verbais e visuais, com ênfase para a carga de informações e referências que portam os gestos, as mímicas e a entonação, possibilita-nos refletir sobre duas realidades, ambas bem atuais.

A primeira delas está diretamente ligada à pandemia mundial provocada pela covid-19[43] a partir de 2020, que, dentre os seus inúmeros efeitos, exigiu o uso de dispositivos tecnológicos que permitissem a interação a distância, síncrona ou assíncrona, em diferentes campos da atividade humana – educacional, político, religioso, comercial, entre outros. Desses campos, recortamos o educacional, especialmente para mencionar algo da experiência vivida no chamando Ensino Remoto Emergencial (ERE), nomenclatura que remete ao ensino presencial físico, obrigado a migrar para os meios digitais. Nessa condição, a aula é prevista para ocorrer como que

---

43. Covid-19 é acrônimo de *Corona Virus Disease*, sendo 19 a referência ao ano (2019) em que os primeiros casos foram registrados em Wuhan, na China. É uma doença causada pelo agente do coronavírus Sars-CoV-2.

plasmando o ensino presencial. Ainda que se realizando de forma síncrona, o fato de muitos estudantes não ativarem a câmera e, em alguns casos, mesmo o microfone, durante as aulas – situação provocada, em grande parte, pela desigualdade social que marca nosso país –, impacta negativamente o processo de ensino/aprendizagem, segundo apontam professores (Cipriani; Moreira; Carius, 2021; Nóvoa; Alvim, 2020; Brasileiro, Oliveira; Assis, 2020), alguns deles recorrendo à imagem de solidão para se referir aos efeitos dessa condição de trabalho. Evidentemente, trata-se de uma situação que remete à importância da percepção visual nessa interação, de forma, inclusive, a calibrar a fala do professor.

Em segundo lugar, podemos igualmente refletir sobre um interessante aspecto das línguas de sinais, que, apresentando, tal como as línguas faladas e escritas, sintaxe, gramática e semântica completas (Sacks, 1998), têm, como particularidade, o fato de serem as expressões faciais recursos integrantes e indissociáveis dos demais sinais.

Em seu estudo, Jakubinskij (2015, p. 81, grifos do autor) assume que "a interrupção está sempre *potencialmente* presente no diálogo", condição que resulta do fato de que, nele, "a tomada de turno [...] de um interlocutor alterna com a de um ou vários outros interlocutores". Por essa razão, ainda que qualificada como uma *possibilidade*, a interrupção é algo que constitui, orienta e marca o ato de enunciação. Outro interessante aspecto da percepção de Jakubinskij (2015, p. 82) sobre o diálogo, diretamente ligado à possibilidade incontornável de interrupção, diz respeito à percepção do locutor acerca da condição de inacabamento da atividade de fala: "no diálogo, a alternância de réplicas acontece de tal forma que um interlocutor não 'terminou ainda' quando o outro 'continua' a falar".

A ênfase nas interrupções e réplicas no estudo do diálogo por esse autor também se estende às suas reflexões acerca da recepção do que ele nomeia de "monólogo escrito", exemplificado por um livro ou um artigo.

Jakubinskij observa que, também nessa situação, a leitura do texto escrito provoca interrupções e réplicas, que podem se materializar de várias formas: apenas no pensamento do leitor, em voz alta, sob a forma de uma anotação ou de uma marcação.

Se estendermos essa reflexão do autor russo ao contexto das possibilidades tecnológicas trazidas pela internet e em constante evolução, temos, necessariamente, condições para outras materializações das réplicas nas interações síncronas e assíncronas, assim como para a emergência de interrupções ao dizer, por exemplo, nas trocas por meio do WhatsApp, do Twitter e de outras ferramentas digitais, não mais restritas ao pensamento e às anotações na margem do texto, tal como exemplificado por Jakubinskij, mas agora em um movimento que pode "imitar" a sincronicidade do diálogo oral em presença e ainda inaugurar outras possibilidades para a interação. Sobre isso, podemos ainda dizer, concordando com Paveau (2021 [2017]: 33, grifos da autora), que "a produção linguageira *na* máquina é, na verdade, uma produção *da* máquina, e é, de fato, uma evolução inédita na história da linguagem, que as ciências da linguagem não devem negligenciar".

No fecho de seu artigo, Jakubinskij adverte o leitor acerca do caráter incompleto das reflexões apresentadas, o que também seria, segundo ele, tributário do estágio dos estudos linguísticos até aquele momento, marcado pelo não investimento no estudo da diversidade funcional da fala, realidade que demandaria um esforço coletivo de pesquisadores. Como bem sintetiza Ivanova (2011, p. 247), ainda que o autor não tenha, de fato, apresentado uma teoria do diálogo nesse texto, "pela primeira vez na linguística russa e mundial, encontramos a formulação dos princípios da teoria do diálogo como um fenômeno complexo e heterogêneo no qual os componentes linguísticos e extralinguísticos se cruzam". Dentre esses princípios, Ivanova (2011, p. 247) distingue cinco:

> (1) o diálogo como atividade mútua, interação; (2) o fenômeno da "resposta" de cada enunciado, que tem como consequência a "produção de réplicas no discurso interior"; (3) o caráter "não acabado, não terminado" de cada enunciado; (4) a espontaneidade dos processos de percepção e preparação de um novo

enunciado; (5) a interação em um dado diálogo entre a experiência precedente e a réplica de um interlocutor.

Podemos encontrar nessa enumeração aspectos contemplados pela abordagem da linguagem realizada pelo Círculo de Bakhtin, o que é abordado por Ivanova como evidência da influência de Jakubinskij no pensamento de Volóchinov, um dos autores do Círculo. Entretanto, como bem observam Ivanova (2011), Cunha (2005) e Brait (2013), há, entre Jakubinskij e o Círculo de Bakhtin, não apenas aproximações, mas também distanciamentos. O principal deles residiria no fato de que, à luz das ideias do Círculo, o diálogo é a condição incontornável do funcionamento da linguagem e se marca pela permanente relação entre discursos, entre pontos de vista; nessa medida, é princípio que rege todo enunciado, todo e qualquer gênero do discurso, seja ele oral, escrito ou multimodal. Dito de outra forma, as relações dialógicas nem se limitam nem equivalem ao diálogo visto sob um ponto de vista da forma, da composição; como assinala Bakhtin (2016, p. 102), elas "são bem mais amplas, diversificadas e complexas".

Para apreender os contornos dessa complexidade no universo teórico do Círculo de Bakhtin, tomamos inicialmente Volóchinov em dois momentos. Do ensaio "A palavra na vida e a palavra na poesia", recortamos a réplica que ele apresenta ao enunciado "O estilo é o homem", de George-Louis Leclerc, o Conde de Buffon, em discurso na Academia Francesa, em 1743: "[...] mas podemos falar que o estilo é, pelo menos, dois homens [...]" (Volóchinov, 2019, p. 143). Em seguida, lembramos um pequeno, mas muito potente, excerto da obra *Marxismo e Filosofia da linguagem*: "Em sua essência, *a palavra é um ato bilateral* (Volóchinov, 2017, p. 205, grifos do autor).

Por meio desses dois excertos de Volóchinov, podemos vislumbrar importantes dimensões implicadas na compreensão do diálogo, das relações dialógicas, ou seja, na compreensão do *dialogismo*, noção vital para uma abordagem dialógica do discurso, construída a partir das ideias do Círculo, o que nos convoca ao ponto de vista de Brait (2013, p. 98): "Encontrar a valorização de diálogo dentro dos estudos da linguagem, assim como sua metamorfose em dialogismo, significa, portanto, discutir a passagem de uma linguística da língua para uma linguística do discurso".

Tais dimensões podem ser exploradas – ainda que sem o compromisso de esgotá-las – pelo lugar dado ao "outro" na produção do enunciado, o que leva a que todo enunciado seja um enunciado-resposta em relação a outros enunciados, sejam eles enunciados anteriores produzidos pelo interlocutor ou pelo enunciador na interação imediata ou noutro momento, sejam eles enunciados produzidos por outras vozes sociais em outros tempos, sejam eles apenas projetados, previstos, antecipados. O "outro", portanto, está sempre no enunciado, ainda que seja no chamado enunciado monológico – como na escrita de diário ou nos lembretes que fazemos para nós mesmos acerca de uma tarefa a ser realizada noutro momento. Nos termos de Volóchinov (2017, p. 184), "todo enunciado, mesmo que seja escrito e finalizado, responde a algo e orienta-se para uma resposta. Ele é apenas um elo na cadeia ininterrupta de discursos verbais". Visão equivalente também se expressa em Bakhtin, que assinala a impossibilidade de o discurso "evitar a *influência profunda do discurso responsivo antecipável*" (Bakhtin, 2015, p. 52, grifos do autor).

A presença das palavras dos outros nos discursos e, evidentemente, de pontos de vista e valores que elas abrigam é outro relevante aspecto implicado na noção de dialogismo: "Nosso discurso – isto é, todos os enunciados (inclusive as obras criadas) – é pleno de palavras dos outros, de um grau vário de alteridade ou de assimilabilidade, de um grau vário de aperceptibilidade e de relevância" (Bakhtin, 2016, p. 54). Assumida a não neutralidade dos enunciados, pois as palavras carregam sempre avaliações, pontos de vista sobre seres, objetos, acontecimentos, fenômenos, e dado que, nos termos de Bakhtin (1978, p. 114), "a linguagem não é um sistema abstrato de formas normativas, mas uma opinião multilíngue sobre o mundo", fica claro que o diálogo na perspectiva do Círculo é também um diálogo entre pontos de vista, o que pode gerar tanto consensos quanto dissensos, parciais ou não.

Para fechar esse percurso em torno dos estudos sobre o diálogo na visada do Círculo de Bakhtin, mencionamos os trabalhos de

Authier-Revuz (1982, 1990, 2011, dentre outros), em que se reconhece e se explora a potência do pensamento do Círculo sobre o diálogo: "É uma das forças do pensamento bakhtiniano a de ter distinguido e *conjugado*, explicitamente, os dois 'dialogismos' – interdiscursivo e interlocutivo – inerentes ao dizer" (Authier-Revuz, 2011, p. 10, grifo da autora). Trata-se, assim, de dois planos solidários, por ela denominados, respectivamente, de heterogeneidade ou alteridade constitutiva e heterogeneidade ou alteridade interlocutiva.

## 4 DESDOBRAMENTOS ATUAIS

Na tentativa de ilustrar desdobramentos atuais da temática do diálogo de vertente bakhtiniana, em pesquisas em Linguística e Literatura, privilegiamos o contexto da produção científica do Brasil, por meio do levantamento de dados sobre grupos de pesquisa engajados nessa vertente, tendo em conta relações mais ou menos centrais com o "diálogo".

Pensando na representação dessa dinâmica, realizamos uma investigação das equipes cadastradas no Diretório de Grupos de Pesquisa no Brasil (DGP) do Conselho Nacional de Desenvolvimento Científico e Tecnológico (CNPq), inventário dos grupos em atividade, reconhecido por apresentar um perfil geral da pesquisa científico-tecnológica no Brasil. Foram levantadas informações que constam na base corrente do DGP/CNPq até o mês de setembro de 2021, de acordo com a busca textual dos termos "Bakhtin", "diálogo", "dialogismo", "gêneros textuais" e "gêneros discursivos", em nome do grupo, linha de pesquisa e palavra-chave da linha de pesquisa, na grande área de conhecimento de Linguística, Letras e Artes, áreas de Linguística e Letras. Foram selecionados apenas grupos de pesquisa certificados por suas instituições, atualizados por pesquisadores com titulação de doutor[44].

---

44. Não foram, portanto, selecionados grupos de pesquisa que aguardavam certificação pela instituição ou os não atualizados. Não foram utilizados filtros para determinar a região geográfica, a unidade federativa ou instituição, uma vez que o objetivo da busca era o de mapeamento desses grupos no Brasil. Tampouco foram utilizados filtros para os setores de aplicação da palavra-chave escolhida na consulta parametrizada.

Chegou-se, assim, a um conjunto de 64 grupos de pesquisa nas áreas de Linguística (71,9%) e Letras (28,1%)[45]. Os grupos de pesquisa cadastrados há mais tempo e em atividade no DGP/CNPq são *Linguagem como prática social*, liderado por Graciela Rabuske Hendges, na Universidade Federal de Santa Maria (UFSM), cadastrado em 1998, e *Linguagem, identidade e memória*, liderado por Elisabeth Brait, na Pontifícia Universidade Católica de São Paulo (PUC-SP), cadastrado em 2000. A parte predominante dos grupos de pesquisa (58 deles, correspondente a 90,6%) está filiada a instituições de Ensino Superior públicas ou a institutos federais, localizados nas cinco regiões geográficas do Brasil: no Nordeste (16 grupos de pesquisa, 25% do total), no Norte e Sudeste (15 GP em cada uma das regiões, correspondentes a 23,4% cada), no Sul (07 GP, 10,9%) e no Centro-Oeste (05 GP, 7,8%). Há grupos de pesquisa sediados em instituições privadas (06 deles, 9,4% do total), no Sudeste (03 GP, 4,7% do total) e também no Nordeste (02 GP, 3,1%) e no Sul (01 GP, 1,6%). Os 64 grupos de pesquisa estão vinculados a 44 diferentes instituições[46]. Não foram

---

45. A análise do conteúdo dos 64 documentos foi realizada com o *software* Maxqda 2020 (Verbi Software, 2020). Somos gratas a Gabriel Guimarães Alexandre, doutorando na Unesp, pelo auxílio no levantamento dos dados.

46. As instituições a que os líderes dos grupos de pesquisa estão vinculados são: Instituto Federal da Bahia (IFBA), Instituto Federal de Alagoas (Ifal), Instituto Federal de São Paulo (IFSP), Instituto Federal do Espírito Santo (Ifes), Instituto Federal do Rio de Janeiro (IFRJ), Pontifícia Universidade Católica de Minas Gerais (PUC Minas), Pontifícia Universidade Católica de São Paulo (PUC-SP), Pontifícia Universidade Católica do Rio Grande do Sul (PUC-RS), Universidade Católica de Pernambuco (Unicap), Universidade de Pernambuco (UPE), Universidade de São Paulo (USP), Universidade do Estado do Amapá (Ueap), Universidade do Estado do Amazonas (UEA), Universidade do Estado do Pará (Uepa), Universidade do Estado do Rio de Janeiro (Uerj), Universidade Estadual da Paraíba (UEPB), Universidade Estadual de Alagoas (Uneal), Universidade Estadual do Ceará (Uece), Universidade Estadual do Oeste do Paraná (Unioeste), Universidade Estadual do Piauí (Uespi), Universidade Estadual do Rio Grande do Norte (Uern), Universidade Estadual do Sudoeste da Bahia (Uesb), Universidade Estadual Paulista "Júlio de Mesquita Filho" (Unesp), *campus* de Assis, Universidade Estadual Paulista "Júlio de Mesquita Filho" (Unesp), *campus* de Araraquara, Universidade Federal da Integração Latino-Americana (Unila), Universidade Federal de Catalão (Unicat), Universidade Federal de Goiás (UFG), Universidade Estadual de Maringá (UEM), Universidade Federal

localizados GP com as características mencionadas em IES privadas das demais regiões (Centro-Oeste e Norte).

Na Figura 1, a localização geográfica das instituições-sede dos grupos é representada pelos marcadores destacados:

Figura 1 – Distribuição dos grupos de pesquisa no Brasil
Fonte: Elaborado pelas autoras com o *Google My Maps*.

de Santa Catarina (UFSC), Universidade Federal de Santa Maria (UFSM), Universidade Federal de São João Del Rei (UFSJ), Universidade Federal do Amazonas (Ufam), Universidade Federal do Ceará (UFC), Universidade Federal do Espírito Santo (Ufes), Universidade Federal do Mato Grosso do Sul (UFMS), Universidade Federal do Pará (UFPA), Universidade Federal do Piauí (UFPI), Universidade Federal do Recôncavo Baiano (UFRB), Universidade Federal do Sergipe (UFS), Universidade Federal do Tocantins (UFT), Universidade Federal Rural do Rio de Janeiro (UFRRJ), Universidade Federal Rural do Semiárido (Ufersa), Universidade Regional do Cariri (Urca).

Parte desses grupos de pesquisa mantém parceria com grupos de outras instituições de Ensino Superior ou de institutos federais no Brasil, além de grupos no exterior. Em âmbito nacional, há atividades de colaboração principalmente com outras IES públicas das regiões Sudeste (29,5%) e Nordeste (21,6%), e também com IES públicas das regiões Norte e Sul (12,5% para cada uma dessas regiões) e Centro-Oeste (5,7%). Há registro de colaboração com grupos de IES privadas nas regiões Sudeste (4,5%) e Sul (3,4%). Destacam-se o registro de relação de parceria com 53 instituições no Brasil e a atividade de cooperação com seis grupos no exterior (10,2% do total), na América do Sul (Argentina e Chile) e na Europa (França e Portugal), chegando-se a 59 outros núcleos, o que coloca em evidência a força do pensamento do Círculo Bakhtiniano na produção acadêmico-científica[47].

---

47. As instituições a que os parceiros dos grupos de pesquisa estão vinculados são: Faculdade de Tecnologia do Estado de São Paulo (Fatec), Instituto Federal Catarinense (IFC), Instituto Federal da Bahia (IFBA), Instituto Federal de Alagoas (Ifal), Instituto Federal de Pernambuco (IFPE), Instituto Federal do Paraná (IFPR), Pontifícia Universidade Católica de Minas Gerais (PUC Minas), Pontifícia Universidade Católica de São Paulo (PUC-SP), Pontifícia Universidade Católica do Rio Grande do Sul (PUC-RS), Universidad Nacional de Rosario (Argentina), Universidade Católica de Pelotas (UCPel), Universidade de Santiago do Chile (Usach, Chile), Universidade de São Paulo (USP), Universidade de São Paulo (USP), *campus* de Ribeirão Preto, Universidade de Taubaté (Unitau), Universidade do Vale do Rio dos Sinos (Unisinos), Universidade Estadual da Paraíba (UEPB), Universidade Estadual de Alagoas (Uneal), Universidade Estadual de Campinas (Unicamp), Universidade Estadual de Londrina (UEL), Universidade Estadual de Roraima (Uerr), Universidade Estadual do Ceará (Uece), Universidade Estadual do Centro-Oeste (Unicentro), Universidade Estadual do Paraná (Unespar), Universidade Estadual do Sudoeste da Bahia (Uesb), Universidade Estadual Paulista "Júlio de Mesquita Filho" (Unesp), *campus* de São José do Rio Preto, Universidade Estadual Paulista "Júlio de Mesquita Filho" (Unesp), *campus* de Presidente Prudente, Universidade Federal da Bahia (UFBA), Universidade Federal da Integração Latino-Americana (Unila), Universidade Federal da Paraíba (UFPB), Universidade Federal de Goiás (UFG), Universidade Federal de Juiz de Fora (UFJF), Universidade Federal de Lavras (Ufla), Universidade Federal de Minas Gerais (UFMG), Universidade Federal de Pernambuco (UFPE), Universidade Federal de Roraima (UFRR), Universidade Federal de Santa Catarina (UFSC), Universidade Federal de São Carlos (UFSCar), Universidade Federal de São Paulo (Unifesp), Universidade Federal de Uberlândia (UFU), Universidade Federal do Amazonas (Ufam), Universidade Federal do Espírito Santo (Ufes), Universidade Federal

Na Figura 2, a localização geográfica desses parceiros é representada no Brasil e no exterior pelos marcadores destacados:

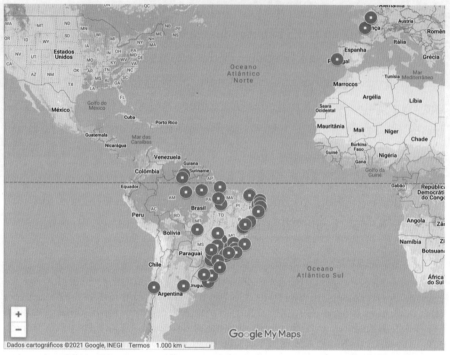

**Figura 2 – Distribuição dos parceiros dos grupos de pesquisa no Brasil e no exterior**
Fonte: Elaborado pelas autoras com o *Google My Maps*.

---

do Estado do Rio de Janeiro (Unirio), Universidade Federal do Mato Grosso (UFMT), Universidade Federal do Oeste do Pará (Ufopa), Universidade Federal do Pará (UFPA), Universidade Federal do Paraná (UFPR), Universidade Federal do Rio Grande do Norte (UFRN), Universidade Federal do Rio Grande do Sul (UFRGS), Universidade Federal do Sul e Sudeste do Pará (Unifesspa), Universidade Federal do Tocantins (UFT), Universidade Federal Fluminense (UFF), Universidade Federal Rural de Pernambuco (UFRPE), Universidade Franciscana (UFN), Université de Paris III – Sorbonne Nouvelle (França), Université de Paris X – Nanterre (França), Université de Poitiers (França) e Université Paris VIII – Saint Denis (França). O vínculo com Portugal não foi explicitado, razão pela qual constam 58 das 59 instituições.

Os grupos de pesquisa que manifestaram filiação a disciplinas o fizeram, principalmente, em relação às seguintes abordagens: Análise Dialógica do Discurso (28,4% do total), Análise do Discurso (12,7%), Texto e Discurso (9,8%), (Multi)Letramentos (9,8%), Linguística Aplicada/Ensino e aprendizagem de línguas (7,8%), Linguística Textual (6,9%), Linguística Cognitiva (4,9%), Sociointeracionismo (4,9%), Análise Crítica do Discurso (3,9%), Argumentação/Retórica (3,9%), Semiótica (2,9%), Interacionismo Sociodiscursivo (2%) e Análise da Conversação (2%). Houve grupos que manifestaram filiação a mais de uma vertente; outros, a nenhuma, com indicação de temas de interesse de pesquisa, como discutido em seguida. Como se pode observar, há prevalência de uma visão discursiva, com interesse pela relação entre linguagem e história/contexto sócio-histórico (Análise Dialógica do Discurso, Análise do Discurso, Texto e Discurso, Análise Crítica do Discurso). Destaca-se também o interesse de parte dos grupos identificados pelos termos-chave relacionados à vertente bakhtiniana a estudos de (multi)letramentos – particularmente, letramentos escolares/letramentos acadêmicos e letramentos digitais –, além de estudos de ensino e aprendizagem de línguas/ Linguística Aplicada.

Os grupos de pesquisa identificados pelos termos-chave relacionados à vertente bakhtiniana indicaram ainda na descrição do grupo, nas linhas ou em palavras-chave da linha o interesse por determinados temas/assuntos de pesquisa. O tema educação/ensino e aprendizagem de línguas aparece de maneira mais frequente (16,2%), seguido de gêneros textuais/discursivos (10,6%); produção textual escrita (9,8%); discursos (8,9%); literatura (8,9%); língua materna (8,1%); formação de professor (8,1%); línguas estrangeiras (5,5%); leitura (5,1%); prática docente (4,7%); tecnologias digitais (4,3%); letramentos (4,3%); identidade (3%) e linguagem verbovisual-gestual (2,6%). Houve grupos que manifestaram interesse por mais de um tema, vinculado ou não de maneira explícita a uma disciplina.

Ainda que se saiba que uma classificação como essa pode ser imprecisa, dada a sobreposição de temas e disciplinas, pode-se dizer que permite vislumbrar tendências de abordagem de temas no campo dos estudos linguísticos e literários. Esse levantamento dos desdobramentos atuais sobre a temática do diálogo possibilita ainda que pesquisadores principiantes, além dos pesquisadores mais experientes, consigam localizar grupos de interesse afim. A perspectiva discursiva, eleita pela maior parte dos grupos, com destaque para a Análise Dialógica do Discurso, prioriza o tratamento de temas associados à interdisciplinaridade/transdisciplinaridade, na relação com educação/ensino e aprendizagem de línguas – em gêneros textuais/discursivos, em práticas sociais de escrita e de leitura (também de literatura), segundo uma concepção de texto que não se restringe a texto verbal escrito, mas que se abre à linguagem verbovisual (incluída a gestualidade), na consideração de outras semioses, com uso de tecnologias digitais – na investigação do trabalho de professores em formação inicial ou continuada, em contextos complexos que demandam reflexão e trabalho sobre questões sócio-históricas.

Trata-se do diálogo dos grupos de pesquisa de Linguística e Literatura com a educação básica e o ensino superior no Brasil e no mundo, em resposta aos muitos desafios impostos a essas áreas na produção do conhecimento. Para refletir sobre um desses problemas da contemporaneidade, à luz da perspectiva do diálogo na/da linguagem, elegemos um enunciado verbovisual que trata da checagem de fatos sobre a covid-19 e um excerto de entrevista sobre a vacina contra essa mesma doença.

## 5 EXEMPLO DE ANÁLISE

Vejamos o seguinte enunciado verbovisual[48]:

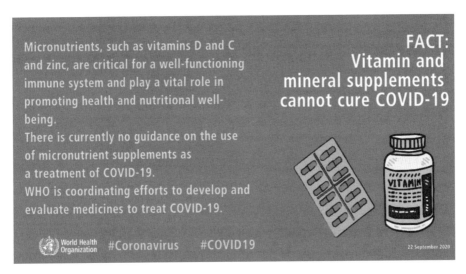

**Figura 3 –** *Post* de checagem de fatos sobre a covid-19[49]
Fonte: Organização Mundial da Saúde (OMS).

Trata-se de um *post* do serviço de checagem de fatos *Mythbusters* da Organização Mundial da Saúde (OMS), voltado ao enfrentamento de informações falsas, enganosas ou não comprovadas sobre prevenção ou cura da covid-19, a exemplo da ingestão de álcool, do consumo de determinados chás, do uso de hidroxicloroquina, entre outros. Levando-se em conta o contexto de uma pandemia que até 19 de outubro de 2021 contabilizava

---

48. Disponível em: https://www.who.int/emergencies/diseases/novel-coronavirus-2019/advice-for-public/myth-busters Acesso em 17/10/2021.

49. Nossa tradução: Fato: Suplementos vitamínicos e minerais não podem curar a covid-19 / Micronutrientes, como as vitaminas C, D e zinco, são essenciais para o bom funcionamento do sistema imunológico e desempenham um papel vital na promoção da saúde e do bem-estar nutricional. / Não há atualmente orientação sobre o uso de suplementos de micronutrientes como tratamento de covid-19. / A OMS está coordenando esforços para desenvolver e avaliar medicamentos para tratar a covid-19.

4.909.698 mortos no mundo – 603.465 deles no Brasil[50] – e o estatuto institucional da OMS, subordinada à Organização das Nações Unidas (ONU), a expectativa é de que o diálogo promovido pela agência, por meio de um serviço como esse, seja efetivado com diferentes países do globo – onde circulam desinformação e *fake news*[51] sobre a doença, potencializadas pelo uso frequente de mídias digitais –, no confronto com um ideal de saúde e bem-estar.

Métodos caseiros de prevenção e cura de covid-19 – como consumo de vitaminas C e D e de zinco – foram amplamente divulgados em mídias sociais nos meses iniciais da pandemia, como mostram Islam *et al.* (2020, p. 1.622), em um grupo multidisciplinar formado de médicos, epidemiologistas e sociólogos, que estudou "informações" sobre a covid-19 compartilhadas em 87 países, em plataformas *online* (incluindo agências de checagem de fatos), no período de dezembro de 2019 a abril de 2020. Do total de textos checados, 82% deles eram falsos. No Brasil, Galhardi *et al.* (2020, p. 4.205) estudaram as principais *fake news* sobre covid-19 propagadas em WhatsApp, Facebook e Instagram, de 17 de março a 10 de abril de 2020, em período, portanto, semelhante ao da pesquisa internacional. Os autores mostraram, naquele momento, uma primazia de "informações" sobre métodos caseiros de prevenção (65%), como ingestão de água fervida com alho (também observada por Islam *et al.*, 2020).

No exame do *post*, podemos observar indícios de *diálogo* com outras vozes[52]. Chamamos a atenção apenas para duas delas. Primeiramente, veja-se que a palavra "FACT" (FATO), abrindo o enunciado que aparece

---

50. Disponível em: https://coronavirus.jhu.edu/map.html Acesso em: 19/10/2021.

51. Komesu, Alexandre e Silva (2020) discutem, de uma perspectiva dos estudos linguísticos, uma distinção entre desinformação e *fake news*, procurando observar, no funcionamento de agências de checagem de fatos, a possibilidade de apropriação de parte desses critérios em práticas letradas acadêmico-científicas no contexto escolar.

52. No âmbito do que Corrêa (2006) propõe teórico-metodologicamente para a análise de textos, com base na relação entre dialogismo, relações intergenéricas e análise indiciária.

à direita, em letras maiúsculas, atua como uma espécie de rótulo para o que vem em seguida. Tendo em conta as condições de produção e de circulação da postagem, "FACT" (FATO) se apresenta como resposta a algo como "mentira", "não fato", *fake*. Nesse sentido, configura-se como contrapalavra a vozes oriundas de práticas não científicas. Outro índice de diálogo se mostra no uso da negação – "Vitamin and mineral supplements **cannot** cure covid-19" (Suplementos vitamínicos e minerais não podem curar a covid-19); "**There is** currently **no** guidance on the use of micronutrient supplements as a treatment for covid-19" (Não há atualmente orientação sobre o uso de suplementos de micronutrientes como tratamento de covid-19") –, por meio da qual se estabelece uma contraposição a um dizer que, embora não visível textualmente no *post*, é evocado na enunciação.

O *post* da OMS aparece, pois, como enunciado-resposta a práticas sociais em circulação em diferentes países do mundo, em que o temor à doença e a seus efeitos dialoga com a esperança de haver tratamentos alternativos, pouco dispendiosos ou invasivos, que dispensariam acompanhamento médico e hospitalar (onerosos em muitos países); em que a relação com o especializado (efeitos benéficos já conhecidos de vitaminas no sistema imunológico) dialoga com o não especializado (as pesquisas por fazer sobre esse uso no tratamento de covid-19); em que a legitimidade das instituições é interpelada pela influência de parentes e amigos, num contexto de pós--verdade (McIntyre, 2018). Na língua mais falada no mundo, esse *post* da OMS busca orientar cidadãos a não utilizarem suplementos no tratamento da doença, ainda que dê voz a sua importância no bom funcionamento do sistema imunológico. Por meio de *hashtags* (#Coronavirus, #Covid19), projeta a expectativa de que esse texto – curto, redigido em ordem direta, com ícones estilizados de cartela de medicamento e embalagem (reconhecíveis em diferentes culturas), diagramado em cores – seja amplamente compartilhado, no enfrentamento da *infodemia*, do fluxo de informações falsas, enganosas ou não comprovadas sobre a covid-19.

O segundo exemplo, a seguir, é um recorte de entrevista[53] com o pediatra e infectologista Marcio Nehab, publicada no *site* do Instituto Nacional de Saúde da Mulher, da Criança e do Adolescente Fernandes Figueira (IFF/Fiocruz):

**Figura 4 – Trecho de entrevista sobre a covid-19**

**Quanto tempo dura a imunidade da vacina contra a covid-19? Será preciso tomá-la todos os anos?**

**Marcio**: Infelizmente ainda não há dados concretos sobre esse assunto. O que sabemos até hoje é que elas devem dar pelo menos seis meses de imunidade. Isso depende de uma série de fatores. Idade, presença de comorbidades, tipo e marca de vacina, exposição ao vírus, entre outros. A Pfizer/BioNTech confirmaram uma eficácia de 91,3% seis meses após a segunda dose. A mesma dinâmica foi aplicada à vacina Moderna, que conferiu eficácia de 94% após o sexto mês da segunda dose. Esse marco de seis meses é um fator importante, e ambos os fabricantes continuarão monitorando os efeitos dos seus imunizantes com o passar dos meses. [...].

**Mesmo após a vacina será preciso usar máscaras e manter o distanciamento social?**

**Marcio**: Sim. Nenhuma vacina protege totalmente contra a infecção assintomática ou com sintomas leves. As vacinas protegem muito bem contra infecções graves, hospitalizações e internações em unidades de terapia intensiva e óbitos. Dessa forma, podemos continuar nos infectando e transmitindo mesmo após a vacinação [...].

Fonte: Instituto Nacional de Saúde da Mulher, da Criança e do Adolescente Fernandes Figueira (IFF/Fiocruz).

O excerto ilustra o gênero do discurso entrevista, caracterizado pelo diálogo envolvendo um ou mais entrevistadores e um ou mais entrevistados, seja na modalidade falada, seja na modalidade escrita. No caso em

---

53. Disponível em: http://www.iff.fiocruz.br/index.php/8-noticias/756-mitoseverdadescovid19 Acesso em: 26/12/2021.

questão, temos perguntas formuladas pela jornalista Suely Amarante a um especialista na temática que é o objeto da entrevista. Podemos, ainda, na mesma passagem, pensar o diálogo não apenas como forma de organização desse gênero, mas como condição incontornável da atuação com a/na linguagem, marcada por relações dialógicas entre posições, pontos de vista, avaliações. Assim, na abertura da resposta à primeira questão desse excerto, podemos interpretar o modalizador "infelizmente" como pista do diálogo que o especialista trava com as expectativas inferíveis a partir da pergunta feita, estas não limitadas à jornalista, mas projetadas também sobre o grande público. "Infelizmente", no caso em questão, traz a expressão valorativa desse enunciador sobre um fato que interessa a uma coletividade; trata-se, assim, de uma avaliação que o entrevistado supõe comungada. Tomemos agora a segunda pergunta do exemplo ("Mesmo após a vacina será preciso usar máscaras e manter o distanciamento social?"), em que a forma com valor de concessão "Mesmo" indicia um diálogo com pontos de vista relativamente consensuais, em nossa sociedade, sobre a eficácia de vacinas, os quais precisam ser redimensionados em um contexto de incertezas científicas sobre o comportamento do vírus que provoca a doença. Considerada a estrutura da pergunta, é possível ver nela também certa orientação didática ao público.

## 6 CONSIDERAÇÕES FINAIS

Neste capítulo procuramos discutir o conceito de "diálogo" nos estudos linguísticos, particularmente nos estudos do discurso. Partimos de uma visão de como o diálogo aparece como objeto de estudo em diferentes perspectivas teóricas para olhar, de maneira mais atenta, para os estudos enunciativos e discursivos que tomam o diálogo como princípio organizador da reflexão sobre a linguagem.

Buscando identificar tendências de pesquisa no Brasil, fundamentadas na concepção de diálogo de vertente bakhtiniana e na relação de interdependência entre diálogo e enunciados genéricos, fizemos um levantamento de equipes no Diretório de Grupos de Pesquisa no Brasil do

CNPq, com base na escolha de determinados termos-chave. Os resultados apontam para uma fecunda atividade dos grupos de pesquisa, na assunção, principalmente, de uma visão discursiva no tratamento de temas como educação/ensino e aprendizagem de línguas (materna e estrangeiras), gêneros textuais/discursivos, produção textual escrita, discursos, literatura, formação inicial e continuada de professores, identidade, letramentos, linguagem verbovisual-gestual, na associação com tecnologias digitais. O levantamento mostrou ainda a parceria de parte dos grupos com outros núcleos no Brasil e no exterior, o que coloca em destaque a força da reflexão fundamentada no diálogo.

Pensando numa apropriação da concepção de diálogo, selecionamos um *post* produzido pela OMS com o propósito comunicativo de orientar cidadãos, no mundo todo, sobre o uso equivocado de suplementos vitamínicos e minerais no tratamento da covid-19, assim como um excerto de entrevista com um especialista sobre a mesma doença. O *post* foi publicado no mês de setembro de 2020; a entrevista, em junho do ano seguinte. Na passagem do tempo cronológico, espera-se que surjam respostas quanto ao tratamento e à cura da doença. Permanecerá, entretanto, o desafio de olhar para a opacidade dos fenômenos da linguagem conjuntamente, buscando-se refletir – com o outro, *no* diálogo – sobre possibilidades de produção de sentidos que não são complemente novas, uma vez que conjuram aspectos sociais e históricos, mas que emergem sempre na novidade do acontecimento da linguagem humana.

# Discurso

Carlos Piovezani
Manoel Alves

## 1 INTRODUÇÃO

O discurso move o mundo. Ele constitui o que pensamos e o que fazemos, o que falamos e o que sentimos. Isso porque o discurso controla o que se diz e as maneiras de dizer, produz os sentidos das coisas ditas e ainda suscita os sentimentos partilhados por classes, grupos e sujeitos de uma sociedade.

Principalmente, a partir da segunda metade do século passado, a noção de discurso passa a frequentar cada vez mais intensamente muitas áreas dos estudos linguísticos, tais como: teorias da enunciação, análises da conversação e múltiplas abordagens interacionistas, pragmáticas e textuais. Apesar de suas diferenças teóricas e metodológicas, essas disciplinas se interessam pela linguagem em uso, pelas situações de fala e por elementos que ultrapassam os limites das frases. A fala, o texto e os enunciados tornam-se objetos centrais desses campos da linguística, e o discurso é aí concebido como algo que extrapola as fronteiras da língua, que concerne fatores culturais, sociais ou cognitivos da significação e que remete a sequências linguísticas reais e produzidas em contextos concretos e específicos.

Conforme indica seu nome, a Análise do discurso (AD) o toma como seu objeto privilegiado. Embora possa se assemelhar a essas disciplinas linguísticas, por várias razões, a AD sobretudo se distingue destas últimas. A primeira dessas razões é que ela apenas se interessa por dados empíricos, tais como textos e enunciados, na medida em que são uma via de acesso aos discursos que efetivamente consistem em seu objeto. Vejamos como isso funciona.

Diante da profusão de textos e enunciados produzidos numa sociedade, como é possível acessar os discursos? Não identificamos satisfatoriamente uma unidade discursiva com base no fato de que muitos textos e enunciados tratariam de um mesmo tema ou de um suposto objeto comum. Tampouco são pertinentes os grupos discursivos formados a partir do que foi dito a propósito de um assunto em diversos campos de conhecimento ou em distintas instituições. Finalmente, os discursos também não equivalem ao que é formulado por diferentes indivíduos. Na AD, convém não se contentar com as ideias bastante correntes, segundo as quais haveria um discurso sobre a liberdade, a arte ou a condição humana, um discurso da biologia, da física, da filosofia e da medicina, um discurso da política, da mídia ou da religião, enfim, um discurso próprio de Maria, de João ou de José.

É o exame da "ordem do discurso" que nos permite apreender as regularidades e as relações de identidade e diferença na dispersão dos enunciados produzidos numa sociedade. Por seu intermédio, constatamos as filiações e rupturas que os sujeitos operam em relação ao que já fora dito, sob a forma de retomadas, reformulações e apagamentos. O discurso estabelece essas filiações e rupturas. Diante dessa afirmação, surgem, ao menos, estas três questões: o que é o discurso? Como ele instaura tais filiações e rupturas? E como podemos analisá-lo? A definição de discurso e os procedimentos para sua análise encontram-se justamente no interior desse campo ao qual se convencionou chamar de Análise do discurso.

Com vistas a fornecer aqui uma definição relativamente precisa dessa noção e certos meios para analisar o discurso, apresentaremos alguns postulados e noções fundamentais da AD e de seus recursos metodológicos. Trataremos das origens históricas desse campo, indicando o que julgamos serem seus princípios teóricos e seus procedimentos analíticos mais relevantes. Em seguida, faremos uma breve referência às subáreas que se interessam pela discursividade nos estudos linguísticos do Brasil contemporâneo. Já na seção seguinte, realizaremos um balanço da Análise do discurso e apontaremos alguns de seus importantes desdobramentos atuais. Na esteira desse estado da arte da AD, empreenderemos a análise de um enunciado, considerando a constituição, a formulação e a circulação do discurso e ainda a produção de seus sentidos e de seus afetos. Ao cabo da leitura deste capítulo, poderemos melhor compreender o que é o discurso e todo seu poder de conservar e de modificar as relações entre os sujeitos e os sentidos de uma sociedade. Entenderemos, enfim, porque podemos reafirmar que o discurso move o mundo.

## 2 ORIGENS HISTÓRICAS

A Análise do discurso surgiu nos anos de 1960, no interior de um movimento intelectual e político conhecido como estruturalismo. Esse movimento questiona a ideia de que o ser humano está no centro do mundo, na origem e no absoluto controle de seus próprios atos, para sustentar que há estruturas que o precedem e o constituem, uma vez que elas condicionam seu pensamento e suas ações, seus desejos e suas interlocuções. Com o estudo das relações estruturais que controlam nossos modos de ser e de estar numa determinada sociedade, os estruturalistas desenvolveram a tendência que ficou conhecida como anti-humanismo teórico. O postulado da linguística moderna de que, antes da fala dos sujeitos, há um sistema linguístico, constituído de unidades, de relações entre elas e de regras que permitem umas e interditam outras de suas combinações, consistiu numa das bases do pensamento estruturalista e do anti-humanismo teórico.

Louis Althusser foi um dos grandes expoentes desse movimento e responsável por certa reabilitação do pensamento marxista, a partir de uma perspectiva estrutural. Nesse sentido, destaca-se seu trabalho sobre a noção de ideologia. Althusser afirma que as ideologias, esses conjuntos complexos de crenças e atitudes das classes sociais, provêm das condições materiais de existência, ou seja, dos sistemas de produção de uma sociedade (Althusser, 1985). As ideologias relacionam-se umas com as outras sob a forma de conflitos, assimilações e contradições e materializam-se em práticas, objetos e discursos. Com base na ideia de que as ideologias se materializam privilegiadamente nos discursos, Michel Pêcheux postula a necessidade de um campo que se dedique à análise destes últimos, considerando que a discursividade compreende ao mesmo tempo condições e elementos históricos e sociais, linguísticos e inconscientes.

Por essa razão, a Análise do discurso foi concebida no interior do materialismo histórico, a cujos princípios se articularam postulados, métodos e conceitos da linguística e da psicanálise. No pensamento de Pêcheux, o discurso não corresponde ao caráter universal da língua, cujas unidades e regras de combinação são as mesmas para todos os membros de uma comunidade linguística, nem tampouco à condição individual da fala, que é singular em cada uma de suas manifestações. O discurso se situa, antes, "num nível intermediário" (Pêcheux, 1990a, p. 74) entre a universalidade da língua e a individualidade da fala e consiste numa prática regular, que materializa as ideologias e que é determinada pela luta de classes.

Em função dos distintos sistemas de produção e das diferentes classes e grupos de uma sociedade, há diversas formações sociais. Essas últimas compreendem várias formações ideológicas: cada uma delas envolve um conjunto de ideias, práticas e valores que "não são nem 'individuais' nem 'universais', mas que se referem mais ou menos diretamente a 'posições de classe' em conflito umas com as outras". Essas formações ideológicas comportam, necessariamente, como uma de suas componentes, "uma ou várias *formações discursivas* interligadas, que determinam *o que pode e deve ser dito*, a partir de uma dada posição numa dada conjuntura" (Pêcheux, 2011, p. 72-73).

Além de controlar o que dizem os sujeitos, o discurso produz os sentidos das coisas ditas. Para a AD, "as palavras mudam de sentido segundo as posições sustentadas por aqueles que as empregam"; isto é, elas "mudam de sentido ao passar de uma formação discursiva para outra" (Pêcheux, 2011, p. 73). Os sentidos não são inerentes às formas linguísticas, a linguagem não é transparente nem seus usos são neutros:

> O *sentido* de uma palavra, de uma expressão, de uma proposição etc. não existe "em si mesmo" (i. é, em sua relação transparente com a literalidade do significante), mas, ao contrário, é determinado pelas posições ideológicas que estão em jogo no processo sócio-histórico no qual as palavras, expressões e proposições são produzidas (i. é, reproduzidas). Elas recebem seu sentido da formação discursiva na qual são produzidas (Pêcheux, 1988, p. 160-161).

O discurso determina o que pode e deve ser dito e é ainda a matriz de produção dos sentidos. A essa definição da discursividade foram agregados à AD outros aspectos essenciais da ordem do discurso, tal como ela foi concebida por outro grande nome do estruturalismo francês. Michel Foucault concebe o discurso sob uma perspectiva que não é nem linguística nem lógica, mas histórica[54]. Fundamentalmente, o filósofo francês se interessou pelas condições de emergência dos enunciados efetivamente ditos numa sociedade, que se distinguem das frases, das proposições e dos atos de fala. Sob essa perspectiva, o discurso é

> a diferença entre o que poderíamos dizer corretamente em uma época (segundo as regras da gramática e aquelas da lógica) e o que é dito efetivamente. O campo discursivo é, em um momento determinado, a lei dessa diferença (Foucault, 2010, p. 14).

Foucault (1997) mostra ainda que o discurso não equivale a unidades acabadas e naturalmente distinguíveis no interior de nossa sociedade, como domínios de saber, épocas históricas, autores, obras etc., como se houvesse o discurso do direito ou da economia, o discurso do Renascimento ou da Modernidade, o discurso de Nietzsche ou de Machado de Assis. Não há discursos dados *a priori* e devidamente etiquetados no mundo. Sua identificação e seu exame exigem que, diante da dispersão e do relativo caos dos textos, encontremos regularidades e certa ordem nos discursos. A constância, a força e o alcance de uma unidade discursiva fazem com que ela ultrapasse os limites das instituições sociais, dos campos do conhecimento, das classes e dos grupos de uma sociedade, com que se expanda e transponha as fronteiras das eras e dos lugares. Em nossos dias, o discurso

---

54. Afinidades e diferenças entre Foucault e Pêcheux foram indicadas, entre outros, por Gregolin (2004) e Puech (2016).

da meritocracia ilustra bem a regularidade e o raio de ação de uma unidade discursiva. Nesse sentido, os discursos são práticas regulares e reguladoras:

> o que se chama "prática discursiva" é um conjunto de regras anônimas, históricas, sempre determinadas no tempo e no espaço, que definiram, em uma dada época e para uma determinada área social, econômica, geográfica ou linguística, as condições de exercício da função enunciativa (Foucault, 1997, p. 136).

É nessa direção que Foucault desenvolve a ideia de que em todas as sociedades a ordem do discurso controla, seleciona, organiza e redistribui o que pode ser dito. Porque o discurso move o mundo, com seus poderes e perigos, há vários procedimentos que determinam quem pode e quem não pode falar, o que se pode e o que não se pode dizer e em que situações podemos ou não fazê-lo: "Sabe-se bem que não se tem o direito de dizer tudo, que não se pode falar de tudo em qualquer circunstância, que qualquer um, enfim, não pode falar de qualquer coisa" (Foucault, 2010, p. 8-9).

Além de ser regular e regulador, o discurso é ainda algo raro. Esta sua condição deriva da diferença entre a abundante potência de tudo o que as regras da lógica e da língua nos permitiriam dizer e a escassez dos atos que materializam o que efetivamente dizemos. Essa raridade do discurso impõe esta questão e a busca por suas respostas: "como apareceu um determinado enunciado, e não outro em seu lugar?" (Foucault, 1997, p. 31). Respondê-la implica considerar que as condições históricas e as relações sociais estão no próprio âmago das coisas ditas e de suas maneiras de dizer. Entre as classes, os grupos e os sujeitos de uma sociedade há múltiplas relações de poder. Essas relações são constitutivas dos discursos, que, por sua vez, as materializam, reproduzem e modificam. Nas batalhas discursivas, ante dizeres que cremos ser evidentes, ora porque parecem ser bastante semelhantes, ora porque aparentemente são muito distintos entre si, é preciso identificar as efetivas posições ocupadas por aliados, pelos supostamente indiferentes e pelos adversários[55].

---

55. Em consonância com as posições discursivas, outro aspecto relevante do discurso refere-se às diferentes conservações das coisas ditas. A partir da noção de "arquivo", Foucault (1997) trata dessa propriedade do discurso. Com base nessa noção, Courtine concebeu a de "memória discursiva" (2009, p. 104).

O discurso é tudo aquilo que dizemos sobre os seres, as coisas e os fenô-menos. Ele pode ser assim definido, desde que entendamos que esse "dize-mos" corresponde às posições discursivas com as quais nos identificamos e que fazem com que, ao falarmos de algo ou de alguém, digamos isto ou aquilo, de um ou de outro modo. Podemos dizer a "mesma" coisa e produ-zir sentidos distintos e mesmo opostos, assim como podemos dizer coisas diferentes e produzir os "mesmos" sentidos. Um enunciado como o seguin-te pode se encadear a um ou a outro destes próximos e lhes ser respectiva-mente equivalente, com base em duas e distintas posições:

**A sociedade é injusta:**

...tanto pode materializar um discurso conservador e, por isso, corres-ponder a:

> (1) Porque, como todos nós temos as mesmas oportunidades, não é justo que algumas famílias recebam ajuda do governo.

...quanto pode materializar um discurso progressista e, por isso, corres-ponder a:

> (2) Porque alguns nascem ricos, cheios de oportunidades, enquanto a maioria das pessoas nasce pobre e é explorada durante toda sua vida.

Ideologias conflitantes constroem diferentes maneiras de ver o mundo, e cada uma dessas diversas visões da sociedade materializam-se em discur-sos distintos e divergentes. Assim, o acontecimento de um mesmo fato pro-duz sentidos diferentes. Foi o que ocorreu, por exemplo, após a morte da Vereadora Marielle Franco (Psol/RJ), em março de 2018. Naquela ocasião, pudemos identificar *grosso modo* a produção de dois discursos na socie-dade brasileira, enunciados a partir de duas posições ideológicas opostas:

> (1) A morte de Marielle Franco foi uma fatalidade.
>
> 2() A morte de Marielle Franco foi um crime político.

Quando dizemos algo sobre os seres, as coisas e os fenômenos, o fa-zemos sempre a partir de determinada perspectiva e de uma posição ideológica que pode ser de direita ou de esquerda, conservadora ou progressista, machista ou feminista, segregadora ou inclusiva, crente ou ateia, egoísta ou altruísta, entre tantas outras. Como vimos, essa concepção de discurso pode ser conjugada com a ideia de que a produção discursiva é controlada, de modo que não é possível que qualquer um fale de qualquer coisa, de qualquer modo e em qualquer circunstância.

Para a Análise do discurso, as formulações de linguagem são polissêmicas, uma vez que não têm um sentido próprio e exclusivo em si mesmas. Seus sentidos derivarão tanto das relações de equivalência e encadeamento que as palavras, as expressões e os enunciados constituirão uns com os outros no interior de um discurso quanto das relações deste último com outros discursos com os quais ele estabelece alianças e divergências. A polissemia da linguagem se revolve provisoriamente nas paráfrases produzidas a partir de certa posição discursiva. Por isso, os sentidos de "A sociedade é injusta" e de "A morte de Marielle Franco" somente podem ser identificados por meio das equivalências e encadeamentos produzidos por diferentes discursos. São eles que controlam o dizer e produzem os sentidos das coisas ditas.

## 3 PRINCIPAIS ENFOQUES

O discurso se estabeleceu como um objeto privilegiado de investigação de diversas disciplinas da linguística, sobretudo, a partir do final da década de 1950. Em suma, o recrudescimento desse interesse pode ser explicado pela constatação de que há fenômenos linguísticos que ultrapassam os limites da frase, pela consolidação da ideia de que tais fenômenos devem ser considerados em situações reais de fala e pelo desenvolvimento de teorias que concebem a produção dos sentidos como algo decorrente de articulações intrínsecas entre o que é dito e os contextos sociais em que efetivamente as coisas foram ditas.

Esses aspectos haviam sido frequentemente descurados por abordagens linguísticas anteriores, cuja preocupação fundamental era a descrição das unidades fonológicas, morfológicas e sintáticas e de suas regras de combinação nos diversos sistemas linguísticos. Trata-se aqui da passagem de um enfoque que privilegiava elementos e aspectos estáveis das línguas para um que aborda principalmente elementos e aspectos instáveis dos usos linguísticos.

Com esse relativo deslocamento de uma linguística da estabilidade para uma da instabilidade, surgiram e se consolidaram no Brasil várias áreas e subáreas dedicadas aos estudos da discursividade. Em razão da excelência de sua produção e de seu reconhecimento científico e institucional, entre outras, destacamos estas principais vertentes: a análise do discurso; a argumentação; o discurso, trabalho e ética; os estudos bakhtinianos; os estudos discursivos foucaultianos; os estudos pragmáticos; os gêneros textuais-discursivos; a semântica e estudos enunciativos; e a semiótica[56].

## 4 DESDOBRAMENTOS ATUAIS

Apesar de algumas especificidades do que contam e de suas maneiras de contar a história da AD, desde seu surgimento na segunda metade da década de 1960 até os primeiros anos de 1980, Michel Pêcheux (1990b) e Denise Maldidier (2011) relatam a existência de três fases distintas dos estudos do discurso ao longo desse período. Por um lado, há a consistência e a conservação de postulados e noções fundamentais, tais como o de que as ideologias derivam das condições materiais de existência e se materializam privilegiadamente nos discursos e o de que o discurso determina o que se diz e produz os sentidos das coisas ditas. Por outro, ocorreram aperfeiçoamentos e avanços decorrentes tanto de reconfigurações históricas e sociais quanto de reflexões teóricas e metodológicas conduzidas por Pêcheux e seu grupo.

Com esses desenvolvimentos da AD, a discursividade foi abordada de maneira cada vez mais complexa e abrangente. Quando de sua emergência,

---

56. Conforme os atuais Grupos de Trabalho cadastrados na Associação Nacional de Pós-graduação e Pesquisa em Letras e Linguística (Anpoll). Disponível em: https://anpoll.org.br/

as análises recaíam, principalmente, no que era dito e na identificação de distintas posições ideológicas que se materializavam nos enunciados. Noções como as de *já dito*, *interdiscurso* e *efeitos de sentido* surgiram nesse período e permitiam depreender a quais ideologias os sujeitos se filiavam a partir do exame do que diziam. Mais tarde, por volta da metade da década de 1970, os analistas passaram a aprofundar seus estudos sobre as relações entre o que era dito pelos sujeitos e as distintas maneiras de fazê-lo. Por meio de noções como as de *intradiscurso*, *pré-construído* e *discurso transverso*, a AD sustentava que a diversidade nas formulações linguísticas dos enunciados produzia variações tanto nas identificações ideológicas quanto nos efeitos de sentido produzidos no discurso. O sujeito não apenas não diz a mesma coisa, antes, afirma coisas muito distintas, se o faz de uma ou de outra forma, tal como acontece nestes dois enunciados: "Os políticos, que são corruptos, não fazem nada pelo povo" e "Os políticos que são corruptos não fazem nada pelo povo". No primeiro, a corrupção é algo constitutivo da classe política, assim como seu desprezo pelas camadas populares; já no segundo, nem todos os políticos se corrompem e somente os corrompidos não agem em benefício do povo.

Finalmente, desde os últimos trabalhos de Pêcheux e seu grupo, os meios em que os enunciados se materializam e pelos quais são transmitidos e ainda os espaços sociais de sua circulação passam a ser concebidos como elementos importantes na produção dos sentidos. O enunciado "Ganhamos" produz efeitos distintos, quando passa de grito de vitória no ambiente esportivo para comemoração do sucesso de François Mitterrand nas eleições presidenciais da França em 1981. Em sua análise, Pêcheux (1997) considera o que se diz, o modo de dizer e os espaços e meios por onde transitam as coisas ditas, para mais bem indicar sua decisiva conjunção na construção dos sentidos daquele enunciado. O exame dessas três dimensões do discurso se tornou cada vez mais necessário e produtivo e sua designação se consolidou no Brasil sob a forma desta tricotomia: *constituição*, *formulação* e *circulação* do discurso (Orlandi, 2001).

Na esteira desses avanços da AD, outros tantos se processaram, tais como as noções de *memória discursiva* e *enunciado dividido* (Courtine, 2009) e as de *heterogeneidade mostrada* e *constitutiva* (Authier-Revuz, 2004), o postulado do "primado do interdiscurso", a intersecção entre *cena englobante, cena genérica* e *cenografia* e a noção de *ethos* (Maingueneau, 2015), as noções de *fórmula discursiva* (Krieg-Planque, 2010) e de *discurso digital* (Dias, 2018; Paveau, 2021) e ainda os estudos sobre as relações entre discurso e gêneros (Zoppi-Fontana; Ferrari, 2017)[57]. Entre esses e outros desdobramentos atuais do amplo campo dos estudos discursivos, optamos aqui por expor, mediante a análise, que se encontra logo abaixo, apenas este que trata das relações entre os discursos e as emoções[58]. Nessa análise, examinaremos não apenas a conjunção entre a constituição, a formulação e a circulação da discursividade, mas também a dimensão afetiva do discurso, de modo a indicar as interdependências entre as significações e as sensibilidades. Assim, sustentaremos a ideia de que uma comunidade discursiva se constitui tanto pelo que dizem seus membros, pelos modos como eles formulam seus dizeres e pelos espaços e meios em que circulam as coisas ditas, quanto pelas sensações e afetos que compartilham entre si. Tais sensações e afetos, aliás, são constituídos em ampla medida pelos próprios discursos, uma vez que se constroem e se modificam por fatores históricos e sociais.

---

57. No Brasil, Sírio Possenti e integrantes do Grupo *FEsTA* (Fórmulas e Estereótipos: Teoria e Análise) têm desenvolvido importantes trabalhos que se baseiam, principalmente, em postulados e noções de Maingueneau e Krieg-Planque. Mónica Zoppi-Fontana e integrantes do grupo *Mulherdis* (Mulheres em discurso) têm desenvolvido importantes trabalhos sobre as relações entre discurso, gênero e sexualidade.

58. Os grupos *Labor* (Laboratório de estudos do discurso), *Lire* (Laboratório de estudos da leitura) e *Vox* (Análise do discurso e História das ideias linguísticas), da UFSCar, têm se dedicado ao exame dessas relações entre os discursos e as emoções a partir do diálogo entre a AD e a História das sensibilidades. Cf. Piovezani (2020); Curcino, Sargentini e Piovezani (2021); e *VI Ciad* (Colóquio Internacional de Análise do discurso), cujo tema foi justamente "Os discursos e as emoções". Disponível em http://www.ciad.ufscar.br/

## 5 EXEMPLO DE ANÁLISE

Ainda ouvimos no Brasil de nossos dias enunciados como os seguintes: "Eu sou pobre, mas sou limpo" e "Eu sou pobre, mas sou honesto". Esses e outros dizeres afins e suas equivalências e encadeamentos materializam e reproduzem um discurso que cria e cristaliza oposições entre as virtudes higiênicas, sensíveis e éticas das classes médias e das elites, de um lado, e os vícios insalubres, sensoriais e morais dos empobrecidos e marginalizados, de outro. Afirmações como essas derivam da produção histórica e social de uma disjunção entre pobreza e limpeza e entre pobreza e honestidade. A reiteração desses dizeres concorre decisivamente para perpetuar as discriminações sobre as pessoas que já tanto sofrem, sob o pretexto de que a sujeira produzida em suas casas, em suas roupas e em seus corpos seria a face visível e fétida do que elas trariam em suas mentes e em seus corações.

O princípio básico da constituição de um discurso é o de que todo dizer se assenta num *já dito*. Ele não surge, portanto, *ex nihilo* e espontaneamente, mas está relacionado a uma rede de outros dizeres que o precedem. Por essa mesma razão não é difícil identificar aqui o processo histórico e social de produção do "fedor do pobre", do que seriam "a inferioridade, as mazelas e as doenças atribuídas ao povo", assentadas na "ideia de que as classes populares têm pobreza de ideias e grosseria nos sentidos" (Corbin, 2016, p. 137). A consideração dessa condição histórica e social das sensibilidades é essencial para a compreensão do papel desempenhado pelos discursos na construção de nossas significações, de nossas sensações e de nossos sentimentos.

"Ricos fedem igual." Isso é o que dizia uma pichação em letras azuis feita sobre o fundo branco de um muro do mais elitizado clube de uma cidade do interior paulista, em 2018. Considerando o fato de que sempre que pensamos, falamos ou escrevemos estamos nos relacionando com as coisas que já foram pensadas, faladas ou escritas, aderindo relativa ou completamente ao que elas dizem, sendo-lhes mais ou menos indiferentes ou as recusando em graus variados, podemos conceber o enunciado pichado como uma réplica ao discurso que afirma que as pessoas pobres cheiram mal. Apesar de crermos que se trataria aí de algo injustamente pensado, mas estrategicamente não dito, e, se dito, não escrito nem falado em circunstâncias públicas, dada a condição abertamente preconceituosa e discriminatória de uma tal afirmação, há ocorrências de falas em público, veiculadas na grande mídia brasileira e com sua chancela, nas quais esse discurso elitista se materializa em alto e bom som.

Havemos, infelizmente, de nos lembrar da célebre, desastrosa e reveladora frase de João Batista Figueiredo, proferida durante uma entrevista concedida em 1978, que fazia parte da campanha para torná-lo conhecido como "João do povo"[59]. Ao lhe ser perguntado se gostava do cheiro das massas populares, o futuro presidente respondeu: "O cheirinho dos cavalos é melhor do que o do povo". Esta não seria a última vez que Figueiredo manifestaria sua aversão ao que julgava ser o desagradável odor popular. Se o havia feito em público, com mais forte razão, não se eximiria de repeti-lo em condições particulares, acompanhado por um séquito igualmente afetado por ódio de classe e racismo.

Durante uma festa privada, ocorrida já no ano de 1987, numa cidade do interior do Rio de Janeiro, Figueiredo relatava uma viagem à Bahia: "Cheguei na Igreja do Bonfim, tinha gente como o diabo. Quando subi aquela escadinha pequeninha, eu entrei na ala das baianas e elas vieram falar comigo". Logo em seguida, acrescenta o seguinte: "A primeira que chegou me deu um abraço que não terminava mais". A essa altura, aproveitando-se de uma pausa na fala de Figueiredo, um dos convivas demonstra seu elitismo, consoante com o dos demais convidados, que riam entusiasmadamente, nestes termos: "E não usava Rexona". O militar, então, retoma a palavra, não menos eufórico, e diz: "Não, não usava Rexona". Figueiredo descreve, em seguida, com humor e asco, sempre acompanhado pelas efusivas

---

59. Naquela ocasião, ele era chefe do Serviço Nacional de Informações e havia sido indicado pelo então presidente da República, Ernesto Geisel, à sucessão presidencial. Cf. https://memoriasdaditadura.org.br/biografias-da-ditadura/joao-figueiredo/

gargalhadas de sua audiência, uma sequência de beijos que teria recebido das baianas, antes de assim finalizar o relato desse seu encontro: "Eu fui pro hotel, suado. Tirei toda aquela roupa. Tomei uns dez banhos: esfregava sabão, esfregava... e ainda tinha o cheirinho de crioulo".

O elitismo brasileiro se assemelha aos de outros tempos e lugares. Na primeira cena do terceiro ato da tragédia *Coriolanus*, de Shakespeare, o general romano, Caio Marcio, o Coriolano, célebre por sua aversão ao povo e à democracia, faz a seguinte declaração: "A vocês, meus nobres amigos, peço-lhes perdão. Mas a essa ignóbil e fedorenta multidão vou dizer umas boas verdades". Aqui, porém, o longo e horrendo período da escravidão e o racismo que se entranhou entre nós produziram terríveis agravantes. A abjeta expressão "cheirinho de crioulo" não deixa dúvidas sobre o concurso entre os preconceitos, os menosprezos e as discriminações étnicas e sociais.

Já em abril de 2010, ao cobrir uma convenção do PSDB, na qual se dera o lançamento da candidatura de José Serra às eleições presidenciais daquele ano, uma jornalista de grandes veículos da mídia brasileira afirmava que a ocasião não se parecia com um evento do partido, porque havia "Muita gente, muita bagunça, muita confusão". Num misto de sarcasmo, ênfase e euforia, disse ainda o seguinte: "Parece até que o PSDB está virando um partido popular, um partido de massa". Na sequência, supostamente resguardada pelo efeito de que se trataria ali da reprodução de uma fala alheia, a correspondente aumenta ainda mais o deboche, acrescentando esta declaração: "Mas, um velho assessor, que conhece bem o PSDB, brincou: 'Partido de massa, mas de uma massa cheirosa'"[60]. A condição pretensamente lúdica da afirmação, ainda mais porque atribuída a outra pessoa, tornaria aceitáveis o desprezo e o escárnio na atribuição de mau cheiro às classes populares.

Sempre com a escusa de se tratar de troça de terceira pessoa, a repórter se vale de modulações de voz simplesmente odiosas, tal como em sua

---

60. Cf. https://www.youtube.com/watch?v=4mE_07Wp0Jg: "Eliane Cantanhêde e a massa cheirosa do PSDB".

pronúncia de "cheirosa": a palavra é destacada por uma tessitura vocal mais alta, por uma desaceleração do andamento de sua fala, por uma ênfase na sílaba tônica "ro" e por uma quase silabação em sua articulação. No que é dito pela jornalista e em seus modos de dizer, em suas palavras, em seu rosto e em sua voz, destila-se cruel e jocosamente o veneno do preconceito e do ódio de classe. Diante desses estigmas e menosprezos contra as classes populares, formulados em dizeres que contam com as formas da língua "culta" e materializados numa voz bem-posta, cuja circulação se alastra praticamente por todo território nacional, com a legitimidade que adquire e com a aura de que se investe quase tudo o que se transmite pela televisão, um gesto de resistência se levantou sob a forma de uma pichação. Signo de luta tão clandestino e efêmero quanto corajoso e necessário.

Vimos que a circulação dos enunciados em diferentes meios nos quais eles se materializam e pelos quais são veiculados em distintos espaços sociais consiste num dos fatores da produção dos sentidos. A inscrição da pichação em letras em caixa alta no muro de uma instituição na qual a assepsia, o frescor e a aromatização são constantes, com suas duchas, saunas e piscinas, e para a qual seus frequentadores tendem a não se encaminhar sem cuidados higiênicos, odoríficos e estéticos, não nos parece ser aleatória. Em todo caso, de modo deliberado e por essas razões ou sem que isso sequer tenha sido cogitado por seu autor, o fato de que seja esse seu endereço não deixa de concorrer para a produção de um efeito de refutação, tal como se afirmas-se: "Não adianta todo esse arsenal, toda essa pompa e perfume, pois *ricos fedem igual*". Se tal gesto provém de uma posição de resistência análoga àquela que se encontra nos versos da célebre canção de Cazuza – "A burguesia fede / Pobre de mim que vim do seio da burguesia / Sou rico mas não sou mesquinho / Eu também cheiro mal" –, não conta, porém, com a legitimidade e o prestígio sociais atribuídos à música e à poesia nem com a transmissão difusa e o longo alcance das canções da MPB.

Caso fosse flagrado pelas forças da ordem, ao executar seu compreensível e corajoso ato, o autor daquele relativamente surpreendente enunciado sofreria punições sem demora e provavelmente violência policial imediata. Ora, sabemos que, quanto mais desigual for uma sociedade, maior será a distância entre a lei e a justiça. Por isso, a réplica justa teve de ser formulada no escuro da noite, valendo-se da tinta do *spray* e de certos recursos da língua. A seleção e a combinação das unidades linguísticas de que se compõem os enunciados são fundamentais na materialização de um discurso e na produção de seus sentidos. Na formulação desse que examinamos aqui, a ausência de artigo ou de outro determinante que pudesse preceder "ricos" produz um efeito de generalização: não são apenas alguns, estes ou aqueles, mas todos, indistintamente... Já as escolhas do substantivo e do verbo que figuram como sujeito e núcleo do predicado indicam com precisão a dimensão econômica nas disputas pelos bons e maus odores, nas batalhas pelo direito de dizer o que e quem cheira bem ou mal. Particularmente, a seleção do verbo constrói ainda o afeto da indignação e o sentido de uma incisiva acusação, porque o enunciador que diz "fedem" poderia até dizer algo similar, mas não o faria do mesmo modo nem produziria o mesmo efeito, se tivesse optado por "não cheiram muito bem", "não têm um odor muito agradável" ou "têm um cheiro peculiar". Além disso, a condição e o aspecto verbais indicam não uma propriedade contingente e transitória, mas intrínseca e perene dos odores e dos sujeitos de nossa sociedade.

Finalmente, o advérbio sobredetermina o nome e o verbo do enunciado e produz uma significativa inflexão em seu sentido. Isso porque, diferentemente de certo consenso social, segundo o qual as distintas categorias sociais e as diversas situações econômicas seriam causa e/ou efeito de diferenças de competência e de mérito, de corpo e de caráter entre os indivíduos da espécie humana, é a igualdade entre todos nós o que ali se afirma e se reivindica, o que se relembra e se destaca. Nele se fala, portanto, menos da riqueza e do odor de alguns do que da equivalência entre todos, da igual condição de corpo perecível e de matéria orgânica de todo ser humano, independentemente de sua posição social e de seu poder econômico. Assim, o sentido de "Ricos fedem igual" poderia ser parafraseado nos seguintes termos: "Vocês, ricos, que se creem superiores e vocês que creem que os ricos são superiores, porque teriam naturalmente qualidades que os tornariam distintos, tais como seus inatos odor agradável e refinada sensibilidade olfativa..., vocês estão enganados. Somos todos iguais". A recusa do rebaixamento e do desprezo vem com uma afirmação da igualdade feita de modo particular e, diríamos, coerente com sua adesão a um discurso igualitário; ou seja, ela é construída com um advérbio que dispensa o sufixo "-mente" e, dessa maneira, proclama a igualdade com um elemento de uma norma linguística popular, valendo-se de "igual" e não de seu correlato, burguês e solene, "igualmente".

## 6 CONSIDERAÇÕES FINAIS

Neste capítulo buscamos responder a estas três questões: o que é o discurso? Como ele instaura filiações e rupturas com os já ditos? E como podemos analisá-lo? Para tanto, expusemos certos aspectos do contexto de surgimento da Análise do discurso e alguns de seus postulados e noções mais fundamentais. Para a AD, o discurso é uma forma privilegiada de materialização das ideologias de uma sociedade. Trata-se de um objeto histórico e linguístico, cuja importância pode ser constatada pelo fato de que a discursividade controla o que dizemos e produz os sentidos das coisas ditas.

Por essa e por outras razões, o discurso se tornou uma noção onipresente em várias correntes da linguística contemporânea. Particularmente, entre os estudos discursivos, ocorreram diversos desdobramentos por meio dos quais a constituição, a formulação e a circulação discursivas foram cada vez mais pormenorizadamente examinadas. Um desses aperfeiçoamentos mais recentes passou a considerar as relações entre os discursos e as emoções. A descrição e a interpretação que efetuamos aqui da pichação "Ricos fedem igual" tanto indica algumas dessas relações quanto ilustra um dos modos de se proceder para analisar os discursos.

A história e a sociedade, as significações e os sentimentos estão conjugados nos sentidos de tudo o que dizemos. É nessa direção que postulamos o princípio de que as comunidades discursivas são constituídas não somente pelo que dizem seus integrantes, pelas maneiras como eles formulam seus enunciados e pelos espaços e meios em que fazem circular seus dizeres, mas também pelas partilhas de suas percepções e afetos.

Provavelmente porque falamos e escrevemos com muita frequência, nem sempre nos damos conta de que o discurso é algo raro e poderosíssimo. Ele estabelece e organiza nossos pensamentos, nossos desejos e nossas ações; ele institui e dispõe nossas relações sociais, nossas falas e nossas paixões. O discurso constitui e move o mundo. Por isso, é preciso examinar as coisas ditas e os modos de dizer e não crer nas evidências do que foi dito nem na autoridade de quem as disse. Essa abordagem discursiva do discurso exige que interroguemos a linguagem, não na direção para a qual ela remete, mas nas dimensões histórica e social que lhe dão existência e sentido.

# Enunciação e enunciado

Carmem Luci da Costa Silva

## 1 INTRODUÇÃO

*O que é enunciação? O que é enunciado?* As interrogações que abrem este texto possivelmente já foram formuladas por muitos dos leitores, já que as palavras *enunciação* e *enunciado* circulam em gramáticas, dicionários e materiais didáticos para o ensino de línguas. A palavra *enunciado*, inclusive, está presente em textos jurídicos e em algumas conversas do cotidiano. De modo especializado, a dupla enunciação-enunciado comparece na área dos estudos da linguagem.

No Brasil, encontramos o par *enunciação-enunciado* nos comumente denominados campos da *enunciação*, *enunciativo* ou da *linguística da enunciação* (no singular), no interior do qual se encontram diferentes teorias da enunciação (no plural) (Flores; Teixeira, 2005). Neste capítulo, embora partamos de uma acepção ampla do assunto, caminhamos em direção a acepções especializadas dos termos, no interior dos estudos linguísticos.

Produzir uma reflexão para entender o vínculo da *enunciação* e do *enunciado* à área dos estudos da linguagem implica lidar com o modo como são aí abordados. Cabe, portanto, verificar, em diferentes perspectivas, como a colocação da língua em uso, a *enunciação*, origina o produto linguístico, o *enunciado*.

Para tanto, trataremos essa problemática conforme o seguinte percurso: origens históricas (cf. item 2); principais enfoques (cf. item 3); desdobramentos atuais (cf. item 4); exemplos de análises (cf. item 5) e, finalmente, a conclusão (cf. item 6).

## 2 ORIGENS HISTÓRICAS

Muitos termos do vocabulário especializado da linguística adquiriram estatuto teórico primeiramente em outras áreas – filosofia, lógica, gramática etc. –, visto que, antes da constituição da linguística como disciplina autônoma, outras áreas do conhecimento trataram da linguagem e das línguas. Essa questão é lembrada pelo linguista Émile Benveniste, quando afirma que "a nossa terminologia [a da linguística ocidental] se compõe em grande parte de termos gregos adotados diretamente ou na sua tradução latina" (Benveniste, 1995, p. 20), o que também ocorre com enunciação--enunciado, que têm historicamente acepções *lato* e *stricto sensu*.

Começamos com a primeira[61], a acepção ampla.

Delesalle (1986) destaca que o termo latino *enuntiatio* (em português, traduzido como "enunciado") comparece, inicialmente, nos domínios da retórica. Na tradição francesa, contexto em que a reflexão enunciativa conheceu notório desenvolvimento, *énonciation* (em português, traduzido como "enunciação") aparece no século XIV, em texto de 1361 do filósofo matemático Nicole D'Oresme, recebendo, ao longo do tempo, diferentes acepções nos campos da gramática e da lógica.

De acordo com Delesalle (1986), alguns debates se centraram na discussão sobre as partes do discurso e as regras imutáveis da lógica, conforme defendiam Arnaud e Lancelot na *Gramática de Port-Royal*, publicação de 1660. Dentre esses debates, a autora cita o apresentado na obra de Gabriel Girard, publicada em 1747 e intitulada *Les vrais principes de la langue Française*. Conforme a autora, o livro é considerado uma recusa à obra de Arnaud e Lancelot. Uma das justificativas para essa recusa envolve o sentido, ainda em uma acepção ampla, de "enunciação", pois, conforme Delesalle

---

61. Essa incursão histórica será realizada com base em quatro textos: o de Catherine Fuchs, "As problemáticas enunciativas: esboço de uma apresentação histórica e crítica" (Fuchs, 1985); o de Simone Delesalle, "Introduction: histoire du mot énonciation" (Delesalle, 1986); o de Marie-Anne Paveau e Georges-Élia Sarfati, "As linguísticas enunciativas" (Paveau; Sarfati, 2006); e o de Valdir do Nascimento Flores, "Semântica da enunciação" (Flores, 2019).

(1986), Girard chama a atenção para a oposição entre "enunciação" e "construção", consideradas terminologias que remetem a distintos modos de pensar a sintaxe. Nessa linha, Girard distingue dois níveis – o *regime enunciativo* e o *regime construtivo* –, argumentando que os elementos do regime enunciativo se uniriam para formar o regime construtivo, que, por sua vez, formaria a frase.

Delesalle (1986) destaca, assim, a existência de sentidos oscilantes, provisórios e fragmentados dos empregos de *enunciação* em análises lógico-gramaticais dos séculos XVIII e XIX, mas ressalta o fato de esse termo originar-se na problemática da sintaxe. Essa "sintaxe enunciativa", segundo a autora, seria diferenciada daquela concebida pela tradição, porque centrada no modo de combinação das palavras nas frases.

A especialização tardia do uso do termo nos estudos linguísticos teve origem, segundo Delesalle (1986), na evocação por Sicard (1799, p. 15, *apud* Delesalle, 1986, p. 17) da noção de *instante da enunciação* – nesse caso, o sentido do termo aproxima-se da noção de *fugacidade da produção*.

A estudiosa registra, ainda, a entrada dicionarizada de *énonciation*, em 1694, na edição do *Dictionnaire de l'Académie*, no tratamento dos verbetes *annoncer, énoncer, renoncer*. Tais termos fazem remissão à ideia de enunciar em três sentidos: (1) como algo pronunciado ou escrito; (2) como maneira de se exprimir; (3) como proposição que nega ou afirma em sentido lógico.

Verificamos, dessa maneira, que *enunciação* e *enunciado*, ao longo da história, ligam-se, predominantemente, ainda que com algumas oscilações, ao estudo da proposição[62] – à sua composição, à disposição de seus elementos e aos tipos de construção –, em alguns debates filosóficos, lógicos e gramaticais.

É em Weill, obra de 1844, que Delesalle encontra uma concepção de enunciação relacionada ao papel da interlocução no discurso, problemática

---

62. Entendemos proposição como expressão linguística de uma operação mental (o juízo), composta de sujeito, verbo e atributo, passível de ser verdadeira ou falsa.

enunciativa tratada na linguística contemporânea do século XX por Bally e por Benveniste[63], segundo a autora. A obra de Weill foi reeditada por Bréal em 1869 e Bally certamente a havia lido antes de escrever, em 1932, o livro *Linguistique générale e linguistique française*, cuja primeira parte se intitula "Théorie générale de l'énonciation" [Teoria geral da enunciação].

Fuchs (1985), por sua vez, aponta, em ordem de importância decrescente, três influências produzidas no campo da enunciação: a retórica, a gramática e a lógica.

Na retórica, a atenção recai sobre os elementos ligados à técnica de persuadir um auditório: um sujeito, concebido como agente produtor do discurso, o auditório e as regras da produção de tal discurso, conforme sujeitos e situação de produção. Para Fuchs (1985), a retórica considera um princípio que as abordagens enunciativas chamam de "situação de enunciação". Segundo a autora, três elementos em qualquer discurso são distinguidos por Aristóteles: aquele que fala, aquele a quem se fala e o assunto sobre o qual se fala.

Na gramática, Fuchs (1985) destaca a dêixis[64] e as modalidades. A primeira ocupou a tradição gramatical principalmente no estudo de pronomes e verbos, o que tem relevo nas abordagens enunciativas de Roman Jakobson e Émile Benveniste, por exemplo. A segunda recebeu nessa mesma tradição uma divisão tripartite: asserção, interrogação e ordem. O gramático Varrão (116 a.C.-27 a.C.), na Antiguidade, já distinguia as palavras como pertencendo a três tipos de ações: pensar, dizer e fazer. Na Idade Média, conforme observa Fuchs (1985), Boécio (1240-1284) distingue a "oratio enunciativa" (asserção), a "oratio invocativa" (imperativo, vocativo) e a "oratio deprecativa" (interrogativo, optativo, desejo).

---

63. O percurso retrospectivo empreendido por Delesalle a leva a concluir que "o terreno de Benveniste estava preparado por Weill e por Bally" (1986, p. 20). Para a autora, os sentidos amplos de enunciação coexistem com sua cristalização linguística e com as consequentes problemáticas suscitadas.

64. Um maior aprofundamento sobre esse assunto poderá ser encontrado, neste livro, no cap. "Dêixis".

Para a autora,

> são herdeiros dessa longa tradição os linguistas contemporâneos que se esforçam por apresentar uma análise enunciativa das modalidades. Sua atenção é particularmente voltada para as seguintes questões: tipologia das modalidades, análise das relações sistemáticas entre modalidades, oposição entre modalidades do "dito" (ou do enunciado) e modalidades do "dizer" (ou da enunciação) e entre modalidades do "dizer" e modalidades do "fazer" (atos de fala, performativos...) questões estas que se identificam com problemáticas conhecidas da tradição lógico-gramatical (Fuchs, 1985, p. 115).

Na lógica, Fuchs (1985) verifica postulados antienunciaivos (o ponto de vista extensional e a independência entre os planos da língua) e postulados que se aproximam da enunciação nas chamadas semânticas intensionais, com a distinção entre sentido e referência. *De um ponto de vista extensional*, a autora destaca a primazia de asserções sobre outras modalidades da frase e a atenção à denotação das expressões e às funções referenciais, com o cálculo de expressões a partir dos valores de verdade, fato que acarreta a valorização da "transparência da linguagem". Nessa semântica extensional, postulada pelas teorias da linguagem formais, os três planos da língua – sintaxe (relações signos-signos), semântica (relação signos-objetos) e pragmática (relações signos-usuários) – são separados. Tal separação é recusada por defensores da abordagem enunciativa, tais como Benveniste, Ducrot e Culioli. *De um ponto de vista intensional*, há o estabelecimento de distinção entre sentido e referência, com o estudo de fenômenos semânticos, como a sinonímia, pelo viés do sentido, e não da referência. Para Fuchs (1985, p. 116), "esta valorização do sentido constitui uma amostra do reconhecimento da diversidade possível das conceitualizações de um mesmo referente, em função dos sujeitos e das situações". Percebemos, nesse postulado de uma semântica lógica intensional, a aproximação às problemáticas enunciativas, que consideram a "opacidade" dos sentidos e a singularidade relacionada a cada situação enunciativa de emprego da língua.

Flores (2019), com base em Fuchs (1985) e Delesalle (1986), procura apresentar a história do que se denomina, no Brasil, "semântica da enunciação", circunscrevendo, em um primeiro momento, a origem da palavra "enunciação" e depois a origem da disciplinarização do campo enunciativo no âmbito da linguística moderna.

Após tratar da origem da palavra *enunciação*, o autor destaca haver uma reflexão que já podemos considerar linguística e enunciativa em Ernest Renan (1815-1892), especificamente no trabalho "Da origem da linguagem", e em Michel Bréal, no livro *Ensaio de semântica* (publicação francesa de 1897). No entanto, Flores (2019) ressalta que, após Saussure, o termo acaba ganhando contornos específicos nos quadros da linguística.

De acordo com Delesalle (1986), tanto a *Encyclopédie Philosophique Universelle* quanto o *Dictionnaire de Linguistique* creditam o início do uso linguístico de "enunciação" a Charles Bally (1932)[65].

Passamos, agora, à segunda acepção de origem da dupla *enunciação--enunciado*, a acepção estrita.

Sobre a origem *stricto sensu* dos termos e de um campo enunciativo nos estudos da linguagem, Paveau e Sarfati (2006) sublinham que a tradição apresenta, geralmente, o linguista Émile Benveniste como o criador de uma abordagem propriamente enunciativa. No entanto, os autores informam que, já nos anos de 1910 e 1920 – anteriores portanto à produção de Benveniste –, na Europa, emergiam problemáticas enunciativas, cujo desenvolvimento foi interrompido pela rápida expansão do estruturalismo.

Na origem dessas problemáticas, Paveau e Sarfati (2006) citam, na linguística de língua francesa, o linguista Charles Bally e seus estudos sobre o discurso indireto livre, com análise desse funcionamento a partir de um plano enunciativo.

Destacam também, na Rússia, Mikhail Bakhtin-Volochinov, que leva em conta a enunciação em sua abordagem linguística, embora este estudioso não distinga o enunciado da enunciação. Para os autores, o par enunciação/

---

65. Flores (2019) chama a atenção para o fato de que o dicionário *Le Grand Robert de la Langue Française* apresenta um uso datado do termo "enunciação" em uma acepção linguística. Trata-se de uma citação de um texto traduzido de Bertrand Russel (1872-1970), publicada na *Revue des Sciences Générales et Appliquées*, n. 4: 162/9, 1962.

enunciado em Bakhtin não é da ordem nem do sistema abstrato nem da expressão individual, mas da ordem do social. Isso porque o enunciado está ancorado na dimensão social de onde provém e com a qual dialoga. Com efeito, cada enunciado, na abordagem de Bakhtin, é um elo na corrente de outros enunciados da comunicação verbal.

Na verdade, a bibliografia consultada para traçar os aspectos históricos de surgimento da problemática em torno da dupla enunciação/enunciado é unânime em situar a origem dessa discussão em Bréal e Bally.

Em 1897, Bréal publica *Essai de sémantique*[66], defendendo a tese de que "a linguagem é um ato do homem" (Bréal, 1992, p. 195) e contrariando, desse modo, a visão de que a língua seria um organismo vivo, independentemente de os humanos agirem por meio dela. Nesse debate, Bréal insere na discussão o que chama de o elemento subjetivo. Tal elemento é tratado por meio do exame de advérbios como *talvez* e *possivelmente*, formas que, segundo Bréal, são marcas subjetivas que expressam o sentimento de dúvida de quem fala.

Embora não encontremos definições explícitas de *enunciação/enunciado* nessa reflexão, vemos Bréal valer-se da palavra *enunciado* em suas discussões linguísticas, como ilustra a passagem a seguir, em que aborda a lei de irradiação: "A irradiação pode, para o linguista, vir a ser uma causa de erro se ele obstina a querer encontrar na palavra o *enunciado* textual do que diz ao espírito" (Bréal, 1992, p. 44, grifo nosso).

Já Bally, na obra *Linguistique générale et linguistique française* (1932), entre os parágrafos 26 e 212, traz o capítulo intitulado "Théorie générale de l'énonciation". Nesse capítulo, o autor destaca que uma frase contém um *dictum* e um *modus*. O primeiro elemento, o *dictum*, está relacionado ao conteúdo proposicional e é objeto de representação do falante, e o segundo, o *modus*, está vinculado ao aspecto afetivo e subjetivo do falante em relação ao conteúdo expresso na frase.

---

66. Há uma tradução brasileira dessa obra. Cf. Referências.

Enfim, ainda que o par *enunciação/enunciado* não receba, em Bréal e em Bally, formulações do tipo "a enunciação é X" e "o enunciado é Y", percebemos, nas reflexões de ambos os autores, embriões – as origens históricas – que farão parte, mais tarde, de definições especializadas, na linguística, ou que desencadeiam abordagens concebidas como enunciativas, questão de que trataremos na próxima seção.

## 3 PRINCIPAIS ENFOQUES

Para discutirmos as principais abordagens do par *enunciação/enunciado*, primeiramente tratamos a diferença entre a noção de *campo* enunciativo e a de *teoria* enunciativa. Em seguida, apresentamos alguns dos principais enfoques cujas noções aprofundamos adiante.

A existência de um campo da enunciação é defendida por Flores *et al.* (2009), no *Dicionário de Linguística da Enunciação*: o campo enunciativo (no singular) contém teorias da enunciação (no plural). Na introdução do dicionário, os organizadores apresentam dois critérios para agruparem as diferentes abordagens: o primeiro está relacionado à existência, ou não, de um modelo de análise da enunciação; o segundo está atrelado ao modo de inserção da abordagem enunciativa no conjunto da reflexão do autor.

Com relação ao primeiro critério, são elencados três grupos: (a) autores que, embora tenham uma reflexão enunciativa, não explicitam um modelo de análise (p. ex., Bréal, Bally, Benveniste e Bakhtin); são os fundadores *stricto sensu* do campo; (b) autores com propostas teórico-metodológicas de estudo da enunciação explicitamente elaboradas (p. ex., Jakobson, Ducrot, Authier-Revuz, Culioli e Hagège); (c) autores que, mesmo sem apresentarem uma teorização própria sobre enunciação, valem-se de outras teorias da enunciação para a descrição de fenômenos enunciativos (p. ex., o trabalho de Fuchs sobre paráfrase).

Com relação ao segundo critério, são apresentados dois outros grupos: (a) o dos autores que inserem a sua proposta enunciativa em um contexto mais amplo da reflexão sobre a linguagem/língua/línguas (como Bréal,

Benveniste, Bally, Jakobson, Récanati, Flahaut, Hagège, Greimas, Charaudeau e Bakhtin); (b) o dos autores que se circunscrevem à enunciação (como Ducrot, Authier-Revuz e Culioli).

O pertencimento dessas reflexões ao campo enunciativo deve-se, segundo Flores *et. al.* (2009), ao fato de: (a) conter o termo *enunciação* no interior das teorias; (b) fazer referência ao par saussureano língua/fala; (c) propor análises linguísticas a partir do ponto de vista do sentido e produzir uma reflexão enunciativa acerca dos mecanismos de produção do sentido; e (d) inserir, no âmbito da reflexão, o elemento subjetivo.

Dessa perspectiva, qualquer fenômeno linguístico pode ser estudado pelo ponto de vista enunciativo, uma vez que se trata sempre da língua em sua integralidade mobilizada na enunciação. Por isso, as distintas abordagens dão destaque a variados fenômenos: Jakobson (1969) estuda os *embrayeurs*, tradução do inglês *shifters*, os quais consistem em unidades gramaticais que não podem ser definidas fora de uma referência à mensagem; Culioli (1990) investiga diferentes níveis (o *nocional*, o das *representações linguísticas* e o das *representações metalinguísticas*) e, a partir desses níveis, descreve o funcionamento das produções linguísticas por meio do que denomina *operações enunciativas*; Authier-Revuz (1990) aborda reformulações reveladoras de heterogeneidades enunciativas (mostrada/constitutiva), que inscrevem o outro no interior do enunciado do locutor; Ducrot (1987) trata de relações argumentativas, com a exploração de articuladores e operadores; Benveniste (1989) explora categorias de tempo, pessoa e espaço, procedimentos de organização das formas produtoras de sentido nas enunciações e funções sintáticas como interrogação, asserção e intimação.

A título de exemplificação, na sequência desta seção, exploraremos mais detidamente o par *enunciação/enunciado* em duas abordagens que comparecem de modo bastante expressivo nos estudos brasileiros: a de Émile Benveniste e a de Oswald Ducrot. Os dois autores produziram reflexões específicas sobre a enunciação, o que é explicitado em títulos de capítulos de livros como "O aparelho formal da enunciação" (Benveniste), "Esboço de uma teoria polifônica da enunciação" (Ducrot) e "Enunciação" (Ducrot)[67].

Em "O aparelho formal da enunciação", originalmente publicado em 1970, localizamos a definição canônica: "a enunciação é este colocar em funcionamento a língua por um ato individual de utilização" (Benveniste, 1989, p. 82). Na sequência dessa definição, a palavra *enunciado* aparece na seguinte explicação: "é preciso ter cuidado com a condição específica da enunciação: é o ato mesmo de produzir um enunciado, e não o texto do enunciado, que é nosso objeto" (Benveniste, 1989, p. 82).

Assim, entendemos, a partir de Benveniste, que a enunciação é o ato de utilização da língua, e o enunciado é o resultado material dessa utilização pelo locutor. Quando afirma não ser o texto do enunciado o seu objeto de estudo, Benveniste enfatiza interessar-se pelo ato enunciativo, definido também como o "fato de o locutor mobilizar a língua por sua conta" (Benveniste, 1989, p. 82). Esse fato, completa o linguista, liga-se à relação do locutor com a língua, relação esta que determina os caracteres linguísticos (meios linguísticos) da enunciação, ao mesmo tempo em que é marcada por tais caracteres.

Pensar um estudo da enunciação em Benveniste equivale a entender que o enunciado apresenta caracteres linguísticos que (a) marcam a relação do locutor com a língua; (b) manifestam a sua posição como locutor; (c) atestam o modo como implanta o outro diante de si e (d) expressam o modo como o locutor constrói certa relação com o mundo (como refere pelo enunciado).

Ducrot (1984), no verbete "Enunciação", por sua vez, apresenta a distinção entre a materialidade linguística (o dito) e as múltiplas realizações dessa materialidade no espaço e no tempo (o dizer). As relações entre o dito e o dizer carregam a repetibilidade da língua e a irrepetibilidade da enunciação.

---

67. Trata-se, aqui, de um verbete publicado na *Enciclopédia Einaudi*, 1984.

Essas realizações, segundo o autor, podem ser concebidas em três sentidos: (1) aquilo que foi realizado, o objeto produzido; (2) o próprio fato de um determinado objeto ter sido produzido; e (3) o processo que está na origem da realização. Ducrot (1984) considera o sentido 1 relacionado ao termo *enunciado*, ou seja, aquilo que foi efetivamente dito; o sentido 2, associado ao termo *enunciação*, como acontecimento histórico ligado ao *aqui* e ao *agora* em que o enunciado foi produzido, acontecimento que podemos relacionar ao dizer; o sentido 3 vincula a realização linguística à atividade psicofisiológica do locutor, atividade que o levou a dizer o que disse, cujo produto são as palavras, pronunciadas ou escritas.

Ducrot (1987), em "Esboço de uma teoria polifônica da enunciação", volta a tratar do par *enunciação/enunciado*. Mesmo apresentando três acepções de enunciação, o linguista afirma: "o que designarei por esse termo [enunciação] é o acontecimento constituído pelo aparecimento do enunciado" (Ducrot, 1987, p. 168). E continua: "a realização de um enunciado é de fato um acontecimento histórico: é [dada] existência a alguma coisa que não existia antes da fala e não existirá depois. É esta aparição momentânea que chamo enunciação" (Ducrot, 1987, p. 168).

Vale destacar, finalmente, que, para Ducrot, a enunciação é o acontecimento que constitui a aparição do enunciado, como entidade concreta vinculada ao *uso* da língua, o que o distingue de frase, entidade abstrata vinculada ao *sistema* da língua. Assim, a passagem da frase (língua) ao enunciado (uso) acontece via enunciação.

## 4 DESDOBRAMENTOS ATUAIS

De modo geral, na atualidade, podemos observar três linhas de investigação no campo enunciativo: 1) teórico-epistemológica, estudos de ordem conceitual que buscam contextualizar determinada noção no interior de uma dada teoria (p. ex., exploração de noções como *subjetividade*, *polifonia*); 2) teórico-analítica, trabalhos que desenvolvem dispositivos metodológicos de análise do funcionamento enunciativo de diferentes materialidades linguísticas (p. ex., análise de textos); e 3) teórica com derivações para outros campos, pesquisas que deslocam princípios de dada teoria para tratar a enunciação em outros campos (p. ex., o ensino-aprendizagem de línguas e o da aquisição de língua materna).

Para exemplificar tais perspectivas, podemos usar o que diz Benveniste em "O aparelho formal da enunciação".

Segundo ele, o emprego da língua envolve "um mecanismo total e constante que, de uma maneira ou outra, afeta a língua inteira" (Benveniste, 1989, p. 82). Trata-se da enunciação como o "colocar em funcionamento a língua por um ato individual de utilização" (Benveniste, 1989, p. 82). Nesse ato, o locutor declara-se como tal e faz a passagem a sujeito (*eu*), implantando necessariamente um outro como seu alocutário (*tu*) e, por sua necessidade de referir, estabelecendo uma "certa" relação com o mundo (*ele*), o que possibilita ao outro correferir. Formam-se, assim, as relações enunciativas *eu-tu* e *ele*.

Essas relações somente comparecem no enunciado por meio de instrumentos (índices específicos de pessoa, tempo e espaço e demais formas da língua), procedimentos acessórios (organização das formas no discurso para a produção de sentidos) e funções sintáticas (asserção, intimação e interrogação). É via enunciado que Benveniste vê uma abertura da língua para o mundo, por meio de um duplo funcionamento do discurso: o intersubjetivo (relação *eu*-tu) e o referencial (relação *eu-tu/ele*).

A consideração dessas relações possibilita análises enunciativas de distintas materialidades e de diferentes contextos de utilização da língua. Com efeito, *eu* e *tu, pessoas* do discurso, podem designar somente os protagonistas da enunciação (quem enuncia e para quem enuncia), enquanto *ele* é sobre quem ou o que se enuncia, sendo considerado a *não pessoa* e o que fundamenta a referência em uma instância interna ao enunciado.

A partir de Benveniste há muitas investigações desenvolvidas no interior das três linhas elencadas anteriormente. Salientamos também os vários desdobramentos para outros campos (fonoaudiologia, psicanálise, educação etc.).

Por outro lado, Ducrot entende que os "vestígios" da enunciação no enunciado permitem descrever o sentido do enunciado como uma referência a sua própria enunciação. Dito de outro modo, para o semanticista, um enunciado traz a qualificação de sua enunciação como um efeito de sentido com (im)possibilidades de prolongamentos argumentativos. Quer dizer, a relação entre palavras nos enunciados produz sentido argumentativo, ao expressar a posição do locutor e ao orientar as possibilidades/restrições de continuidade do sentido no discurso.

Por isso, em Ducrot, o exame dos implícitos de um enunciado ou mesmo de sua pluralidade de vozes (nomeada pelo linguista como "polifonia"[68]) pode ser empreendido a partir de itens lexicais relacionados com outros no interior do próprio enunciado. Essas relações podem atestar pontos de vista (enunciadores) assimilados ao locutor, ao alocutário, ou a nenhum dos dois. Desse modo, o enunciado constrói uma imagem da própria enunciação e dos protagonistas nela envolvidos.

Assim, a partir da teoria da argumentação na língua[69] de Ducrot, há muitas investigações centradas na linha teórico-analítica (exploração de textos na leitura e na escrita) e na linha de deslocamentos para o ensino-aprendizagem de línguas com desdobramentos mais ligados ao campo dos estudos da linguagem.

## 5 EXEMPLO DE ANÁLISE

Nesta seção, com o propósito de ilustrarmos os modos de tratar a relação *enunciação/enunciado* em Benveniste e Ducrot, apresentamos um exemplo.

Suponhamos que uma criança em torno de 4 anos realize uma enunciação, a partir da qual produza o seguinte enunciado: *Vó, ontem o mano me deu um susto lá em casa, mas eu não fiquei com medo.*

---

68. Para maiores informações, cf. o cap. "Polifonia" deste livro.
69. Cf. o cap. "Argumentação linguística" deste livro.

Como podemos analisar enunciativamente esse enunciado?

Benveniste aponta um percurso de análise: "na enunciação consideraremos, sucessivamente, o próprio ato, as situações em que se realiza, os instrumentos de sua realização" (Benveniste, 1989, p. 83). No ato, tem-se a relação entre quem enuncia e para quem enuncia (relação de intersubjetividade); na situação, tem-se a necessidade de se falar de algo (relação de referência). Para que essas duas relações constitutivas e integrantes da enunciação se estabeleçam, meios linguísticos (instrumentos) precisam ser mobilizados pelo locutor.

Vemos, nesse exemplo, os elementos constitutivos, integrantes e necessários à enunciação para que um enunciado ganhe existência: a relação intersubjetiva entre o locutor-criança e o alocutário-avó; o assunto ou tema atualizado no enunciado (a referência, no caso do exemplo, "o susto") e os meios linguísticos (instrumentos da enunciação), vinculados aos índices específicos de pessoa, tempo e espaço, aos procedimentos de organização das formas e às funções sintáticas, dentre as quais o enunciado atualiza a função de asserção.

Considerados tais elementos da enunciação, colocamos em relevo a relação de pessoas (*eu-tu*) no enunciado, pois a criança se declara como locutor e enuncia a sua posição como tal por meio de índices específicos de pessoa ("me", "eu"). No momento em que assume a sua posição de "eu", o locutor-criança também implanta seu alocutário por meio de um vocativo ("vó") (*tu*).

Além de índices específicos de pessoa, esse enunciado contém os índices específicos de tempo e espaço. Quanto ao espaço, a forma "lá", marca espacial, situa o "aqui" em que o locutor-criança se enuncia em oposição ao espaço de casa, lugar do acontecimento relatado. A relação entre "lá" e "aqui" nasce e adquire sentido particular nessa enunciação. Quanto à temporalidade, a enunciação da criança, ao atualizar esse enunciado, instancia formas do passado ("ontem", "deu" e "fiquei"), que situam o acontecimento relatado como anterior ao momento em que a criança se enuncia: o presente.

Com efeito, da enunciação "procede a categoria do presente, e da categoria do presente nasce a categoria de tempo" (Benveniste, 1989, p. 85). A enunciação revela o *agora* de inserção de um enunciado no mundo, delimitando o que é presente e o que já não é mais. É por esse presente da enunciação que as pessoas do enunciado (*eu-tu*) podem se alternar para viverem o *agora* em um espaço *aqui*, também inerente à enunciação. É nessa configuração *eu-tu-aqui-agora* da enunciação que as formas da língua, combinadas em procedimentos e funções específicas, produzem a referência (o tema "susto") por um enunciado assertivo/declarativo, em que o locutor-criança evoca certeza sobre o acontecimento vivido em uma realidade inscrita no enunciado. Assim, a criança enuncia a sua posição de locutor não somente pelos índices específicos – pessoa, espaço e tempo –, mas também pelo modo como organiza as formas no enunciado e escolhe a função sintática de asserção para evocar a certeza do acontecimento relatado.

Ducrot também aponta um percurso de análise. A partir de sua teoria podemos tratar da relação intersubjetiva de locutor (criança) e alocutário (avó) no enunciado oriundo do acontecimento enunciativo. Nesse caso, há, no enunciado, indicações que veiculam a imagem da enunciação: o vocativo presente no enunciado pressupõe haver um alocutário na relação.

No enunciado, a marca de negação e o articulador "mas" fornecem indicações da presença de uma oposição de pontos de vista, oposição essa manifesta por meio da relação entre "levar susto", que suporia um ponto de vista de "ficar com medo", e o ponto de vista opositivo, "não ficar com medo". O locutor-criança, ao enunciar "mas eu não fiquei com medo", manifesta esse debate de posições ("tomar susto e ficar com medo" e "tomar susto, mas não ficar com medo"). A criança, assim, assume um ponto de vista, opondo-se à outra posição (relação entre "susto" e "medo"). Com isso, orienta o interlocutor à possibilidade de produzir sentido em direção à conclusão "que criança corajosa!"

Com efeito, no enunciado da criança, essa imagem da enunciação como um debate está inscrita na oposição de dois pontos de vista. A criança, constituída como locutor, assume o ponto de vista de que "não tem medo diante de um susto" e se opõe ao ponto de vista "de ter medo diante de um susto". O debate de posições descrito carrega, pois, uma imagem da enunciação como um confronto de pontos de vista, inscrito no interior do enunciado. Esse jogo de vozes interno ao enunciado é concebido por Ducrot (1987) como polifonia linguística.

Com esse pequeno esboço analítico esperamos ter ilustrado como *enunciação/enunciado* podem operar no interior das teorias aqui mobilizadas.

## 6 CONSIDERAÇÕES FINAIS

As perguntas que abriram o presente texto – *O que é enunciação? O que é enunciado?* – retornam, nesta conclusão, suscitando alguma resposta.

Após a trajetória percorrida, podemos tomar as perspectivas de Benveniste e Ducrot conjuntamente e propor definições que contemplem aspectos distintos de *enunciação/enunciado*.

De um lado, a *enunciação* é a colocação da língua em funcionamento em um *aqui-agora* de produção de uma materialidade linguística por um locutor a um alocutário. O *enunciado* é, nesse caso, a materialidade linguística resultante da *enunciação*. Aqui, estamos com Benveniste.

De outro lado, com Ducrot, percebemos que o acontecimento – *a enunciação* – constituído pelo aparecimento do *enunciado* deixa seus "vestígios, por meio de recursos linguísticos, que expressam a posição do locutor e orientam as possibilidades/restrições de continuidade do sentido no discurso.

Assim, com Benveniste e Ducrot, vemos que a atividade humana na língua – *a enunciação* – é responsável por dar existência ao *enunciado* e, por meio dessa materialidade, possibilitar a comunicação/relação intersubjetiva.

Esperamos que este texto, tomado como um enunciado resultante de uma enunciação, promova relações intersubjetivas e suscite outras enunciações de retorno.

# 10

# *Ethos* discursivo

Fernanda Mussalim

## 1 INTRODUÇÃO

Neste texto abordaremos a problemática do *ethos* discursivo, apresentando suas origens históricas, seus principais enfoques e desdobramentos atuais, além de empreendermos uma análise a fim de exemplificar o funcionamento do conceito.

## 2 ORIGENS HISTÓRICAS

Como bem avalia Ruth Amossy (2005, p. 9), "todo ato de tomar a palavra implica a construção de uma imagem de si", mesmo que o locutor não fale explicitamente dele mesmo. Suas crenças implícitas, suas competências enciclopédicas e linguísticas, sua maneira de dizer possibilitam que o(s) interlocutor(es) construa(m) uma imagem daquele que lhe(s) dirige a palavra.

Os antigos não só demonstraram ter consciência desse fenômeno, mas também o levaram bastante a sério; o surgimento, nesse contexto, de teorias/técnicas da boa oratória são evidências disso. Em sua *Retórica*, Aristóteles, que buscava fundamentalmente compreender e explicar como o discurso se torna eficaz, designa, pelo termo *ethos*, a construção de uma imagem de si destinada a garantir o sucesso do empreendimento oratório.

Aristóteles foi o primeiro autor a empreender uma elaboração conceitual de *ethos*. Para ele, o orador persuade pelo seu caráter (*ethos*); persuade se conseguir causar uma boa impressão de si, em função do modo como constrói seu discurso, e, por isso, ganhar a confiança do auditório, tornando-se digno de fé. Essa confiança é, pois, efeito do discurso e não um decalque de uma avaliação prévia que pudesse vir a ser feita do caráter do orador. Nesse sentido, a força argumentativa do discurso não advém da sinceridade do orador, mas dos traços de caráter que são mostrados pela enunciação. Em outras palavras, a força argumentativa do discurso vem da eficácia do *ethos* – não explicitado no enunciado, mas fluidificado na enunciação.

Não vivemos mais no mesmo mundo da retórica antiga, mas percebemos, ainda (ou especialmente) hoje, a centralidade dessa questão na abordagem do funcionamento da linguagem, uma vez que não se pode ignorar, sem se arcar com as consequências, que a maneira de dizer produz, como um de seus efeitos, uma maneira de ser (ou melhor, de ser visto/a): as entrevistas de emprego, os debates eleitorais e até mesmo as interações nas redes sociais não se cansam de nos lembrar desse fato.

Como se pode, pois, perceber, a construção da imagem de si está fortemente ligada à enunciação, que foi inserida no cerne da análise linguística por Émile Benveniste[70]. Entretanto, apesar do posterior aparecimento e do desenvolvimento de inúmeras teorias de base enunciativa, o termo *ethos* apenas passou a integrar as ciências da linguagem na década de 1980[71], quando a noção passou a ser explorada em termos pragmático-semânticos (Ducrot, [1984] 2020) e discursivos (Maingueneau, [1987] 1997).

## 3 PRINCIPAIS ENFOQUES

Oswald Ducrot ([1984] 2020) designa por enunciação o aparecimento de um enunciado, evitando relacioná-la àquele que o produz, ao sujeito

---

70. Cf. Benveniste, 2005; 2006.

71. Curiosamente, o reaparecimento da noção de *ethos* como problemática de primeiro plano não se deu por ocasião do recrudescimento da retórica (e, consequentemente, de uma *technè* da argumentação), cujo marco são as obras fundadoras de Charles Perelman e Lucie Olbrechts-Tyteca (*Traité de l'argumentation: la nouvelle rhétorique, 1958*) e Stephen Toulmin (*The uses of argument*, 1958), mas se deu com o surgimento de questões relativas ao discurso

falante. Abandonando o sujeito falante, o autor se volta para a problemática da instância discursiva do Locutor (L), um ser que, no enunciado, é apresentado como responsável pela enunciação e que é considerado apenas em função dessa propriedade; nesse sentido, trata-se de uma "ficção discursiva", que não se confunde com o Locutor enquanto ser do mundo (λ), situado fora da linguagem. Ainda no âmbito dessa "ficção discursiva", Ducrot distingue locutores (L) de enunciadores (E), seres que não falam efetivamente na enunciação, mas cujas vozes estão nela presentes, porque a enunciação permite expressar seus pontos de vista. Nesse sentido, o Locutor (L) pode colocar em cena, no seu próprio enunciado, diversos enunciadores – isto é, diversas vozes, diversos pontos de vista – convergentes ou divergentes do seu. A ironia apresenta-se como um bom exemplo desse fenômeno: por meio dela, o Locutor (L) assume as palavras, mas não o ponto de vista de (E) que elas expressam.

Nessa teoria polifônica de Ducrot, que enfatiza a fala e não o sujeito falante (o Locutor λ), a noção de *ethos* está relacionada à imagem do locutor enquanto instância discursiva (o Locutor L), opção teórica inteiramente congruente à proposta do autor, que compreende a argumentação como inscrita na língua – já que é resultado de encadeamentos de enunciados –, e não como estando relacionada à intenção de convencer e às peripécias de sujeitos falantes empíricos. Nesse sentido, Ducrot concebe – e, neste ponto, de maneira convergente com a retórica aristotélica – o *ethos* como um aspecto relacionado à força argumentativa, mas não chegou a desenvolver uma reflexão sobre o fenômeno.

É com Dominique Maingueneau ([1987] 1997) que o tratamento do *ethos* ganha uma expansão significativa, passando a integrar, com certa centralidade, o quadro de uma teoria do discurso que se debruça sobre as problemáticas da produção e da circulação de discursos. Por esse motivo, em função do propósito deste capítulo, a saber, o de apresentar a noção de "*ethos* discursivo", irei me debruçar de maneira mais específica sobre as formulações empreendidas por esse autor. Entretanto, faz-se necessário esclarecer que há outras abordagens sobre o *ethos* (ou sobre 'imagens de si') tanto no campo dos estudos da linguagem quanto fora dele (nos estudos culturais, literários, p. ex.). Para conhecer tais abordagens, remeto o/a leitor/a a Amossy (2005).

## 4 DESDOBRAMENTOS ATUAIS

Apesar de o próprio Dominique Maingueneau apresentar *Novas tendências em análise do discurso* ([1987] 1997) como sendo a obra em que ele introduz o conceito de *ethos* no quadro teórico que propõe, é possível rastrear embriões dessa formulação em uma obra anterior: *Gênese dos discursos* ([1984] 2008a). Nessa obra, Maingueneau apresenta os resultados de uma longa pesquisa realizada em torno da constituição de dois discursos católicos devotos da França do século XVII, a saber, o jansenismo e o humanismo devoto[72], propondo um quadro teórico-metodológico construído a partir do postulado do primado do interdiscurso.

De acordo com tal postulado, os discursos, em termos de gênese, não se constituem independentemente uns dos outros para serem, em seguida, postos em relação; diferentemente, eles se constituem de maneira regulada no interior de um interdiscurso, já que é a relação interdiscursiva que estrutura a identidade de cada discurso. Dessa perspectiva – considerando o *corpus* analisado pelo autor – e da polêmica existente entre os posicionamentos – isto é, entre as formações discursivas[73] (FDs) jansenista e humanista –,

---

72. Discursos devotos caracterizam-se por se ocuparem de questões relacionadas a como ser e ao que fazer para se alcançar a salvação da alma. O "jansenismo" e o "humanismo devoto" são duas correntes doutrinais católicas devotas que mantinham entre si, na França do século XVII, uma relação polêmica. Na verdade, o jansenismo surgiu como uma forma de reação ao humanismo devoto.

73. Em *Gênese dos discursos*, Maingueneau se vale da expressão *formação discursiva* para se referir a posicionamentos discursivos de um campo – isto é, para se referir a discursos com identidades bem definidas em um campo discursivo –, mas que estão, ao mesmo tempo, sempre em contínuo processo de redefinição de suas fronteiras, em função de suas relações com outros discursos.

devoto que cada uma dessas FDs vai delimitando sua identidade, demarcando suas fronteiras à medida que vai se diferenciando de seu Outro.

Esse movimento, realizado pelos sujeitos inscritos em FDs, decorre da competência (inter)discursiva de tais sujeitos, definida por Maingueneau como sendo a aptidão (de natureza ideológica) que eles têm em distinguir o que é possível enunciar do interior da formação discursiva em que se inscrevem, de enunciados incompatíveis com o sistema de restrições desta FD, reconhecendo-os como enunciados pertencentes a formações discursivas antagonistas. Essa competência (inter)discursiva, segundo o autor, estrutura toda produção simbólica de uma comunidade discursiva (reconhecida como sendo constituída por sujeitos inscritos num mesmo posicionamento, numa mesma FD), de modo que tanto o que se diz quanto o que se produz em outros domínios semióticos (como a pintura, a música, a arquitetura, p. ex.), bem como o modo como tal comunidade se organiza institucionalmente e se movimenta no espaço social (a biblioteca, as vestimentas, a alimentação, como vivem, o que frequentam...), tudo isso é regido pelo mesmo sistema de restrições semânticas, caracterizador dessa competência (inter)discursiva que funciona nos/pelos sujeitos. A esse fenômeno Maingueneau (2008a, p. 75) se refere como semântica global e esclarece: "um procedimento que se funda sobre uma semântica 'global' não apreende o discurso privilegiando esse ou aquele dentre seus 'planos', mas integrando-os todos ao mesmo tempo, tanto na ordem do enunciado quanto na da enunciação".

Ao desenvolver esse tópico, o autor apresenta alguns planos discursivos, a fim de elucidar sua tese da semântica global, segundo a qual o sistema de restrições semânticas de uma FD estrutura todos os seus planos: a intertextualidade, o vocabulário, os temas, o estatuto do enunciador e do destinatário, a dêixis enunciativa, o modo de coesão, o modo de enunciação. Ao abordar esses planos, Maingueneau vai demonstrando como os sistemas de restrições semânticas jansenista e humanista devoto estruturam, cada um a seu modo, cada um desses planos discursivos, ao mesmo tempo em que vai tornando visível que a especificidade de cada uma dessas FDs pode ser depreendida de qualquer um desses planos, porque seu sistema de restrições atua em todos, permeia toda discursividade (sua semântica é global), estruturando-a.

Mas é ao tratar especificamente do modo de enunciação como um dos planos da discursividade que Maingueneau incorpora a problemática da voz ou tom, embrião de sua posterior formulação de *ethos*. Consideremos alguns trechos do próprio autor, sobre aquilo a que se refere como voz ou tom:

> Não se trata de fazer um texto mudo falar, mas de circunscrever as **particularidades da voz que sua semântica impõe**. *A fé em um discurso supõe a percepção de uma voz fictícia, garantia da presença de um corpo.*
>
> [...]
>
> [a voz] é apenas um dos planos constitutivos da discursividade; trata-se certamente de **uma dimensão irredutível da "significância generalizada" que governa nosso projeto de semântica "global"**.
>
> O discurso humanista devoto define, por seu próprio dizer, [...] claramente uma elocução "doce". Não sem razão esses autores [humanistas devotos] fazem uma frequente apologia da voz, expressão da interioridade, meio de comunicação sem igual, que entra diretamente na alma do outro; **está na linha básica de sua semântica**. Em tal quadro, a harmonia da voz [traduz as] **regras do próprio discurso humanista devoto**.
>
> O próprio "tom" se apoia sobre uma dupla figura do enunciador, a de um *caráter* e a de uma *corporalidade*, estreitamente associadas (Maingueneau, 2008a, p. 91-92; grifos da autora).

Como destacam os trechos grifados, a voz/o tom é considerada(o) como um dos planos da semântica global de um discurso e, assim sendo, decorre de seu sistema de restrições semânticas globais, caracterizador da competência (inter)discursiva dos enunciadores do discurso, ou melhor, da comunidade discursiva dos sujeitos que se inscrevem num mesmo posicionamento – no caso ilustrado no trecho, o do humanismo devoto. Nesse sentido, o enunciador desse discurso tem aptidão para adequar a voz/o tom de seu dizer ao quadro da semântica discursiva que rege sua FD, uma vez que o "'modo de enunciação' obedece às mesmas restrições semânticas que regem o próprio conteúdo do discurso" (Maingueneau, 2008a, p. 93). Assim, se a semântica desse discurso se caracteriza pela "Ordem" que possibilita a relação e a integração entre os diversos níveis hierárquicos que compõem o "Real cósmico" (Deus, Jesus Cristo, os anjos, Nossa Senhora, os santos, a humanidade, os animais, os vegetais, os minerais), o modo de enunciação acaba por se cristalizar em uma voz/um tom de "doçura" exemplar.

Maingueneau (2008a, p. 92) alia ainda, como explicitado no mesmo excerto, o tom a um caráter e a uma corporalidade – dimensões que estarão presentes em toda a teorização sobre *ethos*, apresentada em escritos posteriores do autor:

> Com efeito, o rosto que suporta o tom deve ser caracterizado "psicologicamente", ver-se dotado de disposições mentais que sejam o correlato dos afetos que o modo de enunciação engendra. [...]
>
> Esse "caráter é inseparável de uma "corporalidade"; isto é, de esquemas que definem uma maneira de "habitar" seu corpo de enunciador e, indiretamente, de enunciatário.

No caso do discurso humanista devoto, desenha-se de seu enunciador, capaz de integrar-se a múltiplas "Ordens", um caráter afável, disponível, jovial – dócil, em última instância. Com relação à corporalidade, esse discurso impõe, considerando a grade de humores da medicina de sua época, a figura de uma corporalidade do tipo "sanguíneo", oposto ao tipo "melancólico", ao qual o texto mais conhecido do humanismo devoto (a obra *Introdução à vida devota de São Francisco de Sales*) critica explicitamente: "O mundo, minha cara Filoteia, difama o quanto pode a santa devoção, pintando as pessoas devotas com um rosto deplorável, triste e aflito, e alardeando que a devoção produz humores melancólicos e insuportáveis" (*apud* Maingueneau, 2008a, p. 93).

O enunciador de um discurso se constrói, portanto, como um "tom", um "caráter" e uma "corporalidade", e o sentido que o discurso libera se impõe tanto por esse meio quanto por sua doutrina, de modo que, dessa perspectiva, não é possível supor uma exterioridade entre esses dois aspectos. Assim sendo, o que Maingueneau apresenta não é um dispositivo retórico por meio do qual o enunciador escolhe o que dizer e como dizer (como na retórica aristotélica), mas um modo de abordagem discursiva que implica uma imbricação radical do discurso e de seu modo de enunciação. A essa imbricação radical o autor irá se referir por meio da noção de *incorporação*.

Com base no que foi apresentado, pode-se dar relevo a alguns aspectos dessa teorização sobre a voz/o tom:

i) a voz/o tom é um dos planos da semântica global e está, portanto, submetida(o) ao sistema de restrições semânticas de uma FD;

ii) como decorrência, a voz/o tom não é individual, mas referente a uma comunidade discursiva, relativa a uma FD;

iii) a formulação da noção de voz/tom ocorre num quadro teórico-metodológico que privilegia a abordagem de discursos institucionais (religioso, literário, filosófico, científico, político etc.), ao invés de interações mais situacionais (como conversações informais, p. ex.).

Em *Novas tendências em análise do discurso* ([1987] 1997), em que pela primeira vez Dominique Maingueneau formula a noção de *ethos*, designando-a por essa terminologia específica, o autor constrói sua teorização se valendo, novamente, da caracterização dos discursos jansenista e humanista devoto – o que corrobora os três aspectos apresentados anteriormente. Entretanto, para além disso, o autor se ocupará de sofisticar a conceituação da noção de incorporação e de melhor delimitar as diferenças entre a concepção de *ethos* que ele propõe e a concepção de *ethos* da retórica.

Segundo ele, a Análise do discurso (AD) só pode integrar a questão do *ethos*, realizando um duplo deslocamento em relação ao *ethos* retórico:

> Em primeiro lugar, precisa afastar qualquer preocupação "psicologizante" e "voluntarista", de acordo com a qual o enunciador [...] desempenharia o papel de sua escolha em função dos efeitos que pretende produzir sobre seu auditório. Na realidade, do ponto de vista da AD, esses efeitos são impostos, não pelo sujeito, mas pela formação discursiva. Dito de outra forma, eles se impõem àquele que, no seu interior, ocupa um lugar de enunciação, fazendo parte integrante da formação discursiva, ao mesmo título que as outras dimensões da discursividade. [...]
>
> Em segundo lugar, a AD deve recorrer a uma concepção de *ethos* que, de alguma forma, seja transversal à oposição entre o oral e o escrito. A retórica organizava-se em torno da palavra viva e integrava, consequentemente, à sua reflexão o aspecto físico do orador, seus gestos, bem como sua entonação. Na realidade,

mesmo os *corpora* escritos não constituem uma oralidade enfraquecida, mas algo dotado de uma "voz". Embora o texto seja escrito, ele é sustentado por uma voz específica [...] (Maingueneau, 1997, p. 45-46).

Em relação à noção de incorporação, formulada para designar a relação imbricada entre uma formação discursiva e seu *ethos*, o autor afirma que ela atua sobre três registros que estão estreitamente articulados:

1) a formação discursiva confere "corporalidade" (dá corpo) à figura do enunciador;

2) essa "corporalidade" possibilita ao coenunciador (o destinatário) que ele incorpore, assimile um conjunto de esquemas que correspondem a uma maneira específica de relacionar-se com o mundo, habitando de certa maneira seu corpo;

3) essas duas formas de incorporação permitem a constituição de um "corpo" da comunidade imaginária daqueles que aderem ao mesmo discurso.

Dessa perspectiva, a instância subjetiva que se manifesta no discurso não se deixa conceber apenas como um estatuto (profeta, professor, poeta etc.), mas "como uma 'voz' associada a um 'corpo enunciante' historicamente especificado" (Maingueneau, 2008b, p. 64), que cumpre o papel de um "fiador" que, por meio de seu "tom", atesta o que é dito. Como é possível perceber, Maingueneau optou por uma concepção mais "encarnada" de *ethos*, que passa a recobrir não apenas a dimensão verbal, mas também o conjunto de características físicas e psíquicas associadas ao "fiador" (em função de certas representações coletivas relacionadas a estereótipos sociais), a quem se atribui um "caráter" (uma compleição psicológica) e uma "corporalidade" (uma compleição física, uma maneira de se vestir e de se movimentar no espaço social). Esse modo de conceber o *ethos* recai diretamente sobre a questão da eficácia do discurso; isto é, sobre o poder que ele tem de suscitar a crença e a adesão do coenunciador, a quem não se propõem apenas "ideias" que corresponderiam, hipoteticamente, a seus interesses. Para além disso, o coenunciador tem "acesso ao 'dito' através de uma 'maneira de dizer' que está enraizada em uma 'maneira de ser', o imaginário de um vivido" (Maingueneau, 1997, p. 49). Em função disso, a incorporação do coenunciador ultrapassa a simples identificação a um "fiador", uma vez que ela implica também um "mundo ético" do qual o "fiador" faz parte e ao qual ele dá acesso. Nesse sentido, o pertencimento à comunidade imaginária dos que aderem a um discurso implica a pertença a um mesmo "mundo ético". Esse "mundo ético", ativado pela leitura, subsume, de acordo com Maingueneau (2006, p. 272), "certo número de situações estereotípicas associadas a comportamentos: a publicidade contemporânea se baseia amplamente nesses estereótipos (o mundo ético do funcionário dinâmico, dos vaidosos, dos astros de cinema etc.)".

A relação entre *ethos* e estereótipos/representações sociais foi melhor desenvolvida em outros escritos de Dominique Maingueneau (2005; 2006; 2008b; 2008c), quando o autor passa também a considerar um conjunto de instâncias como constitutivas do *ethos* do discurso. Nas palavras do autor:

> O *ethos* de um discurso resulta da interação de diversos fatores: *ethos* pré-discursivo, *ethos* discursivo (*ethos* mostrado), mas também os fragmentos do texto nos quais o enunciador evoca sua própria enunciação (*ethos* dito) – diretamente ("é um amigo que lhes fala") ou indiretamente, por exemplo, por meio de metáforas ou de alusões a outras cenas de fala (assim, F. Mitterand, em sua *Carta a todos os franceses*, de 1988, comparando sua própria enunciação à fala de um pai de família à mesa da família). [...] O *ethos* efetivo, o que tal ou qual destinatário constrói, resulta da interação dessas diversas instâncias, cujo peso respectivo varia segundo os gêneros do discurso (Maingueneau, 2008b, p. 71).

Àquilo a que o autor, nessa descrição, refere-se como *ethos* discursivo abarca o *ethos* mostrado, que se relaciona ao que, até o momento, vínhamos associando ao *ethos* decorrente do modo de enunciação, e o *ethos* dito, referente àquilo que o enunciador diz, direta ou indiretamente, a respeito de si. O *ethos* pré-discursivo, por sua vez, está relacionado à imagem que o coenunciador faz do enunciador de um discurso, antes mesmo de que ele enuncie – por exemplo, construímos a imagem de um político de direita ou de esquerda no país, antes mesmo de entrarmos em contato com seus pronunciamentos, em função de estereótipos sociais (na verdade, os estereótipos estão fortemente relacionados a todas as instâncias constitutivas do *ethos*, não apenas ao pré-discursivo). O *ethos* efetivo – aquele que é construído efetivamente pelo destinatário de um discurso – resulta da interação do *ethos* pré-discursivo e do *ethos* discursivo (mostrado + dito), e todas essas instâncias estão associadas a estereótipos sociais, relacionados a mundos éticos. Reproduzo, a seguir, o esquema descritivo das instâncias do *ethos* apresentado pelo próprio Maingueneau (2006, p. 270):

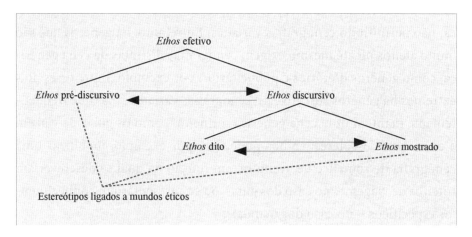

Fonte: Maingueneau, 2006, p. 270.

Outro conceito que Maingueneau (2002; 2005; 2006; 2008b), em seus escritos, associa ao tratamento do *ethos* é o de cena de enunciação. De acordo com o autor, todo texto implica uma cena de enunciação composta de três cenas: (i) a cena englobante, que se refere ao tipo de discurso (religioso, filosófico, literário, publicitário, jornalístico...); (ii) a cena genérica, relativa aos contratos comunicacionais associados a um gênero do discurso (sermão, editorial, anúncio publicitário, ensaio filosófico etc.); (iii) a cenografia, cena de fala, construída no/pelo próprio texto, que o discurso pressupõe[74] para ser enunciado e que, por sua vez,

---

74. No quadro teórico-metodológico proposto por Dominique Maingueneau, o texto é uma materialidade em que se pode verificar o funcionamento da semântica de um discurso.

valida a própria enunciação – um sermão (cena genérica) pode ser, por exemplo, enunciado por meio de uma cenografia do diálogo amigável. A cenografia, diferentemente das cenas englobante e genérica (que constituem, juntas, o quadro estável da enunciação), não é um ambiente, um quadro construído *a priori*, independente do discurso, "mas aquilo que a enunciação instaura progressivamente como seu dispositivo de fala" (Maingueneau, 2008b, p. 70). Há gêneros do discurso, como a lista telefônica e as receitas médicas, por exemplo, que se atêm a sua cena genérica, não permitindo cenografias variadas. Entretanto, há gêneros que são muito afeitos ou até mesmo exigem cenografias distintas da cena genérica, como gêneros literários e publicitários, por exemplo. Entre esses dois extremos há gêneros suscetíveis a cenografias variadas, mas que frequentemente mantêm uma cena genérica rotineira, como os guias de viagem e os manuais escolares: ambos poderiam, por exemplo, mobilizar uma cenografia de romance de aventura, em função da qual se descreveriam roteiros de viagem – no caso dos guias, ou se apresentariam conhecimentos específicos – no caso dos manuais.

Conforme esclarece Maingueneau (2008b, p. 71), a cenografia, como o *ethos* que dela participa, implica um processo de enlaçamento paradoxal:

> Desde sua emergência, a fala é carregada de certo *ethos*, que de fato se valida progressivamente por meio da própria enunciação. A cenografia é, assim, ao mesmo tempo, aquilo de onde vem o discurso e aquilo que esse discurso engendra [...]. São os conteúdos desenvolvidos pelo discurso que permitem especificar e validar o *ethos*, bem como sua cenografia, por meio da qual esses conteúdos surgem.

A seguir, irei me valer de um anúncio publicitário analisado por Maingueneau (2002) em alguns capítulos de *Análise dos textos de comunicação*, mas ampliarei sua análise, a fim de melhor esclarecer: (i) o enlaçamento entre *ethos* e cenografia; (ii) a maneira como o *ethos* efetivo resulta da interação entre *ethos* pré-discursivo e *ethos* discursivo (e a relação dessas instâncias com os estereótipos ligados a mundos éticos); (iii) a noção de incorporação.

# 5 EXEMPLO DE ANÁLISE

O anúncio publicitário a que me refiro é um anúncio do uísque Jack Daniel's, que o autor descreve da seguinte forma: no topo do anúncio há uma foto em que se vê, sentado perto de um barril de álcool em um ambiente semiescuro, um operário tomando café. Abaixo da foto, segue o seguinte texto publicitário (Maingueneau, 2002, p. 39):

> NA HORA DO PRIMEIRO CAFEZINHO..., o senhor McGee já produziu mais do que a maioria de nós em um único dia.
>
> Richard McGee levanta-se muito antes do amanhecer. No frescor e no silêncio das manhãs do Tennessee, ele roda os pesados barris de Jack Daniel's através dos armazéns de envelhecimento. Lentamente; no seu ritmo; sempre o mesmo. Na destilaria Jack Daniel's nunca fazemos nada com pressa.

Esse anúncio publicitário apresenta o produto (o uísque) mobilizando uma cenografia bem especificada: o dia de trabalho de um funcionário na destilaria Jack Daniel's. Essa cenografia é acessada, pelos leitores do anúncio (os coenunciadores), em função das coordenadas espaçotemporais de natureza discursiva[75] construídas pela foto e pelo texto (o espaço afastado da vida urbana em que se trabalha lentamente; o tempo em que a cadência valorizada é a da lentidão). De acordo com Maingueneau (2002, p. 97), a própria enunciação encarna essa cadência ao se valer de frases segmentadas pela pontuação (*"Lentamente; no seu ritmo; sempre o mesmo"*), que fazem progredir a leitura lentamente, como se os enunciados fossem "pesados barris". Em função desse modo de enunciação, atribui-se um *ethos* ao enunciador, convergente com as coordenadas espaçotemporais construídas na/pela cenografia, o que permite evidenciar o enlaçamento entre *ethos* e cenografia.

A propaganda de produtos é sempre dirigida a públicos específicos, e com esse anúncio publicitário não é diferente. Ele é direcionado a

---

75. Maingueneau se vale da noção de dêixis discursiva para se referir às coordenadas de pessoa-tempo-espaço da enunciação. Para conhecer o conceito, bem como sua relação com a dimensão da cenografia, remeto o/a leitor/a a Maingueneau (1997) e a Mussalim (2008a).

amantes (e consumidores) de uísque, pessoas que, supostamente, partilham alguns conhecimentos sobre a sua produção: que é produzido em destilarias situadas em espaços rurais; que o processo de produção implica várias etapas (p. ex., maltagem, moagem, fermentação, destilação, fracionamento, embarrilagem, maturação, *blending*, engarrafamento); que o tempo de cada etapa tem que ser respeitado; que, entre outros fatores, o tempo de maturação de um uísque está diretamente relacionado a sua qualidade. A cenografia mobilizada no anúncio aciona esse universo relacionado às destilarias (o Sr. McGee "roda os pesados barris de Jack Daniel's através dos armazéns de envelhecimento"), coconstruindo esse "mundo ético" de amantes de uísques à medida que vai habitando esse "mundo" de lendas, associadas a estereótipos: McGee, o funcionário modelo da destilaria, toma café sentado perto de um barril de álcool em um ambiente semiescuro; ele se levanta muito cedo e trabalha muito; ele faz tudo sempre do mesmo modo, lentamente; as manhãs do Tennessee são cheias de silêncio e frescor. Nesse sentido, os estereótipos associados a "mundos éticos" não são integralmente exteriores à linguagem; diferentemente, há uma via de mão dupla (uma reversibilidade constante) entre linguagem e mundo: no caso em questão, a cenografia aciona um conjunto de estereótipos (relativo ao "mundo ético" de amantes de uísques), mas, ao acioná-lo por meio da linguagem (descrições, narrativas e modos de enunciação), passa a retroalimentá-lo com as lendas que constrói. Vale ressaltar que, nesse "mundo ético dos amantes de uísques", as pessoas não têm pressa... elas respeitam o tempo que os processos levam. Assim sendo, o *ethos* pré-discursivo, enquanto uma contraface desse estereótipo, pode ser descrito como um *ethos* de tranquilidade.

Em relação ao *ethos* discursivo, efeito da enunciação, é possível reconhecer, analisando o texto do anúncio, índices mobilizadores tanto de um *ethos* dito (*"nunca fazemos nada com pressa"*) quanto de um *ethos* mostrado (*"Lentamente; no seu ritmo; sempre o mesmo"*). Tais índices são congruentes com o *ethos* pré-discursivo, em função do "mundo ético" mobilizado pelo anúncio[76]. O *ethos* efetivo – isto é, aquele efetivamente construído pelo coenunciador (o destinatário do anúncio) – resulta da interação do *ethos* pré-discursivo e do *ethos* discursivo (dito e mostrado). Em última instância, portanto, a imagem que se faz do enunciador desse discurso (aquele que fala em nome da destilaria Jack Daniel's) é de uma instância enunciativa cuja compleição psicológica (caráter) é de tranquilidade e cujo corpo se movimenta lentamente no espaço social (compleição física).

Considerando a análise empreendida até aqui, pode-se descrever o processo de incorporação relativo à enunciação desse anúncio da seguinte maneira:

i) a enunciação confere corporalidade ao enunciador (*ethos* dito + *ethos* mostrado): um enunciador que fala pausadamente e faz tudo sempre lentamente;

ii) essa corporalidade permite ao destinatário que ele assimile um conjunto de esquemas que correspondem a uma maneira específica de ser e habitar o mundo (assimilação de esquemas relacionados a um tempo/espaço e a um modo de ser que valoriza a cadência lenta e a tranquilidade);

iii) essas duas formas de incorporação permitem a constituição do "corpo" da comunidade daqueles que aderem ao "mundo ético dos amantes de uísque".

É interessante perceber que, no caso desse anúncio, o uso da primeira pessoa do plural, em dois momentos distintos do texto, atua na construção desse corpo da comunidade:

> 1) "[...] o Sr. McGee já produziu mais do que a maioria de nós em um único dia."
>
> 2) "Na destilaria Jack Daniel's, nunca fazemos nada com pressa."

No primeiro caso, trata-se de um "nós" generalizante, que inclui os funcionários da empresa (excetuando-se Richard McGee) e os coenunciadores,

---

76. Vale esclarecer que nem sempre o *ethos* pré-discursivo alinha-se ao *ethos* discursivo, uma vez que a estereotipagem pode ser bastante redutora e, por isso, não coincidir com a heterogeneidade dos sujeitos e dos discursos. Entretanto, no caso de discursos do tipo publicitário, esse alinhamento é bastante recorrente.

destinatários do anúncio e potenciais compradores do produto; no segundo caso, trata-se de um "nós" que se refere aos funcionários da empresa. Entretanto, considerando que o processo de incorporação vai ocorrendo ininterruptamente por ocasião da leitura do anúncio, essa distinção pode vir a ficar em segundo plano, caso o leitor tenha aderido ao "mundo ético dos amantes de uísque", pois, nessa condição, ao ler o último enunciado do texto publicitário, poderá incluir-se nessa referencialidade expressa em "[nós] nunca fazemos nada depressa".

Essa análise como um todo permite perceber o enlaçamento radical entre cenografia e *ethos*, mas é importante reconhecer que a especificidade das cenas englobante e genérica – isto é, do tipo de discurso e do gênero do discurso – também afeta o funcionamento do *ethos*. Os discursos publicitário, literário e político, por exemplo, atribuem um papel maior ao *ethos* do que o discurso filosófico. Isto porque, conforme analisa Maingueneau (2005; 2008c), o discurso filosófico não se contenta em ativar estereótipos de mundos éticos largamente difundidos; se o fizer, como é o caso do que ocorre em algumas obras de Nietszche, cujo *ethos* pode ser descrito como profético (citaria, como exemplo, *Assim falou Zaratustra*), acaba por se distanciar das formas de enunciação usuais em filosofia. Do mesmo modo, os gêneros do discurso também afetam o lugar reservado ao *ethos*: em um memorando, seu papel é muito menor do que num anúncio publicitário.

## 6 CONSIDERAÇÕES FINAIS

No percurso que realizei, optei por apresentar o conceito de *ethos* de uma perspectiva discursiva, priorizando a abordagem de dimensões essenciais a sua compreensão (como seu vínculo à formação discursiva e à cena de enunciação); dando visibilidade a certas noções e instâncias (fiador; estereótipos associados a mundos éticos; *ethos* pré-discursivo, discursivo, efetivo); e focalizando processos (como o de incorporação). O resultado é uma conceituação razoavelmente sistematizada do fenômeno.

Entretanto, é preciso não ignorar que, por se tratar de uma noção híbrida (sociodiscursiva), está suscetível a muitas variações e apresenta certas dificuldades no seu manejo. Para explorar essas variações e conhecer algumas dessas dificuldades (que não estão relacionadas à insuficiência do conceito, mas à variedade de *corpora* e de condições de produção dos discursos), remeto o/a leitor/a a Maingueneau, 2020.

Gostaria de finalizar este texto dando relevo à produtividade da noção, não apenas em função das luzes que ela traz para a teoria do discurso (tal categoria permite, p. ex., explicar como os discursos mobilizam forças e investem em organizações sociais) mas também porque o *ethos* tem se apresentado como um fenômeno que funciona de maneira associada a muitos outros: ao fenômeno da existência material dos discursos (relacionado à problemática do mídium[77]); ao do estilo[78]; ao de indícios de autoria[79], para citar alguns exemplos.

---

77. Cf. Maingueneau, 2010; Gonçalves, 2016; Rezende, 2017.
78. Cf. Mussalim, 2008b; Discini, 2008).
79. Cf. Mussalim, 2015.

# Gêneros do discurso

Carina Maria Melchiors Niederauer

## 1 INTRODUÇÃO

Os estudos linguísticos sempre interessaram as mais diferentes culturas na busca de melhor conhecer o ser humano e as sociedades. A Índia antiga, visando preservar o sânscrito védico, teve com Panini a elaboração da primeira gramática. Encontramos estudos sobre a linguagem, em especial sobre a língua grega, em escritos dos filósofos pré-socráticos, dos retóricos do século V a.C., de Sócrates, Platão e Aristóteles.

Aristóteles, por exemplo, propôs algumas das categorias gramaticais para classificação das palavras que são utilizadas até os dias de hoje. É também Aristóteles e antes dele Platão que se dedicaram, inicialmente, a compreender os gêneros literários e que abriram as portas para a ampliação da discussão sobre os gêneros.

Essa questão aflorará com Bakhtin, que expandirá a noção de gênero para além dos gêneros literários, colocando-a no centro dos mais diferentes campos de atividade humana, produto de relações dialógicas.

Diante dos estudos bakhtinianos, outras teorias e escolas dedicar-se-ão ao estudo dos gêneros do discurso, oriundos das inquietações advindas do ensino tanto de língua materna quanto de língua estrangeira.

Atualmente, o ensino via gêneros do discurso tem se tornado, em especial, no Brasil, a base para o desenvolvimento de habilidades linguísticas de estudantes da educação básica.

Em face da atualidade do tema, propomos neste texto explicitar um pouco mais as questões ligadas aos gêneros do discurso, na perspectiva bakhtiniana, chegando aos gêneros textuais, como têm sido referidos os gêneros do discurso por correntes teóricas mais recentes. Durante nosso percurso essa distinção tornar-se-á mais clara.

Começamos, então, falando sobre as origens históricas dos estudos de gêneros do discurso.

## 2 ORIGENS HISTÓRICAS

As questões relativas aos gêneros remontam à Grécia antiga, período em que tanto Platão (*República*) quanto Aristóteles (*Poética*) já refletiam sobre como a literatura imitava a realidade humana e qual era seu papel na sociedade.

Platão, ao se opor veementemente à *mímese*, funda uma divisão entre os gêneros literários, a saber: o *lírico*, o *dramático* e o *épico*. Na tentativa de suplantar tais gêneros, Platão propõe outro, o *filosófico*, que, segundo acreditava, transcenderia os demais gêneros. Esse embate entre Platão e a tradição poética terá seu desfecho no livro X, da *República*. Nessa obra, no diálogo entre Sócrates e Adimanto, Sócrates diz:

> em poesia e em prosa há uma espécie que é toda de imitação, como tu dizes que é a tragédia e a comédia; outra, de narração, pelo próprio poeta – é, de preferência, nos ditirambos que podes encontrar; e outra ainda constituída por ambas, que se usa na composição da epopeia e de muitos outros gêneros, se tu estás a compreender-me (Platão, 2012, p. 82).

A crítica de Platão a esses gêneros está centrada exatamente no par opositivo *ser/aparência*, o que demonstra sua preocupação sobre como é feita a representação do homem. O filósofo entende que a *tragédia*, por representar o mito, tem maior liberdade para variar suas narrativas, pois não estariam em questão as figuras políticas da contemporaneidade. Quanto à *comédia*, as narrativas tornam-se bastante restritas às possibilidades de representação de figuras da atualidade política e cultural, embora possa dar vazão à representação de figuras históricas.

Já Aristóteles, na obra *Poética*, compara os gêneros *épico, lírico e dramático* e apresenta suas características, propondo princípios fundamentais em relação à arte literária, os quais estão na base dos estudos dos gêneros literários até os dias de hoje.

Tais reflexões consideravam as ações humanas e como eram representadas de acordo com determinadas classificações.

A título de exemplo, Aristóteles entende o *gênero dramático* representado pelos gêneros teatrais *tragédia* e *comédia*, sendo cada um deles responsável por representar determinadas ações humanas. Nas peças em que eram representados personagens de caráter grandioso, se comparados ao homem comum, estar-se-ia diante do gênero *tragédia*; já as peças que retratavam homens de caráter inferior ao dos homens comuns, ter-se-ia o gênero *comédia*. Essa distinção representa um dos critérios que diferencia o *gênero dramático* dos demais.

A discussão sobre *gêneros* volta à cena com Mikhail Bakhtin entre os anos de 1952 e 1953, com o texto "Os gêneros do discurso" cujos manuscritos foram publicados pela primeira vez na revista *Literaturnoi Utchebe (Estudo Literário)*, em 1978, tendo sido publicado novamente na obra *Estética da criação verbal*, em 1979[80]. As reflexões feitas nesse texto serão responsáveis por influenciar futuros estudos sobre gêneros discursivos por diferentes linhas teóricas e escolas.

Bakhtin (2011) opõe-se ao formalismo russo que circunscreve a noção de *linguagem poética* a questões de linguagem.

O leitor deste texto, a esta altura, poderá estar se perguntando, mas em que o formalismo russo[81] e a *poética* se relacionam aos gêneros do discurso?

---

80. Coletânea póstuma de escritos inéditos de Bakhtin, publicada na Rússia, pela primeira vez, em 1979.

81. O formalismo russo, também conhecido como crítica formalista, ocorreu na Rússia entre 1910 e 1930, tendo sido uma influente escola de crítica literária. Objetivava estudar a linguagem poética propriamente dita, dando ênfase ao papel funcional dos mecanismos literários e à sua concepção original de história literária. Os formalistas russos defendiam um método científico para estudar a linguagem poética como forma de excluir as tradicionais abordagens psicológica e histórico-cultural.

A resposta vem exatamente da forma como Bakhtin questiona essa maneira de ver a estética da literatura; isto é, pela inobservância, segundo ele, de outros elementos envolvidos no ato de criação, que são o conteúdo e a forma e que, a nosso ver, poderão ter colaborado para seu entendimento de gêneros do discurso, associados ao caráter dialógico das relações humanas.

A partir de Bakhtin, várias vertentes teóricas debruçaram-se sobre o estudo dos gêneros, colaborando para a ampliação dessa reflexão, o que veremos na seção a seguir.

## 3 PRINCIPAIS ENFOQUES

Ao definirmos as principais abordagens que tratam dos gêneros do discurso, estabelecemos como critério apresentar, primeiramente, a proposta bakhtiniana, dado o aprofundamento e a consistência das proposições feitas e que fundamentam muitas das pesquisas (escolas) subsequentes. Em seguida, trazemos três escolas que produziram e ainda produzem em termos de pesquisa sobre gêneros e que são responsáveis por subsidiar os mais variados estudos sobre o tema. São elas: a escola Australiana, a escola Norte-americana e a escola de Genebra.

### 3.1 Bakhtin e os gêneros do discurso

A base dos estudos de gêneros do discurso está em Bakhtin e em seu Círculo, especialmente a partir da publicação de seu manuscrito "Os gêneros do discurso", que faz parte da obra *Estética da criação verbal* (2011). Nesse estudo, Bakhtin define o que entende por *gênero do discurso* e precisa outras questões essenciais à compreensão dos gêneros.

Para o filósofo, todas as ações humanas se dão por meio de enunciados[82] (orais e escritos), e cada campo de atividade discursiva estabelece, considerando suas especificidades e finalidades, seu *conteúdo* (tema), *estilo*

---

82. O termo *enunciado* será melhor desenvolvido na sequência do texto.

da linguagem (escolhas lexicais, fraseológicas e gramaticais da língua) e *construção composicional* (forma do gênero). Acrescenta também que esses três elementos são indissociáveis, visto que estão subsumidos no enunciado ao mesmo tempo em que são orientados pelas particularidades de cada situação de comunicação.

O primeiro elemento do enunciado, o *conteúdo*, é determinado pelo sujeito do discurso – isto é, seu autor –, pautado tanto pelo objeto (conteúdo do pensamento enunciado) quanto pelo sentido (conteúdo semântico). O segundo elemento do enunciado é o *estilo*. Trata-se do elemento expressivo, que marca subjetivamente o enunciado. O terceiro elemento, a *construção composicional*, diz respeito às formas estáveis de *gênero* do enunciado. O anseio discursivo do falante concretiza-se primeiramente na escolha de determinado gênero do discurso. Essa escolha visa a atender particularidades do campo da comunicação discursiva,

> por considerações semântico-objetais (temáticas), pela situação concreta da comunicação discursiva, pela composição pessoal dos seus participantes etc. [...]. Falamos apenas através de determinados gêneros do discurso; isto é, todos os nossos enunciados possuem *formas* relativamente estáveis e típicas de *construção do todo* (Bakhtin, 2011, p. 282).

Considerando o caráter individual de cada enunciado, Bakhtin define *gêneros do discurso*. Nas suas palavras: "cada campo de utilização da língua elabora seus *tipos relativamente estáveis* de enunciados, os quais denominamos *gêneros do discurso*" (Bakhtin, 2011, p. 262, grifos do autor).

Diante da infinidade de possibilidades relacionadas à atividade humana, *os gêneros do discurso* também se apresentam com inúmeras possibilidades, sendo capazes de atualizarem-se acompanhando as mudanças que acontecem nas diferentes esferas sociais, ganhando maior complexidade, afirma Bakhtin (2011).

Reconhecendo a heterogeneidade dos gêneros do discurso, bem como a dificuldade em definir a natureza do enunciado, Bakhtin explicita a diferença entre o que nomeia de *gêneros discursivos primários* (simples) e *gêneros discursivos secundários* (complexos). Estes estão relacionados, majoritariamente, à escrita, e ocorrem em *romances, pesquisas científicas,* entre outros. Aqueles são produto das relações de comunicação discursiva cotidianas.

Bakhtin entende que os gêneros primários são incorporados aos secundários, colaborando no processo de formação discursiva destes, sendo assim, ao serem integrados aos gêneros secundários, os primários perdem seu vínculo com a realidade concreta.

Há nessa distinção, como já referido, uma preocupação latente em Bakhtin que é reconhecer a natureza do *enunciado*. Segundo ele:

> A própria relação mútua dos gêneros primários e secundários, bem como o processo de formação histórica dos últimos, lançam luzes sobre a natureza do enunciado (e antes de tudo sobre o complexo problema da relação de reciprocidade entre linguagem e ideologia) (Bakhtin, 2011, p. 264).

A isso acrescenta que em qualquer estudo é preciso ter clareza da natureza do enunciado e das especificidades dos variados tipos de enunciados, sejam eles primários ou secundários; isto é, dos diferentes gêneros do discurso. É preciso esclarecer que no decorrer da concepção de *gêneros do discurso,* proposta por Bakhtin, os conceitos de *enunciado* e de *gêneros do discurso* estão em inter-relação, sendo os *gêneros do discurso, tipos* de *enunciados,* como se pode perceber no seguinte excerto da obra *Estética da criação verbal:*

> Os enunciados e seus tipos – isto é, os gêneros discursivos –, são correias de transmissão entre a história da sociedade e a história da linguagem. Nenhum fenômeno novo (fonético, léxico, gramatical) pode integrar o sistema da língua sem ter percorrido um complexo e longo caminho de experimentação e elaboração de gêneros e estilos (Bakhtin, 2011, p. 268).

Essa consideração parece-nos importante, tendo em vista a diversidade de definições de *enunciado* propostas por outras concepções teóricas, bem como para que se compreenda o sentido de tais conceitos na perspectiva bakhtiniana.

Outro conceito explicitado pelo filósofo é o de *língua* ao referir que ela faria parte da vida por meio de enunciados concretos, ao mesmo tempo em que por meio de enunciados concretos a vida entraria na língua. Ao dizer isso, reforça sua contrariedade ao formalismo que, como defende, enfraquece a relação da língua com a vida.

Ao considerar a complexidade dos enunciados, o filósofo russo discute a respeito do *estilo* como elemento constitutivo do enunciado. Bakhtin (2011) concebe *estilo* como a possibilidade de, em alguns gêneros do discurso, haver, no enunciado, marcas da individualidade tanto de quem fala quanto de quem escreve; isto é, estaria no estilo as marcas de quem enuncia. Ressalva é feita a alguns gêneros do discurso em que deve ser respeitada sua forma padronizada, como é o caso de documentos oficiais.

Considerando a indissociabilidade entre *gênero* e *estilo*, em cada campo de atividade humana, determinadas condições serão requeridas e corresponderão a estilos específicos.

Os limites de um enunciado concreto, entendido como a unidade da comunicação discursiva, são estabelecidos pela *alternância dos sujeitos do discurso*: "antes do seu início, o enunciado dos outros; depois do seu término, os enunciados responsivos de outros [...] (Bakhtin, 2011, p. 275, grifos do autor).

Para Bakhtin (2011), aprendemos nossa língua materna por meio de enunciados, da mesma forma como aprendemos a gramática da língua antes mesmo de estudá-la teoricamente, ou seja, com as pessoas com as quais convivemos, aprendemos a ouvir e a reproduzir enunciados na comunicação discursiva do dia a dia. Disso decorre que toda atividade comunicativa requer o reconhecimento e a produção de um gênero específico, sejam gêneros do cotidiano, sejam gêneros de diferentes campos da comunicação cultural.

Reconhecendo que abordagens posteriores sobre gênero tenham sido influenciadas por Bakhtin e que muitas delas fazem referência não a *gêneros do discurso*, mas a *gêneros textuais*, cabe esclarecer que *gêneros do discurso*, na perspectiva bakhtiniana, são tipos de *enunciados* por meio dos quais se efetiva a comunicação discursiva nos mais variados campos de atividade humana, marcados também pela subjetividade do falante. Em outras palavras:

> A expressão do enunciado, em maior ou menor grau, *responde*; isto é, exprime a relação do falante com os enunciados do outro, e não só a relação com os objetos do enunciado. [...] Por mais monológico que seja o enunciado (p. ex., uma obra científica ou filosófica), por mais concentrado que esteja no seu objeto, não pode deixar de ser em certa medida também uma resposta àquilo que já foi dito sobre o objeto, sobre dada questão, ainda que essa responsividade não tenha adquirido uma nítida expressão externa: ela irá manifestar-se na tonalidade do sentido, na tonalidade da expressão, na tonalidade do estilo, nos matizes mais sutis da composição (Bakhtin, 2011, p. 298).

Como se vê, não está em questão apenas a construção composicional, ou seja, a relativa estabilidade na constituição dos gêneros, mas também o caráter dialógico dos gêneros do discurso.

A partir das reflexões de Bakhtin sobre *gêneros do discurso*, diversas correntes teóricas passaram a se ocupar dessa questão, o que levou inclusive à formação de "escolas" como, por exemplo, a Norte-americana, a Australiana (ou de Sidney) e a de Genebra. É sobre as proposições feitas por essas escolas que falaremos a seguir.

## 3.2 Escola Australiana

Começamos pela Escola Australiana[83] (ou de Sidney), cujos estudos de gênero remontam às décadas de 1970 e 1980. Suas pesquisas são pioneiras no que diz respeito à relação entre gêneros e ensino de língua materna e estrangeira, pautadas inicialmente pela perspectiva na Linguística Sistêmico-funcional proposta por Halliday entre 1950 e 1960.

Abordagens sistêmico-funcionais têm contribuído muito para o entendimento de como o estudo de gênero é compreendido e aplicado na análise textual e na linguagem, afirmam Bawarshi e Reiff (2010).

Influenciada em grande parte pelas pesquisas de Halliday e Hasan, na University of Sydney, aplicadas ao gênero, bem como pelos estudos de

---

83. Para conhecer mais as pesquisas da Escola Australiana sobre gêneros discursivos, sugerimos a leitura da obra *Research genres: exploration and applications*, de John M. Swales (2004); e do artigo "El contexto como género: una perspectiva lingüística funcional", de Suzanne Eggins e James Robert Martin (2003).

J.R. Martin, Frances Christie, Bill Cope e Mary Kalantzis, Gunther Kress, Brian Paltridge, Joan Rothery, Eija Ventola e outros, a Linguística Sistêmico-funcional (LSF) opera a partir da premissa de que a linguagem está integralmente relacionada à sua função social e ao contexto de uma dada cultura, servindo a um propósito social dentro dessa cultura. Nessa perspectiva teórica, a linguística ser *sistêmica* significa considerar o papel da linguagem em contextos particulares; já ser *funcional* refere-se à estrutura ou à organização da linguagem usada de acordo com os possíveis contextos (Bawarshi; Reiff, 2010).

Liderado pelo trabalho de J.R. Martin, as abordagens sistêmico-funcionais do gênero surgiram boa parte em resposta às preocupações sobre a eficácia do ensino de alfabetização centrado no aluno e baseado no processo, com sua ênfase em aprender fazendo. Martin tem seus fundamentos nos estudos de Halliday, situando *gênero* em relação a *registro*, a fim de que *gênero* e *registro* se relacionem e realizem um ao outro de maneira relevante. De acordo com Martin, enquanto o *registro* funciona no nível de contexto de situação, o *gênero* atua no nível de contexto de cultura (Bawarshi; Reiff, 2010).

### 3.3 Escola Norte-americana

Ligado à Escola Norte-americana, o linguista John Swales, em sua monografia *Genre analysis: english in academic and research settings* (1990), propõe redefinições no que tange aos estudos sobre gêneros, pautadas pela influência da Linguística Aplicada. Com base nela, um gênero, para o autor, é definido por seus propósitos comunicativos comuns a partir do que, considerado seu contexto de origem, terá características textuais específicas. Consoante o linguista:

> um gênero compreende uma classe de eventos comunicativos, cujos membros compartilham um certo conjunto de propósitos comunicativos. Esses propósitos são reconhecidos pelos membros especializados da comunidade discursiva original e desse modo passam a constituir a razão subjacente ao gênero. A razão subjacente delineia a estrutura esquemática do discurso e influencia e restringe

as escolhas de conteúdo e estilo. O propósito comunicativo é um critério privilegiado que opera no sentido de manter o escopo do gênero, conforme concebido aqui, estreitamente ligado a uma ação retórica comparável (Swales, 1990, p. 58).

Swales (1990, p. 8) localiza os gêneros dentro de comunidades de discurso, que são definidas como "redes sociorretóricas que se formam para trabalhar em prol de conjuntos de objetivos comuns".

De acordo com Swales (1990), o principal critério para transformar um grupo de eventos comunicativos em um gênero é entendê-los como um conjunto compartilhado de propósitos comunicativos. Tal entendimento parte do pressuposto de que, exceto em casos excepcionais, o gênero é um veículo comunicativo para o alcance de objetivos. O fato relevante de ter como critério primeiro os propósitos comunicativos de alguns gêneros é que, embora possam ser considerados de difícil compreensão, por si sós são de relevante valor heurístico. Enfatizar a primazia desse propósito pode exigir que o analista realize uma boa quantidade de investigações independentes, atribuindo proteção contra uma classificação incipiente com base em características estilísticas e crenças herdadas, tais como a tipificação de artigos de pesquisa e de relatórios de experimento.

Em suma, um gênero, para Swales (1990), é uma classe de eventos comunicativos em que a linguagem desempenha um papel significativo e indispensável.

Além dele, outros pesquisadores tiveram destaque nessa escola como, por exemplo, Charles Bazerman, para quem a teoria dos gêneros,

> conforme elaborada por Carolyn Miller (1984), John Swales (1990) e eu (1988), tem se preocupado com o desenvolvimento de tipos únicos de textos por meio do uso repetido em situações percebidas como semelhantes. Ou seja, ao longo de um período de tempo, os indivíduos percebem homologias em circunstâncias que os encorajam a ver essas ocasiões para tipos semelhantes de enunciados. Esses enunciados tipificados, muitas vezes desenvolvendo características formais padronizadas, aparecem como soluções prontas para problemas aparentemente semelhantes. Eventualmente, espera-se que os gêneros se sedimentem em formas que os leitores fiquem surpresos ou mesmo não cooperem se uma percepção padrão da situação não for atendida por uma declaração da forma esperada (Bazerman, 2005, p. 67).

Além disso, os gêneros, na medida em que identificam um repertório de ações que podem ser realizadas em um conjunto de circunstâncias, identificam as possíveis intenções que alguém pode ter. Assim, eles incorporam a gama de intenções sociais para as quais se pode orientar nossas energias, destaca Bazerman (2005).

Outra pesquisadora importante dessa escola é Carolyn Miller. Sua compreensão de gênero retórico

> é baseada na prática retórica, nas convenções do discurso que uma sociedade estabelece como formas de "agir em conjunto". Não se presta à taxonomia, pois os gêneros mudam, evoluem e decaem; o número de gêneros atuais em qualquer sociedade é indeterminado e depende da complexidade e diversidade da sociedade (Miller, 2005, p. 31).

Consoante Freedman e Medway (2005, p. 3, grifo nosso), os estudos atuais de gênero têm avançado muito, mas sem esquecer as concepções de gênero formuladas anteriormente como, por exemplo, as de *tipos* ou de *tipos de discurso*, cujas semelhanças de conteúdo e forma eram caracterizadas. As pesquisas mais recentes têm vinculado "o novo termo *gênero* a essas semelhanças linguísticas e substantivas, a regularidades nos tipos de discurso nas esferas humanas de atividade, como uma compreensão social e cultural mais ampla da linguagem em uso".

## 3.4 Escola de Genebra

A escola mais atual a se debruçar sobre o estudo dos gêneros é a de Genebra, que tem como principais representantes Bernard Schneuwly, Joaquim Dolz e Jean-Paul Bronckart. Suas pesquisas têm por objeto questões relacionadas ao ensino de língua materna, tendo como base teórica o sociointeracionismo vigotskyniano e a teoria dos gêneros do discurso proposta por Bakhtin. A metodologia adotada é a definida por Bronckart como Interacionismo Sociodiscursivo (ISD). Nessa perspectiva, a aprendizagem se dá na interação de um indivíduo com outro mais capaz que ele, o que demonstra a forte influência de Vigostsky e, nesse caso, da concepção de Zona de Desenvolvimento Proximal (ZDP) no ISD. Dessa forma, aprender é uma experiência social de interação pela linguagem e pela ação (Bronckart, 2003).

Nas palavras de Bronckart (2003, p. 12-13, grifos do autor): "Nossas proposições teóricas derivam de uma *psicologia da linguagem* orientada pelos princípios epistemológicos do *interacionismo social*".

Fazemos aqui um esclarecimento quanto à distinção elaborada pela Escola de Genebra, de estatuto e de função, entre *texto*, *gêneros de texto* e *tipos de discurso*, considerando principalmente a distinção de *gêneros do discurso*, de Bakhtin, e de *gêneros textuais*, pela perspectiva do ISD.

Segundo Bronckart (2006, p. 13):

> Qualificamos de textos toda produção de linguagem situada, que é construída, de um lado, mobilizando os recursos (lexicais e sintáticos) de uma língua natural dada, de outro, levando em conta modelos de organização textual disponíveis no quadro dessa mesma língua. [...] embora um texto mobilize unidades linguísticas (e possivelmente outras unidades semióticas), não constitui em si mesmo uma unidade linguística; suas condições de abertura, de fechamento (e provavelmente de planificação geral) não pertencem ao plano linguístico, mas são inteiramente determinadas pela ação que a gerou (cf., sobre esse ponto, Bakhtin, 1984); por essa razão, qualificamos o texto como unidade comunicativa.

Assim, ao entender que um *texto* está inscrito em um *gênero*, Bronckart (2006) emprega a expressão *gênero de texto*, diferente de Bakhtin que propunha *gênero do discurso*.

Sobre *gêneros de texto*, estes são produto das escolhas possíveis, estabilizadas em um determinado momento pelo uso. Tais escolhas estão relacionadas às formações sociodiscursivas, a fim de adaptar os textos às atividades ligadas a um meio comunicativo específico. Vistos dessa forma, os gêneros, inevitavelmente, mudam de acordo com as formações sociodiscursivas e com o tempo.

Segundo essa teoria, os gêneros são afetados por várias indexações sociais, tais como: "indexação referencial (qual atividade geral o texto é suscetível de comentar?); comunicacional (a qual interação esse comentário é pertinente?); cultural (qual é o "valor agregado socialmente" à matriz de um gênero?) etc." (Bronckart, 2006, p. 13-14). Isso explicaria por que os gêneros não podem ser considerados estáveis.

Inspirada por Simonin-Grumbach e sua classificação de *tipos de discurso* (operações que subjazem ao plano enunciativo), o ISD propõe duas decisões binárias.

A primeira (*disjunção-conjunção*) organiza o conteúdo temático verbalizado; isto é, ou estão à distância das coordenadas gerais da situação de produção do agente (ordem do NARRAR), ou não o estão (ordem do EXPOR). Na segunda,

> as instâncias de agentividade verbalizadas estão postas em relação com o agente produtor e sua situação de ação de linguagem (implicação), ou elas não o estão (autonomia). O cruzamento do resultado dessas decisões produz, assim, quatro "atitudes de locução" que chamamos de mundos discursivos: NARRAR implicado, NARRAR autônomo, EXPOR implicado, EXPOR autônomo (Bronckart, 2006, p. 14).

A partir disso, o ISD estabelece quatro tipos de discurso: (1) discurso interativo; (2) discurso teórico; (3) relato interativo; e (4) narração. A escolha de utilizar a expressão "tipos de discurso" em vez de "modo de enunciação" deve-se ao entendimento de que "a noção de 'discurso' remete mais profundamente ao processo de verbalização do agir linguageiro, ou de sua semiotização no quadro de uma língua natural" (Bronckart, 2006, p. 15).

A influência de Bakhtin aparece também em Schneuwly (2004), quando este faz referência aos *gêneros primários* e *secundários*. Segundo ele, a linguagem se desenvolve não só com base na continuidade, mas também quando há uma ruptura entre os gêneros primários, aqueles que ocorrem em situações espontâneas, e os secundários, gêneros que são aprendidos culturalmente.

Nesse caso, Schneuwly (2004) retoma dois conceitos centrais de Vigostky, que são: *zona de desenvolvimento real* e *zona de desenvolvimento proximal*. A *zona de desenvolvimento real* estaria relacionada à máxima exposição da criança aos gêneros primários como forma de capacitá-la a desenvolver os gêneros secundários, isto é, visando a atingir a *zona de desenvolvimento proximal*. Para o linguista, os "gêneros primários são os instrumentos de criação dos gêneros secundários" (Schneuwly, 2004, p. 35).

As abordagens aqui apresentadas não esgotam a diversidade de estudos sobre *gêneros*, mas representam importantes influências a partir das quais derivaram e ainda derivam novas investigações.

Passemos agora aos desdobramentos desses estudos na atualidade.

## 4 DESDOBRAMENTOS ATUAIS

Delimitamos o Brasil, em especial os documentos que regem a educação básica no país, para abordar os desdobramentos mais recentes do ensino de língua materna via gêneros do discurso/textuais.

Como vimos anteriormente, a causa propulsora para o estudo de gêneros pelas escolas de Sidney, Norte-americana e de Genebra é o ensino de língua materna ou estrangeira. Trata-se, portanto, de uma questão de interesse de sociedades preocupadas em formar usuários de língua competentes (como prevê a Base Nacional Comum Curricular), capazes de agir e interagir nas mais diversas esferas sociais.

Retomando o entendimento de gêneros do discurso postulado por Bakhtin e associando-o às propostas das principais escolas responsáveis pelos estudos de gêneros, o mais representativo desdobramento, na atualidade, tem sido a inclusão de gêneros do discurso/textuais nos documentos que regulam o ensino no Brasil, em especial a Base Nacional Comum Curricular (BNCC, 2018). Mas antes de falar na BNCC, retomamos brevemente alguns outros documentos que a antecederam e que também privilegiam aspectos que já foram aqui abordados.

Ao ser sancionada, a Lei de Diretrizes e Bases da Educação Nacional (LDBEN), Lei n. 9.394, de 20 de dezembro de 1996, estabelece que estados, municípios e o Distrito Federal assegurem que os conhecimentos escolares atendam às diferentes práticas sociais. Nessa direção, surgem os Parâmetros Curriculares Nacionais (PCN, 2000) que, dentre as competências a serem desenvolvidas, apresentam a seguinte:

> Analisar os recursos expressivos da linguagem verbal, relacionando textos/contextos, mediante a natureza, função, organização, estrutura, de acordo com as

condições de produção/recepção (intenção, época, local, interlocutores participantes da criação de ideias e escolhas (PCN, 2000, p. 20).

Esse documento, ao propor uma renovação na educação brasileira, diz que qualquer análise linguística requer, inicialmente, considerar a dimensão dialógica da linguagem, uma vez que as formas de dizer/escrever são determinadas pelo "contexto, interlocutores, gêneros discursivos, recursos utilizados pelos interlocutores para afirmar o dito/escrito, os significados sociais, a função social, os valores e ponto de vista" (PCN, 2000, p. 21). Mais recentemente, em 2018, é aprovada a Base Nacional Comum Curricular para a educação básica. Nela, o texto é o objeto central do ensino de língua portuguesa. Em vista disso, a proposta de ensino mediada por gêneros textuais está presente nas orientações elaboradas para a educação infantil, o ensino fundamental e o ensino médio.

A relevância do ensino pautado em gêneros textuais é explícita no documento, já que em cada nível a sugestão de gêneros a serem contemplados é gradativamente aprofundada e ampliada. Vejamos na sequência como isso acontece.

No que se refere à etapa da educação infantil, a BNCC, dentre os objetivos de aprendizagem e desenvolvimento, pertencentes ao campo de experiências *"Escuta, fala, pensamento e imaginação"*, prevê diversas habilidades ligadas aos gêneros textuais, tais como:

> Bebês (zero a 1 ano e 6 meses) (EI01EF08)[84]. Participar de situações de escuta de textos em diferentes gêneros textuais (poemas, fábulas, contos, receitas, quadrinhos, anúncios etc.).

> Crianças bem pequenas (1 ano e 7 meses a 3 anos e 11 meses) (EI02EF08). Manipular textos e participar de situações de escuta para ampliar seu contato com diferentes gêneros textuais (parlendas, histórias de aventura, tirinhas, cartazes de sala, cardápios, notícias etc.).

> Crianças pequenas (4 anos a 5 anos e 11 meses) (EI03EF08). Selecionar livros e textos de gêneros conhecidos para a leitura de um adulto e/ou para sua própria

---

84. EI01EF08: refere-se ao oitavo objetivo de aprendizagem e desenvolvimento proposto no campo de experiências "Escuta, fala, pensamento e imaginação" da Educação Infantil para bebês (zero a 1 ano e 6 meses).

leitura (partindo de seu repertório sobre esses textos, como a recuperação pela memória, pela leitura das ilustrações etc.) (BNCC, 2018, p. 50).

Em sua seção "4.1.1.2 Língua portuguesa no ensino fundamental – anos finais: práticas de linguagem, objetos de conhecimento e habilidades", o ensino baseado em gêneros é sugerido da seguinte maneira:

> No componente Língua Portuguesa, amplia-se o contato dos estudantes com gêneros textuais relacionados a vários campos de atuação e a várias disciplinas, partindo-se de práticas de linguagem já vivenciadas pelos jovens para a ampliação dessas práticas, em direção a novas experiências. [...] Aprofunda-se, nessa etapa, o tratamento dos gêneros que circulam na esfera pública, nos campos jornalístico-midiático e de atuação na vida pública. No primeiro campo, os gêneros jornalísticos – informativos e opinativos – e os publicitários são privilegiados, com foco em estratégias linguístico-discursivas e semióticas voltadas para a argumentação e persuasão.

Além desses gêneros, outros também são sugeridos como, por exemplo, os relativos aos campos de práticas investigativas, legais e normativas, reivindicatórias e propositivas, entre outras.

Para o Ensino Médio, a Base recomenda o que segue:

> Em comparação com o Ensino Fundamental, a BNCC de Língua Portuguesa para o Ensino Médio define a progressão das aprendizagens e habilidades levando em conta:
>
> [...] a consolidação do domínio de gêneros do discurso/gêneros textuais já contemplados anteriormente e a ampliação do repertório de gêneros, sobretudo dos que supõem um grau maior de análise, síntese e reflexão; [...] (Brasil, 2018, p. 499).

O ensino pautado pelos diferentes gêneros do discurso/gêneros textuais[85] retoma uma das importantes afirmações feitas por Bakhtin (2011), a de que os gêneros do discurso ocorrem nas mais variadas atividades humanas, resultado de relações dialógicas. Propor ensino nessa perspectiva colabora para os aprendizes compreenderem a linguagem como fator essencial para a vida em sociedade.

---

85. Utilizamos gêneros do discurso/gêneros textuais, pois a BNCC faz uso dessas duas formas no seu texto.

## 5 EXEMPLO DE ANÁLISE

Para exemplificar como poderia se dar o ensino de língua por meio da prática de gêneros do discurso[86], será sugerida a uma turma do 3º ano do Ensino Médio a elaboração de uma ata. A sugestão desse gênero se deve ao fato de ser um documento produzido em diferentes campos de atividade da sociedade, mas que, independentemente disso, precisa manter seu estilo, construção composicional, variando apenas seu conteúdo temático.

### Proposta de atividade

*Imaginemos uma situação hipotética. Sua turma está participando de uma reunião que tem por objetivo organizar as ações relacionadas à festa de formatura. Como se tratam de questões que precisam ser definidas e aceitas pelo grupo, você secretariará a reunião; isto é, elaborará a ata na qual ficarão explicitadas todas as ações acordadas referentes à formatura e que será assinada por todos. Para isso, em primeiro lugar você deve pesquisar quais elementos são necessários para a elaboração de uma ata a fim de, em seguida, escrever o respectivo documento.*

| Elementos que devem constar na ata | Estrutura |
|---|---|
| • Título da ata.<br>• Data, local e hora (de início e de fim da reunião).<br>• Relação de pessoas presentes à reunião.<br>Pauta: elencar os assuntos que foram tratados.<br>Discussão: apresentar cada ponto discutido, as respectivas decisões e responsáveis por cada ação definida, se for o caso.<br>• Fechamento. | • Margens justificadas.<br>• Texto escrito em um único parágrafo.<br>• Não utilizar abreviaturas de palavras.<br>• Números escritos por extenso.<br>• Verbos no pretérito perfeito do indicativo.<br>• Rasuras não são permitidas. |

---

86. Optamos por utilizar a nomenclatura *gêneros do discurso*, por concordarmos com a proposta bakhtiniana de que cada campo de atividade discursiva estabelece, considerando suas especificidades e finalidades, seu *conteúdo temático, estilo* e *construção composicional.*

*Exemplo de ata*

> **ATA N. 01/2021 DA TURMA 301 DO ENSINO MÉDIO DA ESCOLA XXX**
>
> Aos vinte e cinco dias do mês de outubro de dois mil e vinte e um, na sala de aula 21, na Escola XXX, das dez às onze horas, reuniram-se os alunos que integram a turma trezentos e um a seguir relacionados: Ana Carolina dos Santos, Ana Maria da Silva (aqui devem ser elencados os nomes de todos os alunos presentes, separados por vírgula), a fim de discutir a pauta a seguir: (1) escolha do professor paraninfo; (2) escolha dos professores homenageados; (3) data da formatura; (4) local da formatura; (5) local da festa; (6) assuntos gerais. A aluna Ana Maria da Silva coordenou a reunião e iniciou pelo primeiro ponto da pauta, a escolha do professor paraninfo. Na oportunidade, cada aluno indicou um nome e o mais votado foi escolhido. Por maioria absoluta foi escolhida a Professora Maria Costa. Na sequência a coordenadora propôs a mesma dinâmica para escolha dos professores homenageados. Os mais votados foram os professores João Moreira, José Camargo e a Professora Isabel Vieira. Em seguida foram discutidos a data da formatura, o local da solenidade e o local da festa. Ficou acordado que será no dia 12 de dezembro de 2022. A solenidade de formatura será no auditório da Escola, e a festa, no Clube Central da cidade. Discutiu-se, ainda, algumas formas de arrecadar dinheiro para a festa e presentes dos professores. Como não se chegou a um consenso, ficou acertada uma nova reunião com data e horário a serem definidos. Nada mais havendo a tratar, foi encerrada a reunião, cuja ata é redigida por mim, Pedro Duarte, e assinada por todos os alunos presentes.

Fonte: Autora.

A proposta apresentada aqui procura demonstrar a pertinência do ensino de língua materna e estrangeira por meio de gêneros do discurso, pois põe à mostra aos estudantes como, nas diferentes esferas das atividades humanas, os gêneros possibilitam, por meio de seu conteúdo temático, estilo (escolhas lexicais, fraseológicas e gramaticais da língua) e construção composicional, conforme propõe Bakhtin (2011), relações dialógicas capazes de explicitar como a comunicação se dá em cada situação enunciativa. Isso torna mais claro que nossas relações com o mundo se dão por meio da linguagem e de gêneros do discurso relativamente estáveis.

Se olharmos atentamente, uma mesma situação enunciativa possibilita que, além do gênero discursivo solicitado no exemplo, outros sejam explorados, tais como: convite, discurso (nesse caso do orador da turma), cartaz de divulgação do evento, entre outros, comprovando que as mais diversas formas de comunicação envolvidas em um mesmo evento ocorrerão via determinados gêneros, de acordo com a cultura de cada sociedade.

## 6 CONSIDERAÇÕES FINAIS

Os estudos sobre gêneros do discurso, como pudemos observar, são produto das inquietações do homem, ao longo dos tempos, na busca por compreender como se dão as relações sociais; e é com a noção de gêneros do discurso, proposta por Bakhtin (1979), que se passa a perceber que, a partir de diferentes relações dialógicas, determinadas estruturas tornam-se relativamente estáveis, variando apenas em seu tema e estilo, organizando as ações humanas. Além disso, ficou explicitada a permanente atualização dos gêneros do discurso, acompanhando as mudanças sociais.

Em vista disso, não é difícil entender por que diferentes escolas viram nos gêneros uma fértil possibilidade de ensino e aprendizagem de línguas, pois os gêneros do discurso são parte integrante das relações sociais, organizando-as. Como explica Bakhtin (2011, p. 282-283):

> A língua materna – sua composição vocabular e sua estrutura gramatical – não chega ao nosso conhecimento a partir de dicionários e gramáticas, mas de enunciações concretas que nós mesmos ouvimos e nós mesmos reproduzimos na comunicação discursiva viva com as pessoas que nos rodeiam.

O ensino de língua por meio de gêneros do discurso oportuniza simular situações cotidianas das práticas sociais tanto orais quanto escritas, dando sentido à aprendizagem que se busca construir com os estudantes.

12

# Gramática

Claudia Toldo

## 1 INTRODUÇÃO

Por que discutir a noção de "gramática" numa obra que trata de questões textuais/discursivas?[87] Talvez porque poderíamos pensar que uma gramática evidencia propriedades objetivas das línguas faladas pelos seres humanos, o que certamente poderia ser estendido a todas as manifestações das línguas, incluindo as realizações textuais e/ou discursivas. Nesse sentido, podemos tomar, em um primeiro momento, a noção de "gramática" como um conjunto de regras que permite dizer que as línguas são sempre "passíveis de gramática".

Segundo Milner (2021, p. 62),

> a atividade gramatical é, necessariamente, tão diversa como podem ser as línguas e as culturas; [...] não parece impossível determinar os traços que permanecem comuns ao longo do tempo e para além das distâncias. Se for assim, estamos efetivamente, no direito de considerar a atividade gramatical como um *fato*: esse fato certamente diz algo sobre os seres que falam, mas, talvez, diga algo também sobre o que eles falam. Com efeito, é preciso que as línguas tenham propriedades que expliquem que a atividade gramatical seja simplesmente possível.

A partir do que afirma Milner, é possível, então, entender que toda língua é constituída de gramática, e isso nos mais diferentes níveis e aspectos. Em outras palavras, as línguas têm propriedades que determinam sua organização (suas gramáticas). Tal organização evidencia-se em todos os planos

---

87. Neste trabalho não operaremos com a distinção texto/discurso de modo que possa conduzir a objetos distintos. Os termos serão tratados como sinônimos. Assinalaremos, se for o caso, se alguma diferença definitória for mobilizada.

das línguas, inclusive no textual/discursivo. Eis por que é possível – e mesmo necessário – falar em "gramática" nos estudos do texto e do discurso, uma vez que também eles têm uma organização.

Para abordar o tema nesses termos faço, a seguir, diversas considerações que evidenciam tarefas que estudiosos da língua assumem diante da análise, descrição e explicação do fato linguístico, e isso também em textos/discursos. Desse modo, o objetivo é, a partir de recortes em vários estudos já realizados sobre gramática em geral, construir uma maneira de pensar a gramática como uma questão pertinente ao campo do texto/discurso, propondo, enfim, uma possibilidade de análise do tema no âmbito desses estudos.

Para tanto, primeiramente, procedemos a uma reflexão histórica sobre a origem da noção de "gramática" (cf. item 2); em seguida (cf. item 3), apresentamos algumas abordagens destacadas no escopo da reflexão acerca da gramática nos estudos linguísticos para, então, trazer os desdobramentos atuais do estudo da noção no âmbito das teorias do texto/discurso (cf. item 4) e, finalmente, apresentamos um exemplo de análise (cf. item 5). As conclusões são apontamentos para outras perspectivas de discussão.

## 2 ORIGENS HISTÓRICAS

Definir uma noção historicamente constituída como a de "gramática" demanda um movimento temporal retrospectivo, além da escolha de momentos em que se verifica que o tema foi tratado. Muitos são os autores que já se dedicaram a fazer – com excelência – "uma história da gramática", o que nos isenta de adotar o mesmo procedimento. Nesse sentido, o percurso aqui delineado não visa abordar as condições históricas de emergência da gramática, mas apenas trazer alguns aspectos históricos, ainda que genéricos, que permitam vislumbrar o caminho trilhado pela discussão, como forma de subsidiar uma reflexão sobre o tema nos estudos do texto/discurso.

Ora, é fato que diferentes perspectivas auxiliam na construção histórica do conceito de "gramática", sendo incontestável, porém, que tudo começou com os estudos greco-romanos. Vamos abordá-los, aqui, a partir de três pontos de vista: (a) o político; (b) o lógico-filosófico; e (c) o disciplinar.

A perspectiva política da sociedade grega é fortemente caracterizada pelos discursos dos grandes oradores, que demonstravam suas habilidades de oratória por meio de seus argumentos, com o intuito de convencer os *espíritos* que os ouviam. Dessas atividades nasce a retórica, dedicada a estudar a língua, considerando seus recursos estilísticos, as figuras de linguagem e todos os recursos expressivos que se acreditava garantir o "belo" uso da língua.

Outra perspectiva que cabe destacar, ainda no interior da sociedade grega, diz respeito à dimensão lógica de tratamento da língua. Os filósofos lógicos, considerados os primeiros gramáticos da história dos estudos da língua, tiveram lugar de destaque na consolidação de um pensamento gramatical sobre a língua, pois trouxeram à discussão questões sobre a natureza da linguagem humana como elemento organizador do pensamento.

Eles analisaram a estrutura sintática das sentenças, observando a construção do raciocínio lógico e válido nos textos produzidos. Alguns gramáticos, como Apolônio Díscolo (140 d.C.), centraram seus estudos em questões lógicas e de sintaxe; outros, como Dionísio o Trácio (170 a.C.-90 a.C.), concentraram-se na analogia das formas sonoras. Todos preocupados com a organização gramatical, tomando-a como referência de análise lógica da língua grega.

Por fim, há também a dimensão cultural e social nos estudos gregos. Neves (2005) aborda a influência desse aspecto no início da construção da disciplina gramatical – uma criação da época helenística –, em que a preocupação dos estudiosos é a "transmissão de um patrimônio literário" e a divulgação do helenismo. Conforme Neves (2005, p. 112), isso "impulsiona o desenvolvimento dos conhecimentos literários e linguísticos". Em outras palavras, "buscam-se os textos verdadeiros, não corrompidos, especialmente os de Homero, e levantam-se os fatos que caracterizam essa língua considerada modelo" (Neves, 2005, p. 112).

A preocupação com a busca e a preservação de um determinado "modelo" evidencia a cultura grega como memória e conservação, forjadas pela produção literária da época. O que está em jogo, nesse caso, é a análise dos princípios da linguagem, e a criação de uma nomenclatura gramatical a partir da análise dos textos literários. Isso acabou por gerar uma sistematização que, por sua vez, tornou a gramática grega o modelo da gramática ocidental tradicional. Passou-se, portanto, de um estágio de estudos sobre a linguagem (do terreno filosófico) para um estudo do sistema da língua (o terreno propriamente gramatical), organizado por regras.

Ora, vários estudiosos[88] do tema lembram que as sistematizações gramaticais a que se tem acesso – a de Dionísio o Trácio é uma das mais importantes – destacam-se porque podem ser consideradas representativas dos estudos gramaticais surgidos na época alexandrina e porque acabaram sendo modelo para as gramáticas tradicionais que trazem a normatividade e a "força do certo e do errado" (Neves, 2005), sentido que se mantém até hoje em algumas abordagens gramaticais adotadas.

Essa discussão da normatividade da língua aponta para outra reflexão: a da diversidade linguística, em que a valoração social é o destaque.

Leite (2007) destaca nas origens da gramática a análise de textos literários escritos e de prestígio, o que dá lugar à descrição dos usos particulares da língua feitos pelos autores dos textos, considerando cada um *per se*. Isso acaba gerando uma concepção de "gramática" como sistema da língua, em que as regras deviam se tornar modelo para o uso comum; isto é, deviam tornar-se norma, padrão de correção, para todo e qualquer uso da língua. Os gregos evidentemente tinham noção de que isso não se realizava dessa forma e de que havia diferentes usos da língua: por exemplo, o grego clássico, usado nos textos literários que analisavam, e o grego que falavam. Mesmo assim, seus olhares sempre se voltaram para um ideal de língua, ou seja, para o desejo de construir um conjunto de regras que explicitasse o "uso correto da língua", como faziam os grandes oradores e escritores. Eis

---

88. A obra de Neves (2005) traz uma vasta bibliografia sobre o tema, assim como considerações de como o tema foi visto em Aristóteles, Platão, Dionísio o Trácio, Zenódoto, Aristófanes, Aristarco, Apolônio Díscolo.

a questão do modelo da correção, em que a normatividade explica o fenômeno para chegar à regra e ao uso ordinário da língua.

Nesse sentido, a gramática, desde sua origem, tem o objetivo de elaborar regras universais para estabelecer o "bom uso", "o uso correto" da língua, feito pelas pessoas cultas. No entanto, isso não se dá de maneira homogênea: enquanto alguns acreditavam que as regras gerais do uso linguístico deveriam vir da observação e da descrição do funcionamento da língua em textos literários, outros questionavam essa atitude, uma vez que nem todos usavam-na como poetas e escritores, mas a utilizavam em situação ordinária, familiar, coloquial, sem o uso padrão exemplar.

Faraco (2006, p. 18) lembra ainda que

> é importante, neste ponto, destacar dois fatos. Primeiro: "ser culto", naquele contexto, era atributo praticamente exclusivo dos homens com alguma posse. Nesse sentido, a gramática era um assunto para as elites masculinas, de quem se esperava um manejo versátil da língua e o uso das formas tidas como corretas. O segundo: o ensino de língua era eminentemente prático; isto é, envolvia o exercitar das habilidades de falar em público e de escrever.

A partir do percurso feito até aqui, é possível dizer que independentemente da perspectiva adotada – política, filosófica, disciplinar –, no mundo grego, berço da discussão gramatical ocidental, tudo está atrelado aos estudos da organização da língua, historicamente construídos. A consequência disso para o estabelecimento de um saber em torno das línguas é sintetizado por Faraco (2006, p. 18):

> podemos dizer que aqueles que enfocam a língua como um sistema formal são, de certa forma, herdeiros do espírito da tradição lógico-filosófica; os que se ocupam das práticas socioculturais de linguagem são herdeiros do espírito da tradição retórica. E, finalmente, os que estudam a diversidade linguística, os valores que a atravessam e a caracterização das normas sociais e da norma padrão são herdeiros tanto da tradição retórica quanto dos alexandrinos, mesmo que, neste último caso, não tenham mais uma atitude normativa, mas, em princípio, apenas descritiva.

Em outras palavras, a hipótese de Faraco é que a moderna linguística ocidental é, de certa forma, tributária dos estudos gramaticais gregos na medida em que seu interesse pelos aspectos formais, pelas práticas socioculturais e, finalmente, pela diversidade linguística são largamente inspirados pela tradição gramatical.

Sem dúvida, trata-se de uma hipótese interessante para os nossos objetivos neste texto, uma vez que o autor, ao falar em "práticas socioculturais", inclui o que, na atualidade, reúne-se sob o rótulo "estudos do texto e do discurso". Isso corrobora nossa atitude em refletir inicialmente – e do ponto de vista histórico – a partir do mundo grego e de sua pesquisa sobre gramática.

Enfim, gostaríamos de destacar neste primeiro momento que o conceito de "gramática" cunhado por antigos estudiosos da língua – primeiramente os gregos, seguidos pelos romanos – chega a nós com os objetivos de sustentar a elaboração de regras do "bom e correto" uso da língua, de descrever esses usos, de reconhecer neles seus usuários e de perceber a organização da língua. O que é inegável, finalmente, é que, mesmo com objetivos distintos daqueles que viriam a constituir o saber linguístico contemporâneo, a língua foi – desde sua origem – observada pelos estudos gramaticais gregos em uso, seja a partir de um cunho retórico, seja por uma perspectiva lógica ou mesmo literária.

Feita a apresentação histórica da noção com a qual trabalhamos aqui, a seguir, buscamos trazer algumas das principais abordagens da questão da "gramática" que, acreditamos, têm efeito nos estudos do texto/discurso.

## 3 PRINCIPAIS ENFOQUES

Muitas são as vertentes de entendimento da noção de "gramática" que ganharam espaço nos estudos linguísticos. Todavia, o critério de escolha por nós definido diz respeito à relevância dessa noção para os estudos do texto e/ou do discurso, portanto, mais um recorte se impõe.

Abordamos, adiante, três perspectivas de entendimento de "gramática" as quais, segundo pensamos, têm forte impacto no âmbito do texto e/ou do discurso. São elas: (a) a gramática normativa; (b) a gramática descritiva e (c) a gramática funcionalista (chamada "de usos"). Ao trata-las, buscamos discutir suas características conceituais, a concepção de "língua" implicada e, principalmente, a relevância que tem para a abordagem da gramática no interior dos estudos textuais/discursivos.

Começamos, então, falando em gramática normativa.

Como o leitor já viu, ela foi por nós apresentada (cf. item 2) quando trouxemos as "origens históricas" da discussão em torno da gramática. No entanto, neste momento, nosso interesse não é tratá-la como fonte histórica, mas como abordagem que, de alguma maneira, dirige uma reflexão sobre texto e/ou discurso.

De um lado, é de conhecimento de todos que a gramática normativa repousa sua discussão sobre a língua usada em textos literários. De certa maneira, podemos considerar que o texto literário é o principal *corpus* de estudo e análise de uma gramática normativa. De outro lado, é inegável a base filosófica dessa gramática. Consequentemente, encontramos no interior da gramática normativa – e isso ainda hoje – grandes discussões de natureza filosófica: as relações entre língua e pensamento e entre língua e realidade são apenas as mais célebres. Acresce-se a esse entrecruzamento que liga o normativo e o filosófico uma dimensão lógica, em que se verifica preocupação com leis que auxiliam a elaboração do raciocínio, como exercício de pensamento e de linguagem. Nesse caso, o interesse é na forma correta, o que dá relevo a padrões que refletem o emprego ideal da língua. Em todos esses âmbitos, é o texto literário que serve de fonte abonatória. Entendemos, portanto, que, em sua origem, a gramática contempla o texto/discurso, embora em uma dimensão normativa e limitada ao *corpus* literário.

Inúmeros são os estudos da atualidade – alguns referidos aqui neste texto – que mostram que a língua na gramática normativa é concebida como manifestação culta do pensamento, expresso em textos literários os quais, por sua vez, servem como modelo de análise da dita "arte de escrever bem". Há, pois, padrões de correção impostos pela tradição, pelas convenções sociais, pela variante linguística culta e elitizada, evidenciando regras e restrições de combinação entre elementos da língua.

O gramático Bechara (1999, p. 42), por exemplo, diz que "a norma contém tudo o que na língua não é funcional, mas que é tradicional, comum e constante, ou, de outra maneira, tudo o que se diz 'assim, e não de outra maneira". Ora, essa ideia que implica uma visão de correção das formas gramaticais coloca em foco os padrões formais e exclui a possibilidade de pensar no uso "errado" das unidades linguísticas, no seu emprego ordinário, utilizado por falantes na comunicação diária.

Então, como defende Bechara (1999, p. 52, grifos meus), nessa dimensão prevalece o uso ideal da língua. Nas palavras do autor:

> Cabe à gramática normativa, que não é uma disciplina com finalidade científica e sim pedagógica, elencar os fatos recomendados como modeladores da exemplaridade idiomática para serem utilizados em circunstâncias especiais do convívio social. A gramática normativa recomenda como se deve falar e escrever segundo o uso e a autoridade dos escritores *corretos* e dos gramáticos e dicionaristas *esclarecidos*.

Martelotta (2008, p. 47) aponta que "essa gramática adota uma visão parcial da língua, sendo incapaz de explicar a natureza da linguagem em sua totalidade".

Em suma, acreditamos não haver nada mais a dizer, apenas a reforçar: a gramática normativa traz o modelo, as regras que prescrevem o correto uso das unidades linguísticas. O texto/discurso que tem lugar nela é o literário, cuja função é corroborar um uso padronizado.

Mas em que sentido a visão normativa de gramática pode ser considerada uma abordagem que, de alguma maneira, tem implicação nos estudos do texto e/ou do discurso? Já adiantamos um pouco essa resposta ao precisar a importância do *corpus* literário nessa gramática. Mas há mais.

Não raras vezes a gramática normativa é fonte de estudos do texto/discurso principalmente em contexto escolar; é a célebre máxima "o texto como pretexto para ensinar gramática". Uma das principais vítimas da presença da normatividade nesse âmbito é o campo voltado à produção textual na sala de aula: não faltam "dicas" que ensinam a "redação nota 1.000"; em outras palavras, aplica-se sobre a produção textual a mesma ideologia do certo/errado aplicada sobre a língua. Eis uma triste incidência da abordagem normativa no campo dos estudos textuais/discursivos.

Ora, já nos anos de 1980 – especificamente em 1984 – uma coletânea de trabalhos que foi responsável pela formação de uma geração de linguistas brasileiros, intitulada *O texto na sala de aula*, já advertia: a "política lhe [à gramática] está inexoravelmente ligada" (Possenti, 1996, p. 47). Quer dizer, ensinar gramática normativa é um ato político, com implicações políticas (algumas, inclusive, de consequências graves e eticamente duvidosas).

Apesar de passadas quase quatro décadas da publicação de *O texto na sala de aula*, o fato é que, ainda hoje, proliferam no âmbito educacional estudos do texto/discurso que tomam a gramática normativa por base. É lamentável.

Falemos agora sobre a segunda perspectiva de "gramática" aqui escolhida para ser tratada com relação aos estudos textuais/discursivos, a gramática descritiva.

Esse enfoque destaca-se por particularizar os elementos da estrutura da língua quando empregados. Consoante Travaglia (1998, p. 33), a gramática descritiva "trabalha com qualquer variedade da língua e não apenas com a variedade culta e dá preferência para a forma oral desta variedade".

Essa abordagem do termo "gramática" aponta para o uso efetivo da língua, em que certas unidades e combinações existem em determinada situação comunicativa, dependendo de quem as emprega. Com isso, certas "regularidades" passam a ser vistas como possíveis nos variados usos sociais da língua em questão. Nessa perspectiva, não há preocupação com a dimensão do "erro", considerando o que pode e o que não pode ser dito. Os usos da língua, para essa gramática, são descritos e explicados sem uma variante exclusiva. O que interessa é descrever as ocorrências linguísticas, levando em conta as diferenças que podem divergir da norma, da variante modelo.

Na perspectiva dos estudos gramaticais descritivos, a língua é vista como objeto de estudo científico e seu funcionamento é descrito na vida social dos falantes. Ou seja, essa abordagem lida com uma língua na qual os falantes estão imersos, descrevendo sua estrutura e sistema, atrelando as observações às suas particularidades de emprego social. Nesse tipo de gramática encontramos as regras de fato utilizadas pelos falantes – daí a expressão "regras que são seguidas" (cf. Possenti, 1996, p. 65). Há, portanto, a observação dos fatos da língua em situação ordinária, em enunciados produzidos por falantes em dada comunidade.

Na gramática descritiva o interesse é o sistema linguístico em uso, e não algo que paira acima do bem e do mal, a que poucos têm acesso. Nesse enfoque, entende-se que todos os falantes usam o sistema nas mais variadas situações de comunicação, o que torna possível a descrição/explicação linguística desses usos sem a emissão de juízo de valor linguístico e sem apelo a qualquer modelo cristalizado pela tradição.

Isso posto, cabe indagar: que influência tem sobre os estudos do texto/discurso uma gramática de cunho descritivo? Quem responde é Possenti (1996). Segundo o autor, as gramáticas descritivas são as que orientam o trabalho dos linguistas que buscam descrever (ou explicar) as línguas, tal como são faladas pelos membros de uma determinada comunidade linguística. A diferença que há entre uma gramática descritiva e uma gramática normativa, por exemplo, se evidencia a partir da noção de regra: "o que caracteriza uma gramática puramente descritiva é que ela não tem *nenhuma* pretensão prescritiva" (Possenti, 1996, p. 68). Dito de outro modo: as regras descritivas dizem como as línguas são; as regras normativas, como elas deveriam ser segundo algum critério de correção não linguístico, mas social.

Ora, o impacto de uma perspectiva como essa sobre os estudos do texto/discurso é imediato: se constatamos diferentes usos das línguas, facilmente constataremos que diferentes textos – em função de inúmeros fatores (situacionais, políticos, ideológicos, interlocutivos etc.) – têm suas gramáticas, suas características organizacionais[89]. Nesse caso, portanto, poderíamos

---

89. Para aprofundar essa discussão, cf., neste livro, p. ex., o capítulo dedicado à noção de "Gênero do discurso".

falar em gramáticas em um sentido muito específico, como organização que os textos têm em função de suas propriedades comunicacionais.

Por fim, falemos na terceira perspectiva por nós eleita como uma abordagem de impacto relevante nos estudos do texto/discurso: a gramática funcional.

Antes, porém, de passarmos ao estudo da gramática funcional e sua importância para os estudos do texto/discurso, é necessário fazermos um esclarecimento. O leitor, com razão, poderia indagar por que separamos a gramática funcional da gramática descritiva. Isso, em um primeiro momento, parece um contrassenso, uma vez que os estudos funcionalistas são, sem dúvida, estudos que descrevem o uso da língua. Tivemos uma intenção em fazer isso e é tempo de explicitá-la.

Em 2000, a linguista brasileira Maria Helena de Moura Neves publica a *Gramática de usos do português* explicando que se trata de um estudo funcional da língua com base em textos. Já na "Apresentação" da *Gramática* informa a autora: "nessa consideração de que a real unidade em função é o texto, o que está colocado em exame é a construção de seu sentido, numa teia que é mais que mera soma de partes" (Neves, 2000, p. 15). E acrescenta: "a interpretação das categorias linguísticas não pode prescindir da investigação de seu comportamento na unidade maior – o texto –, que é a real unidade de função" (Neves, 2000, p. 15).

Ora, justifica-se, assim, nossa decisão em considerar a gramática funcional de usos em separado dos estudos descritivos da linguística, pois, de nosso ponto de vista, o importante é que ela se origina fazendo relação explícita ao texto, o que não é comum, por exemplo, em gramáticas descritivas que têm por intenção apenas a descrição das línguas. A gramática de usos também descreve as línguas, mas, nesse caso, tomando o texto como unidade funcional por excelência.

Além desse motivo, digamos teórico, temos outro – de natureza disciplinar, propriamente dita – que nos autoriza a dar destaque especial aos estudos funcionalistas em sua relação com os estudos do texto/discurso. A própria autora da *Gramática de usos do português* publica em 2006 um livro intitulado *Texto e gramática,* no qual argumenta em favor de uma "gramática que organiza as relações, constrói as significações e define os efeitos pragmáticos que, afinal, fazem do texto uma peça em função" (Neves, 2006, p. 11). Essa perspectiva de entendimento da relação entre texto e gramática fica muito explícita no final do livro de Neves, quando ela apresenta, em um capítulo não à toa intitulado "Construir o texto com a gramática", uma análise em que os processos básicos de constituição do texto (predicação, referenciação, modalização, polarização) são abordados de forma entrecruzada e sobredeterminada.

Enfim, a gramática de usos "é uma gramática funcional", diz Neves (2001). Ela relaciona padrões gramaticais e padrões discursivos, abrigando estrutura e função. A gramática de usos mostra como a língua está sendo empregada pelos falantes em dada sociedade e em dado tempo e lugar. Desse modo, o que está em foco é a relação estabelecida entre falantes, considerando o uso que fazem das expressões linguísticas, no intuito de estabelecer relações entre os usuários da língua.

Segundo Neves (2001, p. 16), "a gramática é vista, então, como uma teoria de componentes integrados, uma teoria funcional da sintaxe e da semântica, a qual, entretanto, só pode ter um desenvolvimento satisfatório dentro de uma teoria pragmática; isto é, dentro de uma teoria da interação verbal". Os estudos linguísticos que recortam esse tópico para investigar reconhecem que a linguagem não é um fenômeno isolado. Daí a perspectiva da interação social dos seres humanos.

O sistema linguístico é o mesmo, independentemente da perspectiva que se observa, mas a análise das possibilidades é diferente à medida que depende do ponto de vista escolhido – neste caso, a construção de sentido, a partir do uso das unidades da língua, em textos produzidos entre falantes.

> O que se põe em exame é a produção de sentido, e ela se opera no jogo que equilibra o sistema: o jogo entre as restrições e as escolhas, estas inscritas na natureza da atividade linguística, bem como na sua função, suas condições de produção,

suas estratégias, seu processo de produção, e até seu acabamento formal (Neves, 2001, p. 20).

O que cabe deixar claro é que a gramática de usos procura mostrar as regras que regem o funcionamento da língua em todos os seus níveis, desde o sintagma até o texto. Como diz Neves (2000, p. 14), "a Gramática de usos do português tem como objetivo prover a descrição do uso efetivo dos itens da língua, compondo uma gramática referencial do português". Nessa perspectiva de Neves, o que está em questão é entender como se dão determinados usos e como os diferentes itens da língua assumem significados e definem funções na relação com o texto. É a língua viva funcionando e exibindo as possibilidades de combinação feitas pelos seus usuários no intuito de produzir o sentido desejado a cada vez que a usam.

Assim, a gramática é vista como algo que garante o funcionamento da língua à medida que organiza as relações, agencia o arranjo das propriedades da língua em busca de sentido e ativa processos possíveis numa interação social.

Por fim, cabe questionar: em que sentido a gramática funcional, a gramática de usos, é uma abordagem com importância para os estudos do texto/discurso?

A resposta vem da própria autora da gramática:

> [...] uma gramática funcional faz, acima de tudo, a interpretação dos textos, que são considerados as unidades de uso – portanto, discursivo-interativa –, embora, obviamente, se vá à interpretação dos elementos que compõem as estruturas da língua (tendo em vista suas funções dentro de todo o sistema linguístico) e à interpretação do sistema (tendo em vista os componentes funcionais) (Neves, 2006, p. 26).

Trata-se, portanto, de uma visão integradora (e integrativa) do texto e da gramática.

Apresentados efeitos que algumas abordagens de gramática produzem – ou podem produzir – nos estudos do texto/discurso, a seguir buscamos apontar alguns desdobramentos atuais que a reflexão sobre gramática obteve no âmbito dos estudos textuais/discursivos.

# 4 DESDOBRAMENTOS ATUAIS

No item anterior buscamos apresentar diferentes concepções de "gramática" que, de uma forma ou de outra, tiveram algum impacto nos estudos do texto e/ou do discurso. Mostramos que a *gramática tradicional* conduz, ainda hoje, a abordagens normativistas não apenas com relação à língua, mas também com relação às diferentes manifestações dessa língua. O texto é aí objeto de normatização, o que se revela, por exemplo, em prescrições de produção textual com vistas à "redação nota 1.000". Mostramos ainda que a *gramática descritiva* permite uma contraposição a esse viés normativista, uma vez que os estudos descritivos direcionam uma abordagem da língua "como ela é" e não como alguém ou uma classe social gostaria que ela fosse. O texto é aí objeto de descrição linguística. Por fim, mostramos a importância dos estudos funcionalistas – da *gramática funcional* – que consideram a língua do ponto de vista das relações de interação em que gramática e discurso estão articulados. O texto aí é objeto de análise das funções que realiza.

A partir disso, neste item, propomos enfocar os desdobramentos da presença da gramática no interior dos estudos atuais do texto e/ou do discurso, o que implica tratar a questão na interioridade da disciplina voltada aos estudos do texto/discurso, em especial a linguística textual.

Nos anos de 1960 alguns autores preocuparam-se em tomar o texto[90] como objeto de análise. Para tanto, desenvolveram estudos voltados ao que ficou conhecido como "gramática de texto"[91]. Sobre isso, dizem Fávero e Koch (2012, p. 23):

---

90. Fávero e Koch (2012, p. 25) tomam a palavra "texto" em duas perspectivas: em sentido *lato*, texto "designa toda e qualquer manifestação da capacidade textual do ser humano"; em sentido *estrito*, é "qualquer passagem, falada ou escrita, que forma um todo significativo, independentemente de sua extensão". Nesse último sentido, o texto é caracterizado por sua *tessitura*, quer dizer, um *conjunto de relações* que o organizam. Para aprofundar a discussão em torno dessa temática, cf., neste volume, o cap. "Texto".

91. As autoras trazem diversos estudiosos da época que se destacam em pensar uma gramática de texto. Diversos são os autores que se preocuparam com o assunto em diversos lugares do mundo. Citam: Cosériu, 1955; Weinrick, 1966; Dressler, 1977; Conte, 1977; Harweg, 1968; Lang, 1971; Petöfi, 1972; Teun van Dijk, 1972; Halliday e Hasan, 1976.

uma gramática textual não é um tipo específico de gramática, como a estrutural, a gerativo-transformacional ou a funcional (embora fragmentos de gramáticas textuais possam, em princípio, ser formulados em termos de qualquer um destes modelos). A gramática textual define-se em termos do tipo de *objeto* que se propõe descrever de maneira explícita – o "texto" ou o "discurso".

O surgimento das gramáticas textuais em meados da década de 1960 e início de 1970, na perspectiva das pesquisas da linguística textual, deu-se em função das lacunas deixadas pela gramática da frase, que não dava conta de explicar fenômenos textuais como o processo de referenciação (anáfora, catáfora, elipse) e outros fenômenos que só podem ser explicados nas relações estabelecidas no texto. Fávero e Koch (2012, p. 19) enumeram as tarefas básicas de uma gramática do texto:

a) verificar o que faz com que um texto seja um texto, ou seja, determinar seus princípios de constituição, os fatores responsáveis pela sua coerência, as condições em que se manifesta a textualidade;

b) levantar critérios para a delimitação de textos, já que a completude é uma de suas características essenciais;

c) diferenciar as várias espécies de textos.

Isso evidencia uma gramática de texto preocupada em descrever categorias e regras de combinação *no* texto, produzido em determinada língua; isto é, as regras de combinação dos elementos textuais, observando os arranjos sintático-semântico-pragmáticos que ultrapassam o nível da frase. Nesse particular, os estudos linguísticos tratam da passagem da teoria da frase para a teoria do texto[92]. Fávero e Koch (2012) referenciam diversos

---

92. Destacam-se os estudos de Siegfried Schmidt, que se dedicou a pensar uma teoria de texto. Na obra *Linguística e teoria do texto* – publicada em 1978, mas com prefácio datado de 1976 – Shurmann, no texto de prefácio, escreve: "o termo 'teoria do texto' é introduzido para designar uma linguística orientada para a comunicação, onde 'a língua é abordada dentro do processo de *atuação verbal*'". Em seus trabalhos, ele se dedicou a uma teoria do texto, e não a uma gramática do texto, por acreditar que essa abordagem pretendia adquirir em relação à língua "a capacidade de esclarecer o seu real mecanismo de funcionamento social". Nesse sentido, Shurmann passa de uma reflexão de competência textual (característica das gramáticas do texto) para uma competência comunicativa (característica da teoria do texto).

estudiosos que se dedicaram a observar essa passagem e debruçaram-se sobre a materialidade do texto. As autoras apresentam, quanto a isso, três momentos fundamentais.

O primeiro é o da análise transfrástica, que evidencia as relações que transcendem o nível da frase, procurando descrever o tipo de relações construídas entre os diversos enunciados que compõem um texto como unidade significativa. Fávero e Koch (2012, p. 18) apontam que, nesse primeiro momento, se destacam "as relações referenciais, em particular a correferência, que é considerada como um dos principais fatores de coesão textual".

O segundo momento é propriamente o da gramática textual cuja finalidade é observar fenômenos linguísticos inexplicáveis pela gramática da frase. Fávero e Koch (2012, p. 19) consideram que o que legitima esse momento é a "descontinuidade existente entre enunciado e texto, já que há entre ambos uma diferença de ordem qualitativa (e não meramente quantitativa)". Aqui, é possível perceber a preocupação com o arranjo dos elementos da língua na busca da construção do sentido a partir da competência do falante que compreende o dito em textos. Afinal, qualquer falante é capaz de discernir um texto de um não texto. Essas habilidades do usuário da língua justificam – também – a existência de uma gramática textual.

O terceiro momento caracteriza-se pela importância dada ao contexto pragmático em que o texto fora produzido. É a chamada "virada pragmática", uma nova dimensão das investigações em torno da gramática de texto. "Já não se tratava de pesquisar a língua como sistema autônomo, mas sim o seu funcionamento nos processos comunicativos de uma sociedade concreta" (Koch, 2004, p. 14). Nessa perspectiva, o estudo do texto deixa de considerá-lo como uma estrutura acabada, analisada e descrita numa dimensão sintático-semântica, e passa a ser visto como instrumento de realização de intenções comunicativas e sociais dos falantes. Portanto, a língua é preferencialmente encarada como uma forma de comunicação humana. Koch (2004) destaca a origem dessa abordagem, evidenciando os impulsos que vieram da psicologia e da filosofia da linguagem, o que possibilitou a formulação da Teoria dos Atos de Fala, oriunda dos estudos do inglês J.L. Austin. Pontua Koch (2004, p. 14):

> caberia, então, à Linguística Textual a tarefa de provar que os pressupostos e o instrumental metodológico dessas teorias eram transferíveis ao estudo dos textos e de sua produção/recepção, ou seja, que se poderia atribuir também aos textos a qualidade de formas de ação verbal.

Esse terceiro momento deu importância ao aspecto pragmático como determinante do sintático e do semântico, propondo ao leitor do texto outra postura: além de entendê-lo, é preciso reconstruir os propósitos comunicativos que o falante tem ao estruturá-lo. O componente pragmático é, então, determinante para a valorização do texto.

Contemporaneamente, estudos significativos tomam a gramática como elemento organizador do sentido do texto e não se limitam mais a uma gramática textual, buscando classificações e regras inúteis para orientar a atividade linguageira de falantes que usam a língua para interagirem com o outro. O que se quer (e necessita) é um trabalho com a gramática da língua que organiza seu arranjo sintático-semântico em textos, auxiliando falantes a lê-los, apropriando-se cada vez mais do sistema da língua que está a seu dispor.

## 5 EXEMPLO DE ANÁLISE

Esta seção destina-se a um exemplo que ilustra uma das maneiras que pensamos ser possível olhar para a gramática nos estudos textuais/discursivos atuais[93].

---

93. Trata-se de uma proposta que temos desenvolvido com o auxílio dos estudos enunciativos oriundos do linguista francês Émile Benveniste, em especial tomando por base seus trabalhos em torno da enunciação que enfocam o locutor, o sujeito que fala em uma dada situação enunciativa. Não aprofundamos essa perspectiva aqui porque fazer isso vai além de nossos objetivos iniciais. No entanto, é importante destacar que temos, nos últimos anos, buscado desenvolver estudos que enfocam a organização textual relativamente ao locutor, o que justifica nosso amparo na teoria enunciativa de Benveniste. Para saber mais sobre essa perspectiva, cf. Toldo, 2018; 2020a; 2020b; Toldo e Flores, 2015; além de estudos do projeto de pesquisa (CNPq) "O texto na sala de aula: estudo enunciativo do emprego da língua".

Passamos agora a um exemplo, tomando o diálogo da tirinha publicada no jornal *Zero Hora*, de 6 de outubro de 2021, destacando o que possibilita o arranjo linguístico no texto.

Na tirinha, composta por três quadrinhos, o personagem Armandinho aparece, como sempre, conversando com seu pai. No primeiro quadrinho, vê-se o pai dizendo: "...e um pouco de calcário"; no segundo quadrinho, o pai continua: "ele ajuda a corrigir o solo"; e, no terceiro, Armandinho pergunta: "Mas o que o solo fez de errado?"

O texto em análise traz algumas possibilidades interessantes de se observar. Recortamos algumas que nos chamam atenção[94].

Primeiramente, observamos a questão lexical. O item "corrigir", presente no segundo quadrinho, provavelmente uma enunciação do pai do Armandinho, traz um pressuposto de que algo estava errado e que precisa ser corrigido – o que gerou a pergunta do terceiro quadrinho. Ou seja, se algo precisa ser corrigido é porque há alguma coisa errada. Temos uma relação lexical estabelecida entre termos explícitos e implícitos no texto da tira. O terceiro quadrinho, iniciado pelo conector "mas", traz uma ideia de oposição.

Evidentemente, ao destacarmos essa ideia de oposição, não visamos à classificação da conjunção (*mas*), no entanto queremos perceber qual relação opositiva é estabelecida com o quadrinho anterior e com qual elemento essa relação se estabelece.

Ora, esse arranjo não se dá entre dois elementos explícitos no texto, mas entre um item implícito – pressuposto –, que precisa ser reconhecido e compreendido no léxico "corrigido", e o item explícito. Só assim a relação semântica entre os dois últimos quadrinhos se constrói[95].

---

94. Desde já, registramos que nunca poderemos analisar tudo que um texto nos possibilita ler. Sempre fazemos escolhas sobre o que vamos comentar, sobre o que julgamos mais pertinente e colaborativo ao sentido do texto.

95. A relação entre o implícito e o explícito é um procedimento que também poderia ser utilizado para analisar a presença do conector "e" no primeiro quadrinho precedido de re-

Observe-se que a seleção que fazemos em torno do item lexical "corrigir" coloca em relevo as relações estabelecidas pelo falante nesse texto. Quanto ao conector "mas", a questão é mostrar a função presente ali, naquele lugar da tira. Que sentido esse conector possibilita construir? Que relações encadeia entre as partes do texto? Que efeitos gera na compreensão do texto?

Outra observação diz respeito à retomada e à construção da referência. Ficamos sabendo do que se fala, explicitamente, no último quadrinho. Vejamos: no primeiro, temos o termo "calcário"; no segundo, recebemos a informação de que ele – o calcário – pode *ajudar a corrigir*; e no terceiro é que efetivamente sabemos que o "problema" está no solo que pode ser corrigido. Ou seja, o foco do texto é tratar do solo. O arranjo sintático-semântico no decorrer da tirinha garante que o leitor, ao final, saiba que o texto está se referindo ao tratamento que o solo necessita e que deve ser corrigido com um pouco de calcário. A referência do texto constrói-se no decorrer da tira, na medida em que o sentido vai se compondo com as informações que se vão arquitetando na elaboração do sentido do texto.

Percebemos ainda uma crítica no texto, uma vez que é evidente que se está criticando aqueles que tanto exploraram o solo e que hoje dizem que ele deve ser *corrigido*. Armandinho questiona exatamente o que o solo *fez de errado* para que precise *ser corrigido*. Essa construção de Armandinho traz um estranhamento à naturalidade com que a necessidade de correção do solo é tratada, como se o dano no solo tivesse sido causado pelo próprio solo. Um absurdo, já que ele – o solo – não fez nada que mereça ser "corrigido". O que está em jogo nesse arranjo textual? Que sentido a tirinha quer colocar em questão? Como textualmente a crítica, nesse caso, é construída?

A questão temporal também chama a atenção. Na suposição de Armandinho de que o solo possa ter feito "algo errado" (manifesta pela per-

---

ticências, que evidencia que algo estava sendo dito antes, trazendo uma adição de falas, de ideias. No entanto, essa relação implícito/explicito introduzida por "e" é de natureza distinta da que destacamos acima, introduzida por "mas", já que no caso de "e" o que é marcado é um "não explícito" na materialidade do texto.

gunta), temos um tempo passado; na afirmação de ajuda do calcário – "ele ajuda a corrigir" –, evidencia-se um tempo presente histórico, acompanhado do infinitivo, em que se mostra a possibilidade de se marcar algo que, inclusive, possa ser estendido ao futuro. Como assim? Que arranjo é esse? Como a língua possibilita isso? Que gramática é essa? Um presente que pode apontar para um futuro? Que uso de língua se pode descrever e chegar a essa conclusão?

Poderíamos ainda destacar o uso da pontuação. Os pontos de exclamação usados nos dois primeiros quadrinhos marcam que tipo de exclamação? Talvez seja uma exclamação mais retórica, ou seja, algo mais para chamar atenção do que efetivamente exclamar algum sentimento do personagem, como normalmente é tal marcação. Já a interrogação usada no enunciado do Armandinho, no último quadrinho, é muito mais do que uma pergunta. É uma pergunta exclamativa, se é que podemos (re)categorizar esse uso/essa classificação. O detalhe não é a classificação do ponto (interrogação ou exclamação), mas o efeito que tal uso provoca na expressão do personagem e que sentido dá ao texto. Certamente, não temos aí uma mera pergunta para resolver uma dúvida. Temos um arranjo que gera uma possibilidade outra de sentido, a partir de usos particulares de sinais de pontuação.

Poderíamos ainda discutir outros arranjos, dentre os quais o fato de que a crítica – e mesmo o humor – é causada pela quebra de expectativa de sentido que ocorre quando se estabelece uma reação à possibilidade de correção do solo. Aliás, o que causa a crítica (ou o humor) na tira? Que relações são necessárias estabelecer para percebê-los?

Enfim, para um maior aprofundamento, poderíamos inclusive cogitar recorrer a outras linguagens – como a não verbal – como forma de construir possibilidades interpretativas. Mas isso fica para uma próxima conversa. O que interessa aqui é mostrar que a gramática da língua possibilita ver que, a cada vez que a usamos (a língua e a sua gramática) em textos, desvelamos possibilidades singulares de sentido colocadas em jogo pelos falantes.

## 6 CONSIDERAÇÕES FINAIS

Em suma, não fazemos uma gramática do texto, mas vemos a gramática no texto, organizando-o e possibilitando o que dá sentido à vida de leitores que usam o texto para ler e escrever o mundo onde estão.

Mostrar a organização do texto, agenciado pela gramática que está na língua, é realizar um trabalho inteligente e produtivo do uso que os falantes fazem dela.

# 13

# Leitura

Lilian Cristine Hübner
Lucilene Bender de Sousa

## 1 INTRODUÇÃO

Ao iniciar a leitura de um texto, como o deste capítulo, o leitor talvez não imagine a amplitude e a complexidade dos fatores envolvidos no ato de ler. Para que a leitura ocorra, convergem diferentes aspectos, como as características do texto, o suporte que o veicula, o contexto histórico-sócio--cultural da leitura, a intencionalidade do autor, bem como, em relação ao leitor, o conhecimento (meta)linguístico, as capacidades cognitivas e o aparato neurobiológico e emocional recrutados no processo de leitura. Como bem retrata o pensamento de Edmund Huey em 1908, o processamento da leitura é uma das questões mais complexas e intrigantes da espécie humana.

Este capítulo pretende levar o leitor a percorrer brevemente as origens históricas da leitura, desde a Antiguidade até o presente, e as principais vertentes e abordagens emergentes sobre o tema ao longo desse período. Em seguida, apresentam-se os desdobramentos atuais, com o estado da arte dos estudos em leitura, ilustrados com um exemplo de análise e de aplicação. Cabe ressaltar que o capítulo se debruçará sobre questões atinentes à leitura em língua materna, assim como enfatizará modelos que tratam da leitura típica[96], empregando alguns exemplos de leitura atípica para efeito

---

96. A leitura típica é a leitura realizada por leitores com desenvolvimento ou processamento da linguagem saudável, enquanto a leitura atípica é a feita por leitores com desenvolvimento ou processamento da linguagem fora dos padrões esperados para a idade ou a escolaridade, p. ex., na Síndrome de Down, no distúrbio específico de linguagem (DEL), nas afasias (dificuldade ou incapacidade de fala, leitura, escrita e/ou compreensão auditiva) decorrentes de acidentes vasculares cerebrais (AVCs), na dislexia, entre outras circunstâncias.

de explicitar a complexidade do fenômeno, sem pretender esgotar as teorias que se pautam nos desvios na leitura.

## 2 ORIGENS HISTÓRICAS

A história da leitura entrelaça-se à da escrita e remonta ao surgimento da cultura ocidental, em especial, dos primeiros textos literários e filosóficos. Cavallo e Chartier (1998) iniciam a história da leitura no mundo ocidental pelo período helenístico no qual, inicialmente, o livro tem o papel principal de registro e conservação do texto oral e, posteriormente (final do século V a.C.), torna-se objetivo da leitura enquanto ato social e educativo. Os autores atribuem a Dionísio Trácio, ainda na época helenística, a primeira teoria da leitura em voz alta.

Eles prosseguem com a disseminação da escrita e o progresso da alfabetização na Roma imperial, na qual ocorre a criação de bibliotecas (públicas e privadas), efusão de novos gêneros textuais, elaboração de tratados para conhecer e adquirir livros e criação do *codex* (livro com páginas). Na Idade Média, a leitura permanece restrita a poucos e às práticas religiosas. Com o renascimento das cidades e escolas (fim do século XI-XIV), "nasce o livro como instrumento de trabalho intelectual" (Cavallo; Chartier, 1998, p. 22), o que caracteriza a mudança da função do livro na sociedade e a relação do leitor com o livro, que no modelo escolástico da escrita passa a ser visto como a fonte do conhecimento. Por volta da metade do século XV, Gutenberg inventa a imprensa e revoluciona a produção de livros, o que, por conseguinte, afeta grandemente seu acesso e sua distribuição. No entanto, os autores argumentam que a primeira revolução da leitura acontece antes mesmo da imprensa, quando ocorre a mudança na forma de ler, que passa de oral para silenciosa. Já a segunda revolução acontece quando o leitor passa de intensivo, o qual repete a leitura de um número limitado de textos, para extensivo, o qual faz a leitura de inúmeros e variados textos. A terceira revolução é a da leitura em tela, a qual, conforme os autores, subverte a relação entre leitor e texto. A leitura em tela modifica radicalmente a forma como o leitor manuseia o texto e, consequentemente, a maneira como lê e interage com o texto. Além disso, possibilita a disseminação e o acesso muito mais amplo, que não se restringem mais a tempos e lugares fixos.

A história da leitura, segundo Cavallo e Chartier (1998, p. 9), passa pela descrição dos objetos e das práticas de leitura, as quais "variam de acordo com as épocas, os lugares e os ambientes". Cabe ressaltar a observação dos autores sobre a presença desigual do livro nas sociedades ao longo da história, e acrescentamos também na atualidade (Failla, 2020), o que afeta a forma como leitores de diferentes lugares sociais se formam e desenvolvem seus hábitos e modos de ler.

Enquanto muitos vivenciam a revolução da leitura em telas, há leitores que sequer têm acesso a um número significativo de textos para que se tornem leitores extensivos, ou seja, leitores que têm acesso e que leem grande quantidade e variedade de gêneros de textos. Na verdade, hoje, a leitura também passa pela inclusão digital. Santaella (2013) propõe uma classificação de quatro tipos de leitores: o contemplativo, o movente, o imersivo e o ubíquo. O contemplativo era o leitor meditativo, preponderante do Renascimento até o século XIX, que se fixava em um único texto impresso. O movente nasceu com a Revolução Industrial, quando surgiram o jornal, a fotografia e o cinema, o que lhe permitiu maior movimentação entre diferentes textos e dinamicidade na leitura. O imersivo advém da leitura em redes computadorizadas, que lhe disponibilizaram uma gama imensa de textos, de múltiplos gêneros e modalidades, pelos quais pode navegar de diferentes formas. Já o leitor ubíquo, que surge a partir da combinação do leitor movente e imersivo, se caracteriza por sua mente distribuída capaz de gerenciar o foco de sua atenção para a interação simultânea em diversas mídias, o que lhe possibilita realizar a leitura multimodal e multimídia. Essa classificação busca contemplar diferentes modos de ler, consequência das revoluções da leitura e da escrita (e de seus suportes), que coexistem e que caracterizam diferentes perfis cognitivos.

No que tange ao caráter experimental dos estudos em leitura, destaca-se o papel da perspectiva psicolinguística e da psicologia experimental. O primeiro texto clássico foi escrito por Edmund Huey (1908), *The psychology and pedagogy of reading* [A psicologia e a pedagogia da leitura]. Na época, os estudos dos processos cognitivos associados à leitura floresceram amplamente, em especial entre pesquisadores alemães, que usavam majoritariamente o taquistoscópio, dispositivo que exibe uma imagem por um período específico e permite explorar a rapidez da percepção visual e a forma como se associa à memória. Os estudos passam por um período de estagnação entre a 1ª Guerra Mundial e a década de 1960. A partir daí, os estudos tomam outra roupagem, passando a investigar menos os modelos mentais associados à leitura na tradição germânica e a incorporar uma visão mais objetiva, prática, da psicolinguística aplicada nos Estados Unidos, empregando métodos com larga escala, normas estatísticas e desenhos experimentais fatoriais. Nesta época o *eyetracker* (rastreamento visual) passa a ser o instrumento mais empregado para avaliar a leitura (Levelt, 2013).

## 3 PRINCIPAIS ENFOQUES

Existem diversas perspectivas de estudo da leitura: literária, social, cognitiva, linguística, educacional, histórica, filosófica etc. Cada uma parte de um ponto de vista e a partir dele constrói suas teorias. A leitura envolve três elementos principais: o texto (discurso) (Marcuschi, 2009; Van Dijk, 1997), o leitor (Smith, 2003; Kleiman, 1998) e a atividade ou propósito da leitura (Snow, 2002). Cada um desses elementos traz em si suas próprias complexidades. Por exemplo, ao estudar o texto, podemos pensá-lo a partir do viés literário, linguístico, comunicacional, fenomenológico, cultural, social, histórico etc. Ao pesquisar o leitor, podemos buscar compreendê-lo por meio de inúmeras ciências: psicologia, educação, história, sociologia, antropologia etc. A atividade ou objetivo, por sua vez, nos remete ao contexto no qual é realizada a leitura e publicado o texto, bem como o seu suporte. Portanto, investigar a leitura implica considerar a interação desses elementos e suas múltiplas complexidades. Assim, é preciso, necessariamente, escolher um viés. Neste capítulo nos ateremos aos modelos teóricos de base (neuro)psicolinguística e da psicologia cognitiva, ou seja, nos situamos em uma área de interface entre a linguística e a psicologia, o que, consequentemente, nos direciona para o estudo da leitura como processo cognitivo e linguístico.

Partindo desse viés, identificamos quatro visões predominantes nos estudos sobre a leitura: visão restrita, visão ampla, visão simples e visão complexa. A restrita entende a leitura como sinônimo de decodificação. A visão ampla define a leitura como compreensão. A visão simples integra a visão restrita e a ampla, sendo a leitura a integração das duas habilidades: decodificação e compreensão. Já a visão complexa entende que, além da decodificação e da compreensão, há outros fatores, como a fluência, implicados no conceito de leitura.

A visão restrita da leitura (*Narrow view of Reading*) foi proposta por Kamhi (2009), o qual defende que o conceito de leitura se limite ao reconhecimento de palavras e que a compreensão seja associada a processos cognitivos superiores como o raciocínio. Essa visão existe muito antes de ser proposta por Kamhi; podemos identificá-la até mesmo na forma como nos referimos cotidianamente à leitura, sendo uma das acepções mais comuns da palavra. Quando perguntamos a alguém se sabe ler, muitas vezes, queremos saber se a pessoa sabe decodificar, ou seja, se é alfabetizada *stricto sensu*. A compreensão parece ser vista, no conhecimento empírico, como decorrência natural da leitura. A verdade é que há uma certa confusão no uso da palavra leitura, pois ora se refere à decodificação, ora à compreensão, ora às duas acepções.

A decodificação, ou seja, a leitura das palavras, é o processo que precede a compreensão do texto escrito. Não é possível compreender um texto sem passar os olhos pelas palavras, decodificá-las e reconhecê-las. Nos modelos ascendentes de leitura, o processo inicia-se na decodificação das palavras e vai progressivamente avançando aos níveis da sentença e do texto. Já nos modelos descendentes, o processo de compreensão ocorre em paralelo à decodificação, auxiliando inclusive no reconhecimento das palavras. Independentemente do modelo, a decodificação é fundamental para a leitura, pois sem ela é impossível reconhecer o conteúdo do texto e compreendê-lo.

A proposta de Kamhi (2009) é justamente delimitar esse conceito para torná-lo mais claro, pois é usado por vezes de forma confusa tanto no âmbito da pesquisa quanto no da avaliação da leitura. O autor argumenta que a causa da crise da leitura, constatada nos baixos índices de desempenho leitor, é a falta de conhecimentos gerais e não a dificuldade no reconhecimento das palavras. Por conseguinte, acredita que a compreensão deva ser abordada em diversas disciplinas escolares, enquanto a leitura caberia apenas aos anos iniciais responsáveis pela alfabetização. Em resposta a essa proposição, outros especialistas (Catts, 2009; Ehren, 2009) se manifestaram, argumentando que essa seria uma solução simplista que poderia acabar dificultando ainda mais o ensino da compreensão leitora, uma vez que, sendo responsabilidade de todas as áreas, poderia acabar, na prática, não sendo realizada por nenhuma delas. Assim, não basta uma mudança no conceito e no uso da palavra "leitura" para que possamos alcançar as verdadeiras mudanças no seu ensino, aprendizagem e democratização. No entanto, a visão restrita da leitura contribui no sentido de explicitar e refletir sobre a decodificação como processo fundamental da leitura, uma vez que ela é a chave por meio da qual se "abre" o texto e se tem acesso ao seu conteúdo.

A visão ampla da leitura, por outro lado, apregoa que ler é compreender. Logo, essa visão concentra-se no fim mais do que no meio. A finalidade da leitura é a compreensão. Assim sendo, não adianta o leitor saber decodificar se não conseguir compreender o texto. Retomando a associação anterior, é como se o leitor abrisse a porta que dá para o tesouro, porém, ao chegar ao local, visse apenas um labirinto e não soubesse para onde ir. A compreensão é um processo cognitivo que antecede e extrapola a leitura. A compreensão do discurso oral inicia-se quando da aquisição da língua oral. Antes mesmo do bebê conseguir produzir as suas primeiras palavras, ele já está imerso na interação e comunicação em seu contexto familiar e busca compreender o que as pessoas falam ao seu redor. Essa compreensão se desenvolve ao longo de toda a infância, porém, embora pareça intuitiva, com a complexificação dos gêneros discursivos orais, ela também necessita ser ensinada (Sousa; Hübner, 2015).

Ao entender leitura e compreensão como sinônimos, ampliamos o conceito de leitura. Nessa concepção temos a leitura como sendo a interpretação das coisas, as múltiplas leituras: a leitura de mundo, a leitura de imagem, a leitura do jogo etc. Uma proposta alinhada com essa visão é a de Goodman (1987), segundo o qual a leitura não é um processo sequencial de decodificação, mas assemelha-se mais a um jogo psicolinguístico de adivinhações. Nesse jogo, o leitor, a partir dos seus conhecimentos prévios, levanta hipóteses que vão sendo confirmadas ou refutadas pelas pistas deixadas no texto. Esse modelo foi relevante no sentido de enfatizar o papel do leitor e da sua interação com o texto a partir do seu conhecimento prévio. A concepção construtivista da leitura como construção de sentidos traz valorosas contribuições para pensar o processo da compreensão, atribuindo ao ato de ler e ao leitor papel central e ativo na produção da significação. Entretanto, quando aplicada à alfabetização e à avaliação da leitura, deve ser utilizada com cautela, já que sua ênfase está na compreensão ao invés da decodificação, processo essencial no início da aprendizagem da leitura.

Segundo Johnston (1983), há duas tendências nos estudos sobre a compreensão. A unidimensional define a compreensão como um processo cognitivo único e tão abstrato quanto o pensamento, não sendo possível desmembrá-lo. Por outro lado, a multidimensional conceitua a compreensão como processo cognitivo múltiplo, composto de subprocessos, os quais busca identificar. Essas duas tendências estão associadas a diferentes momentos: os primeiros estudos apresentavam uma tendência unidimensional, mas à medida que o conhecimento sobre a cognição avançou, a tendência multidimensional mostrou-se mais promissora.

Como vimos até aqui, pensar a leitura unicamente como decodificação ou compreensão pode ser um exercício interessante, porém, não apresenta alcance suficiente para responder satisfatoriamente às inúmeras questões acerca de seu conceito e sua aplicação. Nesse sentido, a visão simples da leitura (Gough; Tunmer, 1986; Hoover; Gough, 1990) propõe integrar as duas visões apresentadas anteriormente ao defender que a leitura envolve, necessariamente, duas habilidades independentes – a decodificação e a compreensão – sendo a primeira a habilidade de ler palavras eficientemente de modo que se possa acessar o seu significado no léxico mental e a segunda, a habilidade de interpretar o discurso, seja ele oral ou escrito. Os autores conceberam um modelo matemático para expressar a relação entre as duas habilidades. Nele, a leitura – *reading* (R) – corresponde ao produto da decodificação e da compreensão (R = D × C). Embora se tenha apontado a possibilidade de usar adição ao invés de multiplicação entre as habilidades, a multiplicação parece mais adequada, especialmente para casos extremos, uma vez que se uma das habilidades tem o valor nulo (0), ela anula o resultado, impossibilitando a leitura.

Essa visão é amplamente conhecida e debatida na ciência da leitura, e inúmeros estudos já foram realizados para verificar a sua validade (Chen; Vellutino, 1997; Kendeou; Savage; Van Den Broek, 2009; Georgiou; Das; Hayward, 2009). Embora se constitua como um influente modelo, as críticas argumentam que reduzir a leitura apenas a essas duas habilidades é simplista demais e que há outros fatores a serem considerados como fluência, vocabulário, conhecimento gramatical etc. Catts (2018) reconhece que esse modelo trouxe importantes avanços no estudo da leitura; contudo, também aponta que falsas conclusões tiradas a partir dele levaram a equívocos tanto para a pesquisa quanto para o ensino da leitura.

A partir das críticas à visão simples da leitura, surgiram inúmeros outros modelos que buscaram incluir outras habilidades ou componentes da leitura, os quais aqui denominamos visão complexa da leitura. Esses modelos partem da ideia de que decodificação e compreensão não são processos unidimensionais, mas compostos de subprocessos, e não são os únicos envolvidos na leitura. Vejamos alguns exemplos.

Uma das vertentes empenhadas em compreender os processos componentes da leitura são os modelos computacionais, os quais estimulam o desenvolvimento de teorias ao buscarem simular em modelos computacionais os processos mentais que ocorrem quando lemos. Os modelos computacionais postulam a interação ou conexão entre vários níveis e sistemas linguísticos (p. ex., conexões entre palavras e frases; entre a sintaxe e a semântica), testando estas interações face à capacidade limitada de recursos atencionais ou de memória verbal (Gernsbacher, 1990; Just; Carpenter, 1992; Myers; O'brien, 1998). Em uma obra seminal que incorpora esta visão, *The representation of meaning in memory* [A representação do significado na memória], Kintsch (1974) sugere que a proposição, e não a palavra ou a frase, é a unidade apropriada para a representação do significado na memória. O autor relacionou proposições ao tempo de resposta e à memória, usando modelos matemáticos, propondo que as características das proposições influenciam mais os dados obtidos na leitura, no reconhecimento e na evocação de informação textual do que as características das palavras.

Em seguida, ainda numa visão computacional da leitura, que se daria em subcomponentes ou camadas conectadas, surge um dos modelos mais influentes para explicar o processo de compreensão de um texto, o modelo de Construção-Integração, de Kintsch (1998). Nele, a compreensão leitora ocorre por meio do processo interativo de construção e integração de sentidos tanto ascendente (da palavra em direção ao texto – dirigido pelo conhecimento linguístico) quanto descendente (do texto em direção à palavra, dirigido pelo conhecimento de mundo). Dois componentes básicos integram esse modelo: a base textual (ou modelo textual) e o modelo situacional (Van Dijk; Kintsch, 1983). A base textual consiste na construção de um modelo de representação dos sentidos derivados do texto na memória do leitor. Ao integrar esse modelo aos seus conhecimentos prévios, o leitor constrói o modelo situacional, uma versão mais coerente dos sentidos do texto complementado e clarificado à luz de diversas fontes de conhecimento: língua, mundo, contexto e experiências do leitor.

Há também modelos que buscam incorporar novas habilidades à visão simples da leitura como o modelo composicional (Joshi; Aaron, 2000), o qual adiciona à formula a velocidade de leitura, visto que entende que a fluência é um importante fator. Mais tarde, Aaron et al. (2008) aprimoraram o modelo e incluíram, além do domínio cognitivo (p. ex., reconhecimento de palavra e compreensão), o domínio psicológico (p. ex., motivação, estilo de aprendizagem) e o ecológico (p. ex., ambiente familiar e escolar), considerando, assim, inúmeros fatores que interferem no desempenho e no aprendizado da leitura.

Protopapas et al. (2007) apresentaram um modelo estrutural no qual o vocabulário funciona como mediador entre a leitura de palavras (considerando acurácia e fluência) e a compreensão. Esse modelo baseia-se na hipótese da qualidade lexical (Perfetti; Hart, 2001; 2002), segundo a qual as palavras, mais especificamente a qualidade da representação léxico-semântica (forma e significado das palavras), são centrais para o processamento da leitura, impactando tanto no processo de decodificação quanto no de compreensão. Dessa hipótese deriva o *Reading system framework* (Estrutura do sistema de leitura) (Perfetti; Stafura, 2013), o qual propõe uma visão geral de como diferentes sistemas (linguístico, cognitivo e conhecimento prévio) interagem no processamento da leitura.

Finalmente, com os avanços tecnológicos advindos em especial na década de 1990, a chamada "década do cérebro", os estudos da leitura receberam um olhar especial das neurociências, com o emprego de técnicas que permitem adquirir medidas da estrutura e da funcionalidade cerebral *in vivo*. Algumas técnicas têm precisão maior quanto à localização da estrutura cerebral, como a imagem por ressonância magnética funcional (IRMf) e PET (*Positron Emission Tomography,* ou Tomografia por Emissão de Pósitrons), enquanto outras permitem uma maior resolução temporal, como o Magneto-encefalograma (MEG), o Eletroencefalograma (EEG) com a técnica de

Potenciais Relacionados a Eventos (PRE, ou ERP, em inglês, *Event-Related Potentials*), além do uso de *eyetracker*. Por isso, a opção pelo emprego de uma ou outra técnica é feita em função do objetivo da pesquisa – se focado no tempo de leitura, ou na localização precisa de regiões cerebrais ou ainda nas conexões entre as áreas cerebrais envolvidas no processamento da leitura. O uso destas técnicas permitiu a avaliação tanto do produto quanto do processo da leitura (*online* – no momento em que ocorre), o que permitiu a testagem de algumas das teorias existentes, corroborando, ampliando ou refutando-as. Surgiram vários estudos de leitura de palavras (a maioria), outros no nível da frase e, em menor número, no nível da leitura e compreensão de textos (Ferlst, 2008).

Na próxima sessão exemplificaremos um estudo com IRMf que testou os correlatos neuronais associados à teoria da dupla rota de leitura de palavras (regulares e irregulares) e pseudopalavras, proposta por Coltheart e colaboradores (Coltheart *et al.*, 1993; 2001). No entanto, cabe ressaltar que o mapeamento entre um modelo teórico e a circuitaria cerebral nem sempre é uma tarefa fácil, ou mesmo almejada, pois reduzir uma perspectiva teórica a uma perspectiva funcional ou anatômica do cérebro exigiria levar em conta a complexidade dos componentes cognitivos, linguísticos, experimentais e individuais envolvidos na leitura. Entretanto, é notório o avanço trazido aos estudos em leitura pelo advento da neuroimagem. Por exemplo, evidenciou-se a ocorrência de modificações em nível estrutural do cérebro em pessoas letradas, com especializações de áreas que antes ocupavam-se de outra função. Mais especificamente, a região que nos iletrados se ocupa do reconhecimento de faces no lobo occipital do hemisfério esquerdo passa a se ocupar da identificação dos grafemas quando nos tornamos leitores, nos quais o reconhecimento de faces passa a ser desenvolvido numa área da região occipital do hemisfério direito (Dehaene, 2010, ;2020). Este processo de adaptação do cérebro para acoplar esta maravilhosa invenção cultural que é a leitura é chamado por Dehaene de "reciclagem neuronal".

Se explicar os componentes da leitura já não é uma tarefa fácil, descrever a relação entre eles ao longo do desenvolvimento do leitor (criança-adolescente-adulto-idoso) e de sua escolaridade torna-se ainda mais complicado, necessitando de pesquisas longitudinais para o acompanhamento dos leitores. Poucos são os estudos que conseguiram fazê-lo, entre os mais importantes está o de Catts *et al.* (2005), o qual verificou que a forma como as habilidades de decodificação e de compreensão contribuem para o desempenho em leitura muda ao longo do desenvolvimento.

Nos anos iniciais de escolarização, o fator que mais contribui para a leitura é a decodificação; porém, à medida que se avança nos anos escolares e esse processo se torna mais automatizado, a compreensão passa a exercer maior contribuição. Uma tentativa de modelo desenvolvimental foi proposta por Vellutino et al. (2007): o *Modelo de habilidades convergentes do desenvolvimento da leitura*, que busca descrever as habilidades constituintes da decodificação e da compreensão, considerando dez fatores a partir de relações diretas e indiretas que variam conforme a idade.

Como vimos, há inúmeros modelos que buscam explicar a leitura a partir de diferentes métodos: estatísticos, teóricos, computacionais e, mais recentemente, neurais. Como apontam Rayner e Reichle (2010), a leitura foi se mostrando um tema tão complexo que, assim como em outras ciências, foi necessário decompô-lo para aprofundar seu estudo. Por consequência, há inúmeros modelos específicos para descrever o reconhecimento de palavras, outros para o *parsing* (parseamento) sintático, outros para a representação discursiva. Contudo, há poucos modelos que explicam como todos esses componentes são orquestrados na mente do leitor. Esse é o grande desafio da ciência da leitura.

## 4 DESDOBRAMENTOS ATUAIS

Talvez poucos temas de investigação sejam ao mesmo tempo tão antigos e tão atuais e inesgotáveis quanto a leitura. Desta forma, torna-se desafiador e arriscado tentar apresentar a riqueza de ramificações dos estudos sobre a leitura no atual contexto, sob pena de omitir outros tantos aspectos igualmente interessantes. Assim, procuramos, nas próximas linhas, apresentar um apanhado do estado da arte dos estudos da leitura, sem a pretensão de esgotá-los. Para efeito de organização, os estudos serão agrupados em temas: ensino e aprendizagem de leitura; avaliação da leitura; a leitura digital e a multiliteracia; leitura atípica e diagnóstico de transtornos; leitura, cognição e sociedade.

O tema *ensino e aprendizagem da leitura* norteia-se pelos estudos sobre como o indivíduo em diferentes faixas etárias aprende a ler (e a escrever) – amparados na discussão de que aprender a ler exige ensino explícito, ao contrário de aprender a falar, para o que basta a exposição, em condições normais. Evidências atuais de estudos com neuroimagem têm indicado a necessidade da explicitação do ensino de associação de grafemas a fonemas para o estágio inicial da leitura, assim como do alcance da fluência e da velocidade da leitura para que o leitor em formação consiga ler com maior competência, sem alocar muito esforço sobre a memória de trabalho, rumo a tornar-se um leitor autônomo e competente. Em seguida, estudam-se aspectos da compreensão do texto, em que devem ser mobilizadas habilidades e estratégias cognitivas e metacognitivas, a inferenciação, explorando o uso das pistas textuais e contextuais.

Tendo-se em mente que grande parte do que aprendemos, das memórias que formamos, advém de material impresso, o estudo sobre ensino e aprendizagem de leitura torna-se essencial, pois a leitura representa uma porta de entrada ao conhecimento e ao funcionamento do sujeito na sociedade letrada global. Igualmente, a atenção à leitura crítica tem sido enfatizada, num contexto nacional e mundial em que são veiculadas muitas notícias falsas, e o leitor precisa identificá-las.

Na esteira do ensino e aprendizagem da leitura, encontra-se o tema *avaliação da leitura*. Instrumentos internacionais como o Pisa[97] (Schleicher, 2018)

---

97. O Programa Internacional de Avaliação de Estudantes é o estudo internacional realizado a cada três anos para comparar o desempenho de estudantes de até 15 anos de diferentes países nas áreas da leitura, matemática e ciência.

e nacionais como os aplicados pelo Inep[98] (Provinha Brasil, Ideb, Enem[99]) têm avaliado nossos estudantes em diferentes níveis de sua formação inicial, com vistas a aferir o desempenho em especial em leitura e matemática, e têm colocado nosso país em níveis incômodos, demonstrando a urgência de políticas para melhorar o desempenho das nossas crianças e jovens. O desenvolvimento de testes e baterias de avaliação da leitura para fins educacionais ou clínicos (em que a leitura pode ser auxiliar no diagnóstico de dificuldade ou transtorno em leitura) é algo extremamente complexo, pois precisa levar em conta aspectos relacionados ao leitor (idade, conhecimento prévio, aspectos cognitivos como habilidade de memória, atenção, presença de distúrbio como dislexia, alexia ou transtorno de atenção e hiperatividade (TDAH), entre outros), ao texto (Sousa; Hübner, 2015) e ao contexto, ao instrumento em si (extensão, apresentação – digital x impressa; tipos de tarefas – múltipla escolha, aberta, verdadeiro ou falso etc.).

Outros temas centrais emergentes nos estudos são *literacia e multiliteracia*. O termo "literacia" engloba três componentes: a leitura automática e fluente de palavras e textos, a leitura de textos em usos sociais nos seus diferentes gêneros e tipos, bem como a leitura de textos sobre temas específicos de determinadas áreas (p. ex., literacia científica) (Morais, 2019). Já o termo "multiliteracia" contempla a ideia de um uso competente e simultâneo de diferentes ferramentas tanto de leitura quanto de escrita, incluindo recursos multimodais (visuais, auditivos), tanto em ambiente impresso quanto digital, podendo igualmente incluir outra(s) língua(s) que não apenas a materna. No contexto da multiliteracia, o mundo escrito torna-se parte de

---

98. O Instituto Nacional de Estudos e Pesquisas Educacionais Anísio Teixeira é um órgão federal incumbido da avaliação, pesquisa e gestão educacional no país.

99. A Provinha Brasil é aplicada anualmente em duas etapas com o objetivo de avaliar a alfabetização dos estudantes do 2º ano do Ensino Fundamental. O Enem é o exame nacional do Ensino Médio que ocorre anualmente com a finalidade de avaliar o desempenho dos estudantes ao concluírem a educação básica. O Ideb é o índice de desenvolvimento da educação básica obtido por meio do censo escolar e do Sistema de Avaliação da Educação Básica (Saeb).

uma forma de produção e compreensão de significados, dentro de uma diversidade cultural e linguística, que parece emergir contemplando a concepção de um espaço local e global linguística e culturalmente conectado, em que recursos digitais, às vezes em diferentes línguas, cooperam para a formação de sentido, tanto na produção quanto na compreensão, oral e escrita. No que tange especificamente à questão da leitura digital, debates têm emergido quanto à profundidade da compreensão leitora e ao armazenamento de informações a partir da leitura de um texto digital, na comparação com o impresso.

Tema igualmente relevante é o impacto da leitura na cognição humana. Estudos têm apontado que o fato de ler imprime uma assinatura no cérebro, a ponto de alterar estruturas, como já comentado acima (Dehaene, 2010; 2020). Além disso, o hábito de ler e de escrever pode impactar nas reservas cognitivas (Malcorra; Wilson; Hübner, 2021), auxiliando a postergar o início de comprometimento cognitivo leve em adultos idosos, devido ao fortalecimento das conexões e estruturas cerebrais envolvidas na leitura.

Finalmente, uma importante arena de pesquisas, de caráter intrinsecamente multidisciplinar por congregar diferentes áreas de estudos, dentre elas a pedagogia, a (psico/neuro)linguística, a neurologia e a psicologia cognitiva, é *leitura por populações atípicas*, como na dislexia, na alexia, nos transtornos específicos como no transtorno de déficit de atenção e hiperatividade (TDHA). A forma como o indivíduo lê pode auxiliar no diagnóstico de uma dificuldade ou de um transtorno.

## 5 EXEMPLO DE ANÁLISE

Para ilustrar, como um exemplo de aplicação e análise, exploraremos um estudo que investigou a leitura de palavras e pseudopalavras por pacientes diagnosticados com a variante semântica da afasia primária progressiva (APP-vs) (Borghesani *et al.*, 2020).

A APP é uma doença neurodegenerativa que impacta inicialmente e sobretudo a linguagem, constituindo-se em três formas ou variantes: a logopênica (prejuízos de ordem especialmente fonológica, com longas pausas na fala, e problemas na repetição de palavras e frases); a não fluente ou agramática (danos em especial no âmbito dos constituintes sintáticos, na repetição de frases e na compreensão de frases sintaticamente mais complexas, na motricidade para a fala); e a semântica (em que a tônica é a compreensão do significado de palavras, a sua evocação (lembrança) no momento de falar e o *deficit* em associar uma palavra a seu significado). Pacientes diagnosticados com a variante semântica têm dificuldade em ler palavras irregulares (de leitura irregular, ou seja, com mapeamento irregular entre ortografia e fonologia, como são os casos em português brasileiro das quatro formas diferentes de ler o /x/ em posição medial, como em "ne*x*o" / "e*x*ercício" / "en*x*ame" e "e*x*ame", do /e/ no contraste entre "*s*ede por água" *versus* "a *s*ede do governo") e do /o/ em "o nam*o*ro" *versus* "ela nam*o*ra"), além de apresentarem uma neurodegeneração focal no lobo temporal anterior, o que afeta a leitura de palavras.

Os autores reportam que evidências computacionais, de neuroimagem e neuropsicológicas, sugerem haver duas rotas para a leitura no nível da palavra: a rota dorsal (mais "externa" no cérebro, na região cerebral occipitoparietal), responsável pela leitura nos processos sublexicais e fonológicos, e a rota ventral (mais "interna", occipito-temporal), responsável pelos processos léxico-semânticos (Colthart *et al.*, 2001). A rota dorsal estaria implicada na leitura de pseudopalavras, enquanto a rota ventral processaria as palavras irregulares (mapeamento direto da forma da palavra com seu significado) e as regulares.

Colthart *et al.* (2001) compararam a leitura de palavras irregulares à de pseudopalavras entre dois grupos, pareados por idade, escolaridade e sexo: 12 participantes com APP-vs e 12 adultos controle, obtendo dados pela combinação de duas técnicas: a IRMf, com ótima resolução espacial, e a magnetoencefalografia (MEG), com excelente resolução temporal. Assim, puderam analisar as características espaçotemporais do mapeamento ortografia-fonologia durante a leitura. A hipótese era a de que a leitura pelos pacientes APP-vs poderia trazer evidências sobre a existência destas duas rotas distintas de leitura, caso usassem a rota sublexical para ler também as palavras irregulares (ao invés da rota lexical, a esperada, mas que é afetada pela doença). Se os pacientes lessem as palavras irregulares usando a mesma rota utilizada para ler pseudopalavras, isso seria uma evidência de uma compensação do dano na rota lexical, dano característico da doença.

Como previsto, os indivíduos do grupo de controle recrutaram a rota dorsal na leitura de pseudopalavras na comparação com as palavras irregulares. Os participantes diagnosticados com APP-vs, no entanto, não demonstraram o mesmo padrão de tempo de leitura, nem de localização espacial, pois, como esperado, ativaram a via dorsal (que seria a esperada para pseudopalavras) para a leitura tanto de pseudopalavras quanto de palavras irregulares. Os autores corroboraram a previsão feita pelo modelo de duas rotas distintas de leitura no nível da palavra, postulando ainda que, quando a rota ventral está prejudicada (como no caso da APP-s), uma compensação parcial parece ocorrer pelo recrutamento da via dorsal, que se torna mais lenta, serial e dependente de circuitos de atenção. Em outras palavras, quando ocorre uma lesão ou atrofia na parte ventral (interna) do cérebro encarregada da leitura de palavras irregulares (aquelas palavras que são mais difíceis de ler e que necessitam ser associadas ao seu significado para a leitura ser correta, como em "o porco" × "os porcos"), as pessoas com lesão acabam tentando ler estas palavras usando o mesmo local que usam para palavras que não têm significado, as pseudopalavras. Isso leva a uma leitura lenta, dificultosa e em geral incorreta. O exemplo mostra como é importante o estudo da leitura não só em populações que têm um desenvolvimento típico para sua idade e seu nível de escolaridade, mas também em populações atípicas, pois estas populações nos fornecem evidências para a testagem de modelos cognitivos e cerebrais sobre como a leitura acontece, desde seus elementos mais simples, ligados à decodificação, até os mais complexos, em textos e seus contextos.

# 6 CONSIDERAÇÕES FINAIS

Os caminhos da leitura em termos teóricos e metodológicos avançaram em diferentes vertentes e trouxeram um grande conhecimento para a área, tanto para o ensino e a pesquisa quanto para a clínica. Adaptações e mudanças na forma como lemos, no papel e nos objetivos da leitura na sociedade geram novas perspectivas de estudo; por isso, certamente os avanços na área seguirão as crescentes demandas educacionais e sociais.

Nesse sentido, novos achados nas tecnologias, nas ciências de dados e nas neurociências seguirão impactando na forma como leremos e estudaremos o complexo fenômeno da leitura.

# 14

# Língua e fala

Valdir do Nascimento Flores

## 1 INTRODUÇÃO

A distinção língua/fala[100] foi incluída nos estudos linguísticos pelo linguista suíço Ferdinand de Saussure (1857-1913), no *Curso de Linguística Geral* (CLG)[101], livro póstumo, publicado em 1916, uma edição feita por dois colegas de Saussure – Charles Bally (1865-1947) e Albert Sechehaye (1870-1946) –, com base em anotações de alunos de três cursos de Linguística Geral por ele ministrados na Universidade de Genebra, entre os anos de 1907 e de 1911. De lá para cá, a distinção tornou-se uma espécie de "ponto zero" da discussão em torno do objeto da linguística moderna. A ela, boa parte dos autores dos séculos XX e XXI voltam tanto em um movimento de reiteração quanto de negação – parcial e, até mesmo, total.

Além da discussão sobre o objeto próprio da ciência linguística[102], essa distinção pauta também os termos pelos quais surgiram os chamados "estudos do discurso".

Prova disso é o recente livro organizado por Cruz, Piovezani e Testenoire (2016), cujo título, *Saussure, o texto e o discurso: cem anos de heranças e recepções*, já anuncia a vinculação de Saussure ao campo. No livro, há um conjunto de trabalhos em que se avalia a presença – tanto no passado como no presente – de Saussure nessa área. Especificamente no quinto capítulo do

---

100. "Sobre a fala no *Curso de Linguística Geral* e a relação língua/fala", cf. Flores, 2012.

101. Além da sigla CLG, utilizamos a palavra *Curso*, grafada em itálico, para mencionar o livro *Curso de Linguística Geral*.

102. Trataremos desse tópico no item seguinte, "Origens históricas".

livro – "O que as teorias do discurso devem a Saussure" –, Testenoire (2016, p. 106-107), após referir três manuais de introdução às teorias linguísticas que fazem críticas a Saussure, datados dos anos de 1970[103], conclui:

> As apresentações da história da linguística contidas nesses manuais endossam os debates que [...] conduziram ao desenvolvimento das teorias do discurso na França. Contudo, elas não perceberam o quanto o conceito de discurso, tal como distintamente forjado por Benveniste, Pêcheux ([1971] 1990) ou ainda Denis Slatka (1971), deve a uma intensa discussão dos conceitos saussureanos e, particularmente, aos ativos debates sobre a distinção "língua/fala".

Quer dizer, Testenoire (2016) assume claramente que as teorias do discurso, ao menos no contexto francês, devem sua emergência ao debate em torno das noções de *língua* e *fala*.

Atitudes semelhantes à de Testenoire podem ser encontradas quando se discute o alcance e os limites da distinção língua/fala, em domínios específicos da grande área dos estudos do discurso. Por exemplo, no campo da Linguística da Enunciação, encontramos logo na "Apresentação" do *Dicionário de Linguística da Enunciação* a consideração de que as teorias da enunciação fazem "referência (continuidade ou ruptura) à dicotomia saussureana língua/fala e, por ela, ao quadro sistêmico-estrutural" (Flores *et al.*, 2009, p. 17). A isso, o *Dicionário* acrescenta: "os autores do campo da enunciação, em geral, partem dos conceitos de *língua* e *fala* para fundamentar suas reflexões, embora enraízem neles suas teorias de modos diferentes" (Flores *et al.*, 2009, p. 19-20)[104]. Na mesma direção, Paveau e Sarfati (2008, p. 166) afirmam que "as linguísticas enunciativas têm por fundamento comum uma crítica da linguística da língua e uma vontade de estudar os fatos de fala".

---

103. Testenoire refere os livros *Initiation aux problémes linguistiques contemporaines* (Fuchs; Le Goffic, 1975); *Initiaton aux méthodes de l'analyse du discours* (Maingueneau, 1976); *Théories du langage* (Bronckkart, 1977).

104. Lê-se algo muito semelhante em Fuchs (1985, p. 120), ao fazer um esboço histórico e crítico das problemáticas evocadas pelas teorias da enunciação. Em Maldidier, Normand e Robin (1994, p. 74), encontramos, também em um tom crítico: "todas as pesquisas sobre a enunciação estão prisioneiras da problemática língua/fala [...]. Em todos os casos, a enunciação intervém como um elo entre a língua e a fala, um meio de preencher o espaço vazio inaugurado pelo corte saussureano".

Já no campo da Linguística Textual, J.-M. Adam (2008), ao refletir sobre a presença da noção de *frase* no *Curso de Linguística Geral* e sobre sua importância para uma "análise textual dos discursos", explica: "a frase aparece como uma unidade de composição-sintagmatização situada na fronteira de dois domínios: ela pertence à língua em sua dimensão sintagmática e à fala em sua dimensão discursiva" (Adam, 2008, p. 33).

Por fim, ainda a título de exemplo, na Análise do Discurso de linha francesa reconhece-se a presença de Saussure de maneira muito evidente. É o que atesta Piovezani (2013; 2016) que, falando sobre a obra de Michel Pêcheux, explica detidamente o interesse do filósofo pelo linguista, em especial pela "oposição entre língua e fala" (Piovezani, 2013, p. 153). Segundo Piovezani (2013), apesar das críticas iniciais de Pêcheux à distinção saussureana, não se pode esquecer que

> a consideração dos dois polos da distinção saussureana – de um lado, o caráter universal da língua e, de outro, a dimensão individual da fala – pode ser entendida como um dos fatores que permitiram a Pêcheux conceber, com base no materialismo histórico, o âmbito particular do discurso (Piovezani, 2013, p. 153).

Ora, as observações feitas até aqui parecem ser suficientes para corroborar a pertinência da distinção língua/fala para os estudos do discurso, uma vez que, ao que tudo indica, ela funciona como uma espécie de patamar mínimo de reflexão.

Nesse sentido, podemos dizer que o *Curso*[105] de Saussure – ao tratar epistemologicamente a constituição da ciência linguística, problematizando o

---

105. Como se deve ter notado, a referência a Saussure é restrita ao *Curso de Linguística Geral* (CLG), em função do ponto de vista histórico adotado. O CLG é a fonte histórica dos estudos aqui abordados. Com isso, não se ignora que estudos recentes em torno da obra saussureana – das duas últimas décadas, em especial – sublinham o caráter antecipatório de suas reflexões no campo denominado genericamente de "estudos do discurso". Exemplos disso não faltam: Adam (2019) inicia a *Introdução* da recente edição de *Textos: tipos e protótipos*, citando os *Escritos de linguística geral*, de Saussure. Igual procedimento encontramos em Adam (2008), em *A linguística textual – Introdução à análise textual dos discursos*. Por último, cabe referir também o n. 159 da revista *Langages*, inteiramente dedicado aos estudos do discurso e Saussure.

seu objeto –, antecipa os desenvolvimentos que a linguística conhecerá no decorrer do século XX, em função, principalmente, da posição assumida em relação à distinção língua/fala: seja ela de aceitação, seja ela de reação.

## 2 ORIGENS HISTÓRICAS

A distinção língua/fala tem sua origem histórica localizada no *Curso de Linguística Geral*, em um contexto no qual Saussure busca determinar, no início do século XX, o objeto da linguística como ciência. Dito de outro modo, essa distinção serviu para estabelecer o objeto científico da linguística moderna. No entanto, língua/fala evocam, no CLG, necessariamente um terceiro termo, não menos importante: a linguagem. Assim, falar em língua/fala obriga falar em linguagem, uma vez que é a partir das relações entre os três termos que se pode inferir o sentido teórico-metodológico de cada um. Nesse sentido, as noções não são apresentadas no CLG isoladamente; elas aparecem sempre em relação (ou de complementaridade, ou de oposição) entre si.

A admissão de que a linguagem, "tomada em seu todo, [...] é multiforme e heteróclita" (Saussure, 1975, p. 17), a intenção de elaborar princípios metodológicos para a linguística como ciência e a definição de um objeto que desse suporte e autonomia à análise linguística fizeram com que, inicialmente, a noção de língua fosse tomada como o ponto de partida das reflexões saussureanas contidas no CLG.

No terceiro capítulo da "Introdução" do livro – "Objeto da linguística" – vê-se a argumentação de que, ao contrário de outras ciências, que têm objetos previamente estabelecidos, na linguística isso é diferente, uma vez que a linguagem é sempre constituída por faces distintas: ou como som, ou como ideia, ou como estrutura sintática etc. Dito de outro modo, na linguística o objeto não preexiste à teoria a partir da qual ele vai ser analisado. Contrariamente a isso, é à luz de um ponto de vista que o objeto deve ser criado.

Lê-se no *Curso*: "Bem longe de dizer que o objeto precede o ponto de vista, diríamos que é o ponto de vista que cria o objeto" (Saussure, 1975, p. 15).

A linguagem é vista como um todo complexo, que implica sempre alguma dualidade nocional: é formada da união do som, unidade complexa acústico-vocal, com a ideia, unidade complexa fisiológica e mental; é simultaneamente social e individual, impossível de ser classificada "em nenhuma categoria de fatos humanos, pois não se sabe como inferir sua unidade" (Saussure, 1975, p. 17); é um sistema estabelecido e uma evolução, ou seja, uma instituição atual e um produto do passado. Além disso, ela pode ser analisada de diferentes ângulos, pois está "a cavaleiro de diferentes domínios" (Saussure, 1975, p. 17), tais como a Psicologia, a Antropologia, a Gramática normativa, a Filologia etc.

É, portanto, como resultado do esforço para fundamentar uma ciência linguística e, consequentemente, para definir um objeto como *um todo em si e um princípio de classificação* que Saussure propõe a língua como objeto da linguística. Esse ponto de vista é sustentado no CLG com apoio em vários argumentos.

A língua é um dos aspectos que constitui a linguagem – o outro aspecto é a fala. A língua é passível de ser estudada como objeto científico: "evitando estéreis definições de termos, distinguimos primeiramente, no seio do fenômeno total que representa a *linguagem*, dois fatores: a *língua* e a *fala*. A língua é para nós a linguagem menos a *fala*" (Saussure, 1975, p. 92).

A língua não se confunde com a linguagem porque é apenas "uma parte determinada, essencial dela" (Saussure, 1975, p. 17). A língua é, portanto, o objeto de estudo da linguística de Saussure, obtido a partir de um ponto de vista sobre o conjunto *heteróclito* que é a linguagem. Além disso, a língua é "um produto social da faculdade da linguagem e um conjunto de convenções necessárias, adotadas pelo corpo social para permitir o exercício dessa faculdade nos indivíduos" (Saussure, 1975, p. 17). Como tal, é compartilhada pela comunidade de fala por meio de um contrato que se estabelece entre seus membros; a língua, por ser um "instrumento criado e fornecido pela coletividade" (Saussure, 1975, p. 18), "faz a unidade da linguagem" (Saussure, 1975, p. 18).

Ao contrário da linguagem, que é heterogênea, a língua "é de natureza homogênea: constitui-se num sistema de signos" (Saussure, 1975, p. 23). Logo, a língua tem definição autônoma, é norma para todas as manifestações da linguagem, é *o produto que o indivíduo registra passivamente* por aprendizagem, é de natureza concreta. Enfim, cabe repetir, por todas essas razões a língua é o objeto da ciência linguística de Saussure.

A fala – o outro aspecto da linguagem – define-se como a utilização da língua, sua parte individual, de caráter criador e livre. Diz respeito ao acessório e acidental da linguagem. A fala é a execução individual da língua que é, como dito, social: "Com o separar a língua da fala, separa-se ao mesmo tempo: (1º) o que é social do que é individual; (2º) o que é essencial do que é acessório e mais ou menos acidental" (Saussure, 1975, p. 22).

Dada essa configuração, a fala não pode ser o objeto científico da linguística, visto que esta deveria se ocupar do estável, do geral; isto é, da língua. A fala, assim entendida, está subordinada à língua: "a língua, distinta da fala, é um objeto que se pode estudar separadamente" (Saussure, 1975, p. 23). No entanto, língua e fala estão relacionadas: "sem dúvida, esses dois objetos [a língua e a fala] estão estreitamente ligados e se implicam mutuamente; a língua é necessária para que a fala seja inteligível e produza todos os seus efeitos; mas esta é necessária para que a língua se estabeleça" (Saussure, 1975, p. 27).

Em outras palavras, a língua é necessária para a fala inteligível, e a fala é necessária para o estudo da língua. Há interdependência entre elas, embora não se possa reuni-las sob o mesmo ponto de vista. Para cada uma, Saussure preconiza a formulação de uma linguística: a linguística da língua e a linguística da fala.

Em resumo, a leitura do *Curso de Linguística Geral* permite entender que a distinção língua/fala atende a propósitos bem definidos:

a) o de mostrar a intenção de Saussure em instituir uma ciência linguística;

b) o de estabelecer os termos para a definição de um objeto único e classificável para essa ciência;

c) o de sustentar a tese de que, em linguística, o objeto é sempre e somente criado a partir de um ponto de vista;

d) o de demonstrar, com base em sólida argumentação, que esse objeto é a língua, tal como Saussure a entendia.

Enfim, partindo da distinção saussureana língua/fala, pode-se fazer algumas reflexões sobre o papel que ela assume nos estudos do discurso em geral. É isso que será tratado a seguir.

## 3 PRINCIPAIS ENFOQUES

Para avaliar as abordagens dadas à distinção língua/fala como forma de situar o papel que teve no estabelecimento de algumas teorias do discurso do século XX, impõe-se fazer alguns recortes.

O primeiro deles é aceitar que não se visa abordar a totalidade dos ditos "estudos do discurso" ou "teorias do discurso", já que, devido à heterogeneidade desse campo, um projeto totalitário estaria fadado ao fracasso. Inicialmente, portanto, assumimos aqui a formulação de Testenoire (2016, p. 105) para o entendimento geral desse campo. Diz ele:

> uma vez que a noção de discurso é, no interior da linguística, bastante plural, o que compreendemos aqui por "teoria do discurso" são as abordagens que se interessam pela dimensão transfrástica dos enunciados linguísticos e pelas condições sócio-históricas de suas produções. Essa acepção ampla das "teorias do discurso" recobre evidentemente um campo imenso atravessado por orientações teóricas diversas e por querelas terminológicas e conceituais impossíveis de abranger. Tais abordagens, cuja emergência a atual historiografia situa entre as décadas de 1930 e 1950, desenvolveram-se desde então, reivindicando a filiação a distintos teóricos, conforme a perspectiva escolhida – Voloshinov, Bakhtin, Harris, Hallyday, Benveniste, Austin, Althusser, Foucault [...] –, mas raramente Saussure.

Muitos autores, sem dúvida, poderiam ser acrescidos à lista de Testenoire: Pêcheux, Charaudeau, Ducrot, Maingueneau, Adam etc. Todos fazem parte do que é denominado aqui "estudos do discurso", e encontram abrigo na definição dada por Testenoire (2016)[106].

Isso posto, é de se esperar que o leitor indague: a partir de qual ponto de vista pretende-se abordar esse vasto campo? Que recorte um tal ponto de vista permite operar? Por fim: como situar esse recorte em relação à distinção saussureana língua/fala?

Antes de passar propriamente às respostas que tais perguntas ensejam, cabe considerar um princípio: os autores do campo dos "estudos do discurso", em geral, partem dos conceitos saussureanos de língua e fala para fundamentar suas reflexões, mas embasam neles suas teorias de modos diferentes. Há, nesses estudos, quem os reformule, os amplie e mesmo quem os rejeite. Trata-se, então, de continuidade ou ruptura com Saussure? Certamente, podem-se identificar trabalhos que vão em ambas as direções. Porém, independentemente do vínculo que o campo tem com Saussure, o certo é que os autores dos "estudos do discurso" esforçam-se para delinear um outro objeto que não encontra, ao menos não totalmente, abrigo na distinção língua/fala. Esse novo objeto recebeu, na história recente da linguística, vários nomes; enunciação, texto e discurso são  apenas os mais célebres.

Nessa direção e em resposta às questões anteriores, considera-se aqui três perspectivas, todas ligadas ao contexto disciplinar da linguística na França[107], e sugeridas por Testenoire (2016): a Escola francesa de Análise do Discurso de Michel Pêcheux, o Dialogismo de Mikhail Bakhtin e a Teoria

---

106. Vale observar que a perspectiva que assumimos do campo denominado "estudos do discurso" não é a única possível. P. ex.: no segundo volume da obra introdutória organizada por Fiorin (2005) – *Introdução à linguística II: princípios de análise* – no capítulo intitulado "Estudos do discurso", de Barros (2005), encontramos uma abordagem que prioriza a semiótica discursiva de linha francesa, mas não sem antes a autora explicar que "a linguagem enquanto discurso, ou seja, no seu nível de organização discursiva" pode receber atenção de "diferentes estudos do texto e do discurso, com seus princípios teóricos e metodológicos [que] propõem perspectivas diversas para o seu exame" (Barros, 2005, p. 187). Sobre a diversidade do campo e sua heterogeneidade, remetemos à "Apresentação", neste volume.

107. Limitamos nossa proposta ao contexto francês porque nele se vê claramente que Saussure ocupa um lugar de destaque na configuração da linguística do século XX em diante.

Enunciativa de Émile Benveniste. O ponto de vista assumido busca localizar pontualmente nelas a presença da distinção língua/fala. Faz-se isso com base em trabalhos reconhecidamente importantes[108] sobre essas perspectivas, os quais testemunham com propriedade – em função da profundidade que têm – o impacto que a distinção produz no contexto de cada reflexão.

Primeira perspectiva: Análise do Discurso (AD). A relação entre a AD e a teoria de Saussure é bastante evidente no texto clássico de 1969, "Análise automática do discurso" (AAD), de Michel Pêcheux. Nele, encontra-se uma crítica à distinção língua/fala a partir da qual Pêcheux estabelece a noção de discurso. O ponto de vista de Pêcheux enfoca a constituição do objeto da linguística. Na AAD, Pêcheux sustenta que haveria no CLG duas abordagens do objeto língua: a primeira, que trataria das propriedades do objeto; a segunda, que trataria de sua relação com os demais objetos. Nessa segunda propriedade, Pêcheux considera que o CLG opera duas exclusões teóricas: a exclusão da fala como o inacessível da ciência linguística e a exclusão das instituições não semiológicas do escopo da ciência.

A consequência disso é que, na opinião de Pêcheux, através da distinção língua/fala, Saussure teria, de um lado, admitido a ideia de língua como um sistema de regras universalmente válidas e, de outro lado, autorizado a reaparição da ideia de sujeito livre, pois a noção de fala seria um lugar de liberdade individual: "a fala, enquanto uso da língua, aparece como o caminho da liberdade humana" (Pêcheux, 1993, p. 71). Pêcheux se afasta de ambas as ideias.

Para ilustrar sua crítica, Pêcheux reflete sobre a frase "a terra gira". Ela pode ser avaliada diferentemente, conforme o contexto em que apareça – se antes ou depois de Copérnico, por exemplo. Em um caso, antes de Copérnico, certamente seria considerada uma frase com incompatibilidade entre o sujeito e seu atributo. Isso significa, segundo Pêcheux, "que nem

---

108. Cf. Barros, 2001; Brait, 2016; Cruz, 2006; Fiorin, 2016; Flores e Ávila, 2007; Flores e Teixeira, 2005; Flores *et al.* (orgs.), 2009; Lähteenmäki, 2006; Maingueneau, 1989; Piovezani, 2013; 2016; Puech, 2016; Teixeira, 1999; Testenoire, 2016.

sempre se pode dizer da frase que ela é normal ou anômala apenas por referência a uma *norma* universal inscrita *na* língua, mas sim que esta frase deve ser referida ao *mecanismo discursivo* específico que a tornou possível e necessária em um contexto científico dado" (Pêcheux, 1990, p. 73). Assim, Pêcheux enfatiza que a oposição implicitamente estabelecida por Saussure entre o universal e o individual, a língua e a fala, é equivocada. A proposta de Pêcheux é, então,

> definir um nível intermediário entre a singularidade e a universalidade; a saber, o nível da *particularidade* que define "contratos" linguísticos específicos de tal ou tal região do sistema – isto é, feixes de normas mais ou menos localmente definidos, e desigualmente aptos a disseminar-se uns sobre os outros (Pêcheux, 1990, p. 74, grifo do autor).

Dessa maneira, Pêcheux explicita sua proposta ao "designar por meio do termo *processo de produção* o conjunto de mecanismos formais que produzem um discurso de tipo dado em 'circunstâncias' dadas" (Pêcheux, 1990, p. 74). O "nível intermediário" de que fala Pêcheux seria, então, o discurso[109].

Ora, a partir do exposto, vê-se que, aos olhos de Pêcheux, a distinção língua/fala impõe limites a uma teoria do discurso, motivo pelo qual é necessário dela se afastar. No entanto, Piovezani (2013, 153) explica que

> a consideração dos dois polos da distinção saussureana – de um lado, o caráter universal da língua e, de outro, a dimensão individual da fala – pode ser

---

109. Antes de prosseguir com a avaliação acerca do tratamento da distinção língua/fala pela AD, cabe destacar um ponto teórico importante: Pêcheux voltará a Saussure e a essa distinção em momentos posteriores de seu percurso teórico, chegando, inclusive, a revisar muito do que diz na AAD. No entanto, não se objetiva aqui perseguir a leitura feita de Saussure nem no conjunto da teoria de Pêcheux, nem no conjunto de nenhuma outra teoria. Fazer isso excederia o propósito inicial deste texto. A ideia é apenas ver como a distinção língua/fala comparece na fundação dessas teorias, quer dizer, no gesto inaugural de sua constituição como teoria. Não se trata, portanto, de estudar os desdobramentos que a presença da distinção tem no desenvolvimento de cada reflexão. Essa alteração é visível, p. ex., em 1975, no texto "A propósito da análise automática do discurso: atualização e perspectivas" (Pêcheux; Fuchs 1990), também em "Análise do discurso: três épocas" (Pêcheux, 1990), de 1983, ou em *A língua inatingível* (Gadet; Pêcheux, 1981), de 1981, finalmente em *Discurso: estrutura ou acontecimento* (Pêcheux, 1990), de 1983. Para uma exposição clara sobre esse percurso, cf. Teixeira, 2000.

entendida como um dos fatores que permitiram a Pêcheux conceber, com base no materialismo histórico, o âmbito particular do discurso.

Quer dizer: ao mesmo tempo que a crítica à distinção impõe afastamento é condição de elaboração da noção de discurso, cara à Análise do Discurso.

Segunda perspectiva: o Dialogismo de Bakhtin. De início, cabe subscrever a interpretação de Brait (2016, p. 96) de que a avaliação da presença de Saussure na obra de Bakhtin deveria ser feita "não como mero objeto de rejeição, mas como contraponto epistemológico necessário à constituição da argumentação bakhtiniana".

Na verdade, normalmente, vê-se na literatura especializada que o pensamento de Bakhtin é tomado como crítica ao de Saussure, em especial o presente no *Curso de Linguística Geral*. No entanto, pode-se relativizar tal interpretação a ponto de, inclusive, minimizá-la significativamente no interior da obra bakhtiniana.

Em primeiro lugar, nota-se que Bakhtin não adota, em todos os livros de sua autoria[110], a mesma atitude com relação a Saussure. Bakhtin muda o tratamento que dá à linguística saussureana, conforme o trabalho e, principalmente, o objetivo visado. Isso pode conduzir à hipótese de que Bakhtin, ao menos em alguns textos (notadamente, os que não são objeto de disputa autoral)[111], pressupõe em alguma medida a linguística saussureana para formular o seu raciocínio (seja em termos de "contraponto epistemológico", como quer Brait (2016), seja em termos de admissão de algum aspecto dessa linguística).

---

110. Vale lembrar que a discussão em torno da autoria dos textos bakhtinianos é bastante controvertida na bibliografia sobre o autor. Segundo Clark e Holquist (1984), p. ex., os livros assinados por Valentín Volóchinov sobre Freud, a linguística e a teoria literária devem ser atribuídos a Bakhtin. Por outro lado, Morson e Emerson (1989) apresentam fortes argumentos para que se reconheça, no mínimo, uma coautoria. Informações biobibliográficas sobre Bakhtin e seu Círculo são encontradas, em formato simples e rico, em Fiorin, 2016.

111. Devido à multiplicidade de temas tratados por Bakhtin e por seu Círculo serão estudadas aqui apenas as obras em que se pode ver clara referência a Saussure: *Problemas da poética de Dostoiévski* (1997) e *Os gêneros do discurso*, este último presente na edição brasileira de *Estética da criação verbal* (2006).

Em *Problemas da poética de Dostoiévski* (1997), por exemplo, Bakhtin diz que seu objeto de reflexão pertence à *metalinguística* que, diferentemente da linguística, trata o fenômeno do discurso em uma perspectiva que o considera na realidade concreta e viva. Mesmo sem referir diretamente o nome de Ferdinand de Saussure, Bakhtin, nessa obra, parece considerar que "a linguística *pura*" (Bakhtin, 1997, p. 181) está a ele associada. Infere-se isso claramente em passagens como a seguinte, em que se vê o uso da expressão "sistema da língua"[112]:

> na linguagem, enquanto objeto da linguística, não há e nem pode haver quaisquer relações dialógicas: estas são impossíveis entre os elementos no sistema da língua (p. ex., entre as palavras no dicionário, entre os morfemas etc.) ou entre os elementos do "texto" num enfoque rigorosamente linguístico deste (Bakhtin, 1997, p. 182).

Bakhtin, nessa obra, não chega propriamente a desconsiderar o estudo feito pela linguística, mas adverte que a metalinguística assume um ponto de vista diferente, porque não baseada em um objeto abstrato, construído. Segundo ele,

> as pesquisas metalinguísticas, evidentemente, não podem ignorar a linguística e devem aplicar os seus resultados. A linguística e a metalinguística estudam um mesmo fenômeno concreto, muito complexo e multifacético – o discurso, mas estudam sob diferentes aspectos e diferentes ângulos de visão. Devem completar-se mutuamente e não fundir-se (Bakhtin, 1997, p. 181).

O autor considera que as relações dialógicas são o objeto da metalinguística, e são elas que singularizam o romance polifônico – no caso, o de Dostoiévski – em relação aos demais. Essa diferença não é da alçada da linguística, mas da metalinguística, porque as relações dialógicas pertencem ao campo do discurso e não se reduzem à sua forma linguística.

---

112. Justifica essa nossa leitura o trabalho de Brait (2016) que, referindo ao cap. 5 de *Problemas da poética de Dostoiévski*, trabalhado aqui por nós, afirma: "de fato, o nome de Ferdinand de Saussure não aparece nesse capítulo. Entretanto, nesse lugar teórico, presente em uma das mais significativas obras do pensador russo, encontra-se, de maneira explícita, a forma pela qual Bakhtin encara a linguística como ciência que tem na língua seu objeto de estudo" (Brait, 2016, p. 108).

No entanto, as relações dialógicas não podem ser separadas "da língua como fenômeno integral e concreto" (Bakhtin, 1997, p. 183). Por um lado, as regularidades lógicas (linguísticas) são fundamentais para as relações dialógicas, pois tudo que é dito possui uma regularidade interna; por outro lado, as relações dialógicas, dada sua especificidade, não se reduzem às regularidades lógicas. A condição para que as relações lógico-semânticas se tornem dialógicas é que sejam materializadas em discurso e assumidas por um autor. Em resumo: "as relações dialógicas são absolutamente impossíveis sem relações lógicas concreto-semânticas, mas são irredutíveis a estas e têm especificidade própria" (Bakhtin, 1997, p. 184). Há aqui, portanto, uma espécie de pressuposição mútua.

Ora, a discussão feita por Bakhtin em *Problemas da poética de Dostoiévski*, em relação à distinção linguística/metalinguística, não deixa de evocar a distinção língua/fala, uma vez que, na interpretação do autor, nem a língua da linguística seria suficiente para abarcar as relações dialógicas, nem a fala, já que as relações dialógicas "se situam no campo do discurso, pois este é por natureza dialógico e, por isto, tais relações devem ser estudadas pela metalinguística, que ultrapassa os limites da linguística" (Bakhtin, 1997, p. 183).

Em *Os gêneros do discurso* (2006), por sua vez, reconhece-se um Bakhtin bastante próximo daquele que escreveu *Problemas da poética de Dostoiévski*, e isso se comprova com base em evidências comuns aos dois livros: o reconhecimento da legitimidade da linguística da língua, a admissão de um nível abstrato de significação, a preocupação com as questões de estilo, entre outras. Além disso, os gêneros do discurso são discutidos à luz de uma concepção de enunciado como possibilidade de utilização da língua. Sobre o estudo do que é de ordem linguística *stricto sensu* e do que é de ordem do enunciado, assim se manifesta Bakhtin: "o estudo do enunciado como unidade real da comunicação discursiva permitirá compreender de modo mais correto também a natureza das unidades da língua (enquanto sistema – as palavras e orações)" (Bakhtin, 2006, p. 269).

O percurso feito em *Os gêneros do discurso* é, basicamente, o seguinte: como a atividade humana está diretamente ligada à utilização da língua e emana de determinados campos, o uso da língua consequentemente reflete as condições e as finalidades de cada campo. Esse reflexo é perceptível no conteúdo temático, no estilo e na construção composicional do enunciado. A fusão desses três elementos no enunciado, em um dado campo, determina *tipos relativamente estáveis de enunciados*, ou seja, gêneros do discurso.

A noção de língua, subjacente à de enunciado como unidade da comunicação discursiva, é explicitamente abordada quando é apresentada, em *Os gêneros do discurso*, a distinção oração/enunciado: "com base no material do diálogo e das suas réplicas, é necessário abordar previamente o problema da *oração* como *unidade da língua* em sua distinção em face do *enunciado* como *unidade da comunicação discursiva*" (Bakhtin, 2006, p. 276). E acrescenta: "Para nós importa definir com precisão a relação da oração com o enunciado. Isso ajudará a elucidar com mais clareza o enunciado, de um lado, e a oração, de outro" (Bakhtin, 2006, p. 277).

Essa distinção, por um lado, permite ver que a oração é uma unidade da língua que, como tal, não possui existência real. Isso, no entanto, não impede que tenha um *significado (linguístico)*: "a oração é uma unidade significativa da língua. Por isso, cada oração isolada – por exemplo 'o sol saiu' – é absolutamente compreensível; isto é, nós compreendemos o seu *significado linguístico*, o seu papel *possível* no enunciado" (Bakhtin, 2006, p. 287). Ou ainda:

> A oração enquanto unidade da língua [...] não é delimitada de ambos os lados pela alternância dos sujeitos do discurso, não tem contato imediato com a realidade (com a situação extraverbal) nem relação imediata com enunciados alheios, não dispõe de plenitude semântica nem capacidade de determinar imediatamente a posição responsiva do *outro* falante; isto é, de suscitar resposta. A oração enquanto unidade da língua tem natureza gramatical, fronteiras gramaticais, lei gramatical e unidade (Bakhtin, 2006, p. 278, grifo do autor).

Por outro lado, a distinção oração/enunciado permite mostrar que o enunciado é uma unidade da comunicação discursiva que somente tem existência em determinado momento histórico. O enunciado é a realização enunciativa da oração; seu valor semântico é o *sentido concreto*. O enunciado é da ordem do dialógico, do irrepetível. A oração, por sua vez, pertence ao sistema, à língua; ela é neutra em relação a todo o conteúdo ideológico, sua estrutura é de natureza gramatical. O enunciado não é neutro, seu conteúdo veicula determinadas posições devido aos campos em que se realiza.

Ora, a exemplo do que vemos com a distinção linguística/metalinguística em *Problemas da poética de Dostoiévski*, a distinção oração/enunciado também faz evocar a dupla língua/fala. Além disso, na segunda parte de *Os gêneros do discurso*, quando Bakhtin fala no papel ativo do ouvinte – normalmente desconsiderado pelos esquemas comunicacionais da linguística em geral –, vê-se claramente operar a linguística de Saussure:

> até hoje existem na linguística ficções como o "ouvinte" e o "entendedor" (parceiros do "falante", do "fluxo único da fala" etc.). Tais ficções dão uma noção absolutamente deturpada do processo complexo e amplamente ativo da comunicação discursiva. Nos cursos de linguística geral (inclusive em alguns tão sérios quanto o de Saussure), aparecem com frequência representações evidentemente esquemáticas dos dois parceiros da comunicação discursiva [...] (Bakhtin, 2006, p. 271).

Percebe-se isso também na passagem a seguir que, apesar de longa, é reproduzida na íntegra, devido à relevância que tem:

> ao falante não são dadas apenas as formas da língua nacional (a composição vocabular e a estrutura gramatical) obrigatórias para ele, mas também as formas de enunciado para ele obrigatórias; isto é, os gêneros do discurso: estes são tão indispensáveis para a compreensão mútua quanto as formas da língua. Os gêneros do discurso, comparados às formas da língua, são bem mais mutáveis, flexíveis e plásticos; entretanto, para o indivíduo falante eles têm significado normativo, não são criados por ele mas dados a ele. Por isso um enunciado singular, a despeito de toda a sua individualidade e do caráter criativo, de forma alguma pode ser considerado uma combinação absolutamente livre de formas da língua, como o supõe, por exemplo, Saussure (e muitos outros linguistas que o secundam), que contrapõe enunciado (la parole) como ato puramente individual ao sistema da língua como fenômeno puramente social e obrigatório para o indivíduo (Bakhtin, 2006, p. 285).

Quer dizer: a noção de *gênero do discurso* é elaborada em contraponto à distinção língua/fala e, em especial, à noção de fala. Mas o que efetivamente corrobora isso é a nota de rodapé à qual remete o asterisco presente em "indivíduo", na passagem acima. Observe-se:

> Saussure define a enunciação (la parole) como "ato individual da vontade e da compreensão, no qual cabe distinguir: (1) combinações, com auxílio das quais o sujeito falante usa o código linguístico com o objetivo de exprimir o seu pensamento pessoal; e (2) mecanismo psicofísico que lhe permite objetivar essas combinações" (SAUSSURE, F. *Curso de Linguística Geral*. Moscou, 1933, p. 386). Assim, Saussure ignora o fato de que, além das formas da língua, existem ainda as formas de combinações dessas formas; isto é, ignora os gêneros do discurso [nota da ed. russa) (Bakhtin, 2006, p. 285).

Ora, essas poucas lembranças do pensamento bakhtiniano permitem reunir elementos para fundamentar o ponto de vista segundo o qual é possível ver em Bakhtin forte relação com a linguística de Saussure – em especial com a distinção língua/fala –, o que o leva tomá-lo como contraponto epistemológico (cf. Brait, 2016), não negando a linguística saussureana, mas conservando-a em alguns de seus aspectos.

Sem dúvida, vê-se que, de um lado, Bakhtin assume postura contestadora sobre a linguística de Saussure, e, de outro lado, que os termos dessa contestação não são sempre os mesmos. Quer dizer, embora a crítica se estabeleça, nada conduz à desconsideração das ideias linguísticas de Saussure. Em *Problemas da poética de Dostoiévski*, isso é textual, e no outro livro é perfeitamente inferível. Em *Os gêneros do discurso*, por exemplo, a oposição oração/enunciado também leva em conta a existência de um nível abstrato de constituição da língua.

Terceira perspectiva: a Teoria Enunciativa de Émile Benveniste. A reflexão enunciativa de Benveniste é complexa e não se deixa apreender em poucas linhas. Não se trata, aqui, portanto, de apresentá-la, nem mesmo em seus aspectos gerais[113]. A intenção é mais modesta: quer-se verificar em que termos Benveniste referiu-se a Saussure, em especial à distinção língua/

---

113. Para uma introdução ao pensamento enunciativo de Benveniste, cf. Flores, 2012. Para estudar as relações entre Saussure e a Linguística da Enunciação, cf. Flores; Nunes, 2007; Flores *et al.* (orgs.), 2009.

fala, para estabelecer seu programa enunciativo de pesquisa. A exemplo do que foi feito anteriormente ao serem abordados a AD e o Dialogismo, também aqui há uma hipótese: Benveniste vê em Saussure um ponto de partida, mas não um ponto de chegada de suas reflexões[114].

Para este estudo foram escolhidos apenas dois momentos em que textualmente Benveniste recorre a Saussure para desenvolver seu raciocínio: os artigos "A forma e o sentido na linguagem" e "O aparelho formal da enunciação".

No primeiro, Benveniste, como bem sugere o título, busca estabelecer os termos pelos quais forma e sentido se relacionam. Distanciando-se de noções clássicas e lógicas, Benveniste introduz o tema, inicialmente cercando o primado da significação. A linguagem, diz ele, "serve para *viver* [...] precisamente porque o próprio da linguagem é, antes de tudo, significar" (Benveniste, 1989, p. 222, grifo do autor). Em seguida, parte da ideia saussureana de que a língua é um sistema de signos para instaurar nessa língua uma distinção não proposta por Saussure:

> Instauramos na língua uma divisão fundamental, em tudo diferente daquela que Saussure tentou instaurar entre língua e fala. Parece-nos que se deve traçar, através da língua inteira, uma linha que distingue duas espécies e dois domínios do sentido e da forma, ainda que, eis ainda aí um dos paradoxos da linguagem, sejam os mesmos elementos que se encontrem em uma e outra parte, dotados, no entanto, de estatutos diferentes. Há para a língua duas maneiras de ser língua no sentido e na forma. Acabamos de definir uma delas: a língua como semiótica; é necessário justificar a segunda, que chamamos de língua como semântica (Benveniste, 1989, p. 229).

Na concepção de Benveniste, então, a língua é constituída por dois domínios, cada um com forma e sentido. O domínio semiótico é o modo de significação cuja unidade é o signo linguístico; seu critério de validade é ser *reconhecido* – identificado no interior e no uso da língua. Os signos, no modo semiótico, estão, entre si, numa rede de relações e oposições intralinguísticas do tipo binário; eles são distintivos, não dizem respeito às relações entre a língua e o mundo e têm valor genérico e conceptual, nunca

---

114. Essa hipótese é desenvolvida em Flores, 2017.

particular. Além disso, sua existência, por estar ligada ao reconhecimento, se decide por um "sim" ou "não", dados pelos locutores que falam a língua.

O semântico é o modo de significação do discurso; seu critério de validade é ser *compreendido*[115]. O semântico diz respeito à língua em emprego e em ação, sua função é comunicar. A unidade do semântico é a palavra, entendida como uso particular dos signos. Nesse ponto, tem-se o "aqui-agora" da enunciação, a referência, a produção do discurso.

Bem entendida, a proposta de Benveniste parte de Saussure na medida em que o pressupõe e mesmo o inclui em sua configuração teórica, mas chega a um outro lugar. A diferença com relação a Saussure diz respeito ao fato de que, para este, não é a língua que é constituída por dois domínios, mas a linguagem. Em Saussure, como visto acima, há, na linguagem, um lado social, a língua, e um lado individual, a fala. Para Benveniste, há a língua como semiótico e há a língua como semântico. Esses dois âmbitos são interiores à língua. Assim, Benveniste cria duas linguísticas: a linguística do semiótico e a linguística do semântico que contém a do semiótico e inclui o campo do discurso, portanto, da enunciação:

> Do semiótico ao semântico há uma mudança radical de perspectiva [...]. A semiótica se caracteriza como uma propriedade da língua; a semântica resulta de uma atividade do locutor que coloca a língua em ação. O signo semiótico existe em si, funda a realidade da língua, mas ele não encontra aplicações particulares; a frase, expressão do semântico, não é senão particular. Com o signo tem-se a realidade intrínseca da língua; com a frase liga-se às coisas fora da língua; e enquanto o signo tem por parte integrante o significado, que lhe é inerente, o sentido da frase implica referência à situação de discurso e à atitude do locutor (Benveniste, 1989, p. 229-230).

Em o "Aparelho formal da enunciação", Benveniste volta a tomar a distinção língua/fala – principalmente a noção de fala – como contraponto. Nesse caso, porém, é para circunscrever a noção de enunciação. Observe-se:

---

115. "Que se trata claramente de duas ordens distintas de noções e de dois universos conceptuais, pode-se mostrar ainda pela diferença quanto ao critério de validade que é requerido por um e por outro. O semiótico (o signo) deve ser RECONHECIDO; o semântico (o discurso) deve ser COMPREENDIDO" (Benveniste, 1989, p. 66).

> A enunciação é este colocar em funcionamento a língua por um ato individual de utilização.
>
> O discurso, dir-se-á, que é produzido cada vez que se fala, esta manifestação da enunciação, não é simplesmente a "fala"? – É preciso ter cuidado com a condição específica da enunciação: é o ato mesmo de produzir um enunciado, e não o texto do enunciado, que é nosso objeto. Este ato é o fato do locutor que mobiliza a língua por sua conta (Benveniste, 1989, p. 82).

Quer dizer, o objeto circunscrito pela noção de enunciação não é a "fala" saussureana. Uma observação como essa impõe que se compreenda que Saussure está, para Benveniste, sempre ou em posição complementar ou em posição contrastante.

Enfim, os três exemplos sumariamente apresentados aqui – Análise do Discurso, Dialogismo e Teoria da Enunciação – são suficientes para comprovar o ponto de vista segundo o qual a distinção língua/fala ecoa como fundamento em significativos trabalhos do campo dos estudos do discurso na linguística moderna.

## 4 DESDOBRAMENTOS ATUAIS

Como mostra Testenoire (2016), há na atualidade forte interesse dos estudos do discurso pelo pensamento de Saussure. Dessa vez, porém, não é bem a distinção língua/fala que ocupa o lugar de referência, mas a de "discurso" e sua articulação à distinção.

Esse movimento deve-se à publicação, no *Escritos de linguística geral*, da nota intitulada "Nota sobre o discurso"[116]. Segundo Testenoire (2016, p. 120), "definitivamente, o que aporta interesse a essa nota [...], e o que explica seu sucesso não é uma conceituação de discurso, que permanece em estado de interrogação, mas a formulação problematizada e dinâmica da articulação entre língua e fala".

---

116. Um comentário sobre a "Nota" pode ser encontrado em Flores (2021) no *Apêndice* "Pequena nota a respeito da 'Nota sobre o discurso'". Além, evidentemente, do excelente trabalho de Testenoire (2016), já bastante referido aqui.

Testenoire (2016) explica que a "Nota" é contemporânea ao *Segundo curso de linguística geral* ministrado por Saussure na Universidade de Genebra, e é apenas no *Terceiro curso de linguística geral* que Saussure opta definitivamente pelo termo "fala". Isso quer dizer que a noção de discurso que advém da leitura da "Nota" não pode ser compreendida de maneira desconectada à distinção língua/fala.

Nesse sentido, a conceituação de discurso, na "Nota", embora permaneça com um caráter prospectivo, não prescinde da articulação língua/fala. Dessons (2005, p. 23), na análise que faz da "Nota", defende que a "conceptualização do discurso torna indissociáveis a atualização da língua, o processo de significação e a intersubjetividade", o que o leva a concluir que "a *Nota* sugere [...] que uma terceira linguística pode existir, ao lado de uma linguística da língua e de uma linguística da fala".

Assim, parece ser um desdobramento importante para o campo dos estudos do discurso avaliar como comparece, na atualidade, a reflexão sobre o "discurso" em Saussure, e como essa presença pode determinar novos trabalhos no âmbito dos estudos do texto e do discurso[117].

## 5 EXEMPLO DE ANÁLISE

Um exemplo interessante que pode ilustrar a distinção língua/fala e, ao mesmo tempo, a articulação de ambas, encontra-se no CLG, na reflexão feita acerca da analogia[118].

No *Curso de Linguística Geral*, a analogia liga-se – por afinidade ou por contraste – à distinção entre o arbitrário absoluto e o arbitrário relativo, às mudanças fonéticas, à etimologia popular, à aglutinação, à mudança e à evolução da língua, além de à distinção língua/fala, de maior interesse aqui.

---

117. P. ex.: Adam, 2008; Rastier, 2010; 2016.

118. Conforme Flores (2012), no CLG, a analogia aparece principalmente na "Terceira Parte", *Linguística diacrônica*, cap. IV, V, VII, VIII e apêndices. É possível encontrar reflexão sobre analogia também na "Introdução", no cap. VII, e na "Segunda Parte", *Linguística sincrônica*, cap. V.

Segundo o CLG, "a analogia supõe um modelo e sua imitação regular. *Uma forma analógica é uma forma feita à imagem de outra ou de outras, segundo uma regra determinada*" (Saussure, 1975, p. 187). O exemplo dado por Saussure é o nominativo latino *honor*, que, segundo ele, é analógico:

> A princípio se disse honōs : honōsem, depois por rotacismo dos, honōs : honōrem. O radical tinha, desde então, uma forma dupla; tal dualidade foi eliminada pela nova forma honor, criada sobre o modelo de ōrātor: ōrātōrem etc., por um procedimento que estudaremos logo e que reduzimos desde já ao cálculo da quarta proporcional (Saussure, 1975, p. 187).

Observe-se o procedimento:

ōrātōrem : ōrātor = honōrem : X

$$X = honor$$

(Saussure, 1975, p. 188).

O método, portanto, é o da quarta proporcional. A diversificação operada pela mudança fonética em *honōs : honōrem* é contida pela ação da regularidade analógica. Nesse sentido, *honor não* teria sido gerada por *honōs*, mas, sim, por analogia de ōrātor, ōrātōrem.

Como esse modelo pensado por Saussure poderia ser ilustrado com um exemplo em português?

Observe-se a manchete e parte da matéria publicada no jornal do ABC paulista, *RD – Repórter Diário*, em 12/12/2018[119].

---

**Pinguinário da Sabina em Santo André ganha sete filhotes**

O Pinguinário da Sabina ganhou sete novos moradores. São os filhotinhos de pinguins-de-magalhães que nasceram na temporada reprodutiva deste ano. O primeiro filhote saiu do ovo no dia 20 de novembro e o último no dia 3 de dezembro. Agora os novos habitantes estão sob os intensos cuidados dos pais e o acompanhamento da equipe de biólogos e veterinários do espaço. Neste ano, entre os 28 pinguins do recinto, foram formados nove casais, que geraram 17 ovos.

---

119. Disponível em: https://www.reporterdiario.com.br/noticia/2602040/pinguinario-da-sabina-em-santo-andre-ganha-sete-filhotes/

A palavra "pinguinário" (na manchete e na primeira linha da matéria), embora não apresente qualquer dificuldade para ser compreendida – trata--se de um estabelecimento em que se criam pinguins ou que nele vivem –, chama a atenção por sua formação, no mínimo, singular. Ora, uma breve pesquisa no *Dicionário Houaiss*, no *Dicionário Aulete Digital*[120] e no *Vocabulário da Língua Portuguesa*[121] é suficiente para atestar que essa palavra não faz parte dos registros lexicais da língua portuguesa; quer dizer, em nenhuma dessas bases foi encontrada a palavra. Trata-se, pois, de um neologismo, ou seja, "uma unidade lexical cuja forma significante ou cuja relação significado-significante, caracterizada por um funcionamento efetivo num determinado modelo de comunicação, não se tinha realizado no estágio imediatamente anterior do código da língua" (Correia; Almeida, 2012, p. 23).

O *Dicionário Houaiss* explica em seu verbete [-ário] que o sufixo pode formar substantivos em palavras que, entre outras coisas, se referem à noção de local de "cultivo, recipiente, depósito e afins". São exemplos dados pelo dicionário: *apiário, aquário, aviário, berçário, leprosário, orquidário, serpentário*, entre muitos outros.

Tomando por base essas informações, pode-se aplicar o modelo saussureano da quarta proporcional:

*ave: aviário = pinguim : X*

X = pinguinário

Em outras palavras, tem-se aqui exatamente o mesmo mecanismo ilustrado acima por Saussure. O próprio Saussure dá um exemplo que pode ser didático aqui, uma vez que utiliza elementos prefixais e sufixais.

*perdoar : imperdoável* etc. = *decorar : X*

X = indecorável

(Saussure, 1975, p. 194, grifos do autor).

---

120. Disponível em: https://aulete.com.br/site.php?mdl=aulete_digital
121. Disponível em: https://www.academia.org.br/nossa-lingua/busca-no-vocabulario

Assim, segundo Saussure, a criação analógica "só pode pertencer, de começo, à fala" (Saussure, 1975, p. 192). Há aqui um princípio teórico-metodológico importante: "nada entra na língua sem ter sido antes experimentado na fala" (Saussure, 1975, p. 196). Para que *honor* entre na língua é preciso que uma pessoa o tenha proferido: "foi preciso que uma primeira pessoa o improvisasse, que outras a imitassem e o repetissem, até que se impusesse ao uso" (Saussure, 1975, p. 196). O mesmo se dá com "pinguinário" e "indecorável".

Em princípio, portanto, é à esfera da fala, do uso da língua, que o fenômeno da analogia pertence. Porém, isso é verdade somente em parte. Observe-se o mecanismo mais de perto: "(1º) a compreensão da relação que une as formas geradoras entre si; (2º) o resultado sugerido pela comparação, a forma improvisada pelo falante para a expressão do pensamento. Somente esse resultado pertence à fala" (Saussure, 1975, p. 192).

Ora, bem entendido o que aí está posto, é-se levado a concluir que o primeiro ponto diz respeito à língua e apenas o segundo à fala. Logo, uma não ocorre sem a outra, são inseparáveis. Assim, a criação pertence à fala, mas a partir do que há na língua. Ela pertence à fala porque é *obra ocasional de uma pessoa isolada* (Saussure, 1975, p. 192); ela pertence à língua porque supõe uma ordem gramatical nas relações das formas entre si.

Em outras palavras, a analogia não se produz apenas quando se dá a criação analógica, uma vez que os elementos já estão dados na língua. Leia-se o exemplo a seguir (Saussure, 1975, p. 193, grifos do autor):

> Uma palavra que eu improvise, tal como *in-decor-ável*, já existe em potência na língua; encontramos-lhe todos os elementos em sintagmas como *decor-ar, decor-ação : perdo-ável, manej-ável : in-consciente, in-sensato* etc., e sua realização na fala é um fato insignificante em comparação com a possibilidade de formá-la.

Trata-se, enfim, da indissociabilidade entre língua e fala: "Toda criação deve ser precedida de uma comparação inconsciente dos materiais depositados no tesouro da língua" (Saussure, 1975, p. 192). Essa indissociabilidade está presente em qualquer manifestação discursiva de qualquer falante.

Enfim, uma perspectiva possível para os estudos da analogia no âmbito da distinção língua/fala e de sua ampliação para o campo dos "estudos do discurso" seria investigar em que medida as analogias produzidas pelo falante poderiam corresponder a uma maneira particular de indexar língua, fala e falante em um dado discurso.

## 6 CONSIDERAÇÕES FINAIS

É tempo de concluir e fazemos de um ponto de vista que argumenta a pertinência da distinção língua/fala nos estudos do discurso em duas perspectivas.

Primeiramente, a distinção tem papel importante na delimitação epistemológica do campo dos estudos linguísticos, em geral, sem dúvida, mas também dos estudos do discurso, em particular. Ou seja, grande parte dos estudos do discurso têm na distinção um ponto de ancoragem a partir do qual estabelecem seus objetos de pesquisa. As teorias discursivas ou são contra a distinção, ou são a favor; recusam-na na íntegra ou parcialmente; aceitam-na na íntegra ou parcialmente. Logo, a distinção tem papel importante no estabelecimento da epistemologia do campo.

Segundamente a distinção tem uma atualidade muito grande seja porque pode ser relida a partir da noção de "discurso", em Saussure; seja porque pode servir de ferramenta de análise da língua tal como é falada pela massa de falante, como diria Saussure.

O fato é, enfim, que, acreditamos, muitas perspectivas podem se abrir a partir do que expusemos anteriormente. A relevância da distinção precisa ser destacada se não pelo que apresenta de potencial teórico-metodológico – que, como visto, consideramos fortemente – ao menos pelo que testemunha da importância de Saussure na história do pensamento linguístico do século XX.

# Polifonia

Lauro Gomes

## 1 INTRODUÇÃO

A palavra *polifonia* vem do grego (gr. *poluphônia*) e, como bem aponta o seu significante em português (poli + fonia), significa *multiplicidade de vozes* ou de *sons*. Tal significado ainda no grego e nas línguas românicas ocidentais está associado à técnica de composição musical que combina duas ou mais melodias. Nessa perspectiva, a história da música registra que os cantos medievais que se serviam dessa técnica de superposição de diferentes melodias, de forma notadamente harmoniosa, eram chamados de *polifônicos*. Também recorda que os cantos renascentistas que davam lugar a uma única voz ou a várias vozes ecoando em uníssono – na direção de uma voz principal, à maneira dos sacros gregorianos – foram chamados de *monofônicos*.

Não é por esse viés histórico da dicotomia musical aí evidenciada, no entanto, que se vai discorrer ao longo das próximas páginas. O que nos interessa sobre a origem do termo *polifonia* é, de imediato, o traço aparentemente motivador de sua introdução nos estudos sobre a linguagem e as línguas. A solução revela-se simples e evidente, visto que é justamente essa correspondência a uma intuição trazida pela própria palavra o que justifica sua imediata associação a certa realidade linguística. Como bem relembra Nølke (2002, p. 215), embora o termo já fosse bastante corrente nos anos de 1920, foi Mikhail Bakhtin quem o introduziu nas ciências da linguagem, particularmente em seu livro de 1929, *Problemas da poética de Dostoievski* (PPD). Entretanto, o sucesso das teorizações bakhtinianas sobre o tema só vai acontecer muito mais tarde, em meados dos anos de 1970, junto com o crescente interesse de linguistas e literatos por aspectos enunciativos, pragmáticos e discursivos da linguagem verbal humana.

Como Bakhtin empregou o termo *polifonia* em um sentido bastante específico para tratar do romance de Dostoiévski – sem pretensamente postular uma teoria sobre a polifonia –, foi reconhecidamente o linguista francês Oswald Ducrot quem introduziu esse termo no âmbito de uma linguística *stricto sensu*, no início dos anos de 1980, segundo o método da chamada Teoria Polifônica da Enunciação (1980; 1984). O que é preciso deixar claro, desde o início, é que Ducrot não se fundamentou em Bakhtin para criar sua teoria da polifonia. Foi na teoria geral da enunciação de Charles Bally (1932)[122], em especial, que Ducrot encontrou inspiração para rejeitar dois axiomas sacramentados àquela época: o da *linearidade do sentido* e o da *unicidade do sujeito falante*.

Nas últimas duas décadas, o termo parece ter entrado na moda em ciências da linguagem, terminando por ganhar diferentes acepções na teoria literária, na análise do discurso, nos estudos da comunicação e em diversas subáreas da linguística. Ainda que nosso objetivo central neste texto não seja o de explicitar todas as acepções que a noção de *polifonia* ganhou nos últimos anos, mostraremos, na seção de *origens históricas*, a *concepção discursiva da polifonia*. Por contraste, procuramos esclarecer – nas seções de *principais enfoques* (no quadro da Teoria Polifônica da Enunciação [TPE]) e de *desdobramentos atuais* (no quadro da Teoria Argumentativa da Polifonia [TAP]) – a *concepção linguística da polifonia*. Esta última pode ser entendida como uma teoria da enunciação capaz de explicar a polifonia por um viés semântico-argumentativo. Conforme recorda Nølke (2002), Ducrot "esboçou" uma teoria da polifonia, mas jamais se interessou por construir uma verdadeira "teoria" da polifonia aos moldes de suas demais teorias

---

122. Para mais informações sobre esse tema, recomendamos: DUCROT, O. *Énonciation et polyphonie chez Charles Bally*. *Logique, struture, énonciation: lectures sur le langage*. Paris: Minuit, 1989.

semânticas. Todo o aparato teórico-metodológico de Ducrot sobre a polifonia serviu para aprofundar sua Teoria da Argumentação na Língua (ANL).

Por último, apresentamos exemplos de análise da *polifonia linguística*, mais especificamente da polifonia semântico-argumentativa presente em enunciados com *mas* de *oposição direta* e com *mas* de *oposição indireta*. Em linhas gerais, portanto, procuramos esclarecer em que consistem as diferenças entre uma vertente discursiva e uma vertente dita linguística, a partir de considerações epistemológicas gerais e de curtos exemplos de análise em torno do que a própria etimologia da palavra traduz como "multiplicidade de vozes".

## 2 ORIGENS HISTÓRICAS

Sempre que se pensa a noção de *polifonia* como um fenômeno essencialmente discursivo evoca-se, de imediato, o nome de Mikhail Bakhtin, já que foi ele o primeiro autor a tratar dessa noção nos estudos do discurso. Não simplesmente a título de resgate histórico – e isso deve ser consensual –, a perspectiva bakhtiniana sobre a polifonia é estudada ainda hoje pela teoria literária como a principal fonte de explicação para o complexo, inovador e genial romance de Fiódor Dostoiévski.

Na referida literatura romanesca, Bakhtin (1997 [1929]) explica que as personagens apresentam vozes equipolentes; isto é, vozes plenas de valor, consciência independente e autônoma, sem nenhum tipo de subordinação ao discurso do autor. Mais precisamente, segundo Bezerra (2013, p. 195), "essas vozes possuem independência excepcional na estrutura da obra, é como se soassem ao lado da palavra do autor, combinando-se com ela e com as vozes de outras personagens". Entre o autor e as personagens, portanto, não existe nenhum tipo de submissão e/ou de hierarquização. O autor permite que as personagens falem por si mesmas, usem seu estilo de linguagem, revelem suas crenças, suas visões de mundo e, portanto, participem da história.

No capítulo de abertura de PPD, Bakhtin explica:

> *A multiplicidade de vozes e consciências independentes e imiscíveis e a autêntica polifonia de vozes plenivalentes constituem, de fato, a peculiaridade fundamental dos romances de Dostoiévski.* Não é a multiplicidade de caracteres e destinos que, em um mundo objetivo uno, à luz da consciência una do autor, se desenvolve nos seus romances; é precisamente a *multiplicidade de consciências equipolentes e seus mundos* que aqui se combinam numa unidade de acontecimento, mantendo a sua imiscibilidade. Dentro do plano artístico de Dostoiévski, suas personagens principais são, em realidade, *não apenas objetos do discurso do autor, mas os próprios sujeitos desse discurso diretamente significante* (Bakhtin, 1997, p. 4, grifos do autor).

Isso porque, nos termos de Bakhtin (1997, p. 1-2), Dostoiévski é "um dos maiores inovadores no campo da forma artística". Seus romances são pioneiros na introdução desse modo *polifônico* de pensamento artístico, por meio do qual a voz do autor está em plena relação de equipolência com a do herói e com a das demais personagens. Em linhas gerais, então, o discurso polifônico de Dostoiévski pode ser caracterizado pela plenivalência de vozes e pela fragmentação do enredo em distintos pontos de vista filosóficos defendidos pelas personagens. No entanto, como marca identitária do pensamento bakhtiniano, essa maneira artística de polifonia não se restringe a uma metáfora. De acordo com Faraco (2009) – na mesma linha de Tezza (2003) –, a noção de *polifonia* tanto é ilustrativa da filosofia do ato de Bakhtin quanto pode ser vista como uma metáfora que recobre a sua utopia, com a qual projeta "um mundo de vozes plenivalentes em relações dialógicas infindáveis" (2009, p. 79).

A analogia estabelecida entre o romance *dostoievskiano* e a música polifônica medieval decorre especialmente do fato de a temática dessa literatura ser inconclusa e independente, com homogeneidade e equipolência de vozes, à maneira dos cantos medievais. Contudo, ao se perguntar se a *polifonia* do romance de Dostoiévski significa "multiplicidade de vozes", a resposta deve ser seguramente negativa, visto que, muito mais do que essa indicação traduzida pelo significante de *polifonia*, trata-se de uma noção específica à expressão de uma realidade em que *todas as vozes são equipolentes*.

Com efeito, embora o fenômeno da polifonia seja praticamente exclusivo de Dostoiévski, Bakhtin (1997, p. 39) também pontua que "até em Balzac se pode falar de elementos de polifonia, mas só de elementos". A partir de tal extensão de elementos polifônicos a outros discursos literários, Bezerra (2013, p. 196-197, grifo do autor) destaca que, "na literatura brasileira, Machado de Assis revela uma profunda consciência dialógica e polifônica em seus romances, de forma especial em *Esaú e Jacó*, onde encontramos essas características do romance polifônico [...]". De acordo com Bezerra, tradutor e grande conhecedor da obra de Bakhtin, a relação dialógica entre os textos de Machado de Assis e os de Dante, por exemplo, cria uma convergência de sentido com elementos característicos do discurso polifônico de Dostoiévski.

Certo complemento da dita *metáfora musical* se encontra em PPD, em cujo texto Bakhtin (1997, p. 5) também contrasta o romance *polifônico* ao *monológico*, um tipo mais banalizado de criação artística, em que as personagens são reduzidas às palavras do autor. Autoritarismo, acabamento e dogmatismo – evidentemente opostos à arte polifônica – são, portanto, características fundamentais do romance monológico. As personagens são plenamente controladas pelo autor, que não lhes dá autonomia para expressão de si, de seu estilo, de sua consciência. Nos termos de Bezerra (2013, p. 192), "no monologismo o autor concentra em si mesmo todo o processo de criação, é o único irradiador de consciência, das vozes, imagens e pontos de vista do romance: 'coisifica' tudo, tudo é objeto mudo desse centro irradiador". Um exemplo dessa forma de criação artística oposta à de Dostoiévski – declara Ducrot (1990, p. 15) – é a novela de Tolstoi.

Convém ainda recordar, conforme Bezerra (2013), que a *polifonia* representa a forma suprema de passagem do *monologismo* para o *dialogismo* – este representado pela consciência e pela libertação e aquele caracterizado por um estado de escravidão e falta de consciência. Ou, para Faraco (2009, p. 79, grifo do autor), ainda é preciso notar que talvez "fosse mais prudente mesmo retirar o termo *polifonia* do vocabulário crítico de Bakhtin e transferi-lo para seu vocabulário utópico. Pelo menos poderíamos destrivializar seu uso e aprender com mais nitidez as coordenadas que o sustentam".

A noção de *polifonia*, tal como concebida por Bakhtin, não serve, portanto, para ser rapidamente aplicada à análise das vozes presentes nos diversos gêneros do discurso. Para estudos envolvendo esse tipo de problemática, hoje já se pode recorrer a pesquisas metodologicamente especializadas na análise polifônica de discursos, como aquelas da Escola de Genebra, notadamente desenvolvidas por Eddy Roulet e sua equipe. Já a *polifonia* interna ao enunciado somente vem sendo examinada pelas teorias linguísticas da polifonia. É especificamente sobre elas que se passa a discorrer a seguir.

## 3 PRINCIPAIS ENFOQUES[123]

Oswald Ducrot foi o primeiro linguista a teorizar sobre a noção de *polifonia* no âmbito de uma linguística *stricto sensu* – notadamente em *Les mots du discours* (1980), em *Le dire et le dit* (1984[124]) e em *Polifonía y Argumentación* (1990[125]) –, tanto para colocar à prova os axiomas da *linearidade do sentido* e da *unicidade do sujeito falante* quanto para aprofundar suas próprias teses em torno da enunciação e da argumentação na língua. Durante os anos de 1980, Ducrot desenvolveu a Teoria Polifônica da Enunciação (TPE) para descrever e explicar fenômenos semânticos que, naquele momento, não poderiam ser examinados apenas por princípios e conceitos da Argumentação na Língua (ANL) – teoria que vinha desenvolvendo com Jean-Claude Anscombre.

---

123. Esta seção 2 corresponde a uma parte do primeiro capítulo da tese de Gomes (2020), com supressões e acréscimos feitos em vista dos propósitos deste capítulo.

124. No Brasil, o pensamento de O. Ducrot passa a ser amplamente conhecido depois da tradução para o português e publicação de *O dizer e o dito* em 1987 (por Guimarães *et al.*).

125. É importante registrar que este livro é resultado de uma série de conferências que Ducrot proferiu em 1988, na Universidad del Valle, na Colômbia. Sua publicação em espanhol deu-se apenas em 1990.

Ao interrogar-se a respeito da constituição semântica do *enunciado*, cuja questão atravessa toda a Semântica Argumentativa[126], Ducrot (1990, p. 65, tradução nossa) é bastante explícito: "minha concepção de sentido está baseada na teoria da polifonia". Isso quer dizer que, embora Ducrot seja mais conhecido pela *vulgata* da Argumentação na Língua, muito de sua contribuição está no que Flores e Teixeira (2005) chamam de Linguística da Enunciação. Todo seu trabalho inscreve-se no terreno limítrofe língua-discurso: ora debruça-se sobre questões estritamente argumentativas, para examinar a *significação* de *signos linguísticos*, *frases* e *textos*, ora debruça-se sobre questões enunciativas em vista do cálculo do *sentido* de *palavras em uso*, *enunciados* e *discursos*.

Com o objetivo de apresentar os conceitos principais da TPE e, ao mesmo tempo, trazer à comunidade acadêmica brasileira uma leitura contemporânea de textos clássicos (Ducrot *et al.*, 1980; Ducrot, 1984; 1985; 1990), buscamos subsídios nos seminários de Carel e Ribard (2019) e em demais textos de Marion Carel sobre *polifonia*. Nessa direção, convém primeiramente recordar que, desde o livro *Les mots du discours* (Ducrot *et al.*, 1980, p. 34, tradução nossa), Ducrot afirma que "o sentido de um enunciado é, para mim, uma descrição, uma representação que ele traz de sua enunciação, uma imagem do acontecimento histórico constituído pelo aparecimento do enunciado". Ou seja, como uma parte desse "acontecimento histórico" responsável pelo surgimento do enunciado está marcada na *significação* das entidades linguísticas, a TPE funciona como uma ferramenta para explicitar esse fenômeno que pode ser entendido como um *diálogo cristalizado* no interior do enunciado. Trata-se, nas palavras de Carel (2011a), de uma "polifonia semântica" de base puramente linguística; ou ainda, nos termos de Oliveira (2012, p. 33-40), de uma "Semântica da Enunciação".

---

126. A expressão Semântica Argumentativa denomina uma mesma família de teorias linguísticas, a saber: a Teoria da Argumentação na Língua (Anscombre; Ducrot, 1983), a Teoria dos Topoi (Anscombre *et al.*, 1988), a Teoria dos Blocos Semânticos (Carel, 1992), a Teoria Argumentativa da Polifonia (Carel; Ducrot, 2010), a Teoria da Ação Dizendo (Denuc, 2021; Carel; Gomes, 2021) etc.

No que diz respeito a seus objetivos, a TPE propõe-se a mostrar que o "autor de um enunciado" **não se expressa diretamente – segundo a crença de linguistas da época, os quais falavam de sujeito falante, de locutor, de orador etc. –, mas põe em cena, no interior do próprio enunciado, um certo número de** "personagens" que se confrontam para produzir *sentido*. Tal objetivo, nas mais variadas recepções da teoria pelo mundo, parece não haver encontrado maiores problemas, sobretudo porque foi reforçado diversas vezes por Ducrot, quando acrescentava que "o sentido do enunciado não é mais do que o resultado das diferentes vozes que ali aparecem" (1990, p. 16).

Esses "personagens" encenados no enunciado, originariamente na categoria intralinguística, são o *locutor* – responsável pela atividade linguageira assumida no enunciado e designado por *eu* – e o *enunciador* – entendido como a origem dos pontos de vista representados no enunciado e também definido como autor da *pergunta*, do *pedido* etc. Na categoria extralinguística, está o *sujeito empírico* ou *sujeito falante* – "autor muscular do enunciado e autor intelectual da escolha das palavras e de sua organização gramatical"[127] –, o qual não é objeto de estudo do semanticista. Para a TPE, somente as duas primeiras noções são de interesse do linguista. O *sujeito empírico*, para Ducrot (1990), é de maior preocupação dos sociolinguistas e dos psicolinguistas, que se perguntam, por exemplo, *o porquê* de Pedro ter dito o que disse. O que verdadeiramente importa para o pesquisador que assume essa perspectiva teórica é *o que* disse Pedro.

Para a TPE, uma *frase* pode ser materializada mais de uma vez pelo mesmo *sujeito falante*. Por exemplo, (1) *Estou cansado* e (2) *Estou cansado* – ambas pronunciadas por João em 1992 e em 2003 – têm João por sujeito falante. Esse é um fato. Mas também ocorre de uma mesma *frase* ser materializada, mais de uma vez, por sujeitos falantes diferentes, como (3) *O presidente é nojento* e (4) *O presidente é nojento* – pronunciadas, sucessivamente, por Pedro e Maria no dia 12 de fevereiro de 2018, em São Paulo, tendo, respectivamente, Pedro e Maria por sujeito falante.

---

127. Esses são termos de Carel e Ribard, 2019.

Quanto à função *locutor*, uma frase pode dar lugar a um enunciado de um mesmo locutor: (1) e (2) têm João por locutor. Mas uma frase também pode dar lugar, por um lado, a enunciados de locutores diferentes: (3) e (4) podem ter Pedro e Maria por locutor, em que Pedro abre a conversação e Maria responde. Por outro, quanto à função *enunciador*, uma frase pode dar lugar a enunciados de mesmo enunciador: (1) e (2) têm por enunciador João; e uma frase pode dar lugar a enunciados de enunciadores diferentes. Esse pode ser o caso de (3) e (4), que têm Pedro e Maria como enunciadores.

Em decorrência da natureza compartilhada da língua, podemos dizer, então, que toda a *frase* é destinada a ser materializada por sujeitos falantes diferentes e a ter locutores igualmente diferentes, conforme a leitura dos exemplos (3) e (4). Por ocasião de um mesmo enunciado, os papéis de sujeito falante e de locutor podem ser tidos por indivíduos diferentes. É o que acontece no enunciado (5) – gravado ao pé de uma estátua de Eva –, em que o sujeito falante é Júlio e o locutor, explicitamente com a marca de primeira pessoa *eu*, é a estátua de Eva: (5) *Fui gravada por Júlio*. A dissociação do sujeito falante e do locutor é necessária tanto para descrever enunciados como (5) quanto, conforme pontua Ducrot (1984), para compreender o que Benveniste (1966, p. 237-250) – no texto *As relações de tempo no verbo francês* – salientava em determinados enunciados de narrativas no *passé simple* (*passado simples* do francês), os quais apresentam um sujeito falante, mas não um locutor.

Em certos discursos escritos, o papel de *sujeito falante* também pode dividir-se, por exemplo, entre a secretária que escreve determinado discurso e aquele que combina as palavras e as dita para que sejam escritas. A assinatura, muitas vezes, serve justamente para desambiguizar quem é o *locutor* e quem é o *sujeito falante* num caso como esse. Ou seja, ela realiza uma norma social que exige autenticidade, ficando vetada a possibilidade de o filho de Maria assinar por sua mãe, por exemplo. Entende-se, com isso, que o sujeito, autor empírico da assinatura, deve ser idêntico ao ser indicado no sentido do enunciado como seu locutor.

Nessa direção, acréscimo necessário a essas três funções da TPE foi feito por Carel (Carel; Gomes, 2021), a saber: a noção de *ator falante*. Segundo a semanticista, também é importante distinguir os sujeitos falantes que reúnem as palavras e produzem materialmente o enunciado dos "atores falantes"; isto é, aqueles que também utilizam o enunciado no mundo. Para exemplificar esse papel, pode-se considerar um enunciado como (6) *Beba-me muito fresco* (escrito sobre a etiqueta de um suco de fruta), em que o *locutor* é o próprio suco de fruta, os *sujeitos falantes* são o publicitário e o impressor, e o *ator falante* – aquele que aconselha a colocar a garrafa na geladeira ou que simplesmente se protege contra possíveis queixas – é a indústria.

A TPE defende que, na momentânea aparição de um enunciado, o *locutor* (L) não só comunica um conteúdo, mas também toma uma posição em relação a esse conteúdo: *concede-o, põe, pressupõe* ou o *exclui*. A partir desse fenômeno enunciativo, Anscombre e Ducrot (1983) desenvolveram a ANL para fornecer as ferramentas essenciais à descrição do conteúdo, mas Ducrot esboçou a TPE com o objetivo de igualmente fornecer as ferramentas fundamentais à descrição da posição do locutor. Essa inscrição subjetiva somente acontece em virtude de o locutor encenar *enunciadores individuais* – isto é, *Pedro*, o próprio *locutor*, seu *interlocutor* – ou *míticos*, notadamente representados pela coletividade do *ON* em francês.

Enfim, a clássica distinção entre *locutor* e *enunciador* é um recurso que também permitiu a Ducrot (1984; 1990) estudar, dentre outros fenômenos, a *negação*, a conjunção *mas*, o *discurso direto* com *dupla enunciação*, o *humor* e a *ironia*. Para a TPE (Ducrot, 1990, p. 20-24), são *humorísticos* os enunciados que cumprem as três condições seguintes: (1) entre os pontos de vista representados no enunciado, existe pelo menos um que é absurdo, isto é, que é insustentável em si mesmo ou no contexto discursivo; (2) o ponto de vista absurdo não é atribuído ao locutor e (3) não se expressa nenhum ponto de vista oposto ao ponto de vista absurdo. Nessa categoria de enunciados humorísticos, podem ser considerados *irônicos* aqueles cujo ponto de vista absurdo é atribuído a um personagem determinado de que se busca ridicularizar.

Muitos outros exemplos poderiam ser aqui apresentados para examinar a posição do locutor diante dos conteúdos comunicados no enunciado. Elucida Carel (2021b) que essencialmente três situações se impõem na determinação da *posição do locutor*. A *situação 1* ilustra que há casos em que o conhecimento do enunciador (E) é suficiente para conhecer a posição tomada por L. Por exemplo, em (7) *Eu acho que Pedro é um idiota*, a presença do E [Pedro é um idiota] é suficiente para determinar a posição de afirmação do L, segundo a qual [Pedro é um idiota]; a *situação 2* ilustra que há casos em que a posição de L depende tanto dos enunciadores postos em cena quanto da relação com os conteúdos comunicados, como em (8) *O dia está bonito, mas estou cansado*, empregado em resposta a um convite a passeio, em que E1 [o dia está bonito] e E2 [estou cansado] evidenciam que o L recusa o convite. É pelo *mas* de *oposição indireta* (Carel, 1995) que E2 põe um conteúdo argumentativamente oposto ao do E1. Por fim, há também uma *situação 3*, segundo a qual o conhecimento do enunciador e do conteúdo não é suficiente para determinar a posição de L. É o que acontece em (9) *Pedro diz que vai fazer tempo bom, vamos fazer um piquenique*, em que o conteúdo [vai fazer tempo bom] é garantido por um outro indivíduo que não L, e L argumenta a partir desse conteúdo: trata-se do que Ducrot (1984) chamou de "autoridade polifônica".

Fica evidente, diante do exposto, que esse modelo ducrotiano de análise é o de uma teoria essencialmente enunciativa da polifonia. Com isso, ao fornecer ferramentas para estudo da significação e do sentido, a TPE não se fecha em si mesma. Trata-se de uma teoria com potencial para examinar fenômenos tanto de natureza fundamentalmente linguística – como a *negação* e a *pressuposição*[128] – quanto fenômenos essencialmente discursivos,

---

128. Para mais detalhes a respeito desse fenômeno e de seus desdobramentos no âmbito da Semântica Argumentativa, convém consultar as lições XIII e XIV de BEHE, L. *et al.* (org.). *Cours de Sémantique Argumentative*. São Carlos: Pedro & João, 2021.

a exemplo do *humor* e da *ironia*. Entretanto, em virtude de a TPE não ter sido amplamente desenvolvida por Ducrot, muitas questões ainda surgem em torno de suas hipóteses. E foi justamente com o objetivo de atualizá-la que surgiu a Teoria Argumentativa da Polifonia (Ducrot; Carel, 2010)[129.]

## 4 DESDOBRAMENTOS ATUAIS

A Teoria Argumentativa da Polifonia (TAP) é um modelo teórico que atualiza a TPE de Ducrot (1984). No artigo *Mise au point sur la polyphonie*, Ducrot e Carel (2009)[130] modificam diferentes setores da TPE de 1984, dando-lhe importantes precisões. A postulação da TAP tem como objetivo principal articular certos princípios da TPE com os da Teoria dos Blocos Semânticos (TBS), pois, conforme explica Ducrot em entrevista a Amir Biglari (2018), *argumentação* e *polifonia* sempre existiram lado a lado, mas nunca foram postas em efetiva relação. Por isso, nos termos de Ducrot:

> Aquilo de que Marion Carel e eu nos ocupamos atualmente é da colocação em relação dessas duas teorias: trata-se de mostrar como os pontos de vista apresentados numa visão polifônica do sentido podem ser considerados como argumentativos e não representacionais (Biglari; Ducrot, 2018, p. 34).

Assim, a TAP mantém a tese de que todos os enunciados têm um autor, chamado de *locutor* (L), figura linguístico-discursiva distinta do *sujeito falante* e do *ator falante* do mundo. A teoria começa por esclarecer a natureza dos conteúdos semânticos postos no discurso (agora entendidos

---

129. Para mais detalhes sobre a noção de *polifonia* em Ducrot e sua diferença em relação à noção de *polifonia* em Bakhtin, recomenda-se a leitura de DELANOY, C.P.; GOMES, L. A noção de polifonia nos estudos literários e linguísticos do século XX: contribuições de Mikhail Bakhtin e de Oswald Ducrot. *In*: MARTINS, A.A.; RIBEIRO, K.R.; NASCIMENTO, S.S. (orgs.). *Estudos bakhtinianos em diálogo: diferentes perspectivas*. Campinas: Pontes, 2017, p. 61-79. Para mais detalhes sobre a polifonia em Ducrot, recomendamos a leitura de BARBISAN, L.; TEIXEIRA, M. Polifonia: origem e evolução do conceito em Oswald Ducrot. Órganon, v. 16, n. 32-33, p. 161-180, 2002.

130. Referência do texto em português: CAREL, M.; DUCROT, O. Atualização da polifonia. *Desenredo*, Passo Fundo, v. 6, n. 1, p. 9-21, jan.-jun./2010.

como argumentações a serem estudadas pela TBS) e abandona a concepção de "enunciador" (cf. a TPE) como origem dos pontos de vista e, portanto, fonte dos conteúdos.

Tal como explica Carel (2010, p. 23), os "enunciadores" têm basicamente duas funções: "indicar um ângulo de vista" e "indicar o que garante a validade do conteúdo". A *primeira indicação*, por um lado, visa a relativizar o conteúdo à maneira de ver do locutor. Desse modo, em um enunciado como (1) *Segundo seu médico, Pedro vai bem*, o primeiro segmento (segundo seu médico) não só indica quem pensa que Pedro vai bem, mas também participa da construção do estado de Pedro. No enunciado (1), Pedro é mostrado como tendo saúde compatível com uma avaliação positiva por parte de um médico. Já a *segunda indicação*, por outro, visa a indicar uma "Pessoa" ou uma "Voz" objetiva que o locutor pode tomar. Neste caso, não há relativização dos conteúdos.

Atualmente, no entanto, a TAP usa o termo "modo enunciativo" (Carel, 2021) para fazer referência à segunda indicação. Não emprega mais os termos "Pessoa" e "Voz" (cf. Carel, 2011) para denominar essa noção fundamental da teoria, visto que passou a definir os *modos enunciativos* como *tons* ou *maneiras de enunciar*. Sustenta, portanto, que há três modos enunciativos: (a) *o modo do concebido*, (b) *o modo do encontrado* e (c) *o modo do recebido*.

O primeiro modo enunciativo, o *do concebido*, existe quando o locutor se envolve no conteúdo em tons diferentes. No enunciado (2) *Eu me chamo Pedro*, o locutor emprega implicitamente um *eu digo* para apresentar-se como concebendo o conteúdo [eu me chamo Pedro] e, portanto, seu tom é de apresentação. Já em (3) *O árbitro apita um tiro livre* – empregado por um radialista que deixa implícito um *eu vejo que* –, o conteúdo aparece no modo do concebido, mas em tom de reportagem.

O segundo modo enunciativo é o (b) *modo do encontrado*, em que o locutor declara não intervir na expressão do conteúdo. É o que acontece, por exemplo, numa situação em que X, desejando ir a um evento científico, pergunta a Y, o seu diretor: (X) *O centro poderia pagar o hotel?* e (Y) responde: (4) *Os centros não financiam hospedagem.* Neste caso, o locutor Y apresenta o conteúdo em tom factual, como se o conteúdo [os centros não financiam hospedagem] não fosse de sua escolha, o que termina por dificultar qualquer tipo de questionamento por parte de X.

E o terceiro modo enunciativo, (c) o *modo do recebido*, é constituído de um desengajamento do locutor, em favor de uma subjetividade alheia. Num caso em que dois amigos conversam sobre cinema, enunciam-se (5) *Parece que o último Tarantino fracassou* e (6) *Acho que o último Tarantino fracassou*, em que o locutor de (5), no modo do recebido, não assume totalmente – como (6), no modo do concebido – que o último Tarantino fracassou. O locutor de (5) apresenta uma opinião diferente da sua.

Conforme explica Carel (2020), portanto, a enunciação linguística de qualquer conteúdo é caracterizada por dois parâmetros básicos: por um *modo enunciativo* e por uma *função textual*, sendo que esta última se subdivide em três papéis assumidos pelo conteúdo no discurso: (a) *plano da frente* ou *primeiro plano*; (b) *plano de trás* ou *segundo plano*; e (c) *excluído*. Num caso de pressuposição, por exemplo, como em (7) *Pedro parou de fumar*, nota-se que o conteúdo pressuposto [Pedro fumava] está em segundo plano e o conteúdo posto [Pedro não fuma atualmente] está em primeiro plano. Por fim, num enunciado como (8) *Nenhum demônio levará os pecadores para o inferno*, o locutor exclui "demônio" como entidade capaz de levar os pecadores para o inferno. A exclusão, segundo Carel (2020), é típica da linguagem verbal, enquanto as outras duas funções textuais também podem aparecer na pintura, por exemplo.

Finalmente, a TAP também trata das "argumentações enunciativas"[131], a fim de comprovar que os conteúdos dos enunciados são assimiláveis a encadeamentos argumentativos em *portanto, então, porque, visto que* etc.

---

131. Para mais detalhes sobre este tema, cf. CAREL, M. As argumentações enunciativas. Trad. de L.B. Barbisan e L. Gomes. *Letrônica*, Porto Alegre, v. 11, n. 2, p. 106-124, abr.--jun./2018.

(ditos normativos) ou em *no entanto, entretanto, mesmo assim, embora* etc. (ditos transgressivos). A tese principal das "argumentações enunciativas" é a de que tanto a *enunciação* quanto o *conteúdo* são de natureza argumentativa e não informativa. Com isso, a TAP passa a ser entendida como um ramo da TBS, dando à polifonia um tratamento puramente argumentativo.

## 5 EXEMPLO DE ANÁLISE

Nesta seção, apresentamos exemplos de análise da *polifonia linguística* presente em frases que originam enunciados complexos articulados por *mas* (mais precisamente, nos termos de Carel (1995), por um *mas* de *oposição direta* e por um *mas* de *oposição indireta*). Para tanto, escolhemos princípios e conceitos da TPE e os aplicamos em versos do poema *Madrugada camponesa*, de Thiago de Mello (1965). Em seguida, para elucidarmos a diferença entre a polifonia de tais versos (estabelecida entre um *locutor* e três *enunciadores*) da polifonia de outro emprego frequente de *mas* (estabelecida entre um *locutor* e quatro *enunciadores*), também examinamos um enunciado complexo de uma notícia publicada na página do jornal *online G1* (*globo.com*).

Em 1965, um ano após a instalação do regime militar no Brasil, o poeta Thiago de Mello escreveu um livro de poemas e o intitulou *Faz escuro mas eu canto*, enunciado que também é o penúltimo verso do poema publicado no referido livro. Leia-se:

Madrugada camponesa,
faz escuro ainda no chão,
mas é preciso plantar.
A noite já foi mais noite,
a manhã já vai chegar.

Não vale mais a canção
feita de medo e arremedo
para enganar solidão.
Agora vale a verdade
cantada simples e sempre,

agora vale a alegria
que se constrói dia a dia
feita de canto e de pão.

Breve há de ser (sinto no ar)
tempo de trigo maduro.
Vai ser tempo de ceifar.
Já se levantam prodígios,
chuva azul no milharal,
estala em flor o feijão,
um leite novo minando
no meu longe seringal.

Já é quase tempo de amor.
Colho um sol que arde no chão,
lavro a luz dentro da cana,
minha alma no seu pendão.
Madrugada camponesa.
Faz escuro (já nem tanto),
vale a pena trabalhar.
Faz escuro mas eu canto
porque a manhã vai chegar[132].

Mesmo sem a evocação de elementos do contexto sociopolítico daquele período, já é possível compreender que, em (1) *Faz escuro mas eu canto*, o locutor põe em cena enunciadores que se confrontam a partir do simbolismo negativo inscrito na significação de "escuro" (tristeza, morte, injustiça etc.). É essa significação negativa de "escuro" que solicita, em situações de emprego não opositivo, continuações igualmente negativas, como *calar-se* ou *silenciar*. Isso quer dizer que *cantar* (um ato de expressão de alegria) em contexto de *escuridão* (de tristeza) é uma transgressão. É daí que surge o "mas".

A polifonia presente na frase materializada por esse enunciado complexo pode ser descrita do seguinte modo: há um *locutor* (L) que põe em cena três enunciadores. Um E1, para o qual "Faz escuro" (pdv[133] aprovado

---

132. Disponível em: https://www.brasilpopular.com/morre-o-poeta-thiago-de-mello-autor-de-os-estatutos-do-homem-e-madrugada-camponesa-video/ Acesso em: 16/01/2022.
133. Daqui em diante, pdv será abreviatura da expressão "ponto de vista".

por L); um E2, que pode ser extraído como uma espécie de conclusão de E1, do tipo de "Portanto, não cantar" (pdv rejeitado por L); e um E3, para o qual "eu canto" (pdv identificado com L). Logo, é por intermédio de um *mas* de *oposição direta* que o locutor escolhe identificar-se com E3, a fim de também evidenciar o sentido transgressivo do enunciado.

Tal diálogo cristalizado no enunciado pode ser assim esquematizado:

| **E1**: *Faz escuro* (pdv aprovado por L) | **MAS** | **E3**: *eu canto* (pdv identificado com L) |
|---|---|---|
| **E2**: Portanto, *não cantar.* (pdv rejeitado por L) | ↔ | Ø |

Note-se que, após a oposição direta do *mas* em questão, o locutor justifica sua transgressão com o enunciado "porque a manhã vai chegar". Entretanto, no "jogo" polifônico do discurso, esse enunciado explicativo não deve ser entendido como um E4, visto que já faz parte de um novo turno enunciativo, o qual deve iniciar-se por "eu canto" como E1. Interessante observar que, nos dois versos antecedentes a (1), o locutor põe em cena o mesmo fenômeno de polifonia em (0) *Faz escuro (já nem tanto), vale a pena trabalhar.* Logo, o "(já nem tanto)" desempenha a mesma função do "mas" de (1).

Explicitada a polifonia dos versos de Thiago de Mello, julgamos importante confrontá-la com a polifonia presente na frase que dá origem ao enunciado complexo (3) *Felipe Alexandre diz que não se preparou, mas achou a prova fácil*, extraído de notícia presente em página do *G1*[134].

Notadamente, esse enunciado (3) – ao esclarecer o sentido do enunciado "Com a cara e coragem", proferido pelo candidato do Enem, Felipe Alexandre – apresenta uma polifonia diferente daquela anteriormente analisada. Neste caso, o locutor põe em cena não três, mas quatro enunciadores: um E1, para o qual "Felipe Alexandre não se preparou" (pdv aprovado

---

134. Disponível em: http://g1.globo.com/sao-paulo/sorocaba-jundiai/noticia/2014/11/com-cara-e-coragem-diz-candidato-que-nao-estudou-para-o-enem.html Acesso em: 16/01/2022.

por L); um E2, que apresenta algo como "Portanto, não será aprovado" (pdv rejeitado por L); um E3, que traz o ponto de vista de que "a prova foi fácil" (pdv identificado com L), enunciador a partir do qual se pode extrair um E4, que dá origem a um ponto de vista do tipo de "Portanto, será aprovado" (pdv identificado com L). Observe-se o esquema explicativo:

| **E1**: *Felipe Alexandre não se preparou.* (pdv aprovado por L) | **MAS** | **E3**: *achou a prova fácil.* (pdv identificado com L) |
|---|---|---|
| **E2**: Portanto, *não será aprovado.* (pdv rejeitado por L) | ↔ | **E4:** Portanto, será aprovado. (pdv identificado com L) |

O *mas* aí presente é de oposição indireta, haja vista que permite que se extraia um E4 a partir de E3. A oposição se dá, visivelmente, entre o E2 (negativo) e o E4 (positivo), sendo tal oposição um fenômeno que poderia ser igualmente verificado em um enunciado de sentido inverso, como (4) *Pedro se preparou, mas a prova foi difícil.* Por intermédio de tal *mas* de *oposição indireta*, o locutor posiciona-se em relação aos enunciadores, escolhendo identificar-se com E3 e com E4. Isso significa dizer, portanto, que o sentido desse enunciado complexo (3) poderia ser parafraseado por um encadeamento argumentativo transgressivo do tipo de *apesar de Felipe Alexandre não ter se preparado para o Enem, terá sucesso.*

## 6 CONSIDERAÇÕES FINAIS

O que procuramos apresentar, neste capítulo, seguramente não esgota o que já se examinou sobre *polifonia* em ciências da linguagem. Isso porque, apesar de esta ser uma noção relativamente jovem – se a compararmos com a história bibliográfica das noções de *língua*, *signo* etc. –, já temos aproximadamente quatro décadas de muita referência a esse termo nos diferentes quadros teóricos de investigação linguística e literária.

Vimos que, em Bakhtin – o primeiro a empregar a palavra *polifonia* nos estudos da linguagem –, o termo recebe uma acepção bastante específica, servindo para denominar um fenômeno exclusivo do romance de Fiódor Dostoiévski. Muitas leituras desses empregos pelo autor já foram feitas. Contudo, algumas delas – é o que avaliam os especialistas na obra de Bakhtin – apenas serviram para vulgarizar o pensamento do autor a respeito do que vêm a ser *discurso polifônico* e *discurso monológico*. Em realidade, para que se possa compreender a noção de *polifonia* presente em PPD, é necessário, como bem salienta Brait (2010, p. 46), "ler cuidadosamente e com prazer as obras de Dostoiévski". Sem que se o faça, será difícil compreendê-la desde sua origem.

Revisitamos, em seguida, a obra de Oswald Ducrot – o primeiro autor a tratar da *polifonia* linguística (isto é, a polifonia na acepção de várias vozes presentes num único enunciado; vozes de cujo diálogo resulta o sentido) – e abordamos princípios e conceitos fundamentais para os diferentes modelos teóricos da Semântica Argumentativa. Nos *principais enfoques*, procuramos apresentar uma visão concisa da clássica TPE (Ducrot, 1984; 1990), em cuja seção também mereceria espaço a Teoria Escandinava da Polifonia Linguística (ScaPoLine)[135] (Fløttum; Nørén, 2002), teoria que nasce com o objetivo de levar a TPE, de Ducrot, para a análise textual.

Chegamos, na seção de *desdobramentos atuais*, à TAP (Ducrot; Carel, 2010; Carel, 2011; 2020), teoria que pode ser entendida como a versão técnica atual da polifonia linguística. Ainda poderíamos aí situar as análises polifônicas de Eddy Roulet como parte do que chamamos de "abordagem discursiva da polifonia", em cujo escopo igualmente mereceria espaço o *Enfoque dialógico da argumentação e da polifonia* (Negroni, 2019), dentre outras perspectivas contemporâneas.

Também com objetivo didático, na seção de *exemplos de análise*, apresentamos análises da polifonia presente em frases que originam enunciados com *mas*, particularmente de um *mas de oposição direta* e de um *mas*

---

135. Esta é a abreviatura do nome da teoria em francês, a saber: *Théorie Scandinave de la Polyphonie Linguistique*.

*de oposição indireta* (Ducrot, 1990; Carel, 1995). O método utilizado para tanto foi o da TPE, que permite identificar, no caso da oposição direta, um "debate" instalado entre o locutor e três enunciadores, e, no caso da oposição indireta, um "debate" entre o locutor e quatro enunciadores. Muitos outros exemplos poderiam ter sido dados, via TPE, tais como os casos de *pressuposição*, de *negação*, de *humor*, de *ironia*, mas escolhemos o caso do *mas* – geralmente visto como um dos mais complexos –, a fim de darmos aos nossos leitores a oportunidade de observarem, desde um primeiro contato com as teorias da polifonia, o diálogo cristalizado com maior número de vozes. Nos demais casos, os enunciadores "ressoam" de forma mais evidente e, portanto, na maioria das vezes, são de mais fácil identificação.

A despeito das necessárias delimitações, esperamos que este texto dê uma visão ampla da *polifonia* em ciências da linguagem e das potencialidades das teorias que a estudam, tanto das que foram pioneiras quanto daquelas com as quais se têm feito pesquisas de ponta sobre questões *semânticas*, *enunciativas* e *argumentativas*.

# Referenciação

Mônica Magalhães Cavalcante

## 1 INTRODUÇÃO

O conceito de referenciação vingou de uma perspectiva praxeológica da linguagem, segundo a qual os processos de sentido e referência interligam saberes já estabelecidos e saberes em elaboração. Nessa dinâmica, os usos linguageiros instauram sua própria "realidade" em um dado cenário comunicativo. Foi nesse entorno teórico interacionista e praxeológico da comunicação que Lorenza Mondada propôs, em sua tese em 1994, chamar de *referenciação* à construção colaborativa dos objetos de discurso. Este capítulo faz um retorno a esse ponto de origem para explicar a coerência da chegada – como a referenciação é repensada, teórica e metodologicamente, no âmbito da linguística textual nos dias de hoje.

Para essa empreitada, cavoucamos bem a terra, no item 2, *Origens históricas*, em busca do sistema radicular que fixou a noção geral de referenciação e que permitiu ramificações dessemelhantes. No item 3, *Principais enfoques*, comentamos sobre desenvolvimentos linguísticos distintos da referenciação em abordagens funcionalistas do discurso, por muito tempo associadas a estudos linguístico-textuais, e sobre perspectivas cognitivas de acessibilidade do referente. No item 4, *Desdobramentos atuais*, definimos o ramo pelo qual floresce a referenciação na linguística textual dos últimos anos, destacando outros pressupostos teóricos que ela absorveu de áreas afins. No item 5, *Exemplo de análise*, apresentamos uma demonstração de como os objetos de discurso, observados em redes referenciais, interligam outros parâmetros do fazer textual. Por último, no item 6, *Considerações finais*, fazemos algumas observações finais.

## 2 ORIGENS HISTÓRICAS

A preferência pelo termo *referenciação*, em substituição ao nome *referência*, se deve ao posicionamento filosófico de Mondada de não aceitar examinar a linguagem como um modo de representação e etiquetagem das coisas do mundo real. A autora se recusa a adotar um tratamento vericondicional[136] e realista da linguagem, por entender que até mesmo a ideia do que parece existir "exteriormente" se redimensiona nas práticas intersubjetivas de linguagem. Por essa razão, opta por não empregar o termo *referente* como equivalente a "elementos da realidade", mas sim como noções que são construídas, confirmadas e recategorizadas pelos atores sociais na interação à medida que fazem projeções uns dos outros. É por acreditarmos nesse pressuposto que não vemos o referente, em linguística textual, como algo já preestabelecido no mundo. Mesmo aquilo que nos chega como um saber preexistente sobre as coisas é não apenas filtrado pela memória interdiscursiva, mas se reconfigura nos usos textuais, porque é reelaborado coletivamente na comunicação. Os referentes, ou objetos de discurso, nem são as coisas em si mesmas, nem são representações instaladas numa memória

---

136. Retomamos aqui uma afirmação de Marcuschi (2001, p. 38) explicando por que recusamos, em linguística textual, o pressuposto da correspondência precisa entre objetos do mundo real e formas linguísticas: "a noção de referência adotada não é a das teorias verifuncionais que veem na correspondência linguagem-mundo uma relação biunívoca, numa postura epistemológica realista e com uma significação rígida. No caso, a linguagem, tida como realidade mental, seria um espelhamento do mundo, sendo este uma realidade extramental. Daí surgiria a noção de correspondência. Não adotando essa posição, afirmo ser a vericondicionalidade irrelevante para a referenciação, já que esta é uma atividade interativa e não uma relação de correspondência convencional e fixa". Em consequência, a referência será aqui definida como atividade de construção colaborativa de *referentes* como objetos de discurso e não objetos do mundo (cf. Mondada; Dubois, 1995). A ideia central neste ponto é a de que a referência não se dá apenas na relação linguagem-mundo (cf. Marcuschi, 2001).

pré-discursiva. Eles se configuram dentro de uma espécie de "cognição distribuída"[137] entre os indivíduos.

Pode-se perguntar: por que *objetos*? E por que *de discurso*? "Objetos" não correspondem às próprias entidades do mundo apartadas da linguagem, nem às coisas representadas na mente dos indivíduos. Objetos também não significam "coisas materiais inanimadas": na verdade, podem abarcar qualquer assunto evocado no texto. *Objetos* são tudo aquilo de que se trata no texto, tudo o que é nele tematizado e o que se relaciona indiretamente com o que é ali focalizado, mas não já dado como pronto para a interpretação, porque *objetos* não são assuntos que preexistem ao texto. O que é objeto de um texto, seja para centralizar um tópico, seja para ancorá-lo, é coconstruído, perspectivado nas relações intersubjetivas que se realizam na interação. Por esta razão, os *objetos de discurso* gozam de uma instabilidade própria de seu modo de evoluir no momento único e irrepetível do texto como evento.

São objetos "de discurso" porque, do ponto de vista de Lorenza Mondada, sob a orientação da análise da conversação e da etnometodologia, "discurso" é a linguagem em uso, sempre sócio-historicamente contextualizada, é "o lugar de observação da língua em sua realização em um contexto empírico" (Mondada, 1994). O que Mondada chama, pois, de "discurso" é incorporado em nossas análises como "usos do texto" e supõe o atravessamento das formações discursivas na interdiscursividade. Assim, para a linguística textual, todo discurso em uso é acomodado em algum texto, mas, para que se identifique um texto, carece considerar a unidade de comunicação e de sentido em contexto que o constitui.

Essa concepção não desloca o olhar para os aspectos institucionais dos discursos, ainda que os admita e que respeite a interveniência das

---

137. A concepção de objetos de discurso, a nosso ver, é bastante compatível com a perspectiva pós-dualista de cognição distribuída pleiteada por Paveau (2013, p. 135), para quem os aspectos atinentes à cognição não advêm da mente individual, mas é "produto de interações entre os sujeitos falantes e, sobretudo, eu diria, entre os sujeitos e seu ambiente natural, social, tecnológico etc."

estruturas sociais sobre posicionamentos e cruzamentos interdiscursivos. Privilegia-se, nas pesquisas de Mondada, o exame das práticas linguageiras cotidianas, dos dados empíricos concretos.

Chamam-se objetos "de" discurso, e não "do" discurso, porque não são observados como uma totalidade já acabada, que só precisaria ser decodificada, mas como algo que se "fabrica" durante a interação. Como observa Ciulla (2008), a mudança de perspectiva sobre o referente, ou objeto de discurso, decorre da desvinculação entre a existência dos objetos do mundo e as formas linguísticas. E essa ruptura supõe uma dimensão discursiva da linguagem.

A desvinculação dos objetos de discurso ao uso de expressões referenciais se estende, naturalmente, à relativização do conceito de *antecedente* para as retomadas anafóricas. O mesmo raciocínio que sustenta o modo como a referenciação opera deve valer para tudo em que se ancoram os objetos de discurso mantidos no texto. Cornish (1999; 2007) já observara que essas ancoragens anafóricas poderiam ser bastante variadas: um fragmento verbal, um signo não verbal ou perceptual. O autor também reconhecia que esses elementos "engatilhadores", ou antecedentes, não poderiam se concentrar em uma única forma localizável na superfície textual. Os gatilhos são muitos e variados, e as anáforas não se sintetizam numa única forma linguística, porque somente no acontecimento do texto os participantes da interação podem elaborar conjuntamente uma espécie de "representação" dos objetos de discurso. Essa "representação" é, por isso mesmo, provisória e fluida, porque evolui no fluxo da comunicação.

Os trabalhos de Dénis Apothéloz, desde sua tese em 1995 (logo após a de Lorenza Mondada), também deram um passo importante em direção à interpretação referencial. Apothéloz defendia, já ali, o ponto de vista de que a reconstrução dos objetos de discurso envolve dois aspectos – a atenção e a interação – e não se prende à marcação das expressões referenciais.

Mas, em algumas produções do autor, como em Apothéloz e Reichler-Béguelin (1995), em que se implanta a concepção fundamental de *recategorização*, o par forma-função ainda subjaz às principais reflexões dos autores, já que toda a proposta gira em torno das formas de designação dos objetos de discurso. O artigo discute casos em que essas expressões referenciais concentram ou não as propriedades atribuídas aos objetos de discurso no momento em que são designados. No entanto, os autores já admitiam que as expressões referenciais, por si mesmas, nem sempre revelavam a transformação dos referentes no texto, porque requeriam considerar outras pistas contextuais para ser interpretada a recategorização. Sobre o caráter "evolutivo", ou recategorizador, dos referentes, afirmavam os autores que todo objeto de discurso é, por definição, evolutivo, porque cada predicação a ele relacionada modifica seu estatuto informacional na memória discursiva (Apothéloz; Reichler-Béguelin, 1995). Os objetos de discurso são introduzidos e evoluem no texto nas relações de retomada anafórica, recategorizando-se dentro do texto. Não nos compete avaliar como as representações semânticas fora do texto se alteram por convenções no léxico, senão apenas o que se configura no universo criado no cenário de cada evento textual. Como bem diz a tese de Mondada (1994), o objeto de discurso emerge de contribuições cooperativas dos interlocutores e se completa progressivamente na interação, como podemos ver no exemplo a seguir:

**Exemplo 1: Sua luz vai brilhar muito**

Fonte: Ilustração inspirada em imagens compartilhadas na internet.

Essa postagem veiculada via WhatsApp de um perfil privado contém uma citação, marcada por aspas e típica de textos de aconselhamento. O referente de "luz", indiciado pelo possessivo "sua" institui uma dêixis pessoal, empregada para se dirigir diretamente ao possível leitor (interlocutor) da mensagem. "Sua luz", no contexto próprio desse gênero, induz o interlocutor a construir um referente ligado a "luz interior", "energia própria do indivíduo" etc. Essa trilha referencial é apoiada não só pela imitação de um gênero de aconselhamento, mas também pelo fundo escuro, que ressalta a luz da imagem. A quebra de expectativa acontece com a imagem brilhosa de um mostrador de combustível. Essa forma imagética expressa um outro referente associado: "a luz do mostrador do nível de gasolina" no carro. Dá--se, então, a recategorização de luz como energia espiritual para um sinal de baixa de combustível: a luz que brilhará será a de alerta de um tanque vazio. A relação associativa entre os dois referentes de luz só se viabiliza para surtir um efeito humorístico se considerarmos o contexto mais atual de que, no Brasil, a gasolina atingiu um preço exorbitante e de que a população facilmente pode se identificar com essa dificuldade encenada no *post*. Esses efeitos da evolução do referente são confirmados por outro referente, expresso em "coisas da vida".

Como afirma Apothéloz (2001), a referenciação nem é um processo principalmente linguístico, nem pode ser tomada como exclusivamente pragmática ou interacional. Exemplos discutidos por Apothéloz ratificam que os objetos de discurso vão se constituindo a partir da maneira como os interlocutores se alinham na interação e ajustam seus focos de atenção para coproduzirem sentidos.

Mas seria um equívoco inferir, como advertem Apothéloz e Pekarek--Doehler (2003), que as conclusões a que chegam as análises da conversação etnometodológicas só se aplicam a interações da oralidade monitoradas em cada situação particular. Os fatos que tais análises põem em aberto são também passíveis de ser encontrados em qualquer outra interação, da oralidade ou da escrituralidade, digital ou não. Cumpre explicá-los tendo em conta os mais diversificados aspectos contextuais amplos das negociações entre os participantes da comunicação.

## 3 PRINCIPAIS ENFOQUES

Essas ideias sobre referenciação e objetos de discurso inspiraram não somente a linguística textual, como também outras abordagens analíticas. A gramática discursivo-funcional, por exemplo, sob a batuta de Maria Helena de Moura Neves, propôs um percurso teórico-metodológico que buscava harmonizar pressupostos funcionalistas com estudos da linguística textual. Vislumbrando uma gramática preocupada com os usos discursivos, grande ênfase deu Neves a investigações que tomassem como pano de fundo uma unidade de sentido maior: o texto. Tal articulação teórica encontrou na referenciação um campo promissor de análise, justificável plenamente pela relação entre as entidades referidas e os modos como se expressavam linguisticamente no texto. Na verdade, essa relação era muito cara até mesmo para as pesquisas em linguística textual no Brasil. O veio pelo qual as duas correntes se cruzaram (a da gramática funcional e a da linguística textual) foram as cadeias referenciais, coesivamente marcadas por elementos fóricos, que orientavam a trama de representações semânticas do texto. Esses elementos remissivos da malha cotextual exercem, segundo Neves e Souza (2016), duas funções essenciais: a de *identificação* dos referentes e a de sua *descrição*.

Um referente seria *identificado* quando instaurasse uma entidade única no universo discursivo criado. A função de *descrever*, por sua vez, diria respeito aos traços de representação – em maior ou menor grau – dos referentes no texto, os quais expressam diferentes configurações semânticas. A hipótese seria de que, quanto mais plenamente descritiva a expressão referencial, mais ela favoreceria a identificação dos referentes introduzidos e retomados no texto. A identificação seria a função referencial básica exercida por todos os sintagmas nominais (SN) e poderia se manifestar em quatro graus: (1) grau máximo, quando o SN contiver nome próprio que instaure inequivocamente um indivíduo no contexto; (2) grau médio, quando o SN for composto por um núcleo de substantivo comum e possíveis determinantes fóricos (artigo, demonstrativo, possessivo); (3) grau baixo, quando o SN for constituído por pronome pessoal de terceira pessoa e fizer uma remissão indireta, revelando a pessoa gramatical do referente e, no máximo, seu gênero; (4) grau zero, quando se tratar de elipse.

Quanto à função de descrição, alertam as autoras, ela realiza um percurso inverso ao da identificação, pois "o grau máximo está no sintagma nominal com núcleo representado por substantivo comum (e com possíveis determinantes e modificadores)". No fundo, o que se pressupõe é uma proposta funcionalista para as manifestações linguísticas que agem no texto exercendo certas funções, a fim de que, atendendo à intencionalidade do locutor, a comunicação seja bem-sucedida.

Os estudos de linguística textual desde os anos de 1990 até início de 2000 estavam mais próximos de abordagens assim do que os trabalhos hoje desenvolvidos na área. Em Cavalcante (1999), por exemplo, em resumo estendido apresentado nos anais da Abralin, analisávamos, com mais particularidade, a explicitação de referentes por "expressões indiciais" (expressões que continham uma forma gramatical dêitica). Descrevemos, na pesquisa daquela época, sob a orientação de Luiz Antonio Marcuschi, quatro grupos de expressões indiciais anafóricas que remetiam a informações pontualizadas no cotexto, ao mesmo tempo que marcavam a subjetividade do locutor e guiavam a atenção do interlocutor. A hipótese era de que a forma de designar os referentes é passível de reelaborações em decorrência de determinações variadas. Assim, investigamos as inter-relações entre os aspectos estruturais e as motivações funcionais das expressões ao mesmo tempo dêiticas e anafóricas.

Já demonstrávamos, à época, que os processos de introdução de referentes se opõem aos de retomada anafórica, mas que nenhum dos dois exclui a possibilidade de serem também dêiticos. Hoje, simplificamos o quadro dos processos referenciais da seguinte forma:

**Quadro 1 – Processos referenciais**

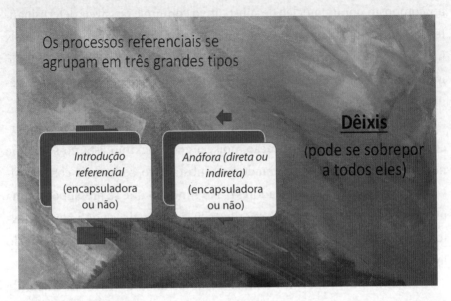

Fonte: Elaboração da autora.

Um exemplo muito evidente da possível sobreposição desses fenômenos é o caso de uma dêixis que apela à memória. A conversa travou-se com uma aluna da pós-graduação em linguística e reduziu-se à seguinte troca:

**Exemplo 2: Conversa WhatsApp**

| |
|---|
| – Mayara, quero um exemplo de dêixis fictiva e modal. |
| – Pode ser vídeo? **Aquele vídeo do GPS do** *Porta dos fundos* tem um bom exemplo de fictiva. |

Fonte: Arquivo pessoal da autora.

Observe-se que o referente "vídeo" já havia sido evocado logo antes e estava associado ao referente manifesto pela expressão referencial "exemplo de dêixis fictiva". Ao ser retomada indiretamente pela expressão referencial "vídeo", estabiliza-se uma anáfora indireta. Outra retomada indireta é feita logo em seguida com a expressão "aquele vídeo do GPS do *Porta dos fundos*", mas ela vem composta por um demonstrativo que instrui o interlocutor a buscar em sua memória um referente do vídeo do *Porta dos fundos*. Trata-se de uma forma dêitica, que aponta para a construção do referente a partir de uma indicação a um tempo ou a um espaço que se supõe recuperável na memória compartilhada entre os interlocutores.

A condução das análises era, como se percebe, claramente motivada pela relação entre as formas linguísticas e as funções generalizadas que podiam desempenhar nos textos. Essa relação entre formas e funções fóricas e ostensivas não fica superada na perspectiva dos estudos atuais, porém reconhecemos que a referenciação não se restringe a esse mecanismo substitutivo: há que se considerar não apenas as formas de expressão referencial e as suas funções coesivas no cotexto verbal.

Outro veio analítico, que repercute até hoje no ensino da escrita formal, é o emprego de expressões funcionando como elos coesivos referenciais. O fato de a função coesiva ser facilmente atribuível a formas (pro)nominais e gramaticais contribuiu oportunamente para que esse conteúdo entrasse definitivamente nas orientações pedagógicas para o ensino de redação. E, mesmo com a profusão de estudos empreendidos ou supervisionados por Ingedore Koch e Luiz Antonio Marcuschi sobre as formas mais eficazes de nomear os referentes como um recurso de persuasão, persiste ainda para muitos a ideia de que falar de referentes e de anáfora é demonstrar como expressões referenciais exercem a função coesiva de estabelecer ligações semânticas.

É possível que a perspectiva mais difundida dos processos referenciais tenha sido a que investiu, em algumas vertentes, em concepções cognitivas, relacionadas a inferência e memória; outras vertentes investiram em pressupostos sociocognitivos e interacionistas. Estudos sobre referência e anáfora influenciados pelos modelos cognitivos e pragmáticos da atividade linguageira dedicaram-se a análises da textualidade, observando os segmentos verbais da superfície. Esse interesse explica, conforme comentam Apothéloz e Pekarek-Doheler (2003), a excessiva importância creditada à visão de antecedente, a formas de registrar a informação (ou referência) velha, nova e inferencial no texto como um produto acabado. Cite-se, por exemplo, a abordagem de Ariel (2001), que se dedicou ao estudo da relação entre formas referenciais e processos cognitivo-discursivos[138]. No Brasil, a tese de Helenice Costa (2007) traça uma discussão crítica a essas teorias que associam a escolha das formas referenciais a "lugares" precisos de onde provém a base de conhecimentos relevantes para a identificação dos referentes, o que supostamente discretizaria os estados mentais. Concordando em grande medida com a teoria da acessibilidade de Ariel (2001), Costa argumenta que o tipo de memória não deve ser usado para caracterizar a escolha das formas de referenciar: se por pronomes, elipses e sintagmas nominais ou demonstrativos. As variedades de expressões referenciais são muito mais ricas do que os tipos de estocagem de informações na memória sugeridos pelos psicólogos cognitivos.

Supondo existir uma conjunção de motivações de diversas fontes na hora de identificar ou criar um referente, Ariel propõe uma hierarquia entre as formas referenciais que derivaria da integração entre três critérios de codificação: (a) a *informatividade* – nível de conteúdo informativo expresso pela forma frente ao referente pretendido; (b) a *rigidez* – grau de unicidade com que o referente é determinado; (c) e a *atenuação* – extensão formal da expressão referencial.

Assim, entidades mentais mais acessíveis seriam recuperadas por formas menos informativas, menos rígidas e mais atenuadas e, por sua vez, referentes menos acessíveis seriam manifestados por formas mais informativas, mais rígidas e menos atenuadas. Defende-se, com isso, que os fatores não funcionam de maneira isolada, mas numa interação complexa. Segundo Ariel (2001), entre esses fatores pode haver convergência para apontar

---

138. Esses modelos cognitivo-funcionais têm em comum o fato de tentarem mapear os estados mentais e organizá-los em categorias cognitivas "discretas", como dado, novo, inferível etc., que as aproxima como propostas psicologizantes, as quais supõem uma cognição individualmente observada. As propostas de estabelecer uma correspondência absoluta, transparente entre os estados da mente e as formas linguísticas jamais poderiam responder às indagações dos estudos do texto e do discurso.

um grau de acessibilidade mais alto ou mais baixo, mas também pode haver o domínio de um fator sobre outro(s).

Diferentemente desses estudos, importa a uma análise textual da referenciação, nos moldes em que a desenvolvemos hoje, considerar não somente fatores de acessibilidade, mas todas as condições contextuais amplas que intervêm na introdução dos objetos de discurso no texto, além de todos os demais objetos com que se relacionam em redes referenciais. E importa, principalmente, avaliar como esses referentes vão sendo confirmados e recategorizados de acordo com as tentativas de influência entre os participantes da comunicação em seu projeto argumentativo. Reflitamos sobre o exemplo (3), oriundo do site "Sensacionalista"[139].

**Exemplo 3: Twitter do *Sensacionalista*[140]**

"Boulos aguarda ansioso o apoio de Bolsonaro a Covas em SP", seguido da foto do então candidato à prefeitura da cidade de São Paulo, Guilherme Boulos.

Uma análise dos processos referenciais em rede precisa considerar o texto desde o contexto de produção, a finalidade argumentativa da interação em que ele acontece, até os modos como os elementos são explicitados e organizados na superfície do texto, relacionando-os com o contexto sócio-histórico *vivenciado*. Perguntaríamos, primeiramente, o que é o Sensacionalista: um noticiário satírico-humorístico brasileiro, um telejornal fictício, mas já foi um Canal *Multishow*, e é uma página da *Veja* também. Indagaríamos o que se sabe sobre a produção textual-discursiva dos autores, para constatar que os tópicos das matérias são inspirados no que se divulga na internet, via redes sociais, sites de notícias, na TV. Daí questionaríamos quem é o referente destacado na imagem. Boulos, que foi

---

139. Disponível em: https://twitter.com/sensacionalista/status/1329017405109121024 Acesso em: 25/05/2023.

140. Disponível em: https://twitter.com/sensacionalista/status/1329017405109121024 Acesso em: 25/05/2023.

candidato a prefeito de São Paulo, pelo Psol, e concorreu com Bruno Covas do PSDB. Boulos tinha boa chance de vencer a eleição em São Paulo. A identificação dessa introdução referencial abre redes referenciais várias, ligadas a acontecimentos com os quais esse *post* dialoga. Que relação tem Boulos com outros referentes mencionados no texto, como Bolsonaro, por exemplo? A que conhecimento essa menção alude? Ao fato de o apoio de Bolsonaro colaborar possivelmente para a derrota de Covas, o que associa as duas redes de referentes em torno de cada político. Verificaríamos ainda como a imagem do referente Boulos está disposta no texto, simulando uma foto de propaganda política. Essas e muitas outras questões vão se tecendo em redes referenciais que darão unidade de coerência ao texto.

Assim como Mondada (1994), reconhecemos não ser possível passar de uma análise frástica para o nível do texto sem promover uma ruptura teórica com o enquadramento gramatical das regras sintáticas que orientam os critérios de tais estudos. Essa passagem impõe uma redefinição das categorias.

Na abordagem do presente trabalho, a interação[141] é analisada a partir dos modos como ela se organiza em texto, que de alguma maneira sempre se interliga a outros textos. Mas, se para Mondada a consideração da unidade do texto não ganha muito relevo – pois o interesse recai sobre a dinâmica referencial em si –, para nós ela é absolutamente imprescindível.

A nosso ver, uma pesquisa no âmbito do texto impõe suas próprias categorias. E a referenciação se mostra uma das mais produtivas, pela relação que ela viabiliza com quase todos os demais critérios analíticos do texto: o circuito comunicativo, o campo dêitico, o gênero, a argumentação, o tópico discursivo, a intertextualidade e o gerenciamento de pontos de vista, por exemplo.

---

141. Nossa proposta compreende a noção de interação como um modo de troca comunicativa, em que os participantes assumem papéis sociais e tentam exercer influências recíprocas uns sobre os outros. Segundo Muniz-Lima (2018), diversos aspectos interferem nos modos de interação, como o grau de formalidade (formal ou informal), a gestão das vozes (monogerida ou poligerida), a sincronicidade (síncrona ou assíncrona), a presença ou a ausência de mídia, o caráter hipertextual, a conectividade à internet (*online* ou *offline*), dentre outros.

## 4 DESDOBRAMENTOS ATUAIS

Cremos que somente as propostas teóricas que prezem pelo exame das interações concretas, dos contratos sociais e comunicativos que elas estabelecem a cada momento e da dinamicidade da coconstrução dos sentidos poderiam responder satisfatoriamente aos modos como os textos operam funcionalmente nas práticas discursivas. Por essa necessidade explicativa, a vertente da linguística textual em que atuamos recorre não apenas a pressupostos da análise da conversação etnometodológica, mas articula com ela concepções semiolinguísticas do circuito comunicativo, de Patrick Charaudeau (2008); assim como recorre a fundamentos da teoria da argumentação nos discursos, de Ruth Amossy (2017); e à noção pós-dualista de tecnodiscursividade, de Marie-Anne Paveau (2021).

O que torna essas teorias compatíveis com as pesquisas em linguística textual é principalmente, a nosso ver: (a) a valorização dos dados empíricos em situações enunciativas concretas, o que respeita a condição da linguística textual de tomar como escopo analítico mínimo a unidade do texto como evento comunicativo; (b) o pressuposto da intencionalidade, que subjaz ao princípio de influência, segundo o qual, em toda comunicação, os sujeitos envolvidos agem por tentativas de persuadir o outro para influenciar, de alguma maneira, seu modo de ver e de sentir os objetos de discurso; (c) a ideia de que, numa consideração a um só tempo retórica e discursiva, todo uso discursivo tem uma dimensão argumentativa; (d) a concepção de que qualquer orientação argumentativa negociada na interação depende das regularidades das práticas discursivas dos gêneros, como o admitem Adam (2019) e Pinto (2010), seja para "repeti-las", seja para subvertê-las em certas particularidades; (e) o pressuposto de que os textos de qualquer interação comportam gestos linguageiros que, direta ou indiretamente, apelam para o tecnológico.

A essas condições, a linguística textual acrescenta a imposição de seu espaço analítico: o texto – uma unidade de comunicação e de sentido em contexto, um evento ao qual os participantes da interação atribuem um caráter irrepetível e uma conclusibilidade, como bem entendia Bakhtin ao tratar de *enunciado*. O *texto* é um enunciado completo que acontece em dada interação particular e contextualizado na situação sócio-histórica, da qual não se dissocia nunca. Um texto deve ser considerado sempre nas relações que mantém, ou poderia manter, com outros textos durante a interação, em redes intertextuais e em cruzamentos interdiscursivos, como já foi criteriosamente demonstrado por Dominique Maingueneau.

Tendo em vista todas essas bases, os critérios de análise da linguística textual só podem ser verificados numa pesquisa que os contemple. Por isso, tratar de referenciação, um dos critérios analíticos mais frutíferos da linguística textual, não dispensa os intricamentos com a argumentação, com o gênero, com os arranjos composicionais do texto, com os papéis sociais exercidos no contrato comunicativo, com a clivagem do sujeito e com os pontos de vista gerenciados pelo locutor.

## 5 EXEMPLO DE ANÁLISE

Um retorno às origens da *referenciação* preconizado por Mondada (1994) pode nos levar a um amparo ainda mais consistente da construção dos *objetos de discurso* não como designação de coisas, mas como uma configuração de tópico, que pode até não ser sintetizada numa expressão referencial, já que se relaciona com outras pistas linguísticas ou não, e que se organiza em redes referenciais.

De acordo com a proposta seminal de referenciação de Mondada, delineada, conforme mostramos, numa abordagem interacional advinda da análise da conversação etnometodológica, alguns objetos de discurso podem ganhar uma relevância maior na interação e ser tratados como *tópicos*, ou seja, como objetos considerados pelos participantes da comunicação como aquilo sobre o que eles estão falando. O "tópico" seria, em outras palavras, uma entidade relevante para os interactantes, que atribuem a ela determinadas propriedades que provavelmente possam atender aos fins práticos de sua ação interacional (Mondada, 1994). Esta observação se faz muito pertinente porque dá por evidente a aproximação entre os conceitos de *referente* (como objeto criado e negociado no evento do texto) e *tópico* (como aquilo que é tematizado no texto).

Urge sublinhar, neste momento, a dupla dimensão do que pode ser entendido como *tópico* nas análises textuais nos dias de hoje. Uma primeira dimensão é a adotada por Mondada (1994), que faz corresponderem os tópicos aos próprios objetos de discurso – a autora opta, inclusive, por empregar apenas a designação de *objetos de discurso*, e não de *tópico*. Acrescentamos a essa constatação que os objetos de discurso se associam em redes referenciais (Matos, 2018) e criam focos de atenção no texto, pela maneira como se mantêm, confirmando-se, desconfirmando alguns aspectos e acrescentando outros num processo de recategorização dinâmica.

Ressaltamos que é por essa dimensão que podemos sustentar que a continuidade temática é uma continuidade referencial, não de referentes já dados por um texto visto como produto, mas uma continuidade de objetos de discurso como representações a se (re)fazerem. Diremos que essa continuidade de referentes em rede, focalizados em tópicos, é a condição primordial de uma coerência em construção no texto, assim como também é uma condição para a progressão dos objetos de discurso focalizados. A continuidade referencial promove a continuidade temática (ou tópica); as recategorizações são as transformações dos objetos de discurso, que, articulados, promovem a progressão temática e fazem o texto ganhar em "informatividade".

Uma segunda dimensão de tópico é a que privilegia uma configuração global do texto, analisável pelas propriedades de centração e de organicidade, definidas por Clélia Jubran (2006). Evidentemente, é pela continuidade ou reiteração dos objetos de discurso em torno de um eixo central que se pode conceber a propriedade de centração dos tópicos de um texto. E é pela forma como esses tópicos são hierarquizados pelo locutor na interação que se pode conceber a propriedade de organicidade. Esta dimensão do tópico discursivo é a que mais se reconhece no Brasil como *tópico*.

Observemos que, numa nota jornalística, postada no perfil do jornal *O Povo*, no Instagram, constam os seguintes enunciados:

**Exemplo 4: Vaca Magra em SP**[142]

> Enunciado (a), em forma de manchete: "Vaca Magra em SP: conheça a artista cearense responsável pela obra"; enunciado (b), em fonte menor logo abaixo: "Márcia Pinheiro é conhecida por refletir sobre temáticas de cunho social em suas criações".

Percebe-se que o tópico se centra no referente da escultura da Vaca Magra. Como subtópico desse eixo, apresenta-se o local da exibição e, paralelamente a ele, o referente da autora da obra: uma artista cearense. Hierarquizando ainda mais este último subtópico, acrescenta-se uma recategorização da artista por seu nome próprio e pelo atributo de abordar temáticas sociais.

O risco dessa abordagem do tópico pautada pela organização global do texto, como uma macroestrutura semântica, é negligenciar as contínuas recategorizações dos objetos de discurso nas negociações entre interlocutores a cada evento textual. Em linguística textual, o tópico não pode mais ser examinado como um todo a se desvendar por percursos lineares e progressivos. Não estamos dizendo, com isso, que seja inapropriado tratar do tópico como uma centração de sentidos hierarquicamente organizados. Sim, esta é legitimamente a concepção de tópico mais criteriosamente fundamentada e difundida nas pesquisas brasileiras. Mas não consideramos adequado que ela seja examinada pela descrição de segmentos tópicos recortados da superfície cotextual, pois seria incompatível com a própria visão de objetos de discurso em torno da qual os tópicos se tornam centros de focalização.

A nosso ver, texto e discurso se evocam mutuamente em qualquer situação interacional; pensamos que o mesmo condicionamento pode ser

---

142. Disponível em: https://www.opovo.com.br/vidaearte/2021/12/09/vaca-magra-em-sp-conheca-a-artista-cearense-responsavel-pela-obra.html

aplicável à relação entre texto e interação, gênero, dimensão argumentativa (Amossy, 2017) e multimodalidade. Eis por que tratar analiticamente um dos parâmetros do texto – a referenciação – é, necessariamente, convocar esses outros aspectos. Entendemos o texto como enunciado completo, que se conclui como unidade de comunicação e que é reconhecível por sua unidade de sentido em contexto, por isso pressupomos um limite para ele. Esse limite é estabelecido pela própria interação simulada, que, em determinado tempo-espaço, termina por findar; pelo tipo de gênero a que ele se filia; e pela unidade conteudística que se espera de uma comunicação.

Em linguística textual vemos discurso sempre em relações interdiscursivas. Num espaço discursivo, conjuntos de unidades discursivas (discurso machista, discurso feminista, discurso bolsonarista, discurso petista etc.) se relacionam uns com os outros para se delimitarem reciprocamente. É na divergência que esses discursos se delimitam. Pensamos a referenciação no seio de uma unidade de comunicação, cuja coerência é sempre coconstruída em um contexto sócio-historicamente situado, o qual admite o hibridismo homem-tecnologia nos gestos linguageiros. Trata-se de uma abordagem ecológica do contexto (cf. Paveau, 2021), que supõe um envolvimento direto ou indireto do componente tecnológico nas ações de linguagem e, consequentemente, alguns efeitos nos textos produzidos nesse hibridismo.

O texto deste capítulo, por exemplo, foi encomendado pelos organizadores desta obra por um serviço de e-mail, que chegou à minha caixa de entrada (agora, eu me coloco em primeira pessoa), com data registrada pelo servidor no dia 26 de abril de 2021, precisamente às 10:12. A temática, explicitada como assunto nesse gênero, já denunciava o objeto de discurso a ser focalizado como tópico central do texto: "Convite". A interação se estabeleceu, assim, no ecossistema de mensagens eletrônicas, da qual participaram os locutores Valdir e Tânia, que a mim se dirigiram como interlocutora, na prática de um gênero e-mail pessoal com propósito de convite.

## Exemplo 5: Convite

| Convite |
| --- |
| **Caixa de entrada** |

Tania Maris de Azevedo <tmazeved@ucs.br>  26 de abr. de 2021  10:12

para mim, Valdir

Prezada Professora Mônica M. Cavalcante,

Tudo bom?

Estamos organizando uma publicação intitulada "Novos olhares sobre os estudos do discurso: história e perspectivas". Trata-se de um livro estruturado em temas/termos e dirigido a um público amplo (iniciantes ou não) dos estudos linguísticos. No anexo, encontram-se maiores informações sobre o perfil do livro e do público visado.

Na verdade, entramos em contato, porque gostaríamos de convidá-lo a escrever o capítulo "**Referenciação**". As instruções para a elaboração dos capítulos são bem simples (uma visão geral do conjunto do livro encontra-se, também, no anexo).

O principal é que seu capítulo aborde o tema/termo de maneira que contemple, de um lado, a história do surgimento do assunto nos estudos do discurso e, de outro lado, as perspectivas atuais para o avanço da/na área.

Achamos importante avisar, porém, que estamos em fase de submissão da proposta a editoras. Isso significa que ainda não temos data prevista para lançamento do livro. Mas vamos nos empenhar para levar esse material a público o quanto antes.

Esperamos que tenha achado a ideia interessante e aceite nosso convite. Nesse caso, o que acha de definirmos o *deadline* para nos enviar seu texto até o dia **30 de setembro de 2021**?

Será uma honra contar com seu texto em nossa obra.

Um abraço,

Tânia Maris de Azevedo
Valdir do Nascimento Flores
Organizadores

Fonte: Arquivo pessoal da autora.

Ainda que por uma correspondência eletrônica pessoal, o contrato comunicativo que esse texto estabelece firma-se num campo social acadêmico. Conforme Hanks (2008), um campo, como forma de organização social, orienta-se por dois grandes traços: a configuração dos papéis sociais que os atores exercem e aos quais eles se ajustam; e o processo histórico em que eles assumem essas posições concretamente. Os locutores, no caso, são dois pesquisadores de notória reputação, engajados no papel profissional de emitir convites a pesquisadores para elaborarem capítulos para o livro que estão organizando. É nessa posição social que os professores Valdir e Tânia se dirigem a mim, como pesquisadora atuante na subárea de linguística textual, o que se reflete no emprego da forma dêitico-social do vocativo "Prezada professora" antecedendo de maneira cortês o nome completo Mônica M. Cavalcante. Os locutores se assinam embaixo, conforme convencionaliza o gênero, e se apresentam também pelo nome completo, seguido da função que desempenham na interação: "Organizadores". Esse índice de polidez, peculiar às correspondências formais, é atenuado um pouco pelas fórmulas fáticas de abertura e despedida "Tudo bom?" e "Um abraço", que geram efeitos de aproximação e intimidade entre colegas, suavizando a diferença de poder entre os papéis de organizador da obra e autor de capítulo.

Delimitou-se, assim, o campo dêitico no qual os locutores se instauram como sujeito e instituem o interlocutor, numa referenciação dêitico-pessoal historicamente situada. Ao se inscreverem no texto em acontecimento, os participantes da comunicação são, eles próprios, objetos de discurso no cenário em configuração. O ecossistema de mensagens eletrônicas permite que somente um dos locutores emita o e-mail, razão por que o destinador é apenas Tânia Azevedo, que o sistema nomeia e ilustra com uma foto do perfil. Embora os dois pesquisadores assinem ao final, o perfil naturalmente só exibe a logo da Universidade Caxias do Sul, a que a professora se vincula. A menção ao objeto de discurso relativo à universidade de origem da pesquisadora (intensificada pela imagem do logo) aumenta o grau de credibilidade dos papéis sociais que ela assume na ocasião, ao confirmar a filiação da professora já na assinatura do e-mail, ao mesmo tempo em que disponibiliza os ícones das redes sociais nas quais a universidade tem perfil.

Deve fazer parte do circuito comunicativo (Charaudeau, 2008) desse momento decidir pelo tipo de modalidade argumentativa (Amossy, 2008) que vai favorecer o bom funcionamento das estratégias persuasivas a serem escolhidas. A interação que aí se dá constitui um misto do que Amossy denomina de modalidade argumentativa *coconstruída* e de modalidade *negociada*, quando os parceiros da comunicação ocupam posições de poder diferentes, debatem uma questão a ser resolvida e se esforçam para encontrar uma solução comum para o problema, a fim de chegarem a um consenso.

Toda a dinâmica referencial que se constrói nessa interação digital é negociada nessas condições contextuais. Como interlocutora, faço projeções sobre prováveis intencionalidades dos locutores/atores sociais, assim como eles também projetam efeitos possíveis de seu dizer sobre a representação social que têm de mim. É exatamente nessas projeções que a negociação dos processos referenciais transcorre, bem como a de quaisquer outras escolhas textuais. Para criar esse e-mail, os locutores idealizaram um plano de texto (Adam, 2019) que previa a temática principal, seus desdobramentos, e a estrutura composicional pela qual o gênero em apreço poderia ser praticado com eficácia suficiente para os locutores exercerem sobre mim algum tipo de influência. Elegeram, para isso, uma composição textual de incitação à ação (Adam, 2019), o que justifica a seleção de imperativos, os trechos descritivos e o caráter procedural desse gênero, produzido quase como uma "mala direta" para os autores convidados.

O objeto de discurso introduzido no próprio assunto do e-mail já engatilha algumas possibilidades de associação semântica e de inferências sobre saberes culturais em torno do referente "convite". Desse modo, quando outro referente é introduzido e apresentado no texto como "uma publicação intitulada...", o objeto de discurso "convite" se confirma e é imediatamente recategorizado pelo acréscimo informativo (Custódio Filho, 2011) ligado à publicação do livro. Assim começa a se tecer a rede referencial que constituirá o foco de atenção desse texto, o tópico principal. Em torno desse eixo temático, outros objetos de discurso estarão ligados em rede, como a estrutura do livro em temas/termos, o público-alvo, o perfil da obra.

À medida que o tópico central neste texto vai se subdividindo em subtópicos, novas redes referenciais se associam *ad hoc*: a elaboração de um capítulo, o título do capítulo, as instruções, o assunto e os subtemas de que ele deve tratar: origens e perspectivas atuais. Note-se que estamos falando de objetos de discurso sendo construídos nesse universo textual, não de expressões referenciais, necessariamente.

Assim sendo, as redes referenciais desse texto são compostas e arranjadas para atender à orientação argumentativa de influenciar a interlocutora a aceitar o convite de atuar como autora de um dos capítulos da obra. Para tal ensejo, os objetos de discurso que topicalizam a proposta a uma editora, a data-limite para o envio do capítulo e a perspectiva de lançamento são cruciais para a tentativa de persuasão dos interlocutores. Mas também é bastante sedutora a estratégia metadiscursiva de engajamento quando se apela diretamente à interlocutora, com o emprego de formas dêitico-pessoais, e ainda quando se formula a pergunta retórica: "o que acha de definirmos o *deadline* para nos enviar seu texto até o dia *30 de setembro de 2021*?" Encapsular como "uma honra" a provável aceitação da interlocutora e designar o referente como "nossa obra" funcionam efetivamente também como recursos metadiscursivos fundamentais para a modalidade argumentativa posta em curso.

# 6 CONSIDERAÇÕES FINAIS

Conceber a referenciação com essa complexidade e dinamicidade pode ser uma solução metodológica importante para explicar criteriosamente como diversos sistemas semióticos, como o imagético e o sonoro, podem ancorar os objetos de discurso construídos na multimodalidade.

Os sentidos do texto não se constroem nem se reconstroem somente pela convocação de significados convencionalmente postos a escolher, mas se fazem principalmente pela criação colaborativa de objetos de discurso a partir de pistas de todos os sistemas semióticos manifestados em cada texto. É preciso ultrapassar a noção de referente como um objeto que se percebe apenas por expressões referenciais, mesmo porque nem elas, sozinhas, podem se bastar na negociação que os atores sociais fazem para articular indícios verbais e não verbais.

17

# Signo

Heloisa Monteiro Rosário

## 1 INTRODUÇÃO

Como seu título indica, este capítulo trata do *signo*. Mas o que mesmo isso quer dizer? Se vamos falar sobre *signo*, precisamos inicialmente nos interrogar sobre o que essa palavra significa. Afinal, quando dizemos *signo*, falamos sempre da mesma coisa?

Não sendo assim, já de saída, mais perguntas se apresentam:

1) A que sentidos a palavra *signo* remete?

2) O que determina esses diferentes sentidos?

3) O que é *signo*, e para quem?

4) Que *signo* interessa a quem se interroga por questões ligadas à língua e aos estudos do discurso, e por que motivo?

Esperamos, ao longo deste texto, responder a essas perguntas norteadoras (e a tantas outras indagações) que comumente nos fazemos quando falamos de *signo*. Para tanto, organizamos nossa reflexão nos diferentes itens apresentados a seguir.

Em "Origens históricas", através das ideias de Platão e Aristóteles, mostraremos que a discussão em torno da noção de *signo* surge, na Grécia antiga, com os filósofos da Antiguidade clássica, não sendo, portanto, recente na história do conhecimento humano. Mostraremos igualmente que, quando se faz uma discussão teórica, um trabalho de pesquisa, é fundamental que se tenha, de um lado, cuidado e rigor na escolha dos termos utilizados e, de outro, coerência teórica, respeitando os princípios epistemológicos[143] nos quais se baseiam as teorias e o pensamento dos teóricos com os quais operamos. Já em "Principais enfoques", avançando para a passagem do século XIX ao século XX, consideraremos as ideias de Charles Sanders Peirce, outro filósofo, bem como as do linguista Ferdinand de Saussure acerca do *signo*. Além disso, apontaremos alguns desdobramentos teóricos, dentro e fora do campo da linguística, em cujo cerne se encontra a noção de *signo linguístico* proposta por Saussure em seu *Curso de Linguística Geral*[144], publicado em 1916. Por sua vez, em "Desdobramentos atuais", buscando ressaltar a relação entre as noções de *signo* e discurso, traremos para discussão as ideias de outro linguista, Émile Benveniste, mobilizando algumas de suas formulações apresentadas em textos de seus *Problemas de linguística geral*[145], de 1966 e 1974. Abordaremos, em um primeiro momento, a problematização que Benveniste faz da questão do arbitrário em Saussure. Em seguida, discutiremos a noção de *signo* apresentada no âmbito de sua reflexão sobre a língua e seus modos de significância, mostrando em que medida essa noção não corresponde mais àquela proposta no *Curso*, mas sim a uma outra, a uma noção de *signo* que lhe é própria. Finalmente, em "Exemplo de análise", com o propósito de mostrar a pertinência de uma reflexão sobre o *signo* quando é o discurso que está em questão, traremos uma breve análise ilustrativa.

---

143. Os princípios epistemológicos envolvem as concepções a partir das quais um determinado saber (seja uma área do conhecimento, seja o pensamento de um autor) se organiza. Essas concepções se traduzem em um axioma central e estão estreitamente relacionadas à adoção de um determinado ponto de vista que orienta a formulação tanto das noções quanto das proposições teóricas e metodológicas apresentadas. Nesse sentido, p. ex., dizemos que Noam Chomsky concebe a linguagem como inata ao homem (seu axioma é: a linguagem é inata), tendo então um ponto de vista biológico; Émile Benveniste, por sua vez, concebe que é única a condição do homem na linguagem (seu axioma é: o homem está na linguagem/língua), tendo então um ponto de vista antropológico.

144. Daqui para a frente, apenas *Curso*.

145. Daqui para a frente, apenas *PLGI* ou *PLGII*, conforme se trate, respectivamente, do primeiro ou do segundo volume da obra.

## 2 ORIGENS HISTÓRICAS

Uma consulta a dicionários não especializados nos permite verificar que a *signo* correspondem acepções como: sinal que indica ou expressa algo; indício ou vestígio de algo; símbolo. Trata-se, nesse caso, de um uso comum, que diz respeito ao entendimento que, no senso comum, se tem daquilo que seja o sentido da palavra *signo*.

Há, ao lado desse uso comum, contudo, um uso especializado da forma *signo*, que se relaciona, é claro, não com o senso comum, mas com um determinado campo do saber que confere, consequentemente, um sentido especializado a *signo*, que se torna um termo. Estabelecemos, com isso, uma primeira divisão, bastante ampla, entre sentido comum e sentido especializado, mas que já nos possibilita, no entanto, entrar em uma questão bastante importante: a do ponto de vista, ou seja, a questão da perspectiva a partir da qual se fala.

Se, de um lado, com a palavra *signo*, temos um sentido comum, é porque o ponto de vista adotado é genérico; se, de outro, com o termo *signo*, temos um sentido especializado, é porque o ponto de vista adotado é específico. É, por conseguinte, o ponto de vista que determina os diferentes sentidos, o comum (ligado à palavra) e o especializado (ligado ao termo). Lembrando que, cada um deles, o comum e o especializado, pode ser um ou, porventura, vários.

Retomamos, para ilustrar essa diferença, o que é dito no campo lexico-gráfico e terminológico sobre o uso da forma *folha*:

> [o] item lexical *folha* pode atualizar o sentido de folha da árvore ou página de livro entre tantas outras possibilidades significativas que a comunicação ordinária permite. Já no domínio das especializações, como é o caso da Botânica, *folha* é objeto de conceituação, tal como expressa o seguinte enunciado: "órgão, geralmente, laminar e verde, das plantas floríferas ou fanerógamas e principal estrutura assimiladora do vegetal" (Houaiss; Villar, 2001, p. 1.365; Krieger; Finatto, 2004, p. 77).

Resumindo, a palavra (o item lexical) atualiza um sentido comum, corriqueiro, um sentido desvinculado de uma conceituação; o termo atualiza um sentido especializado, um sentido vinculado a uma conceituação.

Sendo assim, se já identificamos um sentido comum para *signo* – sinal que indica ou expressa algo; indício ou vestígio de algo; símbolo –, precisamos agora identificar um sentido especializado. E, para tanto, precisamos nos voltar para a história do conhecimento humano para mostrar quem fez da forma *signo* um objeto de conceituação através de uma reflexão teórica.

Olhando, então, para a história do conhecimento humano, constatamos que a noção de *signo* não é absolutamente nem um pouco recente, uma vez que sua discussão remonta à Antiguidade, aos filósofos da Grécia antiga, para sermos mais exatos.

Conforme Siouffi e Van Raemdonck (2009), na filosofia antiga considerava-se que a linguagem era uma expressão do cosmos, ou seja, uma expressão do mundo em sentido amplo. O surgimento da noção de *signo* se dá justamente nesse momento, atrelado a formulações envolvendo a linguagem e o mundo.

Platão (427/429 a.C.-347 a.C.), em seu diálogo *Crátilo*, trata da relação entre a linguagem e o mundo através de uma discussão travada por dois personagens a respeito da natureza dessa relação: Crátilo e Hermógenes. Discípulo de Heráclito (540 a.C.-480 a.C.), Crátilo defende que a substância profunda das coisas se encontra no aspecto das palavras que as representam, o que faz com que as palavras ajudem a conhecer as coisas. Hermógenes, por sua vez, vai em sentido contrário e defende a ideia de um caráter convencional, arbitrário, da linguagem nessa representação, o que faz com que as palavras não tenham nenhum laço com aquilo que expressam, não sendo nada mais do que o resultado de uma convenção estabelecida pelo homem.

Por meio das ideias de Crátilo e de Hermógenes, por conseguinte, Platão coloca em diálogo, na verdade, duas teorias sobre a natureza da linguagem, buscando aparentemente conciliá-las: a linguagem é, de fato, uma criação humana (tendo, portanto, um aspecto convencional), mas ela também decorre da essência das coisas, não sendo, desse modo, inteiramente livre (Siouffi; Van Raemdonck, 2009, p. 20).

É, então, nesse contexto de um questionamento sobre a natureza da relação existente entre a linguagem e o mundo que surge a ideia, a noção, de *signo*. Dito de outro modo, através de uma reflexão teórica no campo da filosofia sobre a natureza da linguagem, o *signo* se torna um objeto de conceituação. Trata-se de determinar se a linguagem representa o mundo em função de uma relação estabelecida natural ou convencionalmente com as coisas. Eis aqui, portanto, o termo *signo*, trazendo um sentido especializado – seu sentido na filosofia (no pensamento de Platão, mais precisamente).

Gostaríamos ainda de salientar que, para Platão, o *signo* estrutura-se em um modelo triádico, apresentando os seguintes componentes: o nome (*onoma*), a noção ou ideia (*logos*) e a coisa à qual ele se refere (*pragma*), o que mostra, em outras palavras, uma relação estabelecida entre a linguagem, o pensamento e o mundo, respectivamente.

Outra figura da filosofia antiga, Aristóteles (385 a.C.-322 a.C.), em *Da interpretação*, igualmente se debruça sobre a questão da relação entre a linguagem e o mundo, formulando-a, é claro, em seus próprios termos. Ele relaciona o *signo* (designado como *símbolo*) à lógica e à retórica e considera, em suas formulações, que o argumento está vinculado à existência de uma relação de implicação entre duas proposições (uma premissa que leva a uma conclusão). O *signo*, de seu ponto de vista, também se organiza em um modelo de composição triádico, cujos componentes são: o convencional (*symbolon*), as afecções da alma (*phathémata*) e o retrato das coisas (*prágmata*).

É importante observar que, assim como Platão e seu discípulo Aristóteles, muitos outros filósofos, em diferentes períodos da história, trataram da noção de *signo*, conferindo-lhe, a cada vez, um contorno específico, ou seja, uma determinada conceituação. Muitos deles também consideraram sua composição a partir de um modelo triádico; já outros propuseram um modelo diádico, como, por exemplo, os epicuristas[146]. De um modo ou

---

146. Para o epicurismo, corrente filosófica surgida com Epicuro no século IV a.C., o modelo de *signo* tem somente dois componentes: o significante (*semaínon*) e o objeto referido (*tygchámon*).

outro, contudo, a questão da relação entre a linguagem[147] e o mundo sempre esteve posta.

## 3 PRINCIPAIS ENFOQUES

Avançamos, nesse momento, alguns séculos na história do conhecimento para tratar das ideias de dois pensadores – Charles Sanders Peirce e Ferdinand de Saussure –, ambos incontornáveis em uma discussão sobre a noção de *signo*. Faremos isso a partir, sobretudo, da perspectiva de um terceiro pensador, o francês Émile Benveniste, cuja reflexão igualmente abordaremos na sequência.

Ainda no campo filosófico (agora na filosofia moderna), é preciso falar do lógico americano considerado o fundador da semiótica, Peirce (1839-1914), que se torna a grande referência, dentro e fora da filosofia, nos estudos sobre o *signo*. Na virada do século XIX para o século XX, Peirce elabora uma teoria geral dos signos, definindo o *signo* a partir de um modelo triádico[148]. Conforme o lógico, o *signo* é composto por três polos distintos – o *representamen* ou o significante (aquilo que funciona como um *signo*, ou seja, que representa algo para alguém), o objeto (aquilo que é representado, ou seja, o referente) e o interpretante (aquilo que permite a construção de uma interpretação, ou seja, o conjunto dos conhecimentos da cultura ou da experiência) –, que interagem produzindo a significação. Nesse sentido, como salienta Dortier (2010, p. 46), em Peirce, "o modelo geral do signo é concebido para adaptar-se ao contexto particular da comunicação, salientando sua dimensão pragmática".

---

147. Cabe ressaltar que, se Platão e Aristóteles restringem sua reflexão ao signo verbal, outros filósofos, como Santo Agostinho (354-430), estabelecem uma distinção entre signos convencionais (verbais e não verbais) e signos naturais (não verbais), possibilitando, assim, a consideração de diferentes linguagens, o que, na semiótica moderna, se consolida.

148. Peirce redige, entre 1885 e 1911, uma série de textos que serão publicados, na França, em 1978, na obra *Ecrits sur le signe*.

Por outro lado, considerando o conjunto dos signos existentes para Peirce, gostaríamos de trazer outras três noções – a noção de símbolo, de ícone e de índice –, assim definidas pelo lógico americano:

1) O símbolo é o *signo* (verbal ou não verbal) que remete a seu objeto por uma convenção. Desse modo, são símbolos, por exemplo, os sinais de trânsito, uma vez que permitem ou não, em função de uma convenção, a passagem de veículos e pedestres em uma via. Convencionou-se que, com o sinal vermelho, não podemos passar, ao passo que, com o sinal verde, podemos. Poderia, nesse sentido, ser o contrário, se a convenção fosse outra (com o sinal vermelho, podemos passar; com o sinal verde, não podemos). Observamos que Peirce considera as palavras da língua símbolos e, com isso, ressalta o aspecto convencional da linguagem. Por isso, para ele, diferentes palavras remetem a um mesmo objeto, representando-o. Chamamos assim, por exemplo, o objeto que permite ou não a passagem de veículos e pedestres em uma via de *semáforo* ou *sinaleira*, em um mesmo idioma (o português, conforme a região do Brasil), ou ainda de *semáforo* ou *feu tricolore*, em idiomas diferentes (o português e o francês, respectivamente).

2) O ícone é o *signo* (não verbal) que tem uma relação de semelhança com o objeto representado. Desse modo, é um ícone, por exemplo, a imagem de um semáforo (uma foto, um desenho), em função de sua semelhança com um semáforo, o objeto representado.

3) O índice é o *signo* (verbal ou não verbal) que indica ou sugere o objeto representado. Desse modo, é um índice, por exemplo, o demonstrativo que indica um objeto (como o gesto de apontar), o relâmpago que indica a tempestade, a fumaça que indica o fogo ou o sintoma que sugere a doença.

É possível perceber que, como na filosofia antiga, Peirce igualmente se interroga sobre a natureza da linguagem em sua relação com o mundo. Em sua teorização sobre o *signo*, também encontramos a distinção entre signos convencionais e signos naturais, a distinção entre signos verbais e signos não verbais, assim como um modelo triádico de composição que mostra o modo como a linguagem representa o mundo. Dito de outro modo, em sua conceituação da noção de *signo*, identificamos uma série de questões que não surgiram, na verdade, com ele, mas que são retomadas e ressignificadas de um ponto de vista que lhe é próprio.

Cabe ressaltar, por fim, que se trata de uma teoria bastante complexa na medida em que, além de a noção de *signo* desdobrar-se em outras (como as de símbolo, ícone e índice aqui apresentadas), envolvendo uma reflexão sobre diferentes linguagens, tudo pode ser considerado, conforme Peirce, um *signo*. Aliás, é justamente esse aspecto do pensamento do lógico americano que Benveniste (1902-1976) questiona em suas considerações a respeito da semiologia da língua.

Nos anos de 1960, sobretudo no final da década, o linguista francês desenvolve sua reflexão semiológica, que é apresentada em dois diferentes espaços de discussão: em seu artigo "Semiologia da língua"[149] e em suas aulas dedicadas à semiologia no Collège de France[150].

Na primeira parte do artigo (e também em suas aulas[151]), Benveniste salienta o fato de que, aproximadamente ao mesmo tempo e sem terem conhecimento um do outro, dois grandes pensadores não somente conceberam, mas também buscaram a instauração de uma ciência dos signos: Peirce, com a semiótica, e Saussure, com a semiologia.

---

149. Texto publicado originalmente, em 1969, na revista *Semiotica* e republicado, em 1974, em seu *PLGII*.

150. Essas aulas foram publicadas, em 2012, sob o título Últimas aulas no Collège de France (1968 e 1969), uma edição geneticamente estabelecida por Jean-Claude Coquet e Irène Fenoglio, a partir de notas manuscritas de Benveniste e de três de seus alunos (Jacqueline Authier, Claudine Normand e o próprio Coquet). Não se trata, por conseguinte, de um texto da pena de Benveniste, mas cuja redação, com base nos manuscritos referidos, coube aos editores da publicação, Coquet e Fenoglio. Observamos ainda que essas aulas correspondem essencialmente às ministradas, ao longo do ano letivo de 1968-1969, sobre questões de linguística geral.

151. Benveniste contrapõe as visões de Peirce e de Saussure, sobretudo na Primeira aula, nas aulas 2 e 3.

Benveniste ressalta o valor e a importância das ideias de Peirce, cuja "reflexão se armou de um aparelho cada vez mais complexo de definições visando repartir a totalidade do real, do concebido e do vivido nas diferentes ordens de signos" (1989, p. 44), salientando, porém, que a

> dificuldade, que impede toda aplicação particular dos conceitos peircianos, com exceção da tripartição bem conhecida, mas que permanece um quadro muito geral, está em que definitivamente o signo é colocado na base do universo inteiro, e que ele funciona por sua vez como princípio de definição para cada elemento e como princípio de explicação para todo o conjunto, abstrato ou concreto (1989, p. 45).

Nesse sentido, para Benveniste, o modo como Peirce compreende o *signo* e o *signo* no universo inteiro dos signos não permite que se estabeleça uma diferença que, de fato, instaure um princípio de unidade e um princípio de classificação entre os signos, pois, ainda que considerados como símbolo, ícone ou índice, todo *signo* é sempre um *signo* tomado em si mesmo e fora de qualquer relação com os demais. Não há, na verdade, como diferenciar um *signo* de outro na medida em que, como foi colocado, tudo é *signo* de alguma coisa (ou seja, representação), em uma relação estabelecida entre a linguagem e o mundo. Além disso, a propósito da língua, prossegue Benveniste:

> Peirce não formula nada de preciso nem de específico. Para ele a língua está em toda a parte e em nenhum lugar. Não se interessou jamais pelo funcionamento da língua, nem mesmo lhe prestou atenção. A língua se reduz, para ele, às palavras, e estas são igualmente signos, mas elas não são do domínio de uma categoria distinta ou mesmo de uma espécie constante. As palavras pertencem, na sua maior parte, aos "símbolos"; algumas são "índices", por exemplo os pronomes demonstrativos, e neste sentido elas serão classificadas com os gestos correspondentes, por exemplo, o gesto de apontar. Peirce não se deu conta do fato de que um tal gesto é universalmente compreendido, ao passo que o demonstrativo faz parte de um sistema de signos orais, a língua, e de um sistema particular de língua, o idioma (1989, p. 44).

Nesse ponto, fazendo o contraponto em relação às ideias de Peirce sobre o *signo*, Benveniste volta-se para o outro grande pensador – Saussure (1857-1913) – que, no início do século XX, também propôs a instauração de uma ciência dos signos. O genebrino Saussure – que não era filósofo, lembramos, mas sim linguista – tem a preocupação, conforme Benveniste,

> de descobrir o princípio de unidade que domina a multiplicidade de aspectos com que nos aparece a linguagem. Somente este princípio permitirá classificar os fatos da linguagem entre os fatos humanos. A redução da linguagem à língua satisfaz esta dupla condição: ela permite colocar a língua como princípio de unidade e ao mesmo tempo encontrar o lugar da língua entre os fatos humanos. Princípio de unidade, princípio de classificação, eis introduzidos os dois conceitos que vão, por sua vez, introduzir a semiologia (1989, p. 47).

Ao contrário do que propõe Peirce, portanto, na reflexão que Saussure faz no *Curso*, a língua tem um lugar central, pois é ela que oferece o princípio de unidade e o princípio de classificação necessários para pensar a questão semiológica. Isso porque, para Saussure, "o signo é antes de tudo uma noção linguística, que mais largamente se estende a certas ordens de fatos humanos e sociais" (1989, p. 49).

Essa reflexão de Benveniste nos permite compreender que, com Saussure, há uma outra conceituação de *signo*, uma mudança de ponto de vista, que nos faz passar do campo da filosofia, no qual a noção foi primeiramente pensada, para o campo da linguística. Saussure afasta-se, desse modo, de uma concepção filosófica de *signo* (como representação), propondo uma concepção linguística: a de *signo linguístico*, o que mostraremos a seguir.

Antes, porém, considerando o exposto a respeito da diferença entre sentido comum e sentido especializado, de um lado, e o breve panorama apresentado (retomando a noção de *signo*, da filosofia à linguística, na história do conhecimento), de outro, gostaríamos apenas de ressaltar que é fundamental sabermos de que *signo* tratamos quando mobilizamos, em uma discussão teórica, em um trabalho de pesquisa, essa noção (como qualquer outra, aliás). Afinal, quando dizemos *signo*, não falamos sempre da mesma coisa. Precisamos, como vimos, sempre determinar o ponto de vista a partir do qual nos colocamos, compreendendo, a cada vez, tanto as noções quanto as proposições teóricas e metodológicas em questão. Dito isso, vamos então a Saussure!

Seu *Curso* é publicado, em 1916, pelos editores Charles Bally (1865-1947) e Albert Sechehaye (1870-1946), a partir das notas de alunos de Saussure, em especial as de Albert Riedlinger (1883-1978), referentes aos três cursos sobre linguística geral por ele ministrados, de 1907 a 1911, na Universidade de Genebra. Não se trata, portanto, de uma publicação de Saussure, de sua autoria, embora assim tenha ficado conhecida[152].

Neste texto não entraremos nessa discussão sobre o que, no *Curso*, efetivamente pertence ou não a Saussure. Consideramos, como Fiorin, Flores e Barbisan, que o "*Curso* é, para a Linguística, um discurso fundador" (2013, p. 8), um discurso fundador que se coloca, como mostram os autores, em oposição a outros discursos (a outros pontos de vista) sobre a linguagem: o discurso transcendentalista, o analogista e o anomalista[153].

Contrapondo-se a esses discursos, Saussure se dedica à instauração de uma nova ciência, a linguística, e à definição de seu objeto. Ele estabelece que a linguística não se interessa pela linguagem (que é de natureza heterogênea, multiforme e heteróclita) nem pela fala (que é acessória e individual), mas sim pela língua (que é de natureza homogênea, social e essencial). Em suas palavras, "a *Linguística tem por único e verdadeiro objeto a língua considerada em si mesma e por si mesma*" (2006, p. 271, grifos do autor). Com essa definição, Saussure mostra que a linguagem não é um meio (conforme o discurso transcendentalista), mas tem um fim em si mesma na medida em que os fatos linguísticos encontram explicação na língua, no interior da linguagem, e não fora dela. Trata-se do princípio da imanência.

Nessa perspectiva, Saussure igualmente define que a "língua é um sistema de signos que exprimem ideias" (2006, p. 24), "um sistema do qual

---

152. Para saber mais sobre Saussure e o *Curso*, recomendamos a leitura de Fiorin, Flores e Barbisan, 2013; Faraco, 2016.

153. O ponto de vista transcendentalista é aquele para o qual "a linguagem é um meio para compreender a sociedade humana, o psiquismo do homem, seu sistema conceitual, a marcha do homem sobre a Terra, as propriedades físicas dos sons etc."; o analogista é aquele que baseia "suas explicações na associação por semelhança"; o anomalista é aquele para o qual "a realidade é única, não podendo os fatos serem generalizados" (Fiorin; Flores; Barbisan, 2013, p. 8).

todas as partes devem ser consideradas em sua solidariedade sincrônica" (2006, p. 102). Ou seja, ele não apenas introduz a ideia de *signo linguístico*, mas ainda as de sistema e de valor (noções fundamentais), afirmando que os signos não são termos positivos, mas se encontram em uma relação distintiva e opositiva uns com os outros e, por isso, significam[154].

Eis introduzidos, assim, o princípio de unidade e o princípio de classificação necessários para pensar a questão semiológica que, conforme Benveniste, a teoria do lógico americano não apresenta. Lembramos que Benveniste identifica nesse aspecto "o ponto crítico" da concepção de Peirce, uma vez que, diz ele em suas aulas no Collège de France, "só podemos estabelecer a relação de signo sobre uma *diferença*, entre aquilo que é e aquilo que não é signo. Portanto, é preciso que o signo seja tomado e compreendido em um *sistema de signos*" (2014, p. 101, grifos do autor).

Em relação ao *signo linguístico*, Saussure apresenta um modelo diádico de composição. Trata-se de uma entidade psíquica de duas faces, composta por um conceito (posteriormente chamado de significado) indissociável de uma imagem acústica (posteriormente chamada de significante)[155]. Dito de outro modo, o *signo* não remete a uma materialidade, a uma realidade concreta, mas a uma abstração (o que é fundamental para a compreensão de seu pensamento). Desse modo, o significado não é a coisa no mundo, o objeto real, mas uma ideia, assim como o significante não é o som propriamente dito, mas a impressão psíquica do som.

Por outro lado, o *signo* é arbitrário, visto que não existe nenhuma motivação (razão de qualquer ordem) no laço que une um significado a um determinado significante e vice-versa. Daí por que, vale o registro, nesse contexto, arbitrário significa imotivado e também não convencional[156].

---

154. A língua não é, portanto, uma nomenclatura (uma representação), visto que Saussure não estabelece uma relação da língua com o mundo, mas dos signos entre si em um sistema.

155. Saussure recorre à metáfora da folha de papel e de seus dois lados indissociáveis para ilustrar o *signo* e suas duas faces.

156. Lembramos que, no campo da filosofia, arbitrário significa convencional, algo estabelecido por uma convenção.

Por fim, dentre outros aspectos, gostaríamos sobretudo de ressaltar o fato de Saussure mostrar que o *signo* não é uma positividade (um termo positivo, em outras palavras), mas se define a partir de relações de diferença (no eixo sintagmático) e de oposição (no eixo associativo) que determinam seu valor, o sentido do *signo* no sistema. Por isso, a afirmação de que a língua é forma (na medida em que envolve um conjunto de relações que os significados, os significantes ou os próprios signos estabelecem entre si) e não substância (na medida em que não equivale ao som ou ao conceito)[157].

Desse modo, se em relação aos estudos sobre a linguagem o discurso de Saussure é um discurso fundador, como já colocamos, podemos igualmente considerar que se trata de um discurso fundador em relação ao discurso da filosofia sobre o *signo*. De uma noção de *signo* que toma a linguagem como representação em sua relação com o mundo, passa-se a uma noção de *signo* na qual a significação se dá no interior da própria língua, em função da noção de *signo linguístico*, de um lado, e das noções de sistema e de valor, de outro.

É importante registrar ainda que embora Saussure não tenha avançado no campo da semiologia (uma vez que se limita a propor, no *Curso*, sua criação e a listar, ao lado da língua, alguns poucos sistemas de signos), sua influência no campo é muito grande. Com base em suas ideias sobre a língua e o *signo linguístico*, uma semiologia de base saussureana desenvolveu-se fortemente a partir dos anos de 1950 e 1960, na França, através de três correntes distintas: a semiologia da comunicação, a semiologia da significação e a semiologia narrativa[158] (Dortier, 2010, p. 47).

---

157. Saussure recorre à metáfora do jogo de xadrez para ilustrar a noção de valor. Com isso, assim como o valor da peça não está no material do qual é feita, mas na relação estabelecida com as outras peças do jogo, o valor do *signo* não decorre de uma substância (do som, p. ex.), mas das relações estabelecidas com os outros signos do sistema.

158. A semiologia da comunicação se interessa pela denotação e pela conotação de códigos muito estruturados (numeração telefônica, código de trânsito, p. ex.), é influenciada pelo funcionalismo de André Martinet e tem os linguistas Georges Mounin e Luis Pietro como representantes; a semiologia da significação estuda a conotação e privilegia a recepção do *signo* e não o código, tendo sido desenvolvida por Roland Barthes; por fim, a semiologia narrativa (também denominada semiótica) postula que a diversidade dos discursos pro-

No que diz respeito, por sua vez, ao campo da linguística, o discurso do *Curso* efetivamente funda a linguística moderna, propondo um novo paradigma, um novo modelo em relação ao qual, de um modo ou outro, todas as teorias, a partir do século XX, irão se posicionar, seja para refutar, seja para confirmar, seja para ressignificar suas proposições. A título de exemplo, citamos alguns dos linguistas que colocaram as ideias de Saussure sobre a língua e a noção de *signo linguístico* no cerne de suas elaborações teóricas: Louis Hjelmslev, com sua glossemática, além de Roman Jakobson, Émile Benveniste, Antoine Culioli e Oswald Ducrot, no campo enunciativo.

## 4 DESDOBRAMENTOS ATUAIS

Apontado por muitos como herdeiro de Saussure, Benveniste pertence, na verdade, ao que se convencionou denominar a "Escola linguística de Paris": um movimento intelectual que surgiu no final do século XIX, se estendeu por quase cem anos e envolveu grandes figuras do campo – Michel Bréal (1832-1915), Ferdinand de Saussure (1857-1913) e Antoine Meillet (1866-1936) – que ocuparam, como ele e antes dele, cátedras tanto na École Pratique des Hautes Études (Ephe) quanto no Collège de France em Paris[159] (Milner, 2008, p. 61-62).

Benveniste inscreve-se, por conseguinte, em uma tradição de pensamento sobre a linguagem que não se inicia com Saussure, mas que tem, no mestre genebrino e em seu *Curso*, seu eixo norteador. Nessa perspectiva há um profundo diálogo com as ideias de Saussure que, a seu modo, são retomadas e discutidas por Benveniste. Considerando a noção de *signo*, nosso

---

vém da combinação de componentes elementares e se constitui em torno dos trabalhos de Algirdas Greimas, herdeiro de Saussure e de Hjelmslev (Dortier, 2010, p. 47-48). Lembramos ainda que o termo semiótica concerne, geralmente, aos estudos que se relacionam às ideias de Peirce.

159. Na Ephe, sucedem-se Bréal, Saussure, Meillet e Benveniste, e, no Collège de France, Bréal, Meillet e Benveniste. Saussure não sucede Bréal no Collège de France, visto que, em 1891, deixa Paris e volta para Genebra.

objeto neste capítulo, e buscando ressaltar sua relação com a noção de discurso, salientamos então dois aspectos da reflexão benvenisteana: a problematização da questão do arbitrário e a própria noção de *signo linguístico*.

No artigo "Natureza do signo linguístico", publicado originalmente na revista *Acta linguistica*, em Copenhague, em 1939, Benveniste retoma a noção saussureana de *signo*, problematizando sobretudo a noção de arbitrariedade. Anos depois, em 1966, o mesmo artigo é republicado, sem alterações (vale dizer)[160], no *PLGII*. Através desse texto, como mostra Flores (2013, p. 51), Benveniste é "o primeiro a fazer uma leitura crítica a Saussure, no século XX e no mundo francófono, que tem repercussão internacional". É preciso compreender, no entanto, qual é exatamente essa crítica que Benveniste dirige a Saussure e em que contexto ela ocorre. Afinal, em 1939, Benveniste somente tem acesso ao *Curso*, e é em relação a esse discurso fundador que se posiciona.

Flores nos mostra que Benveniste não critica a noção de arbitrariedade em si, ou seja, sua vinculação à noção de imotivado: "o signo, no CLG, é apresentado como *arbitrário* porque é *imotivado*, porque *não tem com o significado nenhum laço natural na realidade*" (2013, p. 51, grifos do autor). Benveniste critica, de fato, "a demonstração dada no CLG" (Flores, 2013, p. 51), através do exemplo "boi" (a palavra francesa *boeuf* relacionada ao significante *b-ö-f*, de um lado da fronteira franco-germânica, e *o-k-s*, de outro), utilizado para reforçar um outro exemplo dado anteriormente a propósito da associação entre significado e significante na constituição do *signo*: "a ideia de 'mar' não está ligada por relação alguma interior à sequência de sons *m-a-r* que lhe serve de significante"[161] (2006, p. 81).

---

160. Flores (2013) salienta o fato de Benveniste não ter, para a edição do *PLGI*, reformulado o artigo, uma vez que, depois de 1939, teve acesso à tese de Robert Godel (*Les sources manuscrites du Cours de linguistique générale*), publicada em 1957, com um levantamento detalhado das fontes utilizadas na organização do *Curso*. Para o autor, essa não reformulação sinaliza que Benveniste tem uma elaboração própria da noção, o que, em seus textos dos anos de 1960, pode-se perceber com maior clareza.

161. Na edição francesa, não encontramos o exemplo "mar", mas "irmã".

É, desse modo, um dos exemplos que ilustram a noção de arbitrariedade o objeto de sua crítica, na medida em que traz, para o raciocínio de Saussure nesse ponto, um terceiro termo "a própria coisa, a realidade" (Benveniste 1995, p. 54): ou seja, com o exemplo do "boi", Saussure acaba afirmando que *b-ö-f* e *o-k-s* correspondem a uma mesma realidade (a própria coisa "boi"), considerada em cada um dos lados da fronteira. Ora, com a introdução desse terceiro termo (o mundo, a realidade), Benveniste identifica uma visão convencionalista do arbitrário no *Curso*, como aquela dos filósofos, da qual, na verdade, o próprio Saussure se afasta. Afinal, a língua não é uma nomenclatura, pois o *signo linguístico* não representa o mundo, a realidade.

Opondo-se ao *Curso*, Benveniste sustenta que a relação significado/significante não é arbitrária, mas sim necessária. Ou seja, sem essa relação entre significado, de um lado, e significante, de outro, não há *signo*. Daí sua ideia de necessidade. De seu ponto de vista, a arbitrariedade não está, portanto, na relação significado/significante, interior ao *signo*, como afirma o *Curso*, mas sim na relação do *signo* com o mundo. Daí sua ideia de arbitrariedade[162]. Consequentemente, conforme Flores,

> Benveniste opta, então, por uma nova definição de signo. [...] Na formulação benvenisteana, a noção de *arbitrário*, entendida como aplicação de um termo à realidade, estaria próxima do campo da *contingência* de uma língua, enquanto a relação significante/significado estaria próxima do campo da *necessidade*: é *necessário* que se tenha a relação significante/significado para que exista uma língua; é *contingente* a relação à realidade que o signo possa fazer (2013, p. 53, grifos do autor)[163].

Benveniste, contudo, vai além da questão do arbitrário em relação à noção de *signo linguístico*. Em dois diferentes textos que datam dos anos

---

162. Sobre a crítica de Benveniste no artigo "Natureza do signo linguístico" à questão do arbitrário, sugerimos a leitura de Gadet, 1990; Normand, 2004; Flores, 2013.

163. Observamos que contingente mostra algo que é da ordem do acidental, do imprevisível, do incerto, não tendo qualquer relação com a ideia de convencional.

de 1960, "A forma e o sentido na linguagem" (1966/1967)[164] e "Semiologia da língua" (1969)[165], o linguista novamente retoma a noção saussureana de *signo* e lhe confere um outro contorno. Isso ocorre no âmbito de sua reflexão a respeito da língua e seus modos de significância, quando Benveniste elabora as noções de semiótico e semântico.

Tal como postulado por Saussure, para Benveniste o semiótico corresponde ao modo de significação próprio ao *signo linguístico*: um *signo* vale o que os outros signos de um mesmo sistema não valem, já que cada *signo* encontra-se em uma relação negativa e opositiva, uma relação paradigmática, com os demais signos do sistema. Assim, conforme Benveniste:

> Cada signo entra numa rede de relações e de oposições com os outros signos que o definem, que o delimitam no interior da língua. Quem diz "semiótico" diz "intralinguístico". Cada signo tem de próprio o que o distingue dos outros signos. Ser distintivo e ser significativo é a mesma coisa (1989, p. 227-228).

Porém, Benveniste igualmente afirma que "tudo o que é do domínio do semiótico tem por critério necessário e suficiente que se possa identificá-lo no interior e no uso da língua" (1989, p. 227), o que leva, mais uma vez, à ideia de uma nova conceituação de *signo*. Afinal, diferentemente de Saussure, Benveniste traz, para o interior da noção de *signo linguístico*, a noção de uso da língua e, consequentemente, a noção de falante.

Desse modo, no que se refere ao semiótico, o que conta do ponto de vista benvenisteano é saber se um *signo* é ou não distintivo (se significa ou não, portanto), o que somente pode ser determinado por "aqueles que manuseiam a língua, aqueles para os quais esta língua é *a língua*" (1989, p. 227, grifo do autor). Por isso, na tradução brasileira do *PLGII*, temos o tão

---

164. Trata-se da conferência com a qual Benveniste inaugura o XIII Congresso das Sociedades de Filosofia de Língua Francesa, ocorrido em Genebra, no ano de 1966. Depois de duas publicações iniciais (em 1966, nos *Actes* do próprio Congresso, e em 1967, em *Le langage II*), o texto dessa exposição é publicado, em 1974, na quinta parte do *PLGII*, denominada, aliás, "O homem na língua".

165. Trata-se do artigo publicado, em 1969, na revista *Semiótica* e, posteriormente, em 1974, no *PLGII*.

comentado exemplo: "'Chapéu' existe? Sim. 'Chaméu' existe? Não" (1989, p. 227)[166], mostrando que, para aqueles que fazem uso da língua portuguesa, seus falantes, "chapéu" significa pelo fato de ser distintivo em relação aos outros signos do português, ao passo que "chaméu" não significa simplesmente pelo fato de não ser distintivo no sistema do português.

Nesse sentido, ainda que Benveniste refira abertamente Saussure ao tratar do semiótico, não está mais em jogo, em sua elaboração teórica, uma concepção saussureana de *signo* na medida em que sua "noção de signo já inclui a noção de uso feito pelos falantes" (Flores, 2013, p. 139), que se torna um princípio de discriminação. Assim, é o falante, para quem o português (um sistema linguístico, uma língua) é *o português* (seu sistema linguístico, sua língua), que reconhece ou não uma unidade como *signo* do português, de sua língua. Eis por que esse falante reconhece a unidade "chapéu" como sendo português (independentemente de qual seja seu sentido), mas não reconhece "chaméu".

Por outro lado, se o semiótico (o *signo*) deve ser reconhecido pelo falante, o semântico deve ser compreendido, uma vez que corresponde ao modo de significação produzido pelo que Benveniste denomina como discurso (frase ou mensagem, conforme o texto):

> a mensagem não se reduz a uma sucessão de unidades que devem ser identificadas separadamente; não é uma adição de signos que produz o sentido; é, ao contrário, o sentido (o "intencionado"), concebido globalmente, que se realiza e se divide em "signos" particulares, que são as palavras (1989, p. 65).

O que está aqui em questão, por conseguinte, é o modo de significação próprio à palavra, à língua em emprego e em ação. Nesse caso, o sentido não está mais vinculado a uma relação de paradigma (como no semiótico), mas a uma relação de sintagma, pois o sentido da palavra depende de seu emprego na frase, da organização sintática dos "elementos do enunciado destinado a transmitir um sentido dado, numa circunstância dada" (1989,

---

166. No texto original, o exemplo pertence, evidentemente, a um outro sistema de signos: *chapeau* e *chameau* existem na língua francesa; *chareau*, por sua vez, não existe.

p. 230). Afinal, como coloca Flores, conforme Benveniste, o semântico envolve um modo de significação do "sistema linguístico que resulta da inserção do sujeito na língua" (Flores *et al.*, 2009, p. 205), o que faz com que o sentido da palavra resulte de uma determinada situação discursiva na qual a inscrição linguística do sujeito mostra-se através de marcas de tempo, de espaço e de pessoa.

Nessa perspectiva, por exemplo, se o falante de português reconhece "chapéu" como um *signo* da língua (uma unidade significativa), esse mesmo falante, considerando o sentido global das sequências "tirar o chapéu", "passar o chapéu" e "dar um chapéu", compreende que a palavra "chapéu" não significa simplesmente, nesses casos, "peça de vestuário que serve para proteger ou adornar a cabeça", como em "chapéu de palha", mas, respectivamente, "forma de cumprimento, agradecimento ou homenagem", "pedido de contribuição financeira" e "drible no qual um jogador passa a bola por cima da cabeça de outro", conforme o emprego que se faz da palavra "chapéu" nessas diferentes sequências.

Com isso, Benveniste mostra que, em relação ao semiótico, não importa estabelecer qual é o sentido de um *signo*, que será sempre genérico, mas sim o falante reconhecer se uma unidade tem sentido, sendo então um *signo* de sua língua; já em relação ao semântico, importa o falante compreender o sentido particular da palavra (a língua em emprego e em ação), a cada vez, o que advém das relações sintagmáticas presentes em cada sequência.

Como podemos perceber, o modo como Benveniste compreende a língua e seus modos de significância faz com que não se possa mais identificar, apesar de uma constante remissão a Saussure, a noção saussureana de *signo* em sua reflexão. Temos aí, de fato, uma nova conceituação de *signo*, a partir de outro ponto de vista: a concepção benvenisteana de *signo linguístico*, que envolve a questão da língua e de seu uso pelo falante.

Por fim, é preciso salientar que tanto a questão do uso da língua quanto a questão do falante não são, de modo algum, estranhas ao pensamento de Saussure. Segundo Fiorin, Flores e Barbisan (2013, p. 9), ao estabelecer o princípio da arbitrariedade do *signo*, Saussure desvela que "os signos são produtos dos seres humanos e, portanto, não são naturais, mas culturais", ou seja, a "ordem da língua não é um reflexo da ordem do mundo, mas uma construção das comunidades humanas" que fazem uso dela. Os autores igualmente salientam que, para Saussure, a língua é a parte social da linguagem e existe na coletividade. Ou seja, existe em seus falantes. Daí por que, como insiste Flores (2013, p. 61), "abundam [no *Curso*] as passagens em que Saussure recorre à 'massa falante' para validar seu raciocínio".

Desse modo, uso e falante são questões presentes no *Curso*, não exatamente na elaboração da noção de *signo linguístico*, como em Benveniste, para quem aí está seu princípio de discriminação, mas como um recurso para a validação do que diz Saussure na ilustração de suas proposições. Ora, essa diferença não é insignificante, pois implica, como buscamos demonstrar, uma evidente diferença na conceituação da noção de *signo*.

## 5 EXEMPLO DE ANÁLISE

Nesse momento, por meio de uma breve análise, gostaríamos de mostrar a pertinência de uma reflexão sobre o *signo* quando é o discurso (a palavra, a língua em emprego e em ação) que está em questão.

É muito comum que, ao produzirem uma versão bilíngue de seu currículo, estudantes de Letras com pouca proficiência em francês utilizem as seguintes sequências, (1) em português e (2) em francês, para se referirem à sua formação universitária ainda em curso:

(1) Graduação em Letras (em curso)

(2) *Graduation en Lettres (en cours)*

Em (1), vemos que o falante (o/a estudante) reconhece o *signo* "graduação" do português (sua língua), assim como compreende a palavra "graduação" nesse contexto específico, resultante das relações sintagmáticas presentes nessa sequência. Em (2), vemos que o falante reconhece o *signo* "*graduation*" do francês (a língua estrangeira que estuda), sem compreender, porém, a palavra "*graduation*" em francês.

Conforme o dicionário, "*graduation*" significa a ação de graduar um instrumento de medida, cada uma das divisões estabelecidas por uma graduação, o conjunto das divisões de uma escala graduada, ou ainda, por exemplo, uma ação exercida gradualmente[167.] Ora, nenhum dos sentidos da palavra "*graduation*" dicionarizados refere-se à formação em um curso universitário, o que compromete a escolha realizada em (2).

Por sua vez, nessa mesma situação, estudantes mais proficientes utilizam a sequência (3) em francês:

(1) *Licence en Lettres (en cours)*

A escolha apresentada em (3) mostra que o falante (o/a estudante) reconhece o *signo* "*licence*" do francês (a língua estrangeira que estuda), assim como compreende a palavra "*licence*" no contexto em questão (o de um currículo); o que, aliás, conforme o dicionário, corresponde a um dos sentidos possíveis de "*licence*": grau universitário intermediário entre o final do ensino médio e os estudos de mestrado e doutorado[168.]

A partir do exame desses exemplos, fica claro que, para se traduzir, **não basta** conhecer diferentes sistemas linguísticos, ou seja, nesse caso, os signos do português e do francês (o semiótico), é preciso, além disso, compreender o funcionamento desses dois sistemas, o funcionamento desses signos em seu uso pelo falante (o semântico).

Aproveitando essa análise, gostaria de lembrar que as noções de semiótico e semântico permitem a Benveniste (1989, p. 233) não apenas falar da impossibilidade da tradução (a impossibilidade de se transpor o semioticismo de uma língua para o de outra), mas também da possibilidade da tradução (a possibilidade de se transpor o semantismo de uma língua para o de outra), o que ocorre porque:

---

167. Cf. https://www.cnrtl.fr/definition/graduation
168. Cf. https://www.cnrtl.fr/definition/licence

1) o sentido de um *signo*, sempre genérico, dá-se intrassistema (um *signo* vale o que os outros signos do mesmo sistema não valem), não havendo, por isso, relação entre signos de sistemas distintos;

2) o sentido de uma palavra, sempre particular, dá-se no enunciado produzido por um locutor (advém das relações sintagmáticas aí presentes), havendo, por isso, a possibilidade de se buscar, em outra língua, uma palavra equivalente, ou seja, uma forma de se dizer, na outra língua, o mesmo.

Trouxemos um exemplo envolvendo uma questão de tradução de um idioma para outro (do português para o francês), mas salientamos que poderíamos, é claro, ter tratado de uma questão de significação envolvendo um mesmo idioma, uma mesma língua.

## 6 CONSIDERAÇÕES FINAIS

Neste capítulo, tratamos da noção de *signo*. Vimos que, quando falamos de *signo*, não falamos sempre da mesma coisa. Se, de um lado, identificamos um sentido comum, vinculado a um ponto de vista genérico, de outro, identificamos um sentido especializado, vinculado a um ponto de vista específico, para o qual precisamos olhar com cuidado na medida em que esse sentido está sempre relacionado a uma determinada conceituação.

Vimos que, na filosofia antiga, o *signo* se torna um objeto de conceituação no âmbito de um questionamento sobre a natureza da relação existente entre a linguagem e o mundo: interessa determinar se a linguagem representa o mundo em função de uma relação estabelecida natural ou convencionalmente com as coisas.

Posteriormente, avançando na história do conhecimento, passamos às ideias de Peirce e de Saussure, que propuseram, cada um a seu modo, uma ciência dos signos. Valendo-nos da análise que Benveniste faz das proposições desses dois grandes pensadores, mostramos igualmente por que o linguista francês encontra, na noção saussureana de *signo*, o princípio de unidade e o princípio de classificação que o *signo* peirceano não apresenta.

Mostramos ainda que Saussure, rompendo com a tradição filosófica, propõe no *Curso* uma outra conceituação de *signo*, uma mudança de ponto de vista. Isso porque, colocando a língua no centro da reflexão com sua ideia de *signo linguístico*, o mestre genebrino sustenta que a linguagem tem um fim em si mesma, uma vez que a explicação para os fatos linguísticos não está fora dela, mas depende das relações que os signos estabelecem entre si dentro de um determinado sistema. A língua, assim, não representa mais o mundo, mas significa em si mesma e por si mesma.

Além disso, trouxemos para a discussão a reflexão de Benveniste sobre o *signo* e a significância da língua, o que nos possibilitou ressaltar a relação existente entre *signo* e discurso. Ressaltamos que, sobre a questão do arbitrário, Benveniste estabelece que a relação significante/significado é necessária, enquanto a relação do *signo* com o mundo é arbitrária (contingente). Salientamos, por outro lado, que o linguista confere um contorno particular à noção de *signo*, o que aparece não apenas em sua discussão a respeito da arbitrariedade, mas também (e sobretudo) no modo como compreende a língua e seus dois modos de significância: o semiótico, no qual o *signo* (uma unidade distintiva do sistema) deve ser reconhecido, e o semântico, no qual a palavra (a língua em emprego e em ação) deve ser compreendida.

Dos linguistas que colocaram as ideias de Saussure no cerne de suas proposições, acreditamos que Benveniste seja, assim, o teórico que mais contribui para uma possível resposta à "Que *signo* interessa a quem se interroga por questões ligadas à língua e aos estudos do discurso, e por que motivo?", justamente porque propõe uma conceituação da noção de *signo* que inclui o uso e o falante, estando estreitamente relacionada a uma nova conceituação da própria noção de língua. Afinal, é essa perspectiva de Benveniste a propósito do *signo* e da língua (considerada a partir de uma visão antropológica da linguagem, uma visão que inclui o homem na língua) que permite o surgimento de uma série de estudos que se interessam sobre o modo como a língua significa, seja em uma reflexão linguística, envolvendo questões discursivas, seja em uma reflexão semiológica, envolvendo questões nas quais a língua se configura em um sistema interpretante dos demais fatos humanos (ou seja, um sistema que significa os demais a partir de seu próprio sistema significante). Com isso, prospectivamente, se temos uma abertura para estudos no campo da enunciação, de um lado, temos uma abertura para estudos no campo da semiologia, de outro.

De nosso ponto de vista, de todo o modo, identificamos, a partir dessas ideias de Benveniste sobre o *signo* e, consequentemente, sobre a língua, a possibilidade e a potencialidade de um outro discurso fundador: aquele que faz da língua um ponto incontornável para os estudos que falam do homem ou, dito de outro modo, aquele que faz da língua um ponto de convergência para as ciências humanas.

Ora, não é à toa que, como afirma Arrivé (1997), Benveniste é considerado o linguista francês que mais influenciou o século XX pela repercussão de suas ideias sobre a linguagem, a língua e o discurso dentro e fora do campo da linguística.

# 18

# Texto

Anna Christina Bentes

## 1 INTRODUÇÃO

Apresentar o conceito de texto é sempre um desafio e, ao mesmo tempo, um convite à reflexão. Antes de iniciar esta apresentação, traremos à tona algumas questões fundamentais sobre as experiências com textos nas sociedades contemporâneas, experiências estas resultantes da grande e intensa circulação de textos entre produtores e consumidores de materiais simbólicos.

É possível dizer que *textos são fenômenos inspiradores*. Textos podem nos inspirar a ler ou a ouvir outros textos e a, eventualmente, produzir textos sobre os textos com os quais interagimos. Essa rede que se forma entre o polo da produção e o polo da compreensão de textos é complexa, diversa e contínua. Quando, por exemplo, nos detemos sobre um texto noticioso que ouvimos no rádio, sobre uma história que alguém nos conta, sobre a história de um filme que assistimos, é quase certo que, na maioria das vezes, vamos produzir outros textos sobre partes ou sobre a totalidade desses textos com os quais tivemos contato.

Os nossos e os outros textos que ouvimos ou lemos podem também ser retextualizados (Marcuschi, 2001) para outros interlocutores em outros contextos. Quando lemos, ouvimos ou temos acesso a um texto que nos causa impacto, quase sempre acabamos por produzir outros textos sobre ele, comentando seus conteúdos e/ou reproduzindo/retextualizando o texto para outras pessoas.

*Textos também podem nos inspirar a agir de certo modo pela linguagem no mundo social.* Por exemplo, quando alguém se inspira no conjunto de falas de outra pessoa e passa a querer produzir falas como aquelas, tais como quando uma aluna se inspira nas aulas de um professor de Literatura para tentar também ser uma professora de Literatura no futuro. Ou quando uma pessoa admira as ações textuais-discursivas realizadas por um comediante e *youtuber*"[169] – como, por exemplo, parodiar letras de música e videoclipes, produzir textos humorísticos para serem divulgados por meio de *performances* videogravadas e divulgadas no YouTube, desejando transformar-se em um comediante e youtuber das redes sociais no futuro. Ou ainda como quando alguém pode ser influenciado a tentar produzir narrativas para serem divulgadas em um canal do YouTube, tal como acontece em um canal "que tematiza casos criminais e mistérios"[170]. Um último exemplo de como a produção textual de alguém pode inspirar outrem: um estudante de Direito assiste a um ritual de defesa oral por parte de um advogado e passa a buscar o aprimoramento dessa competência textual específica de forma a produzir uma defesa oral similar àquela no futuro.

*Textos também são fenômenos histórico-sociais relevantes de inúmeras formas.* Por exemplo, um texto pode transformar-se em um marco de uma época, tal como aconteceu com o texto publicado no *Jornal do Brasil* em

---

169. Podemos imaginar que milhares de pessoas não apenas se divertem, mas também podem inspirar-se nas competências textuais, discursivas e performáticas do piauiense Whindersson Nunes, que tem hoje um dos canais do YouTube com o maior número de inscritos. Em novembro de 2021, o canal do YouTube do comediante contabilizava 43,1 milhões de inscritos, que assistem aos esquetes, paródias e muitos outros gêneros do discurso por ele produzidos, além de músicas compostas por ele. Nos vídeos compartilhados em seu canal, o *youtuber* performatiza temas do cotidiano, muitos do período da sua infância, analisa de maneira cômica os lançamentos do cinema e faz paródias de música de sucesso, como p. ex., "Qual é a senha do Wi-Fi? ", sua versão para a música "Hello", da cantora Adele".

170. Um canal recentemente criado, chamado *O Insólito*, é um bom exemplo de produção textual no interior da qual um narrador conta (*em off* ou sendo filmado falando, acompanhado de legendas e de algumas imagens) casos criminais reais, casos de *serial killers* e narrativas de mistério. O canal também tem páginas no Facebook e no Instagram. Atualmente, o canal é seguido por mais de 300 mil pessoas.

13 de dezembro de 1968, no dia da promulgação do Ato Institucional n. 5, que recrudesceu a ditadura militar instaurada no Brasil em 1º de abril de 1964. O texto, em formato de informe metereológico, denunciava metaforicamente a situação: "*Tempo negro. Temperatura sufocante. O ar está irrespirável. O país está sendo varrido por fortes ventos. Máx.: 38º em Brasília. Min.: 5º nas Laranjeiras*". Esse texto foi comentado por jornalistas de canal televisivo digital, no dia 13 de dezembro de 2021, quando relembravam a instauração do AI-5 pela ditadura civil-militar brasileira.

As letras de música também podem manter-se socialmente relevantes para várias gerações. Isso pode acontecer, dentre outras razões, pelo fato de promoverem uma grande identificação com os conteúdos nelas tratados, conteúdos estes que sempre podem ser recontextualizados, fazendo emergir novas interpretações.

Um exemplo desse processo de recontextualização foi o evento[171] que aconteceu no restaurante universitário da Universidade Estadual de Campinas, em 4 de outubro de 2017, quando um conjunto de estudantes liderou a ação de cantar a música *Evidências* em um determinado horário. O evento foi marcado no Facebook e teve como motivação dar a oportunidade para os estudantes "extravasarem seus sentimentos" por meio desse "hino que todo o brasileiro nasce sabendo", podendo "afogar as mágoas cantando para aquele/a contatinho que não deu moral, para as provas que estão chegando, ou pelo simples prazer de fazer esse evento acontecer!"[172]

A composição musical[173] tematiza uma pessoa que busca "disfarçar as evidências", ou seja, busca disfarçar seus sentimentos em relação a/o parceiro/a amoroso/a, mas que acaba assumindo que "entrega sua vida para

---

171. O evento está disponível em: https://fb.watch/aiL41gWH5y/. Acesso em 10/12/2021.

172. Esse texto constitui a chamada para o evento. Disponível em: https://www.facebook.com/events/bandejao-unicamp/unicamp-dia-de-cantar-evidências-no-bandeco/888467024652408/. Acesso em: 10/12/2021.

173. A música *Evidências* foi composta por José Augusto e Paulo Valle em 1989 e gravada pela dupla sertaneja Chitãozinho e Chororó em 1990.

ele/a". No entanto, parte da letra dessa música também pode traduzir os sentimentos contraditórios de um estudante em relação a sua instituição de ensino, no caso, a Unicamp:

> Aaaah Unicamp! QUANDO DIGO QUE DEIXEI DE TE AMAR É PORQUE EU TE AMO. E mesmo com todas as DP's e sofrências que você nos traz, a gente ainda te quer. E nesse dia fatídico apesar de todo o MEDO DE ENTREGAR NOSSOS CORAÇÕES, E CONFESSAR QUE ESTAMOS EM TUAS MÃOS, exibiremos todo o nosso amor misturado com desgosto a fim de mostrar QUE NÃO SABEMOS O QUE VAI SER DE NÓS SE TE PERDERMOS UM DIA[174].

O evento programado abarca esses e outros sentidos sociais de uma música produzida há mais de três décadas, mas que se mantém reconhecida pelo público em geral como uma espécie de "hino nacional sentimental"[175].

*Textos são fenômenos fundamentais para o estabelecimento de relações sociais.* As atividades de compreensão e de produção textual de um determinado indivíduo têm impacto sobre sua formação como cidadão e sobre seu modo de se relacionar com os outros nas diferentes situações e/ou contextos. Uma vez integrada ao mundo da leitura e da produção dos mais variados textos, a pessoa passa a vivenciar a alteridade necessária para acumular cada vez mais experiências com as mais diversas "estruturas de sensibilidade" e formas de conhecimento organizadas por meio de textos, o que pode lhe facultar uma abertura para a diversidade sociocultural própria do mundo em que vivemos.

Um exemplo dos modos como os textos podem auxiliar no estabelecimento de relações sociais é a contínua leitura, produção e divulgação de textos de natureza mimética[176] para fazer a crítica às ações de agentes da

---

174. Texto da chamada para o evento. Disponível em https://www.facebook.com/events/bandejao-unicamp/unicamp-dia-de-cantar-evidências-no-bandeco/888467024652408/. Acesso em 10/12/2021.

175. Parece que estamos testemunhando a substituição da música *Carinhoso*, de Pixinguinha, por *Evidências*, de José Augusto e Paulo Valle, como "hino nacional sentimental" para essa geração de jovens das primeiras décadas do século XXI.

176. Ao mencionar o caráter mimético de um texto, afirma-se que um de seus objetivos principais é o de produzir, dentre outras ações discursivas, uma categorização social que pode ser a um só tempo rapidamente divulgada/disseminada e reconhecida.

esfera política nas redes sociais. Em sua grande maioria, esses textos permitem a emergência de sentidos sociais críticos. As críticas incidem sobre uma grande diversidade de agentes, objetos e/ou ações sociais e são produzidas de forma a estabelecer os mais diversos tipos de interação entre os participantes das comunidades formadas nas redes sociais. A nosso ver, são as práticas recorrentes de produção, consumo e divulgação de textos nessas redes e também em outros contextos que podem manter ou afrouxar determinados laços, que podem aproximar ou distanciar pessoas e perspectivas, que podem empurrar para o anonimato ou trazer à cena determinados atores sociais (Bentes, 2017).

Por fim, *textos também são fenômenos que auxiliam na organização do conhecimento social produzido ao longo da história da humanidade.* Para Koch (2001, p. 156),

> Determinados aspectos de nossa realidade social só são criados por meio da representação dessa realidade e só assim adquirem validade e relevância social, de tal modo que os textos não apenas tornam o conhecimento visível, mas, na realidade, sociocognitivamente existente. A revolução e evolução do conhecimento necessitam e exigem, permanentemente, formas de representação notoriamente novas e eficientes.

Nessa introdução quisemos apenas enfatizar alguns aspectos das diversas funcionalidades e dos diversos objetivos das experiências recorrentes de produção e compreensão textual de indivíduos ou grupos, deslocando o centro da atenção do artefato-texto para as experiências dos agentes com os artefatos textuais e também para os processos, ações e atitudes envolvidos nessas experiências sociais.

Os textos/textualidades estão em ebulição constante e nos envolvem e nos levam por caminhos não necessariamente previsíveis de construção de sentidos sociais porque têm origem nas ações humanas de textualização. Além disso, os textos, apesar de serem sempre produzidos e interpretados em contextos particulares de um determinado país/sociedade/comunidade, também apresentam uma natureza transcultural, já que podem "atravessar" culturas quando traduzidos e/ou retextualizados.

Essas ações de textualização resultam em textualidades singulares que podem se conformar mais ou menos a certos padrões textuais e/ou a formatos genéricos[177] mais ou menos estabelecidos. No entanto, não se pode esquecer que a maior parte dos processos de organização textual de qualquer tipo de conhecimento ou de qualquer tipo de sensibilidade provém do inesgotável engenho humano e, por isso mesmo, esses processos apresentam uma natureza complexa, diversa, em constante mudança. Muitas das textualidades resultantes do engenho humano podem ter um grande impacto na vida social. Por esse motivo, o estudo das atividades e processos envolvidos na produção e compreensão textual são sempre histórica e culturalmente relevantes. Na próxima seção, um breve histórico sobre as origens do campo de estudos do texto. Em seguida, os principais enfoques desses estudos e seus desdobramentos e, por fim, alguns exemplos de análise.

## 2 ORIGENS HISTÓRICAS

A disciplina criada para tratar, de um ponto de vista linguístico, da problemática do texto e da textualidade denomina-se Linguística Textual (LT). Tendo sido criada na segunda metade da década de 1960, ela se tornou uma disciplina importante no processo de institucionalização da linguística como um campo de saber autônomo e que podia avançar para além tanto das propostas estruturalistas como das gerativistas.

Segundo Blühdorn (2009, p. 14), apesar de as ciências humanas, sob vários campos disciplinares (retórica, poética, gramática, dialética, estilística, hermenêutica, história literária, dentre outros), terem se ocupado dos textos e terem confrontado sua forma linguística, foi a LT que "reabriu a linguística para assuntos que têm um interesse mais geral para a sociedade, porque estão mais próximos da experiência linguística cotidiana e têm consequências no dia a dia das pessoas". O autor ainda afirma:

177. A respeito das relações entre os construtos conceituais "texto" e "gênero do discurso", cf. Bentes; Rezende, 2014.

O usuário leigo não influenciado por modelos teóricos percebe a língua apenas excepcionalmente como uma estrutura composta de orações, morfemas e sons. Na grande maioria das situações ele vive a língua holisticamente, como um mundo de texto(s). Particularmente, a comunicação se realiza sob a forma de texto, como os fundadores da linguística textual não cansam de afirmar (Blühdorn, 2009, p. 14).

Em função do projeto de avançar para além das fronteiras da frase, a disciplina ganhou projeção, a partir dos anos de 1970, principalmente na Alemanha, justamente porque buscou dar conta de fenômenos sintático-semânticos resultantes das relações entre enunciados ou entre sequências de enunciados, o que foi denominado "análise transfrástica".

Esse tipo de análise buscou explicar como a textualidade se estabelece, por exemplo, a partir da organização hierárquica de cadeias referenciais ao longo do texto, ou, a partir do modo de organização de blocos de informação ao longo do texto, ou ainda, a partir das relações semânticas entre frases não ligadas por conectivo. Conforme afirmam Vilela e Koch (2001, p. 444), "tentou-se, então, encontrar regras para o encadeamento das sentenças a partir dos métodos até então utilizados na análise sentencial, procurando ampliá-los, para dar conta de pares ou de sequências maiores de frases".

Na esteira da discussão sobre a natureza dos complexos e contínuos processos de produção e de compreensão textual, os estudiosos passaram a se dedicar à elaboração de gramáticas textuais[178]. O texto passa a ser compreendido como uma unidade mais altamente hierarquizada, um signo linguístico primário, que pode ser segmentado em unidades menores passíveis de classificação e análise, sem que se deixe de considerar a função textual dessas unidades menores, desses "signos parciais".

Vilela e Koch (2001, p. 445) afirmam que, "dentro dessa perspectiva, o texto é visto como uma unidade linguística mais elevada; constitui, portanto, uma entidade do sistema linguístico cujas estruturas possíveis em cada

---

178. Sobre a noção de "gramática" e sua relação com os estudos do texto/discurso, cf. o cap. "Gramática" neste livro.

língua devem ser determinadas pelas regras de uma gramática textual". Em função dessa perspectiva sobre o fenômeno textual, ainda bastante influenciada pelo "empreendimento gerativo" (Borges Neto, 2004), os processos de compreensão e produção textual são atribuídos a uma *competência textual*, que permite aos indivíduos uma série de ações, tais como distinguir um texto coerente de um amontoado de frases, parafrasear e/ou resumir um texto, produzir textos a partir de outros textos, dentre outras.

No entanto, esse projeto foi abandonado; dado que os estudiosos, ainda durante a década de 1970, depararam-se com o fato de que não seria produtivo estabelecer as regras capazes de descrever *todos e apenas todos* os textos possíveis de uma dada língua natural porque poderia ocorrer o surgimento de textos que não se enquadrassem nessas regras, ou ainda, de novos tipos de texto não previstos pelas regras da gramática textual[179]. Além disso, os estudiosos passaram a assumir que o texto não deveria continuar a ser considerado uma unidade a mais na hierarquia dos níveis de análise linguística, mas deveria sim ser considerado como um outro tipo de objeto de estudo, que demandava novas abordagens.

Assim, chega-se à fase da "teoria do texto" ou da linguística textual propriamente dita cuja proposta é "investigar a constituição, o funcionamento, a produção e a compreensão dos textos" (Vilela; Koch, 2001, p. 446). Há um deslocamento bastante importante em termos de interesses de pesquisa, dado que a compreensão sobre a natureza do fenômeno textual deve necessariamente levar em consideração as relações entre texto e contexto. Na próxima seção apresentaremos os principais enfoques desenvolvidos a partir do reposicionamento dos estudiosos[180] desse tempo.

---

179. Uma obra resultante desse projeto de elaboração de gramáticas textuais é a *Gramática textual da língua alemã*, publicada em 1993, de autoria de Harald Weinrich.

180. Vilela e Koch (2001) elencam os principais estudiosos que influenciaram o desenvolvimento da LT no mundo: Roland Harweg, Harald Weinrich, Dieter Wunderlich, Siegfried J. Schimdt, Elizabeth Gulich, Robert-Alain de Beaugrande, Wolfgang U. Dressler, Teun A. van Dijk. Também chamam a atenção para a contribuição de autores funcionalistas: Michael Halliday e Ruqaiya Hasan, Danes, Firbas, Mathesius, Sgall, dentre outros.

## 3 PRINCIPAIS ENFOQUES

Ao retomarmos algumas das questões acima referidas sobre as experiências dos mais diversos atores sociais com os textos, veremos que essas experiências estão conectadas ao desenvolvimento e a consolidação dos estudos do texto ao redor do mundo.

Koch (2001; 2004) admite um conjunto de enfoques que chegam a diferentes concepções de texto. Trataremos aqui de dois enfoques, buscando apresentar articulações entre importantes perspectivas no tratamento do fenômeno textual: *o enfoque semântico-pragmático* e o *enfoque sociocognitivista*.

*O enfoque semântico-pragmático* apresenta uma principal diferença entre um texto e uma sucessão aleatória de orações: *a coerência textual*. Se, em um primeiro momento, a coerência textual foi caracterizada pelo modo como os elementos/relações subjacentes à superfície textual entram numa configuração veiculadora de sentidos e a coesão textual foi compreendida como o modo como os elementos linguísticos presentes na superfície textual se interligam para formar o "tecido" textual, contribuindo também para o estabelecimento da coerência, não demorou para os dois conceitos sofrerem alterações significativas no decorrer do tempo. Nesse enfoque, denominado "virada pragmática", as distinções entre coesão e coerência textuais[181] não são mais estabelecidas de maneira radical, dado que:

a) a coesão não é condição nem necessária nem suficiente para a construção dos sentidos do texto, já que nem sempre a coesão se estabelece de forma inequívoca, mas depende de cálculos de sentido por parte dos leitores/interlocutores, por exemplo, sobre os movimentos de retrospecção e de prospecção que estruturam os textos;

b) a coerência é um fenômeno de natureza semântico-pragmática, ligado tanto às estruturas globais de sentido (macroestruturas textuais)

---

181. Sobre "coesão e coerência", cf. o capítulo homônimo neste livro.

para a compreensão do texto como também ligado aos atos e macroatos de fala (Van Dijk, 1980) encenados no interior dos textos.

Esse enfoque acaba por atrelar a definição de texto e/ou de textualidade à definição de coerência textual e às possíveis relações desta última com o fenômeno da coesão. Esse enfoque também implica a compreensão de que a coerência é uma característica textual prototípica (Sandig, 2009), ou ainda, um dos critérios mais evidentes de textualidade (Beaugrande; Dressler, 1981). O enfoque semântico-pragmático reverte a tendência de se conceber o texto como um artefato, que se destacaria apenas e somente pela presença dos elementos linguísticos promotores da coesão e da coerência textuais.

Ao apresentar Van Dijk como um dos autores responsáveis pela "virada pragmática" no tratamento dos textos, Koch (2004, p. 19) afirma que, para o autor,

> a compreensão de um texto obedece a regras de interpretação pragmática, de modo que a coerência não se estabelece sem se levar em conta a interação, bem como as crenças, os desejos, as preferências, as normas e os valores dos interlocutores.

A autora ainda afirma que, a partir de meados dos anos de 1970, com o desenvolvimento de teorias da atividade verbal e de teorias dos atos de fala, a coerência textual passa a ser compreendida como o resultado (i) de um conjunto de ações de natureza linguística e sociocognitiva por parte dos leitores/interlocutores em relação ao texto acessado e (ii) de uma diversidade de modos de interação entre os produtores, textos e leitores/interlocutores.

Sendo assim, na virada pragmática, estudar as diversas ações de textualização – responsáveis pela produção da coesão e da coerência textuais – performatizadas nos/pelos textos e os modos de interação entre o produtor, o texto e o interlocutor/leitor é o que possibilita a compreensão dos processos de construção do(s) sentido(s), sempre provisórios, de uma determinada produção textual.

Quando afirmamos acima que os textos podem nos instigar a agir de certa forma no mundo social, somos também levados a considerar os atos e os macroatos de fala produzidos no interior dos próprios textos que contribuem para a construção dos sentidos nele/por ele pretendidos. Além disso, a produção textual também pode se constituir como um modo de agir no mundo social, principalmente quando produzimos textos para atingir certos objetivos, certas finalidades no curso da interação com os interlocutores/leitores. Nesse sentido, a produção e a compreensão textual são vistas como *possibilitando ações* no mundo social e, ao mesmo tempo, como *sendo ações* das mais diversas naturezas que intervêm no mundo social.

*O segundo enfoque* é o que se convencionou chamar de "virada cognitivista" nos estudos do texto, que ocorre durante os anos de 1980 e se consolida a partir de então, quando os estudiosos articulam a produção textual a atividades de natureza cognitiva: "todo fazer (ação) é necessariamente acompanhado de processos de ordem cognitiva" (Koch, 2014, p. 21).

Para Marcuschi (2001), os processos de compreensão e produção textual pressupõem uma competência sociocognitiva ampla por parte dos sujeitos que abrange um conjunto de saberes e capacidades, tais como: *conhecimentos pessoais e enciclopédicos; capacidade de memorização; domínio intuitivo de um aparato referencial; partilhamento de conhecimentos sobre os elementos que compõem as circunstâncias mais imediatas; o partilhamento de normas sociais; o domínio de tecnologias de vários tipos.*

Nesse enfoque, a eleição de determinados objetos a serem descritos e analisados a partir de teorias de base sociocognitiva[182] e interacional[183] está diretamente relacionada, dentre outros objetivos, com o interesse de compreender melhor a interação dos tipos de conhecimento e de competência acima elencados no curso da produção e da compreensão dos textos. Além disso, de acordo com Koch (2001), os princípios de textualização propostos por Beaugrande e Dressler (1981) deixam de ser vistos como critérios ou

---

182. A respeito de uma abordagem sociocognitiva da linguagem, cf. Koch; Cunha Lima, 2004.

183. A respeito do interacionismo no campo linguístico, cf. Morato, 2004.

padrões que um texto deve satisfazer e passam a ser compreendidos como um conjunto de condições ou de características que podem conduzir à produção de um evento comunicativo (Beaugrande, 1997; Sandig, 2009).

O enfoque cognitivista ou sociocognitivista sobre o fenômeno textual incorpora radicalmente a concepção de que os textos são "formas básicas de constituição individual e social do conhecimento, ou seja, textos são "linguística, conceitual e cognitivamente formas de cognição social" (Antos, 1997, *apud* Koch, 2002, p. 155). Ao mesmo tempo em que Antos (1997) constrói uma formulação que define o texto como um recurso fundamentalmente cognitivo, Beaugrande (1997, p. 10) postula que o texto é "um evento comunicativo em que convergem ações linguísticas, sociais e cognitivas". Essas concepções de texto, que abrangem de forma articulada as perspectivas interacional/comunicacional e sociocognitivista, são assumidas por muitos pesquisadores brasileiros.

Considerando as perspectivas acima referidas e assumindo também as abordagens sociointeracionistas, que privilegiam a compreensão do contexto como construído, a um só tempo, sociocognitivamente e na interação, Koch (2002; 2004) define texto como "o próprio lugar da interação, e os interlocutores, sujeitos ativos que – dialogicamente – nele se constroem e por ele são construídos" (Koch, 2002, p. 17).

## 4 DESDOBRAMENTOS ATUAIS

No Brasil, um primeiro desdobramento dos diferentes enfoques teóricos apresentados anteriormente foi o interesse em analisar, no âmbito do Projeto Gramática do Português Falado (PGPF)[184], coordenado pelo Professor Ataliba de Castilho, os processos de construção do texto falado, tais como as repetições, paráfrases, inserções parentéticas, correções, a gestão do tópico discursivo e também elementos linguísticos próprios da fala, tais

---

184. A este respeito, cf. esp. os volumes organizados por Jubran, 2006a; 2006b.

como marcadores conversacionais/discursivos, hesitações e interrupções. Esse desdobramento acontece no Brasil em função do fato de os pesquisadores do texto no Brasil terem se organizado[185] de maneira institucional de forma muito próxima dos pesquisadores da conversação e da interação. Na esteira desse desdobramento, surge a proposta de trabalho sobre as relações entre fala e escrita. A partir dos estudos desenvolvidos por Marcuschi (2005), uma agenda inteira de trabalho é desenvolvida, articulando as relações entre letramento e oralidade.

Os estudos dos processos e/ou das estratégias de referenciação[186] constituem um importante desdobramento dos enfoques teóricos e metodológicos desenvolvidos no campo dos estudos do texto. Esses estudos são inaugurados pela publicação de um artigo de Koch e Marcuschi (1998). A agenda proposta pelos autores resulta na elaboração de obras[187] que discutem e apresentam dispositivos teóricos e metodológicos para as análises textuais de base sociocognitiva e interacional do fenômeno da referenciação.

Não seria possível falar em desdobramentos dos enfoques teóricos e metodológicos dos estudos textuais sem mencionar a agenda de trabalho proposta por Koch (2002; 2004) e Marcuschi (2005) para uma melhor compreensão de outro conjunto de processos que estão na base da construção

---

185. Cf., a este respeito: Bentes; Leite, 2010.

186. Podemos dizer que a referenciação, ou seja, a atividade de construir referentes/entidades por meio da nomeação, resulta de processos sociocognitivos e de estratégias discursivas que possibilitam a reelaboração dos dados sensoriais para fins de apreensão e compreensão. Para Koch e Marcuschi (1998), essa reelaboração deve considerar os condicionamentos culturais, sociais, históricos dos usos linguísticos. O tema da "referenciação" é tratado em capítulo específico nesta obra.

187. As obras de Koch (2002; 2004) e as obras de Marcuschi (2007a; 2007b) são fundamentais para a compreensão dessa agenda. Outras obras importantes são: Koch, Morato; Bentes, 2005; Cavalcante, 2011; Cavalcante; Lima, 2013; Bentes; Rezende, 2014; Bentes, Mariano; Accetturi, 2017. Pode-se dizer que uma das razões para o interesse no fenômeno da referenciação tem raízes na própria concepção de coerência textual, dado que ela é vista por Sandig (2009), p. ex., como sendo constituída por relações referenciais e semânticas entre os elementos textuais que ajudam a constituir o tema.

da textualidade englobados no rótulo *progressão textual*[188]. Se a *progressão referencial* é um processo que demanda a observação de uma série de outros processos de composição da cadeia referencial (tais como a anaforização direta e indireta, a rotulação, a nominalização, o encapsulamento anafórico, dentre outros), *a progressão textual* diz respeito aos procedimentos linguísticos por meio dos quais são estabelecidos diversos tipos de relações semânticas e/ou pragmático-discursivas entre diferentes partes do texto enquanto este progride. O estudo da progressão textual pressupõe a análise da progressão temática, da progressão tópica e dos articuladores textuais.

Outro desdobramento importante dos enfoques que desenharam o campo dos estudos do texto é o aprofundamento das discussões sobre as relações texto/contexto. Já na obra *New foundations for a science of text and discourse* [1997], Robert de Beaugrande trata do caráter duplo do texto enquanto artefato linguístico e processo sociocultural:

> Demo-nos conta de que a textualidade não é apenas uma propriedade ou traço linguístico; ou ainda, um conjunto desses, mas um modo múltiplo de conexão ativado toda vez que eventos comunicativos ocorrem. [...] Fomos impelidos a restaurar a conexão social do texto com o contexto e dos produtores e receptores do texto com a sociedade, formalmente eclipsados por nosso foco convencional no autor e no indivíduo (Beaugrande, 1997: I. 41-43, II. 5).

A citação acima reforça a visão anteriormente apresentada de que as ações de textualização (Bentes; Rezende, 2014) não apenas resultam na produção de um artefato, mas contemplam uma forma de estar no mundo ("um modo múltiplo de conexão") e uma forma simbólica, o texto, ela própria forma linguístico-discursiva de ação. Daí a relação íntima entre texto e contexto: a produção textual permite uma conexão fundamental entre os agentes/produtores, as repercussões de suas ações no contexto social (mais amplo ou mais imediato) e a contínua elaboração dos contextos sociocognitivos que possibilitam as próprias ações de textualização.

---

188. Koch (2002, p. 121) afirma: "a progressão textual diz respeito ao conjunto de procedimentos linguísticos por meio dos quais se estabelecem, entre segmentos do texto (enunciados, partes de enunciados, parágrafos, e mesmo sequências textuais) diversos tipos de relações semânticas e/ou pragmático-discursivas à medida que se faz o texto progredir".

Bentes e Rezende (2008) afirmam que, para se estudar a maneira como as diferentes dimensões contextuais (sociocognitivas, interacionais, socioculturais) formatam a produção, a circulação e a recepção dos textos, dever-se-ia considerar que os enunciados e/ou textos não são os elementos a partir dos quais todo o contexto se organiza, mas verdadeiramente constituem a interação entre a linguagem, a cultura e o mundo individual vivido pelos sujeitos.

Um último desdobramento do enfoque sobre o fenômeno textual coloca muitas questões para os estudiosos do texto e para a LT: as relações entre texto e imagem. Considerando o princípio da multimodalidade (Dionísio; Bentes, 2008) na constituição dos textos, projeta-se a necessidade da postulação do conceito de texto multimodal, dado que a grande maioria dos empreendimentos analíticos e metodológicos tem como foco os textos escritos ou falados.

De uma forma bastante resumida, textos multimodais e/ou multissemióticos articulam em sua composição a linguagem verbal e outros modos semióticos – visuais, sonoros, musicais, gestuais etc. Em geral, todos os textos apresentam uma natureza multimodal. No entanto, podemos perceber essa composição de modo mais ou menos detalhado, dependendo do tipo de mediação/formação a que fomos expostos sobre os diferentes tipos de composição textual. Por exemplo, um romance é textualizado por meio de linguagem verbal escrita, sobre a qual podem ser sobrepostos recursos de reforço à visualidade, tais como o negrito e o itálico. No entanto, a grande maioria dos leitores considera o romance como um dos exemplos mais canônicos de texto escrito.

Há textos orais que são produzidos não apenas para serem ouvidos, mas também para serem percebidos visualmente, dado que, enquanto falamos, mobilizamos outros modos semióticos, tais como a gestualidade e a expressão facial. A grande maioria dos textos que circula hoje nas redes socais articula um conjunto de representações e de modos comunicacionais que coocorrem em um único texto, tais como as combinações entre imagem e enunciado, ou entre texto verbal e sonorizações diversas, ou entre texto verbal e um conjunto concomitante de outros recursos semióticos.

## 5 EXEMPLO DE ANÁLISE

Um tema tão caro aos estudos do texto é o da referenciação textual-discursiva. Depois de algum tempo na universidade, nossa linguagem e nosso conhecimento parecem que se transformam em uma espécie de montanha que se ergue entre nós e as outras pessoas, entre essa comunidade e outras, quando, ao contrário, nossa linguagem deve/deveria ser sempre ponte, conexão, meio de circulação de/entre diferentes dimensões, sujeitos, vidas, comunidades, anseios, desejos, angústias, aflições, medos e bons sentimentos. Ela deveria buscar instaurar sempre o diálogo verdadeiro, que, mesmo conflituoso, pode ser a um só tempo sedutor e acolhedor, reflexivo e subjetivador.

Isso pode se concretizar por meio da maneira como produzimos e fazemos circular textos inteiros, pequenos textos, grandes textos; na maneira como produzimos esses pequenos textos no diálogo com outros, presencialmente ou não.

E os textos, orais, escritos, multimodais/multissemióticos, mais ou menos performáticos, instauram, refletem, refratam, criam referentes/entidades textuais, que vão se transformando quanto mais deles/as falamos ou escrevemos. Por isso, uma das tarefas daqueles que se formam no campo das Letras, dos estudos da linguagem, das línguas, das literaturas, é a de produzir memória sobre determinados referentes. É fazer reaparecer, das mais variadas formas, de preferência de modo marcante, quase inesquecível, personagens e objetos que povoaram nosso mundo social em algum momento da história. Falemos, então, de Ágatha, como um exercício profissional, mas também como um exercício civilizatório, nesse nosso tempo de tantas barbáries, mas também de resistência a todas as ações reiteradamente bárbaras e justificadas como necessárias.

Ágatha Vitória Sales Félix, de 8 anos, foi morta quando voltava para casa com a mãe, na noite de sexta-feira (20), no Complexo do Alemão, na Zona Norte do Rio. A criança estava dentro de uma Kombi, por volta das 21h30, quando foi baleada nas costas na comunidade da Fazendinha. De acordo com um tio de Ágatha, a Kombi em que a menina estava parou na rua para desembarcar passageiros com sacolas de compra na comunidade. A criança estava sentada dentro do veículo quando foi atingida (G1 Rio, 23/09/2019, 09h47).

Sobre ela, os textos produzidos e divulgados nas redes sociais provêm de lugares sociais diversos. Um primeiro sobre o qual podemos comentar é o que foi produzido por um grupo de juristas. A nota é a da OAB-RJ que fala o que se segue:

A morte de Ágatha vem se somar à estatística de 1.249 pessoas mortas pela polícia nos oito primeiros meses do ano. Um recorde macabro que este governo do Estado aparenta ostentar com orgulho.

Lê-se também na nota da entidade.

A OAB-RJ lamenta profundamente que a média de cinco mortos por dia pela polícia seja encarada com normalidade pelo Executivo estadual e por parte da população. A normalização da barbárie é sintoma de uma sociedade doente[189].

Vemos aqui uma perspectiva que busca fundamentalmente contextualizar o fato, referido como "a morte de Ágatha", conferindo a esse fato um caráter político, responsabilizando tanto o executivo estadual como também a parte da população que o apoia por "normalizarem" a morte das pessoas pela polícia. Ao final, o texto categoriza essas ações como "a normalização da barbárie", recategorizando esse referente como "sintoma de uma sociedade doente".

Outra voz que se levantou foi a do escritor português, Valter Hugo Mãe, que postou em sua página no Facebook o texto abaixo, acompanhado de uma foto da menina Ágatha:

Querida Ágatha Félix, meus estudos, meus livros, minha sensibilidade, todos os meus sonhos de melhorar o mundo, todas as pessoas que amei e que cuidei foram inúteis para você. Nada do que sou, do que fiz e do que disse foi bastante

---

189. Disponível em: https://noticias.uol.com.br/cotidiano/ultimas-noticias/2019/09/21/oab-sobre-morte-de-agatha-normalizar-barbarie-e-sinal-de-sociedade-doente.htm. Acesso em: 22/09/2019.

para impedir que lhe proibissem de viver. Sua cor segue sendo proibida, seu gênero segue sendo proibido, agora sua idade é proibida também. Lamento muito. Falhamos todos. Somos cidadãos e cidadãs de um tempo novamente miserável. #agathafelix[190]

Aqui, diferentemente do texto anterior, o referente principal é a menina Ágatha, na relação íntima, pessoal, com o escritor. Ele diz que todas as suas ações, até hoje, não foram capazes de impedir a morte, o assassinato, de Ágatha. Como um dos mestres de nossa língua, ele nos diz de sua impotência diante da interdição/proibição da continuidade da vida de Ágatha. Ele se responsabiliza, se autocategorizando como um "cidadão de um tempo novamente miserável".

Uma terceira perspectiva é a que se mostra no texto de um internauta, que se reveste de um outro tom, o de responsabilização direta de parcela da sociedade carioca:

> Escrevi um texto ontem vinculando a política de extermínio de inocentes do Witzel com a doutrina de choque. Acordo hoje e a notícia: Mais uma criança assassinada. Quem aperta o gatilho não é apenas o governador, são todos vocês que acham que esse tipo de enfrentamento é necessário. São vocês que criam a narrativa necessária para que este método continue. Numa sociedade minimamente civilizada já era para todo o efetivo policial estar aquartelado e sendo debatida a desmilitarização imediata.
>
> Na Nova Zelândia bastou um tiroteio para que a política de venda de armas fosse revista (Vinícius Carvalho, em postagem no Facebook, no dia 21 de setembro de 2019).

Nesse texto, Ágatha não é citada nominalmente, é recategorizada como "mais uma criança assassinada". O personagem principal ou o principal referente desse texto são aqueles que, segundo o autor, "apertam o gatilho junto com o governador", "aqueles que acham que esse tipo de enfrentamento é necessário", "aqueles que criam a narrativa necessária para que este método continue". Em um texto que se pretende mais conversacional, o autor estabelece um diálogo direto ao interpelar parcela de seus leitores: "vocês". Em seguida, um outro referente/personagem é instaurado: a sociedade

---

190. Postagem de Valter Hugo Mãe, no Facebook, no dia 22/09/2019.

minimamente civilizada. Nela, "o efetivo policial", outro personagem, "devia estar aquartelado", e deveria estar sendo imediatamente discutida a desmilitarização. A comparação com outro país é feita e instaura-se o referente "Nova Zelândia", lugar onde se vislumbra a possibilidade de mudanças na política de venda de armas logo após ter acontecido um tiroteio naquele país que vitimou pessoas inocentes.

Um outro texto sobre o mesmo fato: uma postagem do dia 21 de setembro de 2019, no Facebook, articulando uma imagem (fotografia) e um comentário da autora da postagem. No comentário, a autora da postagem identifica a mulher negra e seus filhos que, sentados na escada do monumento do Cristo Redentor, carregam cartazes com os nomes de crianças mortas por bala perdida no complexo do Alemão, ao longo do ano de 2019, no Rio de Janeiro. E a autora da postagem termina seu texto com a referência a outro texto: "A dor da gente não sai no jornal". Na fotografia, além da mulher e de seus quatro filhos, há mais um referente/personagem ao fundo da foto: uma imagem opaca do Cristo Redentor, apenas uma sombra da proteção que possa ter representado, algum dia, para a cidade e seus habitantes.

Para cada um dos textos sobre um determinado fato há sempre outras respostas, outros argumentos, outras perspectivas alternativas, mais ou menos respeitáveis. Por exemplo, uma possível resposta já publicada para o pedido de desculpas feito pelo escritor Valter Hugo Mãe é o texto em que a responsabilização do Estado é afirmada e suas ações são categorizadas como "terrorismo de Estado". Um outro texto[191] reforça a direção da responsabilização da comunidade, tal como o texto repostado no dia seguinte – 22 de dezembro de 2019 – ao assassinato de Ágatha pelo site "Diário do Centro do Mundo", originalmente postado no site "Voz das Comunidades", em 8 de outubro de 2018, que informa que o Complexo do Alemão votou majoritariamente em Bolsonaro:

---

191. Disponível em: https://www.diariodocentrodomundo.com.br/essencial/o-complexo--do-alemao-votou-em-witzel-e-bolsonaro/

**Presidência**

– 128.504 votos para Jair Bolsonaro

– 76.279 votos para Ciro e Haddad juntos nas mesmas regiões

– 29.260 brancos e nulos

55% de todos os votos válidos, nos Complexos do Alemão e Penha, foram para o candidato Jair Bolsonaro. 17% para Ciro e 17% para Haddad, e os outros % divididos entre os demais candidatos.

**Governo do Estado**

Wilson Witzel teve 62.507 votos

Eduardo Paes teve 38.535 votos

Tarcísio Motta teve 24.582 votos

Nulos e brancos: 44.779

A cadeia de textos sobre um evento dessa magnitude (o assassinato de uma menina negra de 8 anos dentro de um transporte popular) é muito grande e nos faz perceber a multiplicidade de vozes e de perspectivas sobre o mesmo evento. No entanto, buscamos compreender a diversidade de práticas discursivas relativas a esse evento por meio das lentes do conjunto de princípios teóricos delineados nas seções anteriores. Buscamos também vislumbrar compreender os processos sociocognitivos que estão dando um mundo social construído textualmente.

Em primeiro lugar, é importante ressaltar, considerando uma abordagem semântico-pragmática do conjunto de textos apresentados, que os macroatos de fala produzidos são alguns: denúncia, por exemplo, da violência policial/do Estado contra as comunidades periféricas do Rio de Janeiro e que também atinge crianças, da crítica ao/responsabilização do Complexo do Alemão (comunidade onde Ágatha vivia) pelo comportamento eleitoral de seus moradores na eleição presidencial de 2018; lamento pela falha pessoal e de todos os cidadãos desse tempo histórico por permitir crimes contra crianças. Se percebemos esses macroatos de fala produzidos pelos/nos diferentes textos, produzimos uma leitura que constrói sentidos sociais sobre o evento e sobre os agentes neles envolvidos: Ágatha, a menina assassinada, a polícia, a comunidade e o governo do Rio de Janeiro.

Se esses textos podem ser considerados artefatos resultantes de ações textuais, discursivas e multimodais específicas, a sua compreensão e as interpretações por eles produzidas podem promover outros modos de agir no mundo social, por exemplo, a participação em manifestações nas ruas, o uso de camisetas estampadas com enunciados que exigem justiça para Ágatha, a distribuição de panfletos denunciando o ocorrido, a mudança de atitude política.

Há tantas e variadas maneiras de se (re)agir a acontecimentos marcantes como esse e como tantos outros aos quais estamos expostos todos os dias. Essa exemplificação pretende mostrar a inequívoca relação entre as atividades de textualização/discursivização e outros modos de agir no mundo social, o que necessariamente leva os agentes sociais a estabelecerem certas relações com outros agentes em função tanto do evento acontecido como também dos tipos de interação a serem privilegiados com outros agentes, eventos e objetos sociais.

O conjunto de textos aqui apresentados sobre um mesmo evento (o assassinato de uma menina negra de 8 anos dentro de um transporte popular) também exemplifica outros aspectos teóricos e metodológicos das teorias do texto. Um deles é a questão de que os textos se constituem em poderosas formas de cognição social, ou seja, constituem-se em modos de conhecer e de dar a conhecer os acontecimentos, os agentes e objetos sociais, os estados de coisa, os fenômenos naturais e sociais etc.

No caso do conjunto de textos sobre Ágatha, eles formam uma espécie de caleidoscópio, já que cada texto apresentado é um mergulho no modo de conhecer/perceber não apenas o assassinato de Ágatha, mas também no modo de conhecer aspectos da realidade social brasileira. Isso se dá por meio dos gêneros do discurso assumidos (uma notícia, uma nota oficial da Ordem dos Advogados do Brasil, uma carta para Ágatha pedindo-lhe desculpas por termos falhado com ela, uma postagem no Facebook denunciando as crianças mortas por bala perdida naquele ano no Rio de Janeiro, uma postagem no Facebook responsabilizando o governo do Estado do

Rio de Janeiro e aqueles que apoiam sua política de segurança pública para as comunidades periféricas pelo ocorrido, texto noticioso postado por diferentes sites) e também por meio das ações de textualidade, tais como a construção de uma cadeia referencial entre textos[192]. Um exemplo da construção dessa cadeia é o modo como o assassinato de Ágatha por meio de bala perdida é (re)categorizado nos diferentes textos: "a morte de Ágatha", "a política de extermínio de inocentes de Witzel", "esse tipo de enfrentamento", "esse método". Temos ainda a emergência de referentes nos diferentes textos indiretamente ligados ao evento e a sua contextualização: "a normalização da barbárie", "um tempo novamente miserável".

É importante também ressaltar que um texto de 2018, um ano anterior ao do assassinato de Ágatha, foi republicado, por um outro site de notícias, de forma a trazer informações que, em tese, explicariam o assassinato da menina no Complexo do Alemão em 2019. Esse movimento de repostagem de um texto noticioso um ano depois de sua publicação é um pequeno exemplo de como os textos são fenômenos accionais que podem se transformar em fenômenos históricos relevantes.

## 6 CONSIDERAÇÕES FINAIS

Ao longo dessa discussão sobre o fenômeno textual, procuramos dar alguns exemplos que pudessem ser rapidamente compreendidos como textos. A principal tese é a de que "texto" deve ser necessariamente traduzido como "textualidade", ou ainda como "ações de textualização". Essas ações de textualização têm uma natureza linguístico-discursiva básica e são responsáveis pela forma como os textos encontram-se estruturados e/ou organizados, ou ainda pela forma como vão, no curso da interação, sendo reestruturados e/ou reorganizados. Essas ações podem ser analisadas a partir de diferentes enfoques teórico-metodológicos do campo de estudos

---

192. A esse respeito, cf. Dias, 2016.

da linguagem. Nosso texto pretendeu apresentar modos de compreender esse fenômeno accional e sócio-histórico a partir de estudos de base semântico-pragmática e também de base sociocognitiva e interacional.

No entanto, não há como apresentar de maneira detalhada todas as possibilidades analíticas e de compreensão científica desse fenômeno social. Sendo assim, nossos compromissos são, em primeiro lugar, com a abertura da noção de texto a um conjunto de possibilidades de combinação de modos comunicativos sem que, no entanto, se abra mão da sua natureza principal, a linguístico-discursiva; em segundo lugar, nosso compromisso é com o foco nos princípios teóricos e metodológicos apresentados que, a nosso ver, permitem aos pesquisadores e a todos aqueles que se interessam por esse fenômeno apreender, explicar, interpretar, dar a conhecer os meandros e as sutilezas de um determinado conjunto de ações de textualização que, ao fim e ao cabo, são a base de qualquer prática comunicativa, interacional e/ou discursiva.

Podemos dizer que a ação de parodiar, por exemplo, é fundamental para um comediante como Whindersson Nunes. As paródias por ele produzidas apresentam uma natureza performática, o que demanda a mobilização e manipulação de múltiplos recursos semióticos (vestuário, cenário, música, expressão facial e corporal etc.) combinados com ações de textualização de natureza linguístico-discursiva, considerando também as diferentes modalidades, oral e escrita.

A manipulação dos recursos semióticos outros que não os linguístico-discursivos comparecem para a construção audiovisual de personagens (referentes) e da progressão de suas ações no interior de um determinado universo social. A articulação contínua desse conjunto de ações de naturezas diferentes é um processo que pode ser chamado de textualização. Sem essas ações articuladas de forma estratégica, os produtos midiáticos produzidos pelo comediante ou por outros canais do YouTube não alcançariam sucesso.

Na verdade, todos os textos pressupõem justamente esse conjunto de ações de natureza variada articuladas e organizadas estrategicamente. No entanto, no polo da produção textual (e os exemplos acima são desafiadores porque pressupõem não apenas uma competência textual, mas um conjunto de competências de diferentes agentes sociais que precisam se articular entre si de forma a alcançar os objetivos pretendidos) é sempre importante buscar compreender para qual público ou audiência essas ações de textualização são dirigidas e com que objetivos.

A nosso ver, a teorização desenvolvida pelo campo de estudos do texto no Brasil é bastante produtiva, dado que seus dispositivos analíticos já explicam processos intertextuais, referenciais, de progressão textual etc., dos textos falados ou escritos, podendo também ser úteis para as análises de textos multimodais e/ou multissemióticos.

Há muito o que pesquisar sobre e aprender com os textos das mais diversas naturezas. Dificilmente uma obra, de qualquer natureza, prescinde das ações de textualização e das consequências dessas ações. É também por meio dessas ações e em função delas que os agentes interagem social e culturalmente. Como dissemos inicialmente, podemos nos inspirar com os textos porque a criatividade que eles atualizam, encarnam e mostram, parece ser uma das mais importantes bases da prática social em geral.

Em relação às perspectivas teóricas sobre o fenômeno textual que temos tentado articular ao longo dos anos, assumimos também que a postulação de Hanks (2008), para quem o texto está situado não tanto na estrutura interna do discurso, mas, principalmente, na matriz social no interior da qual o discurso é produzido e compreendido. Nesse sentido, a natureza do fenômeno textual pode ser compreendida, como tentamos exemplificar acima, como um instrumento, um produto e um modo de ação e de construção conjunta do conhecimento sobre o mundo social.

# Tipologia textual

Ana Lúcia Tinoco Cabral

## 1 INTRODUÇÃO

Este capítulo dedica-se à noção de tipologia textual, tendo, pois, o texto como foco de seu desenvolvimento. Considerando a multiplicidade de abordagens teóricas com as quais podemos investigar as questões de textualidade é importante, definir, de início, o conceito de texto por nós adotado.

Se o desenvolvimento dos estudos linguísticos voltados para situações concretas de uso colocou o texto, oral e escrito, no foco das pesquisas, as profundas mudanças socioculturais e históricas do século XX e início do XXI provocaram transformações na própria noção de texto. Os pesquisadores dos primeiros estudos textuais buscavam categorizar "textos (sequências linguísticas coerentes entre si) e não textos (sequências linguísticas incoerentes entre si)" (Bentes, 2012, p. 269). O interesse atual é investigar os aspectos pragmáticos, como objetivos, convicções, e operações cognitivas, ligadas aos conhecimentos dos usuários da língua; estes, por sua vez, inseridos em determinado contexto, numa situação de interação, intersubjetiva, na qual cada produtor procura agir sobre seu interlocutor. Desse ponto de vista, podemos afirmar que

> o texto é a unidade funcional que não somente permite a interação, como também viabiliza diversas formas de representar o mundo, de transformá-lo e de, a um só tempo, reconstruir-se a partir dessa dinâmica emergência dos sentidos (Cavalcante *et al.*, 2010, p. 228).

Assim, os estudos passaram a considerar o texto como um processo de construção de sentidos realizado por sujeitos que interagem em função de um querer dizer em determinado contexto de interação. Mas a busca por padrões textuais conduziu a reconhecer, no interior dos textos, certas regularidades, importantes tanto para o processo de produção quanto para o de compreensão.

Observamos, com Adam (2019, p. 13), que todos os pesquisadores "que trabalham com *corpora* de textos são levados a colocar, em um momento ou outro, a questão do pertencimento dos textos a uma classe de textos ou de discursos". Concordamos com o autor que "todo empreendimento de classificação acarreta problemas" (Adam, 2019, p. 14), tendo em vista o caráter essencialmente heterogêneo dos textos. De fato, conforme ensina Sandig (2009, p. 47), a "multiplicidade e variabilidade na área dos textos explicam por que o *texto* não pode ser definido inequivocamente". Não podemos, todavia, deixar de considerar que o ser humano tem em si essa capacidade classificatória que nos faz aptos para distinguir, desde muito cedo, uma história de uma lista, por exemplo (Van Dijk,1983).

Muitas são as abordagens pelas quais se podem classificar os textos que circulam na sociedade. Somos, no entanto, cientes da necessidade de escolher um caminho a seguir. A esse respeito, invocamos Saussure (2002, p. 23): "aquele que se coloca diante do objeto complexo que é a linguagem para fazer dele seu estudo, abordará necessariamente esse objeto por tal ou tal lado, que não será jamais toda a linguagem". De forma similar, aquele que faz do texto e suas complexidades seu objeto de estudo, debruçar-se-á sobre ele de um determinado ponto de vista teórico.

Dito isso, temos, neste capítulo, três objetivos: o primeiro é apresentar um breve percurso histórico da classificação tipológica de textos a partir da linguística de texto, ou seja, a partir da década de 1970; o segundo é discorrer sobre a classificação tipológica das sequências textuais prototípicas proposta por Adam (2019), abordagem teórica da qual nos aproximamos; e o terceiro é tratar de alguns desdobramentos desses estudos atualmente no Brasil, com alguns exemplos de pesquisas dedicadas aos tipos/sequências textuais. A cada um desses objetivos dedicamos uma parte. Em uma quarta seção trazemos a análise de um texto a título de exemplificação.

## 2 ORIGENS HISTÓRICAS

A preocupação com a categorização dos textos remonta a Aristóteles (1998), que classificou os discursos conforme o auditório visado, o tempo e a função do discurso e estabeleceu três categorias: deliberativos, judiciários e epidíticos. Os discursos deliberativos dirigem-se a um auditório que tomará uma decisão futura e centram-se no útil e no nocivo; os judiciários visam como auditório juízes que avaliam fatos do passado, considerando o justo e o injusto; os epidíticos têm como ouvintes apenas espectadores, situando-se no presente e focalizando o belo e o feio. A categorização de Aristóteles segue um critério que poderíamos qualificar atualmente como enunciativo e funcional, que leva em conta o quadro em que ocorre a enunciação.

Também associando os campos da atividade humana ao uso da linguagem, Bakhtin ([1992] 2011, p. 262[193]) considera o enunciado como um todo indissociável cujos elementos constitutivos são três:

> Todos esses três elementos – o conteúdo temático, o estilo, a construção composicional – estão indissociavelmente ligados no todo do enunciado e são igualmente determinados pela especificidade de um determinado campo da comunicação. Evidentemente, cada enunciado particular é individual, mas cada campo de utilização da língua elabora seus tipos relativamente estáveis de enunciados, os quais denominamos gêneros do discurso.

O critério classificatório em Bakhtin constitui o conceito de gêneros do discurso, conforme as esferas de circulação. Também relativamente a Bakhtin, podemos afirmar que ele segue um critério classificatório que pode ser definido como enunciativo e funcional. Em Bakhtin há, no enquadramento dos enunciados em tipos prototípicos, uma preocupação com a função relativamente ao contexto e com a organização do texto como um todo. Bakhtin, referindo-se às esferas da atividade humana, fala em "tipos relativamente estáveis de enunciados" (Bakhtin, [1992] 2011, p. 262). A expressão "tipos de enunciados" é recorrente no texto de Bakhtin.

---

193. A data entre colchetes refere-se à primeira edição da obra em português; a data entre parênteses diz respeito à edição utilizada neste trabalho.

A questão dos gêneros esteve por muito tempo ligada aos estudos literários. Chiss (1987), no entanto, recorrendo aos estudos de literatura, preconiza a necessidade de uma classificação específica para textos e aponta a dificuldade de uma classificação que dê conta dos textos em geral, ressaltando o caráter único de cada texto. De fato, conforme observa Miranda (2010, p. 72), "no plano do texto os investigadores não têm conseguido elaborar e justificar de modo suficiente uma tipologia que permita incluir todos e quaisquer exemplares textuais numa única (e só uma) categoria".

As tipologias de textos dizem respeito ao uso dos textos em diferentes contextos sociais, uma vez que, como observa Bernárdez (1995), a elaboração de um texto depende muito da classe ou do tipo de texto. O autor observa ainda que o ensino de leitura e de escrita consiste, em grande medida, em definir os tipos textuais e suas características linguísticas e estruturais e ressalta que a questão das tipologias não toca apenas ao estudo "linguístico-textual teórico ou geral, mas sobretudo para usos práticos" (Bernárdez, 1995, p. 179). Baseando-se em estudos alemães, como os de Heinemmann e Viehweger[194], o autor apresenta razões que, segundo ele, advogam em favor da existência de tipos de textos, todavia reconhece as dificuldades para uma classificação tipológica.

Em 1985, as pesquisas em torno da classificação dos textos ainda estavam iniciando (Petitjean, 1989) e, nessa época, a definição de tipologia e sua classificação aconteciam, segundo Petitjean (1989), de forma muito frouxa, havendo muitas designações que se sobrepunham. Petitjean (1989) compreende a tipologia como uma construção que possui três parâmetros: uma base tipológica, um domínio de aplicação caracterizado e uma descrição das formas de estabelecimento de relação entre o domínio de aplicação e a base tipológica.

---

194. Infelizmente, os trabalhos desses autores permanecem inacessíveis para quem não domina a língua alemã. Contudo, Bernárdez (1995) traz uma boa leitura desses trabalhos, permitindo acesso, mesmo que indireto.

Anteriormente ainda, na década de 1970, conforme lembra Coutinho (2003), Kintsch e Van Dijk anunciavam a "noção de sequência como unidade textual" (Coutinho, 2003, p. 139). No artigo referido por Coutinho, Kintsch e Van Dijk (1985)[195], com uma abordagem cognitiva, destacam o papel das unidades semânticas, as macroproposições[196], unidades globais de ordem textual entre as atividades cognitivas envolvidas no processo de produção de resumos. Essa proposta tem pontos em comum com os postulados de Adam (1987), que considera uma tipologia ligada aos textos "demasiadamente global e não dá conta da heterogeneidade" deles (Adam, 1987, p. 56) e fala em uma dimensão sequencial do texto, definindo a "sequência textual como um segmento linear de unidades linguísticas" (Adam, 1987, p. 55). Adam desenvolve desde então sua proposta sobre os tipos de sequências textuais presentes na heterogeneidade composicional dos gêneros materializados em textos. Para esse autor, "as sequências são unidades textuais complexas, compostas de um número definido de blocos de proposições de base, as macroproposições" (Adam, 2019, p. 46).

Também distinguindo a composição dos gêneros das tipologias textuais, o linguista brasileiro Marcuschi voltou-se para a questão das tipologias textuais, na sequencialidade do texto. Para Marcuschi (2005), a expressão *tipo textual* designa "uma espécie de sequência teoricamente definida pela *natureza linguística de sua composição* {aspectos lexicais, sintáticos, tempos verbais, relações lógicas}" (Marcuschi, 2005, p. 22). O autor alerta sobre a utilização equivocada do termo *tipo textual* no lugar de gênero. Os tipos textuais são construções teóricas, ou seja, são entidades formais relativas à materialidade linguística e não entidades comunicativas (Marcuschi, 2005, p. 23).

---

195. Cumpre esclarecer que Coutinho apresenta a data de 1975 para a referida publicação de Kintsch e Van Dijk; encontramos, todavia, o texto publicado em 1985, conforme consta nas referências deste capítulo.

196. Macroproposições constituem unidades de sentido correspondentes a segmentos textuais compostos de blocos de proposições. No todo textual, as macroproposições são ligadas a outras macroproposições do mesmo tipo, compondo o todo ordenado da sequência textual de determinado tipo.

## 3 PRINCIPAIS ENFOQUES

A proposta de Adam (1992) em torno dos tipos e protótipos de sequências textuais consolidou-se e tem constituído o suporte teórico de muitos estudos textuais que tratam de tipos de arranjos textuais voltados para a organização dos sentidos na textualidade, sendo um dos principais enfoques do estudo da noção de tipo textual. Em publicação de 2017, na França, o autor atualizou e reviu a edição do trabalho de 1992 retomando seus postulados e ampliando alguns pontos. Essa obra teve sua tradução para o português brasileiro publicada em 2019 (Adam, 2019). Nela, assim como em obras anteriores, o autor define a sequência textual como:

> uma rede relacional decomponível em partes interligadas entre si (as macroproposições) e conectadas ao todo que elas constituem (uma sequência);
>
> uma entidade relativamente autônoma, dotada de uma organização interna pré-formatada que lhe é própria e que, portanto, está em relação de dependência-independência com o conjunto mais amplo do qual é parte constitutiva: o texto (Adam, 2019, p. 46).

Adam (2019) recorre ao conceito de protótipo para classificar os tipos de sequência que ocorrem na construção textual, razão pela qual utiliza o termo *protótipo* em sua classificação. Propõe cinco protótipos abstratos de sequências textuais: descritivo, narrativo, argumentativo, explicativo, dialogal. Conforme o autor, esses cinco tipos básicos "correspondem a cinco tipos de relações macrossemânticas adquiridas junto com a língua, por impregnação cultural (pela leitura, pela escuta e pela produção), e transformadas em esquemas de reconhecimento e de estruturação da informação textual" (Adam, 2019, p. 46). Apresentamos, a seguir, de forma breve, os cinco tipos de sequências textuais postulados por Adam (2019).

### a) A sequência de tipo descritivo

Alertando que não se deve confundir a função descritivo-referencial da linguagem com a sequência descritiva, a qual diz respeito a macroproposições textuais, Adam (2019) ensina que a sequência descritiva tem uma "caracterização sequencial menos rígida" por não comportar um reagrupamento pré-formatado de proposições. O pesquisador afirma que "a descrição, inerente ao exercício da fala, é, de início, identificável no nível dos enunciados mínimos" (Adam, 2011, p. 217). Seu conteúdo é formado basicamente pela "atribuição mínima de um predicado a um sujeito" (Adam, 2011, p. 217), revelando um posicionamento do locutor, uma orientação argumentativa. O autor observa que o "procedimento descritivo é inseparável da expressão de um ponto de vista, de uma visada do discurso" (Adam, 2011, p. 217).

Quatro tipos de macro-operação constituem as operações de base para a geração de proposições descritivas: de tematização, de aspectualização, de relação, de expansão por subtematização. Essas operações agrupam nove operações descritivas, que, por sua vez, geram dez tipos de operações descritivas de base.

As operações de tematização ocorrem por meio da denominação e podem ser de três tipos: pré-tematização, pós-tematização e retematização. A pré-tematização diz respeito ao fato de a sequência descritiva assinalar "desde o início que ou o que vai estar em questão" (Adam, 2019, p. 85), anuncia um todo, fornecendo "unidade linguística e referencial" (Adam, 2019, p. 85). A pós-tematização ocorre quando o objeto descrito é referido no fim da sequência, e a retematização quando o objeto é redefinido por meio de uma nova denominação, reformulada, caso em que ele é recategorizado.

As operações de aspectualização apoiam-se na tematização e são, segundo o autor, as mais reconhecidas como "base da descrição" (Adam, 2019, p. 90). Elas podem abranger dois procedimentos: fragmentação (ou partição) e qualificação. A fragmentação consiste na apresentação de partes selecionadas para descrever o objeto de forma particular, destacando características específicas; a qualificação apresenta propriedades selecionadas das partes em questão.

As operações de relação apoiam-se nas propriedades de outro objeto para compor o objeto descrito e abarcam também dois tipos de relações: de contiguidade e de analogia.

As operações de expansão por subtematização estão, segundo Adam (2019, p. 95), na "fonte de expansão descritiva", que consiste na adição de qualquer operação a uma operação anterior para a extensão da descrição. Essas operações tornam a expansão descritiva potencialmente infinita, pois podem ocorrer de forma sucessiva. O quadro a seguir apresenta uma síntese das operações de base para a construção das sequências descritivas:

**Operações de base para a construção da sequência descritiva**
Fonte: Elaboração da autora.

## b) A sequência de tipo narrativo

Em 1997, Adam, em parceria com Revaz, define a narrativa como um tipo de organização textual: "A narrativa não é um gênero, mas um tipo particular de organização de enunciados (escritos, orais e mesmo não verbais se pensarmos na narrativa de imagens)" (Adam; Revaz, 1997, p. 16).

Os autores compreendem a narrativa como uma sucessão de ações na qual estão implicadas razões para agir e consequências do agir. Além disso, essas ações se dão em um encadeamento cronológico e causal que confere unidade à narrativa, posição ratificada por Adam (2019, p. 114): "Para que haja narrativa é necessária uma sucessão mínima de acontecimentos dentro de um tempo".

Adam (2019) postula a existência de seis constituintes para a narrativa: unidade temática, sucessão de acontecimentos, transformação de predicados, unidade de processo, causalidade narrativa da colocação em intriga e avaliação final.

A unidade temática se dá em torno do ator (sujeito ou personagem) situado em um tempo. O fator de unidade de ação é a presença de, pelo menos, um ator, individual ou coletivo, humano ou antropomórfico, "sujeito de estado (paciente) e/ou sujeito operador (agente de transformação)" (Adam, 2019, p. 114). A narrativa implica também "uma sucessão mínima de acontecimentos ocorrendo em um tempo", a qual é "conduzida por uma tensão" que organiza o texto em direção à situação final (Adam, 2019, p. 114).

Adam (2019) aponta a importância da intriga, que faz "passar da sucessão cronológica à lógica singular da narrativa, que introduz uma problematização" (Adam, 2019, p. 118). A intriga constitui o elemento unificador do processo, que se realiza por meio de duas macroproposições narrativas – o nó e o desfecho. A primeira macroproposição constitui a situação inicial, na qual se expõem os atores e os predicados a eles atribuídos antes de iniciar o processo, um cenário no qual vai se desenrolar a narrativa, apresentando o universo ao qual sujeitam-se narrador e personagens. Em seguida, vem a problematização, ou o nó, que concretiza a causalidade narrativa estabelecendo a intriga.

O nó, ou intriga, constitui "um conjunto de causas que violam a imobilidade da situação inicial e desencadeiam a ação" (Adam, 2019, p. 120), ou seja, iniciam o processo que conduz à mudança dos predicados, por conta de um conflito que se apresenta, transformando os atores ao longo do processo até a situação final. O conflito leva, na continuidade do processo, a uma avaliação e à reação dos atores; essas duas ações provocam, por sua vez, mudanças em direção ao desfecho da intriga, ou resolução, que se explicita na situação final. Destacamos como fundamental na narrativa a causalidade, ou a relação de interdependência causal que liga as ações que se sucedem no tempo. A avaliação final é o último constituinte postulado por Adam (2019). Assim como a moral do fim das fábulas, a avaliação final pode ser explícita ou implícita. Adam menciona que a narrativa deve produzir, no leitor, um efeito ligado a um princípio moral.

Os constituintes da sequência narrativa são assim esquematizados por Adam (2011, p. 226):

### c) A sequência de tipo argumentativo

A sequência argumentativa constitui uma unidade composicional e, segundo Adam (2019), não deve ser confundida com a argumentação em geral, que o autor considera como uma função da linguagem.

Adam apoia-se nos postulados de Toulmin ([1958] 2001) e de Apothéloz e Miéville (1989), que associam a argumentação a situações em que um segmento de texto constitui um argumento "em favor da enunciação de outro segmento do mesmo texto" (Apothéloz: Miéville, 1989, p. 248). Essa, segundo Adam (2019), é uma definição que também retoma o raciocínio silogístico presente nos estudos retóricos. Mas Adam (2019) circunscreve a questão ao tecido textual. O esquema citado diz respeito, conforme Cabral (2016a), a um movimento enunciativo que consiste em apresentar elementos que permitem apoiar determinada conclusão ou tese, dando-lhe sustentação.

Considerando, todavia, que uma tese é sempre defendida tendo em vista uma tese contrária efetiva ou virtual (Ducrot *et al.*, 1980), uma vez que o discurso argumentativo é essencialmente um contradiscurso (Moeschler, 1985), Adam (2011; 2019) apresenta a seguinte proposta para a sequência argumentativa:

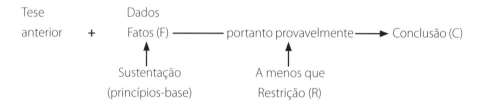

**Esquema da sequência argumentativa**
Adaptado de Adam, 2011, p. 234.

Esse esquema argumentativo prevê a ocorrência de uma tese à qual se contrapõem dados que conduzem a uma nova tese ou conclusão. Adam (2019) apresenta, em sua obra de 2019, já mencionada neste capítulo, vários esquemas de realização das sequências textuais de tipo argumentativo.

### d) A sequência de tipo explicativo

Adam (2019, p. 180) observa que, diante do interesse de pesquisadores pela narração, pela descrição, pela argumentação e pelo diálogo na década de 1960, a explicação foi esquecida e passou a ganhar interesse dos pesquisadores somente a partir da década de 1980, quando os estudos sobre o discurso e o texto explicativo se tornaram "mais precisos". Por meio dos diversos exemplos de análise expostos por Adam (2019), ao tratar da sequência de tipo explicativo, podemos extrair algumas informações relativas a esse tipo de sequência textual.

Conforme Adam (2019, p. 189), "o funcionamento mínimo da explicação é perceptível em segmentos curtos. Assim é a forma periódica exclusivamente no presente que combina SE com É QUE, É PORQUE ou É POR ISSO (QUE)". O apoio na possibilidade de se introduzir PORQUE foi apontado por Grize (1997) como critério de base.

Vários pesquisadores das décadas de 1970, 1980 e 1990 adotaram um modelo ternário (composto de três fases); Adam (2019), lembrando que já havia proposto um modelo baseado em quatro fases em 1987, apresenta o seguinte esquema para a realização das macroproposições da sequência prototípica de tipo explicativo:

| | Sequência explicativa prototípica | |
|---|---|---|
| 0. | Macroproposição explicativa 0 | Esquematização inicial |
| 1. Por que X? (ou Como?) | Macroproposição explicativa 1 | Problema (pergunta) |
| 2. Porque | Macroproposição explicativa 2 | Explicação (resposta) |
| 3. | Macroproposição explicativa 3 | Ratificação-avaliação |

Fonte: Adam, 2019, p. 193.

É preciso destacar, no entanto, que a maioria dos textos explicativos tem um caráter elíptico que, por vezes, não mostra explicitamente os operadores [PORQUE; POR ISSO...]. Além disso, fica claro, pelas análises apresentadas pelo autor, que a explicação recai sobre um tema que não é posto em questão, apenas explicado para que o interlocutor tenha maior compreensão do objeto foco da explicação. Aliás, Bronckart (1999) é bastante claro a esse respeito, ao mencionar que a explicação é dada por um sujeito de saber reconhecido.

### e) A sequência de tipo dialogal

A sequência de tipo dialogal, de acordo com Adam (2019, p. 210), é "um modo de composição aparentemente menos estruturado que os outros quatro". Vale destacar a palavra "aparentemente", que já nos aponta para uma possibilidade de estruturação. O pesquisador indica, afinal, que a sequência dialogal "é potencialmente de uma heterogeneidade comparável à da narrativa" (Adam, 2019, p. 210). Segundo o autor, é possível admitir que "a hipótese sequencial dá conta da heterogeneidade" (Adam, 2019, p. 210) que lhe é constitutiva.

Adam (2019, p. 212) considera o diálogo "uma unidade de composição textual, uma forma particular de encadeamento poligerida de enunciados na oralidade e uma representação de enunciados poligerados na escrita". O autor inclui, nessa definição, tanto os textos de ficção quanto as interações sociais das mais diversas e ressalta a importância de fundamentos de ordem pragmática, como, por exemplo, as questões de polidez e os fenômenos ligados a rituais de interação, para o estudo do diálogo, considerado por ele "uma atividade ritual, cuja aposta é a confirmação e a manutenção do tecido social" (Adam, 2019, p. 215). O caráter ritualístico é, pois, fundamental na estruturação da sequência de tipo dialogal.

Além do caráter ritualístico, Adam (2019) destaca o caráter de troca como fundamental para o diálogo, sendo por ele definida como "a menor unidade dialogal (Adam, 2019, p. 220) e considera sempre trocas binárias. O autor não considera, todavia, o turno de fala uma unidade hierárquica, e distingue "uma unidade denominada *sequência* – constitutiva do texto dialogal e constituída de trocas – e uma unidade chamada troca, ela mesma constituída de microunidades interligadas" (Adam, 2019, p. 222). Para o autor, importam os encadeamentos da troca, com as microunidades, que, segundo o autor, nos coloca "a obrigação de dar a essa menor unidade constitutiva da sequência dialogal um valor peculiar" (Adam, 2019, p. 223).

### f) O discurso procedural, em vez de sequência de tipo injuntivo

Embora, em suas pesquisas da década de 1980, Adam tenha considerado o injuntivo como um tipo textual, seguindo o mesmo posicionamento de Bronckart (1996) e Marcuschi (2005) e Travaglia (2012a; 2012b) entre outros, em sua obra de 2019, o autor não o considera como uma tipologia textual, mas um tipo de discurso (Adam, 2019), postura que já havia assumido na edição de 1992 de sua obra sobre tipologias textuais. Para Adam (2019), as regularidades linguísticas que se apresentam no discurso procedural emergem do nível genérico de análise; isto é, não dizem respeito a uma sequência tipológica, mas uma visada geral do texto, localizando-se em um nível superior, que é da ordem do gênero. Conforme Adam (2019, p. 256), "essas regularidades são diretamente determinadas pelos dados da interação sociodiscursiva". Por esse motivo, ele não considera tratar-se de um tipo textual, mas de um tipo de discurso.

## 4 DESDOBRAMENTOS ATUAIS

Nesta seção apresentamos dois pesquisadores brasileiros[197], cujas investigações têm trazido valiosas contribuições para os estudos das tipologias textuais.

Travaglia[198], afastando-se da proposta de Adam, oferece um estudo que categoriza os textos conforme suas características comuns. O autor, para tanto, propõe as seguintes categorias, denominadas tipelementos: tipos, subtipos, gêneros e espécies.

A espécie define-se apenas por aspectos formais de estrutura (Travaglia, 2007); o gênero caracteriza-se pela sua função sociocomunicativa (Travaglia, 2012); o subtipo constitui uma variação do tipo que se distingue pelo modo ou pela forma de interação do tipo do qual é subtipo. O autor fornece como exemplo os subtipos expositivo e explicativo, que são subtipos do

---

197. Para além dos dois pesquisadores brasileiros mencionados, vale destacar os estudos do Grupo de Pesquisa em Análise Textual dos Discursos (CNPq), liderado pela Professora Maria das Graças Soares Rodrigues (UFRN). Os inúmeros trabalhos desenvolvidos pelos membros desse grupo de pesquisa corroboram os postulados de Adam, cujos trabalhos o Grupo de Pesquisa divulga amplamente no Brasil.

198. A proposta teórica de Travaglia está apresentada de forma aprofundada em seus trabalhos, cujo acesso é possível em seu site (www.ileel.ufu.br/travaglia).

tipo textual dissertativo; ou os subtipos ordem, conselho, pedido, que são subtipos do tipo textual injuntivo.

O tipo, para Travaglia (2012b), identifica-se por instaurar um modo de interação. Conforme o autor, considerando que as perspectivas do produtor podem variar, também variam os critérios para que se estabeleçam diferentes tipos, instituindo-se recursos linguísticos específicos. O linguista propõe oito tipologias constituídas por textos, a saber: (a) descritivo, narrativo, dissertativo, injuntivo, tipos fundamentais, que figuram na composição de todo texto; (b) argumentativos *stricto sensu* e argumentativo não *stricto sensu*; (c) preditivo e não preditivo; (d) do mundo comentado e do mundo narrado; (e) lírico, épico/narrativo e dramático; (f) texto humorístico e não humorístico; (g) literário e não literário; (h) factual e ficcional.

Marquesi ([1990] 2004), partindo de estudos de Adam na década de 1990, apresenta uma abordagem para o descritivo que dialoga com os postulados do linguista francês, diferenciando-se dele em alguns aspectos. Marquesi ([1990] 2004), estabelece para o tipo textual descritivo, três categorias definitórias: designação, definição e individuação. A primeira, está voltada para o movimento de condensação e as duas últimas para a expansão do texto. A autora considera que o enunciado descritivo expande uma designação cuja estruturação atualiza a fórmula x é y, em que x está para a designação e y para a expansão.

Conforme Marquesi (2016), a categoria da designação diz respeito à nomeação, o que implica condensar um conjunto sêmico em um recorte lexical; a definição consiste em apresentar os atributos essenciais e específicos do ser/objeto descrito, de modo que ele não seja confundido com outro; a individuação tem por finalidade distinguir, particularizar, tornar individual: "revela o que faz com que um ser possua não apenas características específicas, mas uma existência singular, determinada no tempo e no espaço" (Marquesi, 2016, p. 114).

## 5 EXEMPLO DE ANÁLISE

Apresentamos, a título de exemplificação, uma breve análise exploratória das sequências textuais em um texto. O objetivo é mostrar como as várias sequências se organizam harmonicamente no plano textual. Vale ressaltar que todo texto é composto de um arranjo particular de sequências que, em conjunto, lhe conferem sentido global em seu plano[199] de organização, lembrando que os textos são dotados de uma heterogeneidade que lhes é constitutiva.

---

### A lei[200]

Este caso da parteira merece sérias reflexões que tendem a interrogar sobre a serventia da lei.

Uma senhora, separada do marido, muito naturalmente quer conservar em sua companhia a filha; e muito naturalmente também não quer viver isolada e cede, por isto ou aquilo, a uma inclinação amorosa.

O caso se complica com uma gravidez e para que a lei, baseada em uma moral que já se findou, não lhe tire a filha, procura uma conhecida, sua amiga, a fim de provocar um aborto de forma a não se comprometer.

Vê-se bem que na intromissão da "curiosa" não houve nenhuma espécie de interesse subalterno, não foi questão de dinheiro. O que houve foi simplesmente camaradagem, amizade, vontade de servir a uma amiga, de livrá-la de uma terrível situação.

Aos olhos de todos, é um ato digno, porque mais do que o amor, a amizade se impõe.

Acontece que a sua intervenção foi desastrosa e lá vem a lei, os regulamentos, a polícia, os inquéritos, os peritos, a faculdade e berram: você é uma criminosa! Você quis impedir que nascesse mais um homem para aborrecer-se com a vida!

Berram e levam a pobre mulher para os autos, para a justiça, para a chicana, para os depoimentos, para essa via-sacra da justiça, que talvez o próprio Cristo não percorresse com resignação.

A parteira, mulher humilde, temerosa das leis, que não conhecia, amedrontada com a prisão, onde nunca esperava parar, mata-se.

Reflitamos agora; não é estúpida a lei que, para proteger uma vida provável, sacrifica duas? Sim, duas, porque a outra procurou a morte para que a lei não lhe tirasse a filha. De que vale a lei?

---

199. Embora o conceito de plano de texto mantenha estreita relação com o conceito de sequências textuais, este conceito não foi abordado neste trabalho, porque o foco são as tipologias textuais. Indicamos Adam (2011; 2019) para o estudo desse conceito.

200. Barreto; Lima. *Vida urbana*, 07/01/1915. Disponível em: http://www.dominiopublico.gov.br/pesquisa/DetalheObraForm.do?select_action=&co_obra=7555. Acesso em: 20/07/2021.

O texto "A lei", de Lima Barreto, publicado em 1915, em jornal do Rio de Janeiro, relata um fato ocorrido na cidade, que o fez refletir e argumentar sobre a lei e sua utilidade, argumentando que a lei, tal como está posta na época, não tem utilidade para alguns cidadãos. Observamos, no pequeno texto, um conjunto de várias sequências para compor essa argumentação.

Abre o texto a proposta de "reflexões" para "interrogar sobre a serventia da lei", propondo à análise "esse caso da parteira". Essa proposta inicial, ao tematizar a personagem como "a parteira", já expõe para o leitor as intenções do produtor, apresentando uma tomada de posição diante do problema. Para conduzir a reflexão, o autor utiliza principalmente a sequência narrativa permeada especialmente por dados descritivos, mas não apenas.

Os elementos constitutivos da narrativa estão sequencialmente organizados, com o encaixamento de elementos descritivos: a situação inicial se vale de elementos descritivos para apresentar as personagens – além da parteira, uma segunda personagem é tematizada como "uma senhora" e, por uma operação de qualificação, é apresentada como "separada do marido" e portadora de desejos – quer conservar a filha e não quer viver isolada. As peculiaridades descritivas conduzem a narrativa a caminhar: "cede, por isto ou aquilo, a uma inclinação amorosa". Esse acontecimento na narrativa constitui o elemento detonador do conflito que se estabelece: "o caso se complica com uma gravidez", evento que, conforme informado no texto, pode ter por consequência impedir um dos dois desejos da mulher e fazer com que lhe tirem a filha, com apoio da lei. A reação para resolver o nó instaurado é "provocar um aborto". A parteira, tematizada no início do texto, é retematizada, a partir do ponto de vista da "senhora", como "sua amiga" e é descrita por meio de elementos que a qualificam, ou seja, por um procedimento de qualificação: camarada, amiga, portadora de "vontade de servir a uma amiga". Ela é também retematizada como "curiosa", denominação que a redefine como uma mulher que realiza partos sem formação para tal. Vale destacar o comentário do produtor, que avalia a visão da sociedade relativamente ao ato da "curiosa": "aos olhos de todos, é um ato digno, porque, mais do que o amor, a amizade se impõe". É um comentário de caráter argumentativo, que parece buscar justificar a ação da amiga e estimular a empatia do leitor.

A ação para resolução do nó resulta em novo problema, em virtude de que a "intervenção foi desastrosa". Instaura-se um novo conflito, desta vez para a parteira. Por meio de um processo de fragmentação, apresenta-se uma detalhada descrição dos meios pelos quais a lei age. Vale destacar a sequência dialogal, em discurso direto, para apresentar a reação da sociedade afeita aos preceitos da lei: "você é uma criminosa! você quis impedir que nascesse mais um homem". É um diálogo que não dá direito de resposta à acusada, denunciando a falta de acesso à justiça por parte dos humildes em virtude de sua exclusão e silenciamento. O ponto de vista do produtor se faz presente na qualificação por finalidade que descreve "homem": "para aborrecer-se com a vida".

A narrativa segue com a enumeração dos procedimentos legais que permitem inferir o conjunto das ações e a extensão temporal do processo; o processo é também descrito por operação de relação, expressa pela designação "via-sacra da justiça" e pela comparação à resignação de Cristo. A operação de relação prepara para o desenlace da narrativa: a parteira "mata-se". Também a descrição da parteira justifica o ato grave do desenlace, por meio de aspectualização por qualificação: "mulher humilde, temerosa das leis", desconhecedora das leis, "amedrontada com a prisão".

Por fim, a reflexão proposta no início do texto é retomada em um movimento circular que explicita a visada argumentativa, por meio de uma pergunta negativa, com valor de afirmação (Anscombre; Ducrot, 1997): afirma-se a tese de que a lei é estúpida, pois, "para proteger uma vida provável, sacrifica duas". Segue-se uma sequência explicativa, para esclarecer a um possível leitor que, porventura, não tenha compreendido que "a intervenção desastrosa" tinha como sentido que a "senhora separada do marido" também faleceu, no aborto. A pergunta final instiga a reflexão inicialmente proposta, deixada em aberto, com a sugestão de que "não vale muito".

## 6 CONSIDERAÇÕES FINAIS

Os conceitos expostos e as análises apresentadas neste capítulo procuraram evidenciar que cada texto, atendendo às intenções do produtor, apresenta uma forma de organização que lhe é peculiar, na qual é possível identificar segmentos textuais prototípicos, ou seja, conjuntos de enunciados dotados de regularidades linguísticas, as sequências textuais tipologicamente classificadas conforme sua forma composicional e sua função na estruturação global do texto. Cada sequência está ligada às demais na composição do todo heterogêneo do texto, construto composto de "várias sequências que participam harmonicamente dele para atender à função para a qual o texto foi produzido" (Cabral, 2016b, p. 386). Ao fim deste capítulo, cremos que, embora a noção de tipologia textual e o conhecimento das sequências, como esquemas prototípicos de construção textual, não deem conta "de todos os aspectos da compreensão e da produção dos textos" (Adam, 2019, p. 23), podemos afirmar, com o autor, que eles constituem um conjunto de estratégias que atuam juntamente como os muitos outros conhecimentos nesses processos.

# Referências aos capítulos

## 1 Estudos do discurso: a heterogeneidade de um campo

ARRIVÉ, M.; GADET, F.; GALMICHE, M. *La grammaire d'aujourd'hui*. Paris: Flammarion, 1986.

BENVENISTE, É. *Problemas de Linguística Geral I*. Campinas: Pontes, 1988.

DESSONS, G. *Émile Benveniste, l'invention du discours*. Paris: In Press, 2006.

JAPIASSÚ, H.; SOUZA FILHO, D.M. *Dicionário Básico de Filosofia*. 4. ed. atual. Rio de Janeiro: Zahar, 2006.

MAINGUENEAU, D. *Initiation aux méthodes de l'analyse du discours*. Paris: Hachette, 1976.

SAUSSURE, F. de. *Curso de Linguística Geral*. Org. de C. Bally e A. Sechehaye, com a colab. de A. Riedlinger. Trad. de A. Chelini, J.P. Paes e I. Blikstein. São Paulo: Cultrix, 1975.

## 2 Argumentação linguística

ANSCOMBRE, J.-C. Argumentativité et in formativité. *In*: MEYER, M. (ed.). *De la métaphysique à la rhétorique*. Bruxelas: Université de Bruxelles, 1986, p. 79-93.

ANSCOMBRE, J.-C. Théorie de l'Argumentation, topoï et structuration discursive. *Revue Québécoise de Linguistique*, XVIII, 1, p. 13-56, 1989.

ANSCOMBRE, J.-C. Thèmes, espaces discursifs et représentation événementielle. *In*: ANSCOMBRE, J.-C.; ZACCARIA, G. (eds.). *Fonctionnalisme et pragmatique – À propos de la notion de thème*. Milão: Unicopli, 1990, p. 43-150.

ANSCOMBRE, J.-C. *Théorie des Topoï*. Paris: Kimé, 1995.

ANSCOMBRE, J.-C.; DUCROT, O. *L'argumentation dans la langue*. Bruxelas : Mardaga, 1983.

BAKHTIN, M. Discourse in the novel. *In*: HOLQUIST, M. (ed.). *The Dialogical Imagination*. Austin: University of Texas Press, 1981, p. 259-422.

BAKHTIN M. *Estética de la creación verbal*. México: Siglo XXI, 1982.

CALDIZ, A. Puntos de vista evidenciales y entonación. *Antares*, 11(23), p. 53-74, 2019.

CALDIZ, A. Puntos de vista evidenciales y su manifestación a través de la prosodia. *In*: CALDIZ, A.; RAFAELLI, V. (coords.). *Exploraciones fonolingüísticas*. La Plata : Universidad Nacional de La Plata, 2020, p. 233-245.

CAREL, M. L'argumentation dans le discours: argumenter n'est pas justifier. *Langage et Société*, 70, p. 61-81, 1994.

CAREL, M. Pourtant: argumentation by exception. *Journal of Pragmatics*, 24, 1-2, p. 167-188, 1995.

CAREL, M. Les propriétés linguistiques du paradoxe: paradoxe et négation. *Langue Française*, p. 27-40, 1999.

CAREL, M. Note sur l'abduction. *Travaux de Linguistique*, 27, p. 93-111, 2004.

CAREL, M. *La semántica argumentativa – Introducción a la teoría de los bloques semánticos*. Buenos Aires: Colihue, 2005.

CAREL, M. *L'entrelacement argumentatif*. Paris: Champion, 2011.

CAREL, M. Pour une analyse argumentative globale du sens. *Arena Romanistica*, 14, p. 72-88, 2014.

CAREL, M. Énonciation, argumentation et sens: entretien avec Marion Carel, entretien avec Lauro Gomes. *Conexão Letras*, 16(25), p. 245-259, 2021.

CAREL, M. (comp.). *Les facettes du dire*. Paris: Kimé, 2002.

CAREL, M.; DUCROT, O. Le Problème du paradoxe dans une sémantique argumentative. *Langue Francaise*, 123, p. 6-26, 1999.

DUCROT, O. *Le Dire et le dit*. Paris: Minuit, 1984.

DUCROT, O. Signification et vérité. *Topiques*, 9, p. 61-69, 1987.

DUCROT, O. Topoï et sens. *Actes du 9e· Colloque d'Albi*, 1989, p. 1-22.

DUCROT, O. Les Topoï dans la Théorie de l'Argumentation dans la LANGUE. *In*: PLANTIN, C. (comp.). *Lieux communs, topoï, stéréotypes, clichés*. Paris: Kimé, 1993, p. 233-248.

DUCROT, O. Les modificateurs déréalisants. *Journal of Pragmatics*, 24, p. 145-165, 1995.

DUCROT, O. Léxico y gradualidad. *Signo y Seña*, n. 9, p. 175-197, 1998.

DUCROT, O. Argumentation et inference. *Pragmatics in 1998: Selected papers of the 6th International Pragmatics Conference.* Amberes: IPrA, 1999, p. 117-129.

DUCROT, O. Sentido y argumentación. *In*: ARNOUX, E; NEGRONI, M.M.G. (comps.). *Homenaje a Oswald Ducrot.* Buenos Aires: Eudeba, 2004, p. 359-370.

GARCÍA NEGRONI, M.M. Scalarité et réinterprétation: les modificateurs surréalisants. *In*: ANSCOMBRE, J.-C. (ed.). *Théorie des Topoï.* Paris: Kimé, 1995, p. 101-144.

GARCÍA NEGRONI, M.M. Polifonía, evidencialidad y descalificación del discurso ajeno – Acerca del significado evidencial de la negación metadiscursiva y de los marcadores de descalificación. *Letras de Hoje*, 51(1), p. 7-16, 2016a.

GARCÍA NEGRONI, M.M. Discurso político, contradestin ación indirecta y puntos de vista evidenciales – La multidestinación en el discurso político revisitada. *Revista Aled,* 16(1), p. 37-59, 2016b.

GARCÍA NEGRONI, M.M. Argumentación y puntos de vista evidenciales citativos: acerca de la negación metadiscursiva en el discurso político. *Oralia,* 21(2), p. 223-242, 2018a.

GARCÍA NEGRONI, M.M. Argumentación y puntos de vista evidenciales: acerca del condicional citativo en el discurso periodístico y en el discurso científico. *Boletín de Lingüística*, XXX, (49-50), p. 86-109, 2018b.

GARCÍA NEGRONI, M.M. El enfoque dialógico de la argumentación y la polifonía, puntos de vista evidenciales y puntos de vista alusivos. *Rilce – Revista de Filología Hispánica,* 35(2), p. 521-549, 2019.

GARCÍA NEGRONI, M.M. Tiempos verbales y puntos de vista citativos: acerca de los valores citativos del futuro, del condicional y del imperfecto. *Revista Signos* 54(106), p. 376-408, 2021.

GARCÍA NEGRONI, M.M. ¡Al final tenías plata! – Acerca de las causas mirativo-evidenciales de la enunciación. *In*: MALDONADO, R.; DE LA MORA, J. (eds.), *Evidencialidad – Determinaciones **léxicas y** construccionales.* México, 2020a, p. 243-264.

GARCÍA NEGRONI, M.M. Aportes del enfoque dialógico de la argumentación y de la polifonía al estudio del significado evidencial: ¿Y (tono circunflejo) …X? y ¿Así que X? en contraste. *In*: MESSIAS NOGUEIRA, A.; FUENTES RODRÍGUEZ, C.; MARTÍ, M. (coords.). *Aportaciones desde el español y el portugués a los marcadores del discurso – Treinta años después de Martín Zorraquino y Portolés.* Sevilla: Universidad de Sevilla, 2020b, p. 77-100.

GARCÍA NEGRONI, M.M. On the dialogic frames of mirative enunciations: the Argentine Spanish discourse marker mirá and the expression of surprise. *Pragmatics*, 2021 [*on-line*].

GARCÍA NEGRONI, M.M. Lenguaje inclusivo, usos del morfema y posicionamientos subjetivos. *Literatura y Lingüística*, [no prelo].

GARCÍA NEGRONI, M.M.; HALL, B. Procesos de subjetivación y lenguaje Inclusivo. *Literatura y Lingüística*, 42, p. 275-301, 2020.

GARCÍA NEGRONI, M.M.; LIBENSON, M. Argumentación, evidencialidad y marcadores del discurso – El caso de por lo visto. *Tópicos del Seminario*, 35, p. 51-75, 2016.

PERNUZZI, G. *Discurso instruccional, anticipación y ethos –. El ethos técnico-pedagógico y las huellas del traductor en la construcción del sentido de prevención en el manual de instrucciones especializado – Estudio contrastivo italiano/traducción al español*. Tese de doctorado. Córdova: Universidad Nacional de Córdoba.


## 3 Argumentação retórica

ANDRADE, C.D. Mário de Andrade desce aos infernos (A rosa do povo). *Obra completa*. Rio de Janeiro: Aguilar, 1964, p. 211.

ANÔNIMO. *Rhétorique à Herennius*. Paris: Les Belles Lettres, 1989.

ARISTÓTELES. *Rhétorique*. Paris: Librairie Générale Française, 1991.

ARISTÓTELES. Tópicos. *Órganon*. Bauru: Edipro, 2005.

BARTHES, R. A retórica antiga. *In*: COHEN, J. *et al. Pesquisas de retórica*. Petrópolis: Vozes, 1975, p. 147-224.

BENDER, J.; WELLBERY, D. E. *The Ends of Rhetoric: History, Theory and Practice*. Stanford: Stanford University Press, 1990.

CAMÕES, L. V. de. *Amor é fogo que arde sem se ver*. São Paulo: Ediouro, 1997.

CÉSAR. *Commentarii de Bello Gallico*. Paris: Les Belles Lettres, 1926.

CÍCERO, M. T. *De oratore*. Paris: Les Belles Letres, 1972.

CURTIUS, E. R. *Literatura europeia e idade média latina*. Rio de Janeiro: Instituto Nacional do Livro, 1957.

DUBOIS, J. *et al. Retórica geral*. São Paulo: Cultrix/Edusp, 1974.

GENETTE, G. A retórica restrita. *In*: COHEN, Jean *et al. Pesquisas de retórica*. Petrópolis: Vozes, 1975, p. 129-146.

HUGO, V. *Les contemplations*. Paris: Gallimard, 1973.

JAKOBSON, R. *Linguística e comunicação*. São Paulo: Cultrix, 1969.

KUHN, T. S. *A estrutura das revoluções científicas*. 5 ed. São Paulo: Perspectiva, 1998.

McLUHAN, M. *Os meios de comunicação como extensão do homem*. São Paulo: Cultrix, 1969.

MORAES, V. *Meu tempo é quando*. Rio de Janeiro: Centro Cultural Banco do Brasil, 1990a.

MORAES, V. *O operário em construção e outros poemas*. 7. ed. Rio de Janeiro: Nova Fronteira, 1990b.

PERELMAN, C.; OLBRECHTS-TYTECA, L. *Tratado da argumentação: a nova retórica*. São Paulo: Martins Fontes, 2005.

PLANTIN, C. *L'argumentation*. Paris: Seuil, 1996.

RENER, F. *Language and Translation from Cicero to Titler*. Amsterdã/Atlanta: Rodopi, 1989.

RICARDO, C. *Poesias completas*. Rio de Janeiro: José Olympio, 1957.

VERLAINE, P. *Jadis et naguère: poésies*. Paris: Léon Vanier, 1884.

VIEIRA, A. *Sermões*. Vol. III. Tomo 8. Porto: Lello, 1959.

VILLA-LOBOS, D.; RUSSO, R. Baader-Meinhof Blues. *Legião Urbana*. Emi-Odeon, 1984.


## 4 Autoria

BARTHES, R. A morte do autor. *O rumor da língua*. São Paulo: Martins Fontes, 2004, p. 57-64.

BORGES, J. L. Borges e eu. *O fazedor*. Trad. de J. Baptista. São Paulo: Cia. das Letras, 2008.

CHARTIER, R. Figuras do autor. *A ordem dos livros*. Brasília: UnB, 1994.

CHARTIER, R. *Inscrever & apagar*. São Paulo: Unesp, 2007.

EDELMAN, B. *Le Sacre de l'auteur*. Paris: Seuil, 2004.

FISCHER, L. A. *Inteligência com dor – Nelson Rodrigues ensaísta*. Porto Alegre: Arquipélago, 2009.

FOUCAULT, M. O que é um autor? *Ditos e escritos III*. Rio de Janeiro: Forense Universitária, 1969, p. 264-298.

FOUCAULT, M. *A ordem do discurso*. São Paulo: Loyola, 1971.

GASPARI, E. *A ditadura envergonhada*. São Paulo: Cia. da Letras, 2002 [Coleção As Ilusões Armadas, vol. 1].

MAINGUENEAU, D. *O discurso literário*. São Paulo: Contexto, 2005.

MAINGUENEAU, D. Autor – A noção de autor em análise do discurso. *Doze conceitos em análise do discurso.* São Paulo: Parábola, 2010, p. 25-47.

MAINGUENEAU, D. *Discurso e análise do discurso.* São Paulo: Parábola, 2016.

OLIVEIRA, E.C. *Autoria – A criança e a escrita de histórias inventadas.* Londrina: Edual, 2004.

ORLANDI, E.P. *Discurso e leitura.* São Paulo: Cortez/Unicamp, 1987.

PROUST, M. *Contre Sainte-Beuve.* Trad. de H. Romanzini. São Paulo: Iluminuras, 1988.

RAMOS, G. Memórias do cárcere. [s.l..]: [e.d.].

SCHNEIDER, M. *Ladrões de palavras.* Campinas: Unicamp, 1990.

TFOUNI, L. V. A dispersão e a deriva na constituição da autoria e suas implicações para uma teoria do letramento. *In*: SIGNORIN, I. (org.). *Investigando a relação oral/escrito.* Campinas: Mercado de Letras, 2001, p. 77-94.

TFOUNI, L. V. (org.). *Múltiplas faces da autoria.* Ijuí: Unijuí, 2008.

## 5  Coesão e coerência

BARTON, D.; LEE, C. *Linguagem online: textos e práticas digitais.* São Paulo: Parábola, 2015.

BEAUGRANDE, R. *New Foundations for a Science of text and Discourse: Cognition, Communication, and Freedom of Access to Knowledge and Society.* Norwood: Alex, 1997.

BEAUGRANDE, R.; DRESSLER, W.U. *Introduction to Text Linguistics.* Londres: Longman, 1981.

BLÜHDORN, H.; ANDRADE, M.L.C.V.O. Tendências recentes da linguística textual na Alemanha e no Brasil. *In*: WIESER, H.P.; KOCH, I.G.V. (orgs.). *Linguística text*ual: perspectivas alemãs. Rio de Janeiro: Nova Fronteira, 2009.

BRAGA, T. Chapados de *likes* [*Newsletter*]. *Revista Piauí*, ed. 110, 20/05/2022.

BRAGA, T.; BUONO, R. Uma geração de braços cruzados [*Newsletter*]. *Revista Piauí*, n. 99, 04/03/2022.

CASTELLS, M. *O poder da comunicação.* Rio de Janeiro: Paz e Terra, 2015.

CASTELLS, M. Nosso mundo, nossas vidas. *Ruptura: a crise da democracia liberal.* Rio de Janeiro: Zahar, 2018.

CASTILHO, A.T. *Nova gramática do português brasileiro.* São Paulo: Contexto, 2010.

COUTO, A. C.O. Os donos do Javari [*Newsletter*]. *Revista Piauí*, ed. 113, 10/06/2022.

CRYSTAL, D. O princípio: entrevista com David Crystal. *In*: SHEPHERD, T.G.; SALIÉS, T.G. (orgs.). *Linguística da internet*. São Paulo: Contexto, 2013.

DANEŠ, F. *Papers on Functional Sentence Perspective*. Praga: The Hague, 1974.

ELIAS, V. M. Hipertexto e leitura: como o leitor constrói a coerência? *In*: CABRAL, A.L.T.; MINEL, J.-L.; MARQUESI, S.C. (orgs.). *Leitura, escrita e tecnologias da informação*, vol. 1. São Paulo: Terracota [Coleção Linguagem e Tecnologia].

ELIAS, V. M. Texto e hipertexto: questões para a pesquisa e o ensino. *In*: MENDES, E.; CUNHA, J. C. (orgs.). *Práticas em sala de aula de línguas – Diálogos necessários entre teoria(s) e ações situadas*. Campinas: Pontes, 2012.

ELIAS, V. M.; CAVALCANTE, M. M. Linguística textual e estudos do hipertexto: focalizando o contexto e a coerência. *In*: CAPISTRANO JÚNIOR, R.; LINS, M.P.P.; ELIAS, V.M. (orgs.). *Linguística textual: diálogos interdisciplinares*. São Paulo: Labrador, 2017.

ESCOREL, E. O que é o cinema? [*Newsletter*]. *Revista Piauí*, ed. 113, 10/06/2022.

FÁVERO, L.L.; KOCH, I.G.V. *Linguística textual: uma introdução*. São Paulo: Cortez, 1983.

FOLHA DE S. PAULO. Todas as noites ele me obriga... 20/07/2017. Caderno Mundo, A13.

FOLHA DE S. PAULO, 12/06/2022. Disponível em: https://www1.folha.uol.com.br/tec/Inteligencia-artificial/. Acesso em: 13/06/2022.

FOLTZ, P. W. Comprehension, coherence, and strategies in Hypertext and linear text. *In*: ROUET, J.-F. *et al. Hypertext and cognition*. Mahwah: Lawrence Erlbaum, 1996.

FRANCIS, G. Rotulação do discurso: um aspecto da coesão lexical de grupos nominais. *In*: CAVALCANTE, M.M.; RODRIGUES, B.B.; CIULLA, A. (orgs.). *Referenciação*. São Paulo: Contexto, 2003.

JUNCEIRO, P. "O copo ou a vida": nova campanha contra a condução sob efeito de álcool. *Motor24*, 09/04/2018. Disponível em: https://bit.ly/3y39Jgs. Acesso em: 20/10/2021.

KOCH, I. G.V. *A coesão textual*. São Paulo: Contexto, 1989.

KOCH, I. G.V. *A Inter-ação pela linguagem*. São Paulo: Contexto, 1992.

KOCH, I. G.V. *Desvendando os segredos do texto*. São Paulo: Cortez, 2002.

KOCH, I. G.V. *Introdução à linguística textual*. São Paulo: Martins Fontes, 2004.

KOCH, I.G.V.; ELIAS, V. M. *Ler e compreender: os sentidos do texto*. São Paulo: Contexto, 2006.

KOCH, I. G. V.; ELIAS, V. M. O texto na linguística textual. *In*: BATISTA, R. de O. (org.). *O texto e seus conceitos*. São Paulo: Parábola, 2016.

KOCH, I. G. V.; TRAVAGLIA, L. C. *Texto e coerência*. São Paulo: Cortez, 1989.

KOCH, I. G.V.; TRAVAGLIA, L. C. *A coerência textual*. São Paulo: Contexto, 1990.

MARCUSCHI, L. A. *Linguística de texto: O que é e como se faz?* Recife: Universidade Federal de Pernambuco, 1983 [Série Debates 1].

MARCUSCHI, L. A. Coerência e cognição contingenciada. *Cognição, linguagem e práticas interacionais*. Rio de Janeiro: Lucerna, 2007.

MARCUSCHI, L. A. *Produção textual, análise de gêneros e compreensão*. São Paulo: Parábola, 2008.

McGEE, P. Google afasta engenheiro que afirmou que *chatbot* do grupo é "consciente". *Folha de S. Paulo*, 12/06/2022. Disponível em: https://bit.ly/39zHRqE. Acesso em: 13/06/2022.

MONDADA, L; DUBOIS, D. Construção dos objetos de discurso e categorização: uma abordagem dos processos de referenciação. *In*: CAVALCANTE, M.M.; RODRIGUES, B.B.; CIULLA, A. (orgs.). *Referenciação*. São Paulo: Contexto, 2003.

PAVEAU, M-A. *Análise do discurso digital – Dicionário das formas e das práticas*. Campinas: Pontes, 2021.

PRONER, F. Chico Buarque lança primeira música inédita em cinco anos e anuncia turnê. *CNN Brasil*, 16/06/2022. Disponível em: https://www.cnnbrasil.com.br/entretenimento/chico-buarque-lanca-primeira-musica-inedita-em-cinco-anos-e-anuncia-turne/. Acesso em: 17/06/2022.

SANDIG, B. O texto como conceito prototípico. *In*: WIESER, H.P.; KOCH, I.G.V. (orgs.). *Linguística textual: perspectivas alemãs*. Rio de Janeiro: Nova Fronteira, 2009.

SCHMIDT, S.J. *Linguística e teoria de texto*. São Paulo: Pioneira, 1973.

SCHWARZ-FRIESEL, M. Indirect anaphora in text: a cognitive account. *In*: SCHWARZ-FRIESEL, M.; CONSTEN, M.; KNEES, M. *Anaphors in text: cognitive, formal and applied approaches to anaphoric reference*. Amsterdã/Filadélfia: John Benjamins, 2007 [Studies in Language Companion, 86].

SILVA, G. R.; NEVIN: S, A. I. Virunduns como uma janela para a mudança linguística em andamento. *Roseta*, vol. 3, n. 2, 2020. Disponível em: https://bit.ly/39Ha thA. Acesso em: 04/10/2021.

SUNG, F. De volta ao isolamento [*Newsletter*] *Revista Piauí*, ed. 110, 20 maio 2022.

VAN DIJK, T. A.; KIN: TSCH, W. *Strategies of discourse comprehension*. Nova York: Academic Press, 1983.

VAN DIJK, T. A. *Discurso e contexto: uma abordagem sociocognitiva*. Trad. de R. Ilari. São Paulo: Contexto, 2012.

VARELLA, J. Paterson: Adam Driver é um poeta do cotidiano em novo filme de Jim Jarmusch. *Guia da semana*, s/d. Disponível em: https://www.guiadasemana. com.br/cinema/noticia/paterson-adam-driver-e-um-poeta-do-cotidiano-em-no vo-filme-de-jim-jarmusc&gt. Acesso em: 12/04/2019.

VARELLA, D. Ipês amarelos sabem que sobreviver em São Paulo exige resiliência. *Folha de S. Paulo*, 08/09/2021. Disponível em: https://bit.ly/3FFbaDx. Acesso em: 25/10/2021.

## 6 Dêixis

APOTHÉLOZ, D. Interpretations and functions of demonstrative NPs in indirect anaphora. *Journal of Pragmatics,* vol. 31, n. 3, p. 363-397, mar./1999.

BALLY, C. *Traité de stylistique française*. Paris: Klincksieck, 1951.

BALLY, C. *Linguistique générale et linguistique française*. Berna: Francke, 1965.

BENVENISTE, E. *Problemas de linguística geral, I*. Campinas: Pontes, 2005.

BENVENISTE, E. *Problemas de linguística Geral, II*. Campinas: Pontes, 2006.

BÜHLER, K. *Sprachtheorie: Die Darstellungsfunktion der Sprache*. Jena: Fischer, 1934.

CAVALCANTE, M. M. *Expressões indiciais em contextos de uso: por uma caracterização dos dêiticos discursivos*. Tese de doutorado. Recife: Universidade Federal de Pernambuco, 2000.

CIULLA, A. *Os processos de referência e suas funções discursivas: o universo literário dos contos*. Tese de doutorado. Fortaleza: Universidade Federal do Ceará, 2008.

FILLMORE, C. *Lectures on deixis*. Berkeley: University of California, 1971.

FILLMORE, C. *Lectures on deixis*. Stanford: CSLI, 1977.

FILLMORE, C. Towars a descriptive framework for spatial deixis. *In*: JARVELLA, R.J.; KLEIN, W. (eds.). *Speech, place and action: studies in deixis and related topics*. Nova York: John Wiley and Sons, 1982, p. 31-59.

FLORES, V.N. *Saussure e Benveniste no Brasil: quatro aulas na École Normale Supérieure*. São Paulo: Parábola, 2017.

FRIEDRICH, J. Prefácio. *Théorie* du Langage: la fonction représentationelle. Marselha: Agone, 2009.

INFOESCOLA. *Dêixis*. Disponível em: https://www.infoescola.com/portugues/ deixis/. Acesso em: 08/09/2021.

INFOPÉDIA. *Dêixis.* Disponível em: https://www.infopedia.pt/$deixis. Acesso em: 08/09/2021.

JAKOBSON, R. Les embrayeurs, les catégories verbales et le verbe russe. *In: Essais de linguistique générale.* Trad. de N. Ruwet. Paris: Minuit, 1963, p. 176-196.

JUNGBLUTH, K.; DA MILANO, F. *Manual of Deixis in Romance Languages.* Berlim/Boston: De Gruyter, 2015.

KLEIBER, G. Dêiticos, embreadores, "token-reflexivos", símbolos Indexicais etc.: como defini-los? Trad. de M. **Félix.** *Intersecções,* ed. 11, ano 6, n. 3, p. 2, nov./2013.

LAHUD, M. *A propósito da noção de dêixis.* São Paulo: Ática, 1979.

LAROCHE, E. *Hommage.* Collège de France,1520, 2021. Disponível em: https://www.college-de-france.fr/site/emile-benveniste/Hommage.html. Acesso em: 29/09/2021.

LEVINSON, S.C. *Pragmatics.* Cambridge: Cambridge University Press, 1983.

LEVINSON, S. C. Deixis. *In:* HORN, L. (ed.). *The handbook of pragmatics.* Oxford: Blackwell, 2004, p. 97-121.

LYONS, J. *Semantics.* 2 vol. Londres: Cambridge University Press, 1977.

LYONS, J. Deixis and subjectivity: loquor, ergo sum? *In:* JARVELLA, R.J.; KLEIN, W. (eds.) *Speech, place and action: studies in deixis and related topics.* Nova York: John Wiley and Sons, 1982, p. 101-123.

MARTINS, M.A. *A caracterização dos tipos de dêixis como processos referenciais.* Dissertação de mestrado. Fortaleza: Universidade Federal do Ceará, 2019.

MOREIRA JR., V.D. Lógica estoica: uma apresentação. *Prometheus – Journal of Philosophy,* ano 9, n. 20, 2016.

NEVES, M. H. de M. A sintaxe de Apolonio Discolo. *Clássica – Revista Brasileira de Estudos Clássicos,* p. 69-74, 1993.

## 7 Diálogo

ADAM, J.-M. *Les textes: types et prototypes.* Paris: Nathan, 1992.

AUTHIER-REVUZ, J. Hétérogénéité montrée et hétérogénéité constitutive: éléments pour une approche de l´autre dans le discours. *DRLAV,* n. 26, p. 91-151, 1982.

AUTHIER-REVUZ, J. Heterogeneidade(s) enunciativa(s). *Cadernos de Estudos Linguísticos,* Campinas, n. 19, jul.-dez./1990. Disponível em: https://periodicos.sbu.unicamp.br/ojs/Index.php/cel/article/view/8636824. Acesso em: 05/05/2020.

AUTHIER-REVUZ, J. Dizer ao outro no já-dito: interferências de alteridades – Interlocutiva e interdiscursiva – no coração do dizer. *Letras de Hoje,* Porto Alegre, vol. 46, n. 1, p. 6-20, jan.-mar./2011. Disponível em: https://revistaseletronicas. pucrs.br/ojs/Index.php/fale/article/view/9215. Acesso em: 05/05/2020.

BAKHTIN, M. *Esthétique et théorie du roman*. Paris: Gallimard, 1978.

BAKHTIN, M. *Teoria do romance I: a estilística*. São Paulo: Ed. 34, 2015.

BAKHTIN, M. *Os gêneros do discurso*. São Paulo: Ed. 34, 2016, p. 11-68.

BENVENISTE, E. Da subjetividade da linguagem. *In*: *Problemas de Linguística geral I*. Campinas: Pontes/Unicamp, 1988.

BENVENISTE, E. O aparelho formal da enunciação. *In*: *Problemas de Linguística geral II*. Campinas: Pontes, 1989, p. 81-90.

BRAIT, B. Tradição, permanência e subversão de conceitos nos estudos da linguagem, *Revista da Anpoll*, n. 34, p. 91-121, 2013.

BRANDIST, C. *Repensando o Círculo de Bakhtin –Novas perspectivas na história Intelectual*. Trad. de H. Gouvea e R.H. Schettini. São Paulo: Contexto, 2012.

BRANDIST, C.; LÄHTEENMÄKI, M. Early soviet linguistics and Mikhail Bakhtin's essays on the novel of the 1930s. *In*: BRANDIST, C.; CHOWN, K. (eds.). *Politics and the theory of language in the USSR 1917-1938: The birth of sociological linguistics*. Londres: Anthem, 2010, p. 69-88.

BRASILEIRO, A. M. M.; OLIVEIRA, A. R. de; ASSIS, J. A. Ser professor no Brasil nos tempos da covid-19: O que mudou? ReVEL, vol. 18, n. 17, ed. esp., p. 499-513, 2020.

CASTILHO, A. T. de. O português culto falado no Brasil: história do Projeto Nurc/ SP. *In*: PRETI, D.; URBANO, H. (orgs.). *A linguagem falada culta na cidade de São Paulo*. São Paulo: T.A. Queiroz/Fapesp, 1990, p. 141-202.

CIPRIANI, F. M.; MOREIRA, A. F. B.; CARIUS, A. C. Atuação docente na educação básica em tempo de pandemia. *Educação & Realidade*, vol. 46, n. 2, 2021.

CORRÊA, M. L. G. Relações intergenéricas na análise indiciária de textos escritos. *In*: *Trabalhos em Linguística Aplicada*, vol. 45, n. 2, dez./2006. Disponível em: https://www.scielo.br/j/tla/a/YyJPrkN5FHCkRky59DVQZBm/?lang=pt. Acesso em: 20/10/2021.

CUNHA, D. A. Dialogismo em Bakhtin e Iakubinskii. *In*: *Investigaciones*, Recife, vol. 18, n. 2, p. 103-114, 2005.

FLORES, V. do N. *Introdução à teoria enunciativa de Benveniste*. São Paulo: Parábola, 2013.

GALHARDI, C.P. *et al.* Fato ou *fake*? – Uma análise da desinformação frente à pandemia da covid-19 no Brasil. *In*: *Ciência & Saúde Coletiva*, Rio de Janeiro, vol. 25, p. 4.201-4.210, out./2020. Disponível em: http://www.scielo.br/scielo.

php?script=sci_arttext&pid=S1413-81232020006804201&lng=en&nrm=iso. Acesso em: 20/10/2021.

HILGERT, J. G. *A linguagem falada culta na cidade de Porto Alegre: diálogos entre informante e documentador*. Passo Fundo/Porto Alegre: Universidade de Passo Fundo/Universidade Federal do Rio Grande do Sul, 1997.

INSTITUTO NACIONAL DE SAÚDE DA MULHER, DA CRIANÇA E DO ADOLESCENTE FERNANDES FIGUEIRA. *Mitos e verdades sobre a vacina contra a covid-19*. Disponível em: http://www.iff.fiocruz.br/index.php/8-noticias/756-mitoseverdadescovid19. Acesso em: 26/12/2021.

ISLAM, M. S. *et al*. Covid-19 – Related Infodemic and its impact on public health: A global social media analysis. *The American Journal of Tropical Medicine and Hygiene*, 103(4), p. 1.621-1629, 2020.

IVANOVA, I. O diálogo na linguística soviética dos anos 1920-1930.Trad. de D.A.C. Cunha e H.O.C. e Silva. *In*: *Bakhtiniana – Revista de Estudos do Discurso*, São Paulo, vol. 6, n. 1, p. 239-267, ago.-dez./2011.

JAKUBINSKIJ, L. *Sobre a fala dialogal*. Textos ed. e apres. por I. Ivanova. Trad. de D.A. Cunha e S.L. Cortez. São Paulo: Parábola, 2015.

JOHNS HOPKIN: S. *Covid-19 – Dashboard by the Center for Systems Science and Engineering (CSSE)*. Disponível em: https://coronavirus.jhu.edu/map.html. Acesso em: 19/10/2021.

JUBRAN, C. C. A. S. *et al*. Organização tópica da conversação. *In*: ILARI, R. (org.). *Gramática do português falado – Vol. II: Níveis de análise linguística*. Campinas: Unicamp, 1992, p. 357-397.

KERBRAT-ORECCHIONI, C. *Les interactions verbales: approche interactionnelle et structure des conversations*. T. 1. 3. ed. Paris: Armand Colin, 1998.

KERBRAT-ORECCHIONI, C. *Análise da conversação: princípios e métodos*. São Paulo: Parábola, 2006.

KOMESU, F.; ALEXANDRE, G. G.; SILVA, L. S. A cura da infodemia? – O tratamento da desinformação em práticas sociais letradas de checagem de fatos em tempos de covid-19. *In*: RODRIGUES, D.L.D.I.; SILVA, J.G. (orgs.). *Estudos aplicados à prática da escrita acadêmica*. Belo Horizonte: PUC Minas, 2020, p. 185-229.

MARCHEZAN, R. C. Diálogo. *In*: BRAIT, B. (org.). *Bakhtin, outros conceitos-chave*. São Paulo: Contexto, 2006, p. 115-131.

MARCUSCHI, L. A. *Análise da conversação*. São Paulo: Ática, 1986.

McINTYRE, L. *Post-Truth*. Cambridge: MIT, 2018.

NÓVOA, A. A pandemia de covid-19 e o futuro da Educação. *Revista Com Censo*, vol. 7, n. 3, p. 8-12, ago./2020. ISSN 2359-2494. Disponível em: http://periodicos. se.df.gov.br/index.php/comcenso/article/view/905. Acesso em: 20/10/2021.

PAVEAU, M.-A. *Análise do discurso digital – Dicionário das formas e das práticas*. Org. de J.L. Costa e R.L. Baronas. Campinas: Pontes, 2021.

PRETI, D.; URBANO, H. (orgs.). *A linguagem falada culta na cidade de São Paulo – Vol. 4: Estudos*. São Paulo: T.A. Queiroz, 1990.

ROULET, E. Structures hiérarchiques et polyphoniques du discours. *In*: ROULET, E. *et al. L'articulation du discours en français contemporain*. Berna: Peter Lang, 1985, p. 9-84.

ROULET, E. Vers une approche modulaire de l'analyse du discours. *Cahiers de Linguistique Française*, Genebra, n. 12, p. 53-81, 1991.

SACKS, O. *Vendo vozes: uma viagem ao mundo dos surdos*. São Paulo: Cia. das Letras, 1998.

SACKS, H.; SCHEGLOFF, E. A.; JEFFERSON, G. A. Simplest Systematics for the Organization of Turn – Taking for Conversation. *Language*, vol. 50, n. 4, p. 696-735, 1974.

SCHEGLOFF, E. A. Sequencing in conversational opening. *American Anthropologist*, n. 70, p. 1.075-1.095, 1968.

SINCLAIR, J. M.; COULTHARD, M. *Towards an analysis of discourse: the English used by teachers and pupils*. Londres: Oxford University Press, 1975.

VERBI Software. *MAXQDA 2020*. Berlim: Verbi, 2019. Disponível em: maxqda. com. Acesso em: 20/10/2021.

VOLÓCHINOV, V. N. *Marxismo e filosofia da linguagem: problemas fundamentais do método sociológico*. Trad., notas e glossário de S. Grillo e E.V. Américo. São Paulo: Ed. 34, 2017.

VOLÓCHINOV, V. N. *A palavra na vida e a palavra na poesia: ensaios, artigos e poemas*. Org., trad., ensaio intr.. e notas de S. Grillo e E.V. Américo. São Paulo: Ed. 34, 2019, p. 109-146.


**8 Discurso**

ALTHUSSER, L. *Ideologia e aparelhos ideológicos de Estado*. Rio de Janeiro: Graal, 1985.

AUTHIER-REVUZ, J. Heterogeneidade mostrada e heterogeneidade constitutiva. *Entre a transparência e a opacidade*. Porto Alegre: EDIPUCRS, 2004, p. 11-80.

CORBIN, A. *Une histoire des sens*. Paris: Robert Laffont, 2016.

COURTINE, J-J. *Análise do discurso político.* São Carlos: EdUFSCar, 2009.

DIAS, C. *Análise do discurso digital.* Campinas: Pontes, 2018.

FOUCAULT, M. *A arqueologia do saber.* Rio de Janeiro: Forense, 1997.

FOUCAULT, M. *A ordem do discurso.* São Paulo: Loyola, 2000.

GREGOLIN, M. R. *Foucault e Pêcheux na AD.* São Carlos: Claraluz, 2004.

KRIEG-PLANQUE, A. *A noção de "fórmula" em análise do discurso.* São Paulo: Parábola, 2010.

MAINGUENEAU, D. *Discurso e análise do discurso.* São Paulo: Parábola, 2015.

MALDIDIER, D. A inquietude do discurso – Um trajeto na história da análise do discurso. *Legados de Michel Pêcheux.* São Paulo: Contexto, 2011, p. 39-62.

ORLANDI, E. *Discurso e texto.* Campinas: Pontes, 2001.

PAVEAU, M-A. *Análise do discurso digital.* Campinas: Pontes, 2021.

PÊCHEUX, M. *Semântica e discurso.* Campinas: Unicamp, 1988.

PÊCHEUX, M. Análise automática do discurso. *Por uma análise automática do discurso.* Campinas: Unicamp, 1990a, p. 61-161.

PÊCHEUX, M. A Análise do discurso: três épocas. *Por uma análise automática do discurso.* Campinas: Unicamp, 1990b, p. 311-318.

PÊCHEUX, M. *O discurso: estrutura ou acontecimento.* Campinas: Unicamp, 1997.

PÊCHEUX, M. Língua, linguagens, discurso. *Legados de Michel Pêcheux.* São Paulo: Contexto, 2011, p. 63-75.

PIOVEZANI, C. *A voz do povo: uma longa história de discriminações.* Petrópolis: Vozes, 2020.

POSSENTI, S. *Questões para analistas do discurso.* São Paulo: Parábola, 2009.

PUECH, C. O "discurso", as heranças e os destinos de Saussure na França. *Saussure, o texto e o discurso.* São Paulo: Parábola, 2016, p. 13-38.

ZOPPI-FONTANA, M.; FERRARI, A. J. (orgs.). *Mulheres em discurso – Gênero, linguagem e ideologia.* Campinas: Pontes, 2017.


## 9 Enunciação e enunciado

AUTHIER-REVUZ, J. Heterogeneidades enunciativas. Trad. de C.M. Cruz e J.W. Geraldi. *Cadernos de estudos linguísticos,* vol. 19, jul.-dez./1990, p. 25-42. Disponível em: https://periodicos.sbu.unicamp.br/ojs/index.php/cel/article/view/8636824. Acesso em: 11/01/2021.

BALLY, C. La théorie générale de l'énonciation. *In*: BALLY, C. *Linguistique générale et linguistique française*. 2. ed. Berna: Francke Berne, 1965.

BENVENISTE, É. O aparelho formal da enunciação. *Problemas de linguística geral II*. Rev. Téc. e trad. de E. Guimarães. 2. ed. Campinas: Pontes, 1989, p. 81-90.

BRÉAL, M. O elemento subjetivo. *Ensaio de semântica: ciência das significações*. Tradução de F. Aída *et al*. São Paulo/Campinas: Educ/Pontes, 1992.

DELESALLE, S. Introduction: histoire du mot enonciation. *Histoire, épistemologie, langage*. Tomo 8, fasc. 2, 1986, p. 3-22. Disponível em: https://www.persee.fr/doc/hel_0750-8069_1986_num_8_2_2220. Acesso em: 20/09/2021.

CULIOLI, A. *Pour une linguistique de l'énonciation*. Paris: Ophrys, 1990.

DUCROT, O. Enunciação. *Enciclopédia Einaudi*. Lisboa: Imprensa Nacional/Casa da Moeda, 1984, p. 368-393.

DUCROT, O. Esboço de uma teoria polifônica da enunciação. *O dizer e o dito*. Campinas: Pontes, 1987.

FLORES, V.N.; TEIXEIRA, M. *Introdução à linguística da enunciação*. São Paulo: Contexto, 2005.

FLORES, V.N. *et al. Dicionário de Linguística da Enunciação*. São Paulo: Contexto, 2009.

FLORES, V.N. Semântica da enunciação. *In*: FERRAREZI JR., C.; BASSO, R. *Semântica, semânticas: uma introdução*. 1. ed. 1. reimp. São Paulo: Contexto, 2019, p. 89-104.

FUCHS, C. As problemáticas enunciativas: esboço de uma apresentação histórica e crítica. *Alfa*, São Paulo, 1985, p. 111-129. Disponível em: https://periodicos.fclar.unesp.br/alfa/article/view/3759/3482. Acesso em: 09/02/2022.

JAKOBSON, R. Les embrayeurs verbales et les verbes russes. *Essais de Linguistique générale*. Paris: Minuit, 1969.

PAVEAU, M.-A.; SARFATI, G-E. *As grandes teorias linguísticas: da gramática comparada à pragmática*. Trad. de M.R. Gregolin. São Carlos: Claraluz, 2006.

## 10 *Ethos* discursivo

AMOSSY, R. (org.). *Imagens de si no discurso: a construção do* ethos. São Paulo: Contexto, 2005.

ARISTÓTELES. *Retórica*. Trad. de E. Bini. Notas e numeração de I. Bekker. São Paulo: Edipro, 2011 [Clássicos Edipro].

BENVENISTE, E. *Problemas de linguística geral I*. 5. ed. Campinas: Pontes, 2005.

BENVENISTE, E. *Problemas de linguística geral II*. 2. ed. Campinas: Pontes, 2006.

DISCINI, N. Ethos e estilo. *In*: MOTTA, A. R., SALGADO, L. (orgs.). *Ethos discursivo*. São Paulo: Contexto, 2008, p. 33-54.

DUCROT, O. *O dizer e o dito*. 2. ed. Campinas: Pontes, 2020.

GONÇALVES, P. Z. F. *O funcionamento da comunidade discursiva constituída em torno das fanfictions*. Dissertação de mestrado. Uberlândia: Universidade Federal de Uberlândia, 2016. Disponível em: https://repositorio.ufu.br/handle/123456789/17750.

MAINGUENEAU, D. *Novas tendências em análise do discurso*. 3. ed. Campinas: Pontes, 1997.

MAINGUENEAU, D. *Análise dos textos de comunicação*. 2. ed. São Paulo: Cortez, 2002.

MAINGUENEAU, D. *Ethos*, cenografia, incorporação. *In*: AMOSSY, R. (org.). *Imagens de si no discurso: a construção do ethos*. São Paulo: Contexto, 2005, p. 69-92.

MAINGUENEAU, D. *Discurso literário*. São Paulo: Contexto, 2006.

MAINGUENEAU, D. *Gênese dos discursos*. 2. ed. São Paulo: Parábola, 2008a.

MAINGUENEAU, D. Problemas de *ethos*. *Cenas da enunciação*. Trad. de S. Possenti e M.C. Souza-e-Silva. São Paulo: Parábola, 2008b, p. 55-73.

MAINGUENEAU, D. A propósito do ethos. *In*: MOTTA, A. R.; SALGADO, L. (orgs.). Ethos *discursivo*. São Paulo: Contexto, 2008c, p. 11-29.

MAINGUENEAU, D. *Ethos* e apresentação de si nos sites de relacionamento. *Doze conceitos em análise do discurso*. Trad. de M.C. Souza-e-Silva *et al*. São Paulo: Parábola, 2010, p. 79-98.

MAINGUENEAU, D. *Variações sobre o ethos*. São Paulo: Parábola, 2020.

MUSSALIM, F. Apontamentos sobre a categoria de tempo na análise do discurso. *In*: CAGLIARI, L.C. (org.). *Trilhas urbanas: o tempo e o a linguagem*, vol. 14. São Paulo: Cultura Acadêmica, 2008a, p. 157-179.

MUSSALIM, F. Uma abordagem discursiva sobre as relações entre *ethos* e estilo. *In*: MOTTA, A.R., SALGADO, L. (orgs.). Ethos *discursivo*. São Paulo: Contexto, 2008b, p. 70-81.

MUSSALIM, F. A mobilização de cenografias discursivas e o gerenciamento da imagem de si como indícios de autoria. *In*: RODRIGUES, M.G. *et al*. (org.). *Discurso: sentidos e ação*, vol. 10. Franca: Unifran, 2015, p. 51-68.

PERELMAN, C., OLBRECHTS-TYTECA, L. *Tratado da argumentação: a nova retórica*. 3. ed. São Paulo: Martins Fontes, 2014.

REZENDE, B.R.M.P.R. *Hipergênero e sistema de hipergenericidade: análise do funcionamento discursivo do Facebook.* Dissertação de mestrado. Uberlândia: Universidade Federal de Uberlândia, 2017. Disponível em: https://repositorio.ufu.br/handle/123456789/20170

TOULMIN, S. E. *Os usos do argumento.* São Paulo: Martins Fontes, 2001.


## 11 Gêneros do discurso

ARISTÓTELES. *Poética.* Trad. de P. Pinheiro. 2. ed. São Paulo: Ed. 34, 2017.

BAKHTIN, M. *Estética da criação verbal.* 6. ed. São Paulo: WMF Martins Fontes, 2011.

BAWARSHI, A.S.; REIFF, M. J. *Genre: at introduction to history, theory, research and pedagogy.* Indiana: Parlor, 2010.

BAZERMAN, C. Systems of genres and the enactment of social intentions. *In:* FREEDMAN, A.; MEDWAY, P. *Genre and the new rethoric.* Londres: Taylor & Francis, 2005.

BRASIL. *Lei de diretrizes e bases da educação nacional.* Lei n. 9.394, 20 de dezembro de 1996. Disponível em: https://www2.senado.leg.br/bdsf/bitstream/handle/id/70320/65.pdf. Acesso em: 20/10/2021.

BRASIL/Ministério da Educação. *Parâmetros curriculares nacionais – Ensino Médio: linguagens, códigos e suas tecnologias.* Brasília: MEC, 2000. Disponível em: http://portal.mec.gov.br/seb/arquivos/pdf/14_24.pdf Acesso em: 22/20/2021.

BRASIL/Ministério da Educação. *Base nacional comum curricular.* Brasília: MEC, 2018. Disponível em: http://basenacionalcomum.mec.gov.br/images/BNCC_EI_EF_110518_versaofinal_site.pdf. Acesso em: 25/10/2021.

BRONCKART, J.P. Interacionismo sociodiscursivo: uma entrevista com Jean Paul Bronckart. Trad. de C.R. Haag e G.**Á.** Othero. *ReVEL*, vol. 4, n. 6, mar./2006. ISSN 1678-8931

EGGIN, S.S.; MARTIN, J.R. El contexto como género: uma perspectiva linguística funcional. *Revista Signos,* vol. 36, n. 54, 2003.

FREEDMAN, A.; MEDWAY, P. *Genre and the new rethoric.* Londres: Taylor & Francis, 2005.

MILLER, C. Genre as social action. *In:* FREEDMAN, A.; MEDWAY, P. *Genre and the new rethoric.* Londres: Taylor & Francis, 2005.

PLATÃO. *A república.* Org. de D.A. Machado. Brasília: Kiron, 2012.

SCHNEUWLY, B.; DOLZ, J. *Gêneros orais e escritos na escola.* Campinas: Mercado de Letras, 2004.

SWALES, J.M. *Genre analysis: English in academic and research setting*. Nova York: Cambridge University Press, 1990.

SWALES, J.M. *Research genres: explorations and applications*. Nova York: Cambridge University Press, 2004.

## 12 Gramática

ANTUNES, I. *Muito além da gramática: por um ensino sem pedras no caminho*. São Paulo: Parábola, 2007.

BECHARA, E. *Moderna gramática portuguesa*. Rio de Janeiro: Lucerna, 1999.

BENVENISTE, É. O aparelho formal da enunciação. *Problemas de linguística geral II*. Campinas: Pontes, 1989, p. 81-90.

FARACO, C.A. Ensinar x não ensinar a gramática: ainda cabe essa questão? *Calidoscópio*, vol. 4, n. 1, p. 15-26, 2006. Disponível em: http://revistas.unisinos.br/Index.php/calidoscopio/article/view/5983. Acesso em: 08/09/2021.

FÁVERO, L.L.; KOCH, I.G.V. *Linguística textual: introdução*. São Paulo: Cortez, 2012.

FLORES, V.N. *et al. Enunciação e gramática*. São Paulo: Contexto, 2008.

FLORES, V.N. *Introdução à teoria enunciativa de Benveniste*. São Paulo: Parábola, 2013.

GERALDI, J.W. *O texto na sala de aula*. São Paulo: Ática, 1998.

KOCH, I.G.V. *Introdução à linguística textual: trajetória e grandes temas*. São Paulo: Martins Fontes, 2004.

LEITE, M.Q. *O nascimento da gramática portuguesa: uso & norma*. São Paulo: Paulistana/Humanitas, 2007.

MARTELOTTA, M.E. (org.). *Manual de linguística*. São Paulo: Contexto, 2008.

MILNER, J.-C. *Introdução a uma ciência da linguagem*. Petrópolis: Vozes, 2021.

NEVES, M.H.M. *A gramática funcional*. São Paulo: Martins Fontes, 1997.

NEVES, M.H.M. *Gramática de usos do português*. São Paulo: Unesp, 2000.

NEVES, M.H.M. A gramática de usos é uma gramática funcional. *Alfa – Revista de Linguística*, São Paulo, vol. 41, n. 1, 2001. Disponível em: https://periodicos.fclar.unesp.br/alfa/article/view/4029. Acesso em: 06/10/2021.

NEVES, M.H.M. *A vertente grega da gramática tradicional: uma visão do pensamento grego sobre a linguagem*. São Paulo: Unesp, 2005.

NEVES, M.H.M. *Texto e gramática*. São Paulo: Contexto, 2006.

POSSENTI, S. *Por que (não) ensinar gramática na escola*. Campinas: Mercado das Letras, 1996.

TOLDO, C. A realização da enunciação: um estudo dos instrumentos no ensino da leitura. *In*: OLIVEIRA, G.F.; ARESI, F. (orgs.). *O universo benvenistiano: enunciação, sociedade, semiologia*, vol. 1. São Paulo: Pimenta Cultural, 2020, p. 342-362.

TRAVAGLIA, L.C. *Gramática e interação: uma proposta para o ensino de gramática*. 13. ed. São Paulo: Cortez, 1998.

SCHMIDT, S.J. *Linguística de texto – Os problemas de linguística voltada para a comunicação*. São Paulo: Pioneira, 1978.

ZERO HORA. Armandinho, Porto Alegre, 06/10/2021.

## 13 Leitura

AARON, P.G. *et al.* Diagnosis and treatment of reading disabilities based on the component model of reading an alternative to the discrepancy model of LD. *Journal of Learning disabilities*, vol. 41, n. 1, 2008, p. 67-84.

BORGHESANI, V.; HINKLEY, L.; GORNO-TEMPINI, M.L.; NAGARAJAN, S.S. Taking the sub lexical route: brain dynamics of reading in the semantic variant of primary progressive aphasia. *Brain a Journal of Neurology*, vol. 143(8), 2020, p. 2.545-2.560.

CATTS, H.W. The narrow view of reading promotes a broad view of comprehen sion. *Language, Speech, and Hearing Services in Schools*, vol. 40, 2009, p. 178-183.

CATTS, H.W. The simple view of reading: Advancements and false impressions. *Remedial and Special Education*, vol. 39, n. 5, 2018, p. 317-323.

CATTS, H.W.; HOGAN, T.P.; ADLOF, S.M. Developmental changes in reading and reading disabilities. *The connections between language and reading disabilities*. Psychology Press, 2005, p. 38-51.

CAVALLO, G.; CHARTIER, R. *História da leitura no mundo ocidental*, vol. 2. São Paulo: Ática, 1998.

CHEN, R.S.; VELLUTINO, F.R. Prediction of reading ability: a cross-validation study of the simple view of reading. *Journal of Literacy Research*, vol. 29, n. 1, 1997, p. 1-24.

COLTHEART, M. *et al.* DRC: a dual-route cascaded model of visual word recognition and reading aloud. *Psychological Review,* vol. 108, 2001, p. 204-256.

COLTHEART, M.; CURTIS, B.; ATKINS, P.; HALLER, M. Models of reading aloud – Dual-route and parallel-distributed-processing approaches. *Psychological Review*, vol. 100, 1993, p. 589-608.

DEHAENE, S. *Reading in the brain the new science of how we read*. Nova York: Penguin, 2010.

DEHAENE, S. *How we learn? – Why brains learn better than any Machin: e... by now*. Nova York: Penguin, 2020.

EHREN, B.J. Looking through an adolescent literacy lens at the narrow view of reading. *Language, Speech, and Hearing Services in Schools*, vol. 40, 2009, p. 192-195.

FAILLA, Z. *et al. Retratos da leitura no Brasil*. 5. ed. Instituto Pró-Livro/Itaú Cultural, 2020.

FERLST, E.C. Neuroimaging of text comprehension: Where are we now? *The Italian Journal of Linguistics*. v. 22, 2008, p. 61-88.

GEORGIOU, G.K.; DAS, J.P.; HAYWARD, D. Revisiting the "simple view of reading" in a group of children with poor reading comprehension. *Journal of Learning Disabilities*, vol. 42, n. 1, 2009, p. 76-84.

GERNSBACHER, M.A. *Language Comprehension as Structure Building*. Hillsdale: Lawrence Erlbaum Associates, 1990.

GOODMAN, K. Reading: a Psycholinguistic guess game. *Journal of the Reading Specialist*, p. 126-135, mai./1987.

GOUGH, P.B.; TUNMER, W.E. Decoding, Reading, and Reading disability. *Remedial and Special Education*, vol. 7, n. 1, p. 6-10, 1986.

HOOVER, W.A.; GOUGH, P.B. The simple view of Reading. *Reading and Writing an Interdisciplinary Journal*, vol. 2, p. 127-160, 1990.

HUEY, E.B. *The psychology and pedagogy of Reading*. Nova York: Macmillan, 1908.

JOHNSTON, P.H. *Reading comprehension assessment: a cognitive basis*. Newark: International Reading Association, 1983, p. 93.

JOSHI, R.M.; AARON, P.G. The component model of Reading: simple view of Reading made a little more complex. *Reading Psychology*, vol. 21, p. 85-97, 2000.

JUST, M.A.; CARPENTER, P.A. A capacity theory of comprehension: Individual differences in working memory. *Psychological Review*, vol. 99, p. 122-149, 1992.

KAMHI, A.B. The case for the narrow view of Reading. *Language, Speech, and Hearing Services in Schools*, vol. 40, p. 174-177, 2009.

KENDEOU, P.; SAVAGE, R.; VAN DEN BROEK, P. Revisiting the simple view of Reading. *British Journal of Educational Psychology*, vol. 79, n. 2, p. 353-370, 2009.

KINTSCH, W. *The representation of meaning in memory*. Hillsdale: Lawrence Erlbaum Associates, 1974.

KINTSCH, W. *Comprehension: a paradigm for cognition*. Cambridge: Cambridge University Press, 1998.

KLEIMAN, A. *Texto e leitor: aspectos cognitivos da leitura*. 8. ed. Campinas: Pontes, 1998.

LEVELT, W.J.M. *A History of Psycholinguistics: the pre-Chomskyan Era*. Nova York: Oxford University Press, 2013.

MALCORRA, B.L.C.; WILSON, M.A.; HÜBNER, L.C. Avaliação da produção discursiva oral no envelhecimento e sua relação com escolaridade e hábitos de leitura e escrita: uma revisão sistemática. *Estudos Interdisciplinares do Envelhecimento*, vol. 26, p. 123-148, 2021.

MARCUSCHI, L.A. *Produção textual, análise de gêneros e compreensão*. São Paulo: Parábola, 2009.

MORAIS, J. O que faz a diferença entre a linguagem rica e a linguagem pobre? *Signo*, vol. 44, n. 81, p. 2-21, 2019.

MYERS, J.L.; O'BRIEN, E.J. Accessing the discourse representation during reading. *Discourse Processes*, vol. 26, 131-157, 1998.

PERFETTI, C.A.; HART, L. The lexical bases of comprehension skill. *In*: GORFIEN, D. (ed.). *On the consequences of meaning selection*. Washington, DC: American Psychological Association, 2001, p. 67-86.

PERFETTI, C.A.; HART, L. The lexical quality hypothesis. *In*: VERHOEVEN, L.; ELBRO, C.; REITSMA, P. (eds.). *Precursors of functional literacy*. Amsterdã/ Filadélfia: John Benjamins, 2002, p. 189-213.

PERFETTI, C.; STAFURA, J. Word knowledge in a theory of Reading comprehension. *Scientific Studies of Reading*, vol. 18, n. 1, p. 22-37, 2013.

PROTOPAPAS, A. *et al*. Development of lexical mediation in the relation between Reading comprehension and word Reading skills in Greek. *Scientific Studies of Reading*, vol. 11, n. 3, p. 165-197, 2007.

RAYNER, K.; REICHLE, E.D. Models of the Reading process. *Wiley Interdisciplinary Reviews: Cognitive Science*, vol. 1, n. 6, p. 787-799, 2010.

SANTAELLA, L. Desafios da ubiquidade para a educação. *Revista Ensino Superior Unicamp*, vol. 9, p. 19-28, 2013.

SCHLEICHER, A. *Pisa 2018: Insights and Interpretations*. Oecd, 2018. Disponível em: https://www.oecd.org/pisa/publications/pisa-2018-results.htm Acesso em: 11/10/2021.

SMITH, F. *Compreendendo a leitura: uma análise psicolinguística da leitura e do aprender a ler*. 4. ed. Porto Alegre: Artes Médicas, 2003.

SNOW, C. *Reading for understanding Toward an R&D program in Reading comprehension*. Rand Corporation, 2002.

SOUSA, L.B.; HÜBNER, L.C. Desafios na avaliação da compreensão leitora: demanda cognitiva e leiturabilidade textual. *Neuropsicologia Latinoamericana*, vol. 7, n. 1, p. 34-46, 2015.

VAN DIJK, T.A. (ed.). *Discourse as structure and process*, vol. 1. Londres: Sage, 1997.

VAN DIJK, T.A.; KINTSCH, W. *Strategies of discourse comprehension.* São Diego: Academic, 1983.

VELLUTINO, F.R. *et al.* Components of Reading ability: multivariate evidence for a convergent skills model of Reading development. *Scientific Studies of Reading*, vol. 11, n. 1, p. 3-32, 2007.

## 14 Língua e fala

ADAM, J-M. *A linguística textual – Introdução à análise textual dos discursos.* Trad. de M.G.S. Rodrigues *et al.* São Paulo: Cortez, 2008.

ADAM, J-M. *Textos: tipos e protótipos.* Trad. de M.M. Cavalcanti. São Paulo: Contexto, 2019.

BAKHTIN, M. *Problemas da poética de Dostoiévski.* Trad. de P. Bezerra. Rio de Janeiro: Forense Universitária, 1997.

BAKHTIN, M. *Estética da criação verbal.* Trad. de P. Bezerra. São Paulo: Martins Fontes, 2006.

BARROS, D.L.P. Contribuições de Bakhtin às teorias do texto e do discurso". *In*: FARACO, C.A; TEZZA, C.; CASTRO, G. (orgs.). *Diálogos com Bakhtin.* Curitiba: UFPR, 2001.

BARROS, D.L.P. Estudos do discurso. *In*: FIORIN, J.L. (org.). *Introdução à linguística II: Princípios de análise.* São Paulo: Contexto, 2005.

BENVENISTE, É. A forma e o sentido na linguagem. *Problemas de linguística geral II.* Trad. de E. Guimarães *et al.* Campinas: Pontes, 1989a.

BENVENISTE, É. O aparelho formal da enunciação. *Problemas de linguística geral II.* Trad. de E. Guimarães *et al.* Campinas: Pontes, 1989b.

BRAIT, B. A presença de Saussure em escritos de Mikhail Bakhtin. *In*: FARACO, C.A. (org.). *O efeito Saussure – Cem anos do Curso de Linguística Geral.* São Paulo: Parábola, 2016.

CHISS, J-L.; DESSONS, G. (orgs.). Linguistique et poétique du discours à partir de Saussure. *Revue Langages*, Paris, n. 159, 2005.

CRUZ, M.A. *O saussurianismo e a escola francesa de análise do discurso: ruptura ou continuidade.* Tese de doutorado. Maceió: Ufal, 2006.

FIORIN, J. L. *Introdução ao pensamento de Bakhtin.* São Paulo: Contexto, 2016.

FIORIN, J. L. (org.). *Introdução à linguística II: princípios de análise.* São Paulo: Contexto, 2005.

FIORIN, J.L.; FLORES, V.N.; BARBISAN, L.B. (orgs.). *Saussure: a invenção da linguística*. São Paulo: Contexto, 2013.

FLORES, V.N. Elementos de análise do discurso para uma epistemologia da linguística. *Letras de Hoje*, Porto Alegre, vol. 32, n. 107, p. 41-59, 1997.

FLORES, V. N. Dialogismo e enunciação: elementos para uma epistemologia da Linguística. *Linguagem & Ensino*, Pelotas, vol. 1, n. 1, p. 3-32, 1998.

FLORES, V. N. Sobre a fala no Curso de Linguística Geral e a indissociabilidade língua/fala". *In*: BARBISAN, L.B; DI FANTI, M.G. (orgs.). *Enunciação e discurso: tramas de sentidos*. São Paulo: Contexto, 2012.

FLORES, V.N. *Introdução à teoria enunciativa de Benveniste*. São Paulo: Parábola, 2014.

FLORES, V.N. O que há para ultrapassar na noção saussuriana de signo? – De Saussure a Benveniste. *Gragoatá*, vol. 22, p. 1.005, 2017.

FLORES, V.N. Comentários sobre as traduções da Nota sobre o discurso, de Ferdinand de Saussure no Brasil: elementos para leitura da Nota. *Revista Leitura*, vol. 1, 2019.

FLORES, V.N. *Saussure e a tradução*. Brasília: UnB, 2021.

FLORES, V. N. *et al. Dicionário de Linguística da enunciação*. São Paulo: Contexto, 2009.

FLORES, V.N.; NUNES, P.A. Linguística da enunciação: uma herança saussuriana? *Organon*, vol. 21, 2007.

FLORES, V.N.; TEIXEIRA, M. *Introdução à linguística da enunciação*. São Paulo: Contexto, 2005.

FLORES, V.N.; TEIXEIRA, M. Enunciação, dialogismo, intersubjetividade: um estudo sobre Bakhtin e Benveniste. *Bakhtiniana*, vol. 1, 2009.

FUCHS, C. As problemáticas enunciativas: esboço de uma apresentação histórica e crítica. *Alfa*, São Paulo, 1985.

GADET, F.; PÊCHEUX, M. *A língua inatingível: o discurso na história da linguística*. Trad. de B.M. e M.E.C. Mello. Campinas: Pontes, 2004.

LÄHTEENMÄKI, M. Da crítica de Saussure por Voloshinov. *In*: FARACO, C.A.; TEZZA, C.; CASTRO, G. (orgs.). *Vinte ensaios sobre Mikhail Bakhtin*. Petrópolis: Vozes, 2006.

MAINGUENEAU, D. *Novas tendências em análise do discurso*. Trad. de F. Indursky. Campinas: Pontes/Unicamp, 1989.

MALDIDIER, D. Elementos para uma história da análise do discurso na França. *In*: ORLANDI, E.P. (org.). *Gestos de leitura: da história no discurso*. Trad. de B.S.C. Mariani *et al*. Campinas: Unicamp, 1994.

MALDIDIER, D. *A inquietação do discurso: (re)ler Pêcheux hoje*. Trad. de E.P. Orlandi. Campinas: Pontes, 2003.

MALDIDIER, D.; NORMAND, C.; ROBIN, R. Discurso e ideologia: bases para uma pesquisa. *In*: ORLANDI, E. (org.). *Gestos de leitura: da história no discurso*. Campinas: Unicamp, 1994.

PAVEAU, M-A.; SARFATI, G.-E. *Les grandes théories de la linguistique – De la grammaire comparée à la pragmatique*. Paris: A. Colin, 2008.

PÊCHEUX, M. A análise de discurso: três épocas (1983)". *In*: GADET, F.; HAK, T. (orgs.). *Por uma análise automática do discurso: uma Introdução à obra de Michel Pêcheux*. Trad. de B.S.C. Mariani *et al*. Campinas: Unicamp, 1997a, p. 311-318.

PÊCHEUX, M. Análise automática do discurso (AAD-69). *In*: GADET, F.; HAK, T. (orgs.). *Por uma análise automática do discurso: uma introdução à obra de Michel Pêcheux*. Trad. de B.S.C. Mariani *et al*. Campinas: Unicamp, 1997b, p. 61-151.

PÊCHEUX, M. *Discurso: estrutura ou acontecimento*. Trad. de E.P. Orlandi. Campinas: Pontes, 2008.

PÊCHEUX, M.; FUCHS, C. A propósito da análise automática do discurso: atualização e perspectivas. *In*: GADET, F.; HAK, T. (orgs.). *Por uma análise automática do discurso: uma introdução à obra de Michel Pêcheux*. Trad. de B.S.C. Mariani *et al*. Campinas: Unicamp, 1993, p. 163-252.

PIOVEZANI, C. Presenças do *Curso de Linguística Geral* na análise do discurso". *In*: FIORIN, J.L.; FLORES, V.N.; BARBISAN, L.B. (orgs.). *Saussure: a invenção da linguística*. São Paulo: Contexto, 2013.

PIOVEZANI, C. Um curso em discursos transatlânticos. *In*: CRUZ, M.A.; PIOVEZANI, C.; TESTENOIRE, P-Y. (orgs.). *Saussure, o texto e o discurso: cem anos de heranças e recepções*. São Paulo: Parábola, 2016.

PUECH, C. O "discurso", as heranças e os destinos de Saussure na França". *In*: CRUZ, M.A; PIOVEZANI, C; TESTENOIRE, P-Y (orgs.). *Saussure, o texto e o discurso: cem anos de heranças e recepções*. São Paulo: Parábola, 2016.

RASTIER, F. Saussure la science des textes. *In*: BRONCKART, J-P; BULEA, E.; BOTA, C. (orgs.). *Le projet de Ferdinand de Saussure*. Genebra: Droz, 2010.

RASTIER, F. De l'essence double du langage, un projet révélateur. *De l'essence double du langage et le renouveau de saussurisme*. Limoges: Lambert-Lucas, 2016.

SAUSSURE, F. de. *Curso de Linguística Geral*. Org. por C. Bally e A. Sechehaye, com a colab. de A. Riedlinger. Trad. de A. Chelini, J.P. Paes e I. Blikstein. São Paulo: Cultrix, 1975.

SAUSSURE, F. de. *Escritos de linguística geral*. Org. e edit. por S. Bouquet e R. Engler, com a colab. de A. Weil. Trad. de C.A.L. Salum e A.L. Franco. São Paulo: Cultrix, 2004.

TEIXEIRA. M. O objeto língua: unidade constituída pela ausência – Repercussões para a abordagem do discurso. *In*: *Letras de Hoje*, Porto Alegre, vol. 34, n. 2, 1999.

TEIXEIRA, M. *Análise de discurso e psicanálise: elementos de uma abordagem do sentido no discurso.* Porto Alegre: EDIPUCRS, 2000.

TESTENOIRE, P-Y."O que as teorias do discurso devem a Saussure. Trad. de C. Piovezani. *In*: CRUZ, M.A; PIOVEZANI, C; TESTENOIRE, P.-Y. (orgs.). *Saussure, o texto e o discurso: cem anos de heranças e recepções.* São Paulo: Parábola, 2016.

## 15 Polifonia

ANSCOMBRE, J.C.; DUCROT, O. *L'argumentation dans la langue.* Bruxelas: Mardaga, 1983.

BAKHTIN, M. *Problemas da poética de Dostoiévski.* Trad. de P. Bezerra. 2. ed. Rio de Janeiro: Forense Universitária, 1997.

BENVENISTE, É. Les relations de temps dans le verbe français. *Problèmes de linguistique générale, 1.* Paris: Gallimard, 1966, p. 237-250.

BEZERRA, P. Polifonia. *In*: BRAIT, B. (org.). *Bakhtin:* conceitos-chave. 5. ed. 1. reimp. São Paulo: Contexto, 2013, p. 191-200.

BRAIT, B. Quem disse o quê? – Polifonia e heterogeneidade em coro dialógico. *Desenredo,* Passo Fundo, vol. 6, n. 1., p. 37-55, jan.-jun./2010.

CAREL, M.; DUCROT, O. Mise au point sur la polyphonie. *Langue Française,* n. 164, p. 33-44, 2009.

CAREL, M. Pourtant: argumentation by exception. *Journal of Pragmatics*, vol. 24, p. 167-188, 1995.

CAREL, M. Polifonia e argumentação. *Desenredo,* Passo Fundo, vol. 6, n. 1, p. 22-36, jan.-jun./2010.

CAREL, M. Polifonia linguística. *Letras de Hoje,* Porto Alegre, vol. 46, n. 1, p. 27-36, jan.-mar./2011a.

CAREL, M. *L'Entrelacement argumentatif – Lexique, discours et blocs sémantiques.* Paris: Honoré Champion, 2011b.

CAREL, M. L'énonciation Linguistique: fonctions textuelles, modes énonciatifs, et argumentations énonciatives. *In*: BEHE, L. *et al.* (orgs.). *Cours de sémantique argumentative.* São Carlos: Pedro & João, 2021a.

CAREL, M. *Parler – Trascription des conférences: Cristiane Dall'Cortivo Lebler.* Campinas: Pontes 2021b.

CAREL, M.; GOMES, L. Enunciação, argumentação e sentido – Entrevista com Marion Carel. *Conexão Letras*, Porto Alegre, vol. 16, n. 25, p. 245-259, jan.-jun./2021.

CAREL, M.; RIBARD, D. *Linguistique et histoire*, 2019 [Séminaires à l'Ehess].

DUCROT, O. *et al. Les mots du discours*. Paris: Minuit, 1980.

DUCROT, O. *Le dire et le dit*. Paris: Minuit, 1984.

DUCROT, O. La polifonía. *Problemas de lingüistica y enunciacion*. Buenos Aires: Imprenta de la Faculdad de Filosofía y Letras, 1985.

DUCROT, O. *Polifonía y argumentación – Conferencias del Seminário Teoría de la Argumentación y Análisis del Discurso*. Trad. de A.B. Campo e E. Rodríguez. Cali: Universidad del Valle, 1990.

DUCROT, O.; BIGLARI, A. *Os riscos do discurso – Encontros com Oswald Ducrot*. Trad. de L.B. Barbisan e L. Gomes. São Carlos: Pedro & João, 2018.

FARACO, C. A. *Linguagem & diálogo – As ideias linguísticas do Círculo de Bakhtin*. São Paulo: Parábola, 2009.

FLORES, V. do N.; TEIXEIRA, M. *Introdução à linguística da enunciação*. São Paulo: Contexto, 2005.

FLØTTUM, K.; NØRÉN, C. Polyphonie: l'énoncé au texte. *In*: CAREL, M. (org.). *Les facettes du dire – Hommage à Oswald Ducrot*. Paris: Kimé, 2002, p. 83-91.

GOMES, L. *Discurso artístico e argumentação*. Pref. de M. Carel. Campinas: Pontes, 2020.

NEGRONI, M. M. G. El enfoque dialógico de la argumentación y la polifonía, puntos de vista evidenciales y puntos de vista alusivos. *Rilce,* Pamplona, 35(2), p. 521-549, 2019.

NØLKE, H. La polyphonie comme théorie linguistique. *In*: CAREL, M. (org.). *Les facettes du dire – Hommage à Oswald Ducrot*. Paris: Kimé, 2002, p. 215-223.

OLIVEIRA, R.P. Semântica. *In*: MUSSALIN, F.; BENTES, A.C. (orgs.). *Introdução à linguística: domínios e fronteiras 2*. São Paulo: Cortez, 2012, p. 23-54.

ROULET, E. L'organisation polyphonique et l'organisation inferentielle d'un dialogue romanesque. *Cahiers de Linguistique Française*, n. 19, p. 149-179, 1997.

TEZZA, C. *Entre a prosa e a poesia – Bakhtin e o formalismo russo*. Rio de Janeiro: Rocco, 2003.


**16 Referenciação**

ADAM, J.-M. *O texto: tipos e protótipos*. Trad. de M.M. Cavalcante *et al.* São Paulo: Contexto, 2019.

AMOSSY, R. As modalidades argumentativas do discurso. *In*: LARA, G.; MACHADO, I.; EMEDIATO, W. (orgs.). *Análises do discurso hoje*, vol. 1. Rio de Janeiro: Nova Fronteira, 2008, p. 231-254.

AMOSSY, R. *Apologia da polêmica.* Trad. de M.M. Cavalcante *et al.* São Paulo: Contexto, 2017.

APOTHÉLOZ, D. *Rôle et fonctionnement de l'anaphore dans la dynamique textuelle.* Tese de doutorado. Nechátel: Université de Neuchátel, 1995.

APOTHÉLOZ, D. Référer sans expression référentielle: gestion de la référence et opérations de reformulation dans des séquences métalinguistiques produites dans une tâche de rédaction conversationnelle. *In*: ENIKÖ, N. (ed.). *Pragmatics in 2000 – Selected papers from the 7th International Pragmatics Conference*, vol. 2. Antuérpia: International Pragmatics Association, 2001, p. 30-38.

APOTHÉLOZ, D; PEKAREK-DOEHLER, S. Nouvelles perspectives sur la référence: des approches informationnelles aux approches interactionnelles. *Verbum*, Nancy, c, XXV, n. 2, p. 109-136, 2003.

ARIEL, M. Acessibility theory: an overview. *In*: SANDERS, T.; SCHILPEROORD, J.; SPOOREN, W. *Text representation: linguistics and psycholinguistics aspects.* Amsterdã/Filadélfia: Benjamins, 2001, p. 29-89.

CHAFE, W. L. Cognitive constraints on information flow. *In*: TOLMIN, R. S. *Coherence and grounding discourse.* Amsterdã/Filadélfia: Benjamins, 1987, p. 21-51.

CHARAUDEAU, P. *Linguagem e discurso: modos de organização.* Trad. de A.M.S. Correa e L.L. Machado. São Paulo: Contexto, 2008.

CIULLA, A. *Os processos de referência e suas funções discursivas: o universo literário dos contos.* Tese de doutorado. Fortaleza: Universidade Federal do Ceará, 2008.

CLARK, H. H. *Arenas of language use.* Chicago: The University of Chicago Press, 1992.

CORNISH, F. *Anaphora, discourse, and understanding evidence from English and French.* Nova York: Oxford University Press, 1999.

CORNISH, F. How indexicals function Intexts: discourse, text, and one neo-Gricean account of indexical reference. *In*: KORZEN, I.; LUNDQUIST, L. (eds.). *Comparing anaphors – Between sentences, texts and languages.* Copenhagen: Samsfundslitteratur, 2007.

COSTA, M. H. A. *Acessibilidade de referentes: um convite à reflexão.* Tese de doutorado. Fortaleza: Universidade Federal do Ceará, 2007.

CUSTÓDIO FILHO, V. *Múltiplos fatores, distintas interações – Esmiuçando o caráter heterogêneo da referenciação.* Tese de doutorado. Fortaleza: Universidade Federal do Ceará, 2011.

GIVÓN, T. *English grammar: a function-based introduction.* Amsterdã/Filadélfia: Benjamins, 1993.

GUNDEL, J.K.; HEDBERG, N.; ZACHARSKI, R. *Cognitive status and the form of indirect anaphors*, 1996. Disponível em: http://www.comp.lancs.ac.uk/computing/users/spb/J.html. Acesso em: 13/05/2003.

HALLIDAY, M.A.K. *An introduction to functional grammar*. 3. ed. rev. por C.M.I.M. Mathiessen. Londres: Edward Arnold, 2004.

HANKS, W.F. Texto e textualidade. Trad. de M.A.R. Machado. *In*: BENTES, A.C.; RESENDE, R.C.; MACHADO, M.A.R. (orgs.). *Língua como prática social – Das relações entre língua, cultura e sociedade a partir de Bourdieu e Bakhtin*. São Paulo: Cortez, 2008.

JUBRAN, C.C.A.S. Tópico discursivo. *In*: JUBRAN, C.C.A.S.; KOCH, I.G.V. (orgs.). *Gramática do português culto falado no Brasil*. Campinas: Unicamp, 2006, p. 89-132.

MARCUSCHI, L.A. Atos de referenciação na interação face a face. *Cadernos de Estudos Linguísticos*, Campinas, n. 41, p. 37-54, jul.-dez./2001.

MATOS, J.G. *As redes referenciais na construção de notas jornalísticas*. Tese de doutorado. Fortaleza: Universidade Federal do Ceará, 2018.

MONDADA, L. *Verbalisation de l'espace et fabrication du savoir – Approche linguistique de la construction des objets de discours*. Lausanne: Université de Lausanne, 1994.

MONDADA, L.; DUBOIS, D. Construction des objets de discours et catégorisation: une approche des processus de référenciation. *Tranel*, n. 23, 1995, p. 273-302 [Em português: Construção dos objetos do discurso e categorização: uma abordagem dos processos de referenciação. *In*: CAVALCANTE, M.M.; RODRIGUES, B.B.; CIULLA, A. (orgs.). *Referenciação*. São Paulo: Contexto, 2003, p. 17-52.

NEVES, M.H.M; SOUZA, L.R. A montagem da rede referencial no texto e suas ligações com o contexto de produção. *Alfa*, São Paulo, 60(3), p. 557-577, 2016. Disponível em: http://dx.doi.org/10.1590/1981-5794-1612-5.

PAVEAU, M.-A. *Análise do discurso digital – Dicionário das formas e das práticas*. Trad. de J.L. Costa e R.L. Baronas. Campinas: Pontes, 2021.

PINTO, R. *Como argumentar e persuadir? – Prática política, jurídica, jornalística*. Lisboa: Quid Juris, 2010.

## 17 Signo

ARRIVÉ, M. Préface. *Linx*, Nanterre, n. 9, p. 15-21, 1997.

BENVENISTE, É. *Problemas de linguística geral II*. Campinas: Pontes, 1989.

BENVENISTE, É. *Problemas de linguística geral I*. Campinas: Pontes/Unicamp, 1995.

BENVENISTE, É. *Últimas aulas no Collège de France (1968 e 1969)*. Org. de J.-C. Coquet e I. Fenoglio. São Paulo: Unesp, 2014.

DORTIER, J.-F. (org.). *Le langage*. Auxerre: Sciences Humaines, 2010.

FARACO, C. A. (org.). *O efeito Saussure – Cem anos do Curso de Linguística geral*. São Paulo: Parábola, 2016.

FIORIN, J.L.; FLORES, V.N.; BARBISAN, L.B. (orgs.). *Saussure: a invenção da linguística*. São Paulo: Contexto, 2013.

FLORES, V. N. *Introdução à teoria enunciativa de Benveniste*. São Paulo: Parábola, 2013.

FLORES, V.N. *et al.* (orgs.). *Dicionário de Linguística da Enunciação*. São Paulo: Contexto, 2009.

GADET, F. *Saussure: une science de la langue*. Paris: PUF, 1990.

GODEL, R. Compte rendu des *Problèmes de linguistique générale, II* d'Émile Benveniste. *Cahiers Ferdinand de Saussure*, Genebra, n. 29, p. 207-210, 1974-1975.

KRIEGER, M.G.; FINATTO, M.J.B. *Introdução à terminologia: teoria e prática*. São Paulo: Contexto, 2004.

MILNER, J.-C. *Le périple structural*. Lagrasse: Verdier/poche, 2008.

NORMAND, C. *Saussure*. Paris: Les Belles Lettres, 2004.

SAUSSURE, F. de. *Curso de Linguística Geral*. São Paulo: Cultrix, 2006.

SIOUFFI, G.; RAEMDONCK, D.V. *100 fiches pour comprendre la linguistique*. Rosny-sous-Bois: Bréal, 2009.

## 18 Texto

BATEMAN, J.; WILDFEUER, J.; HIIPPALA, T. *Multimodality: Foundations, Research and Analysis – A Problem-Oriented Introduction*. Berlim: Walter de Gruyter, 2017.

BEAUGRANDE, R. *New foundation for a science of text and discourse: cognition, communication and the freedom of acess to knowledge and society*. Norwood: Ablex, 1997.

BEAUGRANDE, R.; DRESSLER, W.V. *Introduction to text linguistics*. Londres: Longman, 1981.

BENTES, A.C.; FERREIRA-SILVA, B.; ACCETTURI, A.C.A. Texto, contexto e construção da referência: programas televisivos brasileiros em foco. *Cadernos de Estudos Linguísticos*, Campinas, vol. 59, n. 1, p. 175-196, 2017.

BENTES, A.C.; LEITE, M. Q. *Linguística textual e análise da conversação: panorama das pesquisas nos Brasil*. São Paulo: Cortez, 2010.

BENTES, A.C.; REZENDE, R.C. Texto: conceitos, questões e fronteiras (com)textuais. *In*: SIGNORINI, I. (org.). *(Re)discutir texto, gênero e discurso*. São Paulo: Parábola, 2008.

BENTES, A.C.; REZENDE, R.C. O texto como objeto de pesquisa. *In*: GONÇALVES, A.V.; GOIS, M.L.S. *Ciências da linguagem: o fazer científico*, vol. 2. Campinas: Mercado de Letras, 2014, p. 137-176.

BENTES, A.C.; REZENDE, R.C. *Linguística textual e sociolinguística*. São Paulo: Cortez, 2017, p. 258-301.

BLÜHDORN, H. A intertextualidade e a compreensão do texto. *In*: WIESER, H.; KOCH, I.G.V. (orgs.). *Linguística textual: perspectivas alemãs*. Rio de Janeiro: Nova Fronteira, 2009, p. 186-212.

BORGES NETO, J. O empreendimento gerativo. *In*: MUSSALIM, F.; BENTES, A.C. (orgs.). *Introdução à linguística – Fundamentos epistemológicos*. São Paulo: Cortez, 2004, p. 93-130.

CAVALCANTE, M.M. *Referenciação: sobre coisas ditas e não ditas*. Fortaleza: UFC, 2011.

CAVALCANTE, M.M.; LIMA, S.C. *Referenciação: teoria e prática*. São Paulo: Cortez, 2013.

DIAS, K. M. *Progressão referencial entre textos na cobertura jornalística contínua*. Dissertação de mestrado. Campinas: Unicamp, 2016.

DIONÍSIO, A.P. Multimodalidade discursiva na atividade oral e escrita. *In*: MARCUSCHI, L.A.; DIONÍSIO, A.P. *Fala e escrita*. Belo Horizonte: Autêntica, 2007, p. 177-196.

DIONISIO, A.P. Gêneros multimodais e multiletramento. *In*: KARWOSKI, B.G.; BRITO, K.S. (orgs.). *Gêneros textuais: reflexões e ensino*. Rio de Janeiro: Nova Fronteira, 2008, p. 119-132.

JUBRAN, C.C.A.S. Revisitando a noção de tópico discursivo. *Caderno de Estudos Linguísticos*, Campinas, vol. 48 n. 1, p. 33-42, 2006a.

JUBRAN, C.C.A.S. Tópico discursivo. *In*: JUBRAN, C.C.A.S.; KOCH, I.G.V. (orgs.). *Gramática do português culto falado no Brasil*. Vol. I. Campinas: Unicamp, 2006b, p. 89-132.

KOCH, I.G.V. *Desvendando os segredos do texto*. São Paulo: Cortez, 2001.

KOCH, I.G.V. *Introdução à linguística textual*. São Paulo: Contexto, 2004.

KOCH, I.G.V.; MARCUSCHI, L.A. Processo de referenciação na produção discursiva. *Delta*, vol. 14, n. esp., São Paulo, p. 169-190, 1998.

KOCH, I.G.V.; MORATO, E.; BENTES, A.C. *Referenciação e discurso*. São Paulo: Contexto, 2005.

KRESS, G. *Multimodality: Exploring Contemporary Methods of Communication*. Londres: Routledge Falmer, 2009.

KRESS, G. *Multimodality: A Social Semiotic Approach to Contemporary Communication*. Londres: Routledge Falmer, 2010.

KRESS, G.; VAN LEEUWEN, T. *Reading Images: The Grammar of Visual Design*. Londres: Routledge Falmer, 2006.

MARCUSCHI, L. A. *Da fala para a escrita: atividades de retextualização*. São Paulo: Cortez, 2001.

MARCUSCHI, L. A. *Fenômenos da linguagem: reflexões semânticas e discursivas*. Rio de Janeiro: Lucerna, 2007a.

MARCUSCHI, L. A. *Cognição, linguagem e práticas interacionais*. Rio de Janeiro: Lucerna, 2007b.

SANDIG, B. O texto como conceito prototípico. *In*: WIESER, H.; KOCH, I.G.V. (orgs.). *Linguística textual: perspectivas alemãs*. Rio de Janeiro: Nova Fronteira, 2009, p. 47-72.

VAN DIJK, T. *Macrostructures*. Hillsdale: Lawrence Erlbaum, 1980.

VAN DIJK, T. *Studies in the pragmatics of discourse*. Berlim: Mouton, 1981.

VAN DIJK, T. *Discurso e contexto: uma abordagem sociocognitiva*. São Paulo: Contexto, 2011.

VAN LEEWEN, T. *Introducing social semiotics*. Oxon/Nova York: Routledge, 2005.

VAN LEEUWEN, T. Multimodality. *In*: TANNEN, D.; HAMILTON, H.; SCHIFFRIN, D. *The handbook of discourse analysis*. 2. ed. Malden: Wiley Blackwell, 2015.

VILELA, M.; KOCH, I.G.V. *Gramática da língua portuguesa*. Coimbral: Almedina, 2001.


**19 Tipologia textual**

ADAM, J.-M. Textualité et séquentialité – L'exemple de la description. *Langue Française*, n. 74, p. 51-72, 1987. Disponível em: https:www.perse.fr/doc/lfr-0023-8368_1987_num_74_1_6435 Acesso em: 18/07/2021.

ADAM, J.-M. *Les textes: types e prototypes, récit, description, argumentation, explication, et dialogue*. Paris: Armand Colin, 2005.

ADAM, J.-M. *A linguística textual – Introdução à análise textual dos discursos.* Trad. de M.G.S. Rodrigues *et al.* São Paulo: Cortez, 2011.

ADAM, J.-M. *Textos, tipos e protótipos.* Trad. de M.M. Cavalcante *et al.* São Paulo: Contexto, 2019.

ADAM, J.-M.; REVAZ, F. *A análise da narrativa.* Trad. de M.A. Coelho e M.F. Aguiar. Lisboa: Gradiva, 1997.

ANSCOMBRE, J.-C.; DUCROT, O. *L'argumentation dans la langue.* Liège: Mardaga, 1997.

APOTHELOZ, D.; MIEVILLE, D. Matériaux pour une étude des relations argumentatives textes réunis par Christian Rubattel. *In*: MOESCHLER, J. (ed.). *Modèles du discours – Recherches actuelles en Suisse romande.* Berna: Peter Lang, 1989.

ARISTÓTELES. *Retórica.* Trad. e notas de M.A. Júnior, P.F. Alberto e A.N. Pena. Lisboa: Imprensa Nacional/Casa da Moeda, 1998.

BAKHTIN, M. *Estética da criação verbal.* Trad. de P. Bezerra. São Paulo: Martins Fontes, [1992] 2011.

BENTES, A. C. Linguística textual. *In*: MUSSALIM, F.; BENTES, A. C. *Introdução à linguística: domínios e fronteiras 1.* São Paulo: Cortez, 2012, p. 261-303.

BERNÁRDEZ, E. *Teoría y epistemología del texto.* Madri: Cátedra, 1995.

BRONCKART, J.P. *Atividade de linguagem, textos e discursos – Por um interacionismo sociodiscursivo.* São Paulo: Educ, 1999.

CABRAL, A.L.T. Argumentação na língua e argumentação no texto. *Intersecções – Revista de Estudos sobre Práticas Discursivas e Textuais,* Jundiaí, p. 26-40, 2016. Disponível em: http://www.portal.anchieta.br/revistas-e-livros/Interseccoes/pdf/interseccoes-ano-9-numero-1.pdf. Acesso em: 18/07/2021.

CAVALCANTE, M. M. *et al.* Dimensões textuais nas perspectivas sociocognitiva e interacional. *In*: BENTES, A.C.; LEITE, M.Q. (orgs.). *Linguística de texto e análise da conversação: panorama das pesquisas no Brasil.* São Paulo: Cortez, 2010, p. 225-261.

CHISS, J. L. Malaise dans la classification. *Langue Française,* n. 74, p. 10-28, 1987. Disponível em: https:www.perse.fr/doc/lfr-0023-8368_1987_num_74_1_6433. Acesso em: 20/07/2021.

COUTINHO, M.A. *Texto(s) e competência textual.* Lisboa: Fundação Calouste Gulbenkian, 2003.

DUCROT, O. *et al. Les mots du discours.* Paris: Minuit, 1980.

KINTSCH, W.; VAN DIJK, T. Comment on se rappelle et on résume des histoires. *Langages,* n. 40, p. 98-116, 1975. Disponível em: https:www.perse.fr/doc/llge_0458-726x_1975_num_9_40_2300. Acesso em: 20/07/2021.

MARCUSCHI, L. A. Gêneros textuais: definição e funcionalidade. *In*: DIONISIO, A.P.; MACHADO A.R.; BEZERRA, M.A. (orgs.). *Gêneros textuais & ensino*. Rio de Janeiro: Lucerna, 2005, p. 19-36.

MARQUESI, S.C. A organização do texto descritivo em língua portuguesa. Rio de Janeiro: Lucerna, [1990] 2004.

MARQUESI, S. C. Sequências textuais descritivas e suas funções nas sentenças condenatórias. *In*: PINTO, R.; CABRAL, A.L.T.; RODRIGUES, M.G.S. *Linguagem e direito: perspectivas teóricas e práticas*. São Paulo: Contexto, 2016, p. 113-128.

MIRANDA, F. *Textos e géneros em diálogo: uma abordagem linguística da intertextualização*. Lisboa: Calouste Gulbenkian, 2010.

MOESCHLER, J. *Argumentation et conversation*. Paris: Hatier, 1985.

PETITJEAN, A. Les typologies textuelles. *Pratiques*, n. 62, p. 86-125, 1989. Disponível em: https:www.perse.fr/doc/prati-0338-2389_1989_num_62_1_1510. Acesso em: 20/07/2021.

SANDIG, B. O texto como conceito prototípico. *In*: WEISER, H.P.; KOCH, I.B.V. *Linguística textual: perspectivas alemãs*. Rio de Janeiro: Nova Fronteira, 2009, p. 47-72.

SAUSSURE, F. *Écrits de linguistique générale*. Org. por S. Bouquet e R. Engler. Paris: Gallimard, 2002.

TOULMIN, S. *Os usos do argumento*. Trad. de R. Guarany. São Paulo: Martins Fontes, [1958] 2001.

TRAVAGLIA, L.C. A caracterização de categorias de texto: tipos, gêneros e espécies. *Alfa*, São Paulo, vol. 51 n. 1, p. 39-79, 2007. Disponível em: http://seer.fclar.unesp.br/alfa/article/view/1426 Acesso em: 20/07/2021.

TRAVAGLIA, L.C. Esferas de ação social e comunidades discursivas: conceitos superpostos, mas distintos. *In*: BASTOS, N.B. (org.). *Língua portuguesa: aspectos linguísticos, culturais e identitários*. São Paulo: Educ, 2012a, p. 75-90. Disponível em: www.ileel.ufu.br/travaglia Acesso em: 20/07/2021.

TRAVAGLIA, L. C. Aspectos da pesquisa sobre tipologia textual. *Revista de Estudos da Linguagem*, Belo Horizonte, vol. 20, n. 2, p. 361-387, jul.-dez./2012b. Disponível em: http://periodicos.letras.ufmg.br/Index.php/relin/article/view/2754/2709 Acesso em: 20/07/2021.

VAN DIJK, T. A. *La ciencia del texto*. Barcelona/Buenos Aires: Paidós, 1983.

# Autoras e autores

**Alena Ciulla** é professora-adjunta do Instituto de Letras da Universidade Federal do Rio Grande do Sul (UFRGS); doutora em Linguística pela Universidade Federal do Ceará e pela Université Nancy 2. Realizou dois pós-doutorados: um na Universität Zürich, sobre tradução automática; outro na UFRGS, sobre questões tradutórias e terminológicas. Seus interesses de pesquisa são aspectos de linguística geral, como a referência e a dêixis (Émile Benveniste e Karl Bühler, entre outros) e os estudos do texto (Jean-Michel Adam, entre outros). E-mail: alenacs@gmail.com

**Ana Lúcia Tinoco Cabral** é doutora em Língua Portuguesa (PUC-SP, 2005), com estágio de pós-doutoramento na Ehess (Paris). Suas pesquisas se inserem na área da Linguística Textual, em diálogo com a Semântica Argumentativa e os estudos da Linguística da Enunciação. Investiga os seguintes temas: linguagem argumentativa, interação verbal escrita, linguagem jurídica, polidez linguística e uso da linguagem em ambientes digitais. E-mail: altinococabral@gmail.com

**Anna Christina Bentes é** doutora em Linguística pela Universidade Estadual de Campinas, mestre em Linguística pela Universidade Federal de Santa Catarina, graduada em Letras pela Universidade Federal do Pará. Fez pós-doutorado no Departamento de Antropologia da Universidade da Califórnia, Berkeley. Foi Visiting Scholar na Universidade do Colorado, Boulder. É professora do Departamento de Linguística da Universidade

Estadual de Campinas. Atua nas áreas de Sociolinguística, Linguística do Texto e do Discurso e Linguística Aplicada. É membro do conselho editorial de várias revistas nacionais e internacionais. Coordena a área de Linguagem da Cortez Editora. É pesquisadora do CNPq. E-mail: acbentes@unicamp.br

**Carina Maria Melchiors Niederauer** é doutora em Letras (2015), mestre em Letras, Cultura e Regionalidade (2007), graduada em Letras – Licenciatura em Língua Portuguesa (2005) e em Letras – Secretário Executivo (1987). Tem pós-doutorado em Educação. É professora do corpo permanente do Mestrado Acadêmico em Letras e Cultura e professora do Curso de Letras – Licenciatura da UCS.

**Carlos Piovezani** é professor-associado da UFSCar e doutor em Linguística e Língua Portuguesa pela Unesp/Araraquara, com estágio na Université Sorbonne Nouvelle / Paris III. Fez pós-doutorado na École des Hautes Études en Sciences Sociales (Ehess/Paris) e na Unicamp. Entre suas publicações se destacam: A voz do povo: uma longa história de discriminações (Vozes), A linguagem fascista (Hedra), Discurso e (pós)verdade (Parábola), História da fala pública (Vozes), Saussure, o texto e o discurso (Parábola), O discurso social e as retóricas da incompreensão (EdUFSCar), Legados de Michel Pêcheux (Contexto), Presenças de Foucault na Análise do discurso (EdUFSCar) e Verbo, corpo e voz (Ed. Unesp). Foi professor-convidado na Ehess/Paris e professor-visitante na Universidade de Buenos Aires. É pesquisador do CNPq. E-mail: cpiovezani@ufscar.br

**Carmem Luci da Costa Silva** é docente do Departamento de Letras Clássicas e Vernáculas e do Programa de Pós-Graduação em Letras da Universidade Federal do Rio Grande do Sul. Pesquisa e orienta na área de Estudos da Linguagem, e seus principais temas de interesse são: aquisição de língua materna, estudo de texto e ensino de língua portuguesa nas abordagens enunciativas e argumentativas. É pesquisadora do CNPq. E-mail: clcostasilva@hotmail.com

**Claudia Stumpf Toldo** é doutora em Linguística Aplicada pela Pontifícia Universidade Católica do Rio Grande do Sul, com Pós-doutorado em Linguística – estudos do texto pela Universidade Federal do Rio Grande do Sul. Professora e coordenadora do PPGL – Doutorado e mestrado em Letras na Universidade de Passo Fundo. Realiza pesquisas em Teorias da Enunciação, principalmente; estuda as reflexões teóricas de Émile Benveniste. É pesquisadora do CNPq. E-mail: claudiast@upf.br

**Fabiana Komesu** é doutora em Linguística e professora da Universidade Estadual Paulista Júlio de Mesquita Filho (Unesp). É docente e pesquisadora do Programa de Pós-Graduação em Estudos Linguísticos da mesma instituição. É líder do Grupo de Pesquisa Práticas de Leitura e Escrita em Contexto Digital (Unesp/CNPq). E-mail: fabiana.komesu@unesp.br

**Fernanda Mussalim** é doutora em Linguística pela Unicamp e professora titular da Universidade Federal de Uberlândia (UFU), atuando em cursos de graduação da área de Letras e na Pós-Graduação em Estudos Linguísticos (PPGEL-UFU). É líder do Grupo de Pesquisa Círculo de Estudos do Discurso – CED (UFU/CNPq). Tem experiência na área de Linguística, com ênfase em Análise do Discurso e interface com a Neurolinguística e as Neurociências. É pesquisadora do CNPq. E-mail: fmussalim@gmail.com

**Heloisa Monteiro Rosário** é doutora em Letras pela Universidade Federal do Rio Grande do Sul e professora de Francês dos cursos de Letras, bem como professora e orientadora do Programa de Pós-Graduação em Letras da mesma universidade. Participou das traduções de Últimas aulas no Collège de France (Benveniste, 2014), Émile Benveniste: a gênese de um pensamento (Fenoglio, 2019) e Introdução a uma ciência da linguagem (Milner, 2021). E-mail: heloisa.monteirorosario@gmail.com

**José Luiz Fiorin** é professor-associado do Departamento de Linguística da FFLCH, da Universidade de São Paulo. Além de muitos artigos em revistas especializadas e capítulos de livros, publicou diversos livros, entre os quais: As astúcias da enunciação; Lições de texto; Figuras de retórica;

Argumentação (Prêmio Jabuti em 2016). Organizou vários livros, entre os quais: *Introdução à Linguística I e II*. E-mail: jolufi@uol.com.br

**Juliana Alves Assis** é doutora em Linguística e professora-adjunto IV da Pontifícia Universidade Católica de Minas Gerais (PUC-Minas). É docente e pesquisadora do Programa de Pós-Graduação em Letras da mesma instituição. É líder do Nellf – Núcleo de Estudos em Linguagens, Letramentos e Formação (PUC-Minas/CNPq). É pesquisadora do CNPq. E-mail: juliana.alves.assis@gmail.com

**Lauro Gomes** é doutor em Linguística pela Pontifícia Universidade Católica do Rio Grande do Sul (PUCRS/CNPq), com estágio de doutorado (PDSE/Capes – 2018/2019) na École des Hautes Études en Sciences Sociales (Ehess, Paris). É professor-adjunto do Instituto de Letras e Artes (ILA) da Universidade Federal do Rio Grande (FURG). Também é membro da Comissão Científica e Estratégica de Semântica e Pragmática da Abralin e do GT Semântica e Estudos Enunciativos da Anpoll. E-mail: gomeslauro89@gmail.com

**Lilian Cristine Hübner** é professora-adjunta do Curso de Letras e do Programa de Pós-Graduação em Letras da Escola de Humanidades da Pontifícia Universidade Católica do Rio Grande do Sul (PUCRS). É mestre em Estudos da Linguagem – Aquisição (UFRGS) e doutora em Letras – Linguística e Língua Inglesa (UFSC). É pesquisadora do CNPq. E-mail: lilian.c.hubner@gmail.com

**Lucilene Bender de Sousa** é professora do Instituto Federal de Educação, Ciência e Tecnologia do Rio Grande do Sul (IFRS) – Campus Farroupilha, mestre em Letras (área de concentração em Leitura e Cognição) e doutora em Linguística pela Pontifícia Universidade Católica do Rio Grande do Sul (PUCRS). E-mail: lucilene.sousa@farroupilha.ifrs.edu.br

**Manoel Alves** é doutorando em Linguística na UFSCar, com estágio na Université de Lyon 3, e bolsista da Fapesp (Processo n. 2019/17099-6).

Autor de artigos científicos e capítulos de livros, pesquisa a produção de discursos sobre as relações entre os animais e os seres humanos, a partir de interfaces entre Análise do discurso, História das ideias linguísticas, História das sensibilidades e História dos animais. E-mail: manoel.filho2@hotmail.com

**María Marta García Negroni** é professora de Letras da UBA e doutora em Ciências da Linguagem pela Ehess. Em 2006, recebeu o Diploma de Mérito da Fundação Konex na disciplina de Teoria Linguística e Literária e, em 2017, a medalha Chevalier dans l'Ordre des Palmes Académiques do Ministère de l'Éducation Nationale, França. É pesquisadora principal do Conicet, professora titular da UBA e professora-associada da Universidade de San Andrés. É autora de vários livros, numerosos artigos em revistas especializadas argentinas e estrangeiras e capítulos de livros em obras coletivas publicadas na Espanha, França, Bélgica, Alemanha, México, Chile, Brasil e Argentina. E-mail: mamagn@gmail.com

**Mônica Cavalcante** é doutora em Linguística pela Ufpe, com pós-doutoramento pela Unicamp. Coordena o Grupo de Pesquisa Protexto, na UFC, onde atua. Obras autorais: Referenciação (2003); Os sentidos do texto (2012); Intertextualidade: diálogos possíveis (2007); Referenciação (2013); Coerência, referenciação e ensino (2014); Linguística textual e argumentação (2020). Traduções de livro publicadas: Apologia da polêmica (2017), de Amossy; O texto: tipos e protótipos, de Adam (2019); Texto, discurso e argumentação: traduções (2020). É pesquisadora do CNPq. E-mail: monicamc02@gmail.com

**Sírio Possenti** é graduado em Filosofia pela Pontifícia Universidade Católica do Paraná (1969), fez mestrado (1977) e doutorado (1986) em Linguística na Universidade Estadual de Campinas (1986). É professor titular no Departamento de Linguística da Universidade Estadual de Campinas. Atua em diversas áreas da Linguística, com ênfase em Teoria e Análise Linguística, principalmente na subárea da Análise do Discurso, em especial nos campos do humor e da mídia. Coordena o Centro de Pesquisa FEsTA (Fórmulas e estereótipos: teoria e análise), que reúne pesquisadores de diversas universidades. Publicou alguns livros, dentre os quais Os humores da língua, Humor, língua e discurso e Cinco ensaios sobre humor e análise do discurso. Também fez diversas traduções no campo da análise do discurso, com destaque para Gênese dos discursos e As fórmulas filosóficas. É pesquisador do CNPq. E-mail: siriopossenti@gmail.com

**Tânia Maris de Azevedo** é doutora em Letras – Linguística Aplicada (PUCRS); realizou estudos de pós-doutorado em educação (PUCRS); professora nos Programas de Pós-Graduação em Educação e em Letras e Cultura, e no Curso de Letras, da Universidade de Caxias do Sul; pesquisadora nas áreas de Educação e de Letras, mais especificamente, no que diz respeito às relações ensino, aprendizagem e linguagem, à formação de conceitos, à semântica argumentativa, à enunciação e aos fenômenos discursivos. Dentre suas publicações, merecem maior destaque o livro Em busca do sentido do discurso, pela EDUCS, a produção de alguns verbetes do Dicionário de Linguística da Enunciação, pela Editora Contexto, bem como a produção de um capítulo e a tradução de dois outros no livro Curso de Semântica Argumentativa (publicado em francês e em português), pela Pedro & João Editores. Integra o conselho editorial da Editora Abralin. E-mail: tmazeved@ucs.br

**Valdir do Nascimento Flores** é doutor em Linguística (PUCRS). Realizou estudos de pós-doutorado (CNPq) na Université de Paris XII-Val-de--Marne e na Université de Paris X-Nanterre (Capes). É professor titular de Linguística e Língua Portuguesa do Curso de Letras da UFRGS e professor e orientador do Programa de Pós-Graduação em Letras da mesma universidade. Publicou pela Editora UnB Saussure e a tradução e, pela Editora Vozes, Problemas gerais de linguística. É editor da Editora Abralin, juntamente com Gabriel de Ávila Othero. É pesquisador do CNPq. E-mail: vnf. ufrgs@gmail.com

**Vanda Maria Elias** é Doutora em Língua Portuguesa pela PUCSP. Realizou estudos de pós-doutorado na Unicamp e UFC. É professora do Departamento de Letras e do Programa de Pós-Graduação em Letras da Universidade Federal de São Paulo (Unifesp). Tem pesquisas em Linguística Textual e é líder do grupo de pesquisa Texto, Hipertexto e Ensino de Língua Portuguesa (Thelpo – CNPq/Unifesp).

**Coleção de Linguística**

- *História concisa da língua portuguesa*
Renato Miguel Basso e Rodrigo Tadeu Gonçalves

- *Introdução ao estudo do léxico*
Alina Villalva e João Paulo Silvestre

- *Estruturas sintáticas – Edição comentada*
Noam Chomsky

- *Gramáticas na escola*
Roberta Pires de Oliveira e Sandra Quarezemin

- *Introdução à Semântica Lexical*
Márcia Cançado e Luana Amaral

- *Gramática descritiva do português brasileiro*
Mário A. Perini

- *Os fundamentos da teoria linguística de Chomsky*
Maximiliano Guimarães

- *Uma breve história da linguística*
Heronides Moura e Morgana Cambrussi

- *Estrutura da língua portuguesa – Edição crítica*
Joaquim Mattoso Câmara Jr.

- *Manual de linguística – Semântica, pragmática e enunciação*
Márcia Romero, Marcos Goldnadel, Pablo Nunes Ribeiro e Valdir do Nascimento Flores

- *Problemas gerais de linguística*
Valdir do Nascimento Flores

- *Relativismo linguístico ou como a língua influencia o pensamento*
Rodrigo Tadeu Gonçalves

- *Mudança linguística*
Joan Bybee

- *Construcionalização e mudanças construcionais*
Elizabeth Closs Traugott e Graeme Trousdale

- *Introdução a uma ciência da linguagem*
Jean-Claude Milner

- *História da Linguística – Edição revista e comentada*
Joaquim Mattoso Câmara Jr.

- *Problemas de Linguística Descritiva – Edição revista e comentada*
Joaquim Mattoso Câmara Jr.

- *Alfabetização em contextos monolíngue e bilíngue*
Ubiratã Kickhöfel Alves e Ingrid Finger

- *Estudos do discurso – Conceitos fundamentais*
Tânia Maris de Azevedo e Valdir do Nascimento Flores (orgs.)

Conecte-se conosco:

 facebook.com/editoravozes

 @editoravozes

 @editora_vozes

 youtube.com/editoravozes

 +55 24 2233-9033

www.vozes.com.br

Conheça nossas lojas:

www.livrariavozes.com.br

Belo Horizonte – Brasília – Campinas – Cuiabá – Curitiba
Fortaleza – Juiz de Fora – Petrópolis – Recife – São Paulo

  *Vozes de Bolso*

**EDITORA VOZES LTDA.**
**Rua Frei Luís, 100 – Centro – Cep 25689-900 – Petrópolis, RJ**
**Tel.: (24) 2233-9000 – E-mail: vendas@vozes.com.br**